D1726977

Das große Buch

Outlook 2010

Daniel Koch

DATA BECKER

Copyright	© by DATA BECKER GmbH & Co. KG Merowingerstr. 30 40223 Düsseldorf
Produktmanagement und Lektorat	Lothar Schlömer
Umschlaggestaltung	Inhouse-Agentur DATA BECKER
Textverarbeitung und Gestaltung	Andreas Quednau (www.aquednau.de)
Produktionsleitung	Claudia Lötschert
Druck	Media-Print, Paderborn
E-Mail	buch@databecker.de

Alle Rechte vorbehalten. Kein Teil dieses Buchs darf in irgendeiner Form (Druck, Fotokopie oder einem anderen Verfahren) ohne schriftliche Genehmigung der DATA BECKER GmbH & Co. KG reproduziert oder unter Verwendung elektronischer Systeme verarbeitet, vervielfältigt oder verbreitet werden.

ISBN 978-3-8158-3047-5

Wichtiger Hinweis

Die in diesem Buch wiedergegebenen Verfahren und Programme werden ohne Rücksicht auf die Patentlage mitgeteilt. Sie sind für Amateur- und Lehrzwecke bestimmt.

Alle technischen Angaben und Programme in diesem Buch wurden von den Autoren mit größter Sorgfalt erarbeitet bzw. zusammengestellt und unter Einschaltung wirksamer Kontroll-maßnahmen reproduziert. Trotzdem sind Fehler nicht ganz auszuschließen. DATA BECKER sieht sich deshalb gezwungen, darauf hinzuweisen, dass weder eine Garantie noch die juristische Verantwortung oder irgendeine Haftung für Folgen, die auf fehlerhafte Angaben zurückgehen, übernommen werden kann. Für die Mitteilung eventueller Fehler sind die Autoren jederzeit dankbar.

Wir weisen darauf hin, dass die im Buch verwendeten Soft- und Hardwarebezeichnungen und Markennamen der jeweiligen Firmen im Allgemeinen warenzeichen-, marken- oder patent-rechtlichem Schutz unterliegen.

Inhalt

2. Outlook an die eigenen Bedürfnisse anpassen

3. Das perfekte E-Mail-Sende-Management

1. Der Outlook-Schnelleinstieg

Es gibt viele Neuerungen in Outlook 2010: Die alte Menüleiste wurde durch eine moderne Multifunktionsleiste ersetzt, es gibt E-Mail-Dialoge (Threads), und auch der Kalender wurde verbessert.

Dank dieser und anderer neuer Funktionen wird Outlook den Heim- und vor allem Berufsalltag noch mehr bereichern. In diesem Kapitel stellen wir die neuen Outlook-Features vor und richten das Programm so ein, dass es den meisten Anforderungen optimal gerecht wird.

1.1 Wichtige neue Features in Outlook 2010 in der Übersicht

Vieles hat sich verändert im neuen Outlook. Ein überarbeiteter Look und der verbesserte Kalender sind dabei sicherlich am augenscheinlichsten. Aber auch die Unterhaltungsansicht, in der eine E-Mail-Korrespondenz zusammengefasst wird, und die Möglichkeit, häufig anfallende Vorgänge in Befehlen zusammenzufassen, sprechen für die neue Outlook-Version.

Trotz dieser Verbesserungen haben die Microsoft-Entwickler Wert darauf gelegt, dass der Umstieg auf Outlook 2010 nicht allzu schwerfällt. So ist man z. B. beim bekannten Dateiformat des persönlichen Ordners geblieben.

Eine vollständige Liste der Neuerungen, Änderungen und Löschungen in Outlook 2010 finden Sie unter *http://technet.microsoft.com/de-de/library/cc179110.aspx*.

Das neue Look & Feel der Oberfläche

Der erste Outlook-Start macht eines deutlich: Gerade in optischer Hinsicht hat sich Outlook 2010 im Vergleich zu seinen Vorgängerversionen spürbar verändert. Das wird klar, sobald man Outlook 2010 öffnet.

Endlich orientiert sich Outlook vom Design her an den anderen Office-Programmen wie Word und Excel. So gibt es nun auch in Outlook die Ribbon-Leiste anstelle der klassischen Symbolleisten. Dank dieser neuen Ribbon-Leiste, auf Deutsch etwas sperrig Multifunktionsleiste genannt, ist die Arbeit mit Outlook deutlich intuitiver. Denn diese Leiste erkennt, woran Sie gerade arbeiten, und bietet Ihnen dazu die passenden Optionen und Einstellungen an.

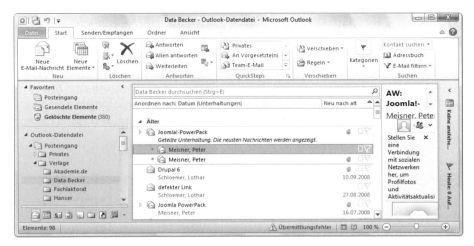

Die neue Ribbon-Leiste bietet immer passende Optionen an.

In Kapitel 2 wird die neue Ribbon-Leiste ausführlich vorgestellt. Dort erfahren Sie dann auch, wie sich oft benötigte Funktionen für einen Schnellzugriff in die Titelleiste von Outlook verlegen lassen.

In der *Ansicht*-Rubrik der Ribbon-Leiste lässt sich das Aussehen von Outlook anpassen. Welche Optionen dabei zur Verfügung stehen, hängt davon ab, ob man gerade E-Mails bearbeitet, den *Aufgaben*-Ordner oder den Kalender geöffnet hat. Immer werden die jeweils passenden Ansichtsoptionen angeboten.

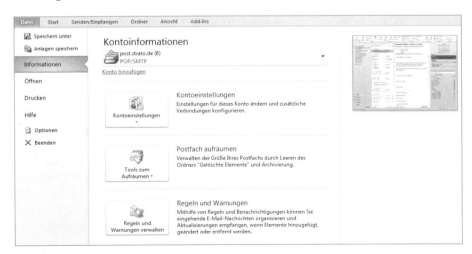

So fällt die Verwaltung leicht.

Aber auch sonst hat sich einiges in Sachen Benutzerfreundlichkeit getan. So gibt es nun zum Beispiel einen *Informationen*-Bereich, über den man alle wichtigen Wartungsarbeiten durchführen kann.

Vorbei sind die Zeiten, in denen man in den Weiten der Outlook-Optionen suchen musste, bis man sein Postfach von veralteten Elementen befreien konnte. Kapitel 12 dreht sich übrigens zu einem Großteil um die Themen Archivierung und Postfachbereinigung.

Befehle mit den QuickSteps zusammenfassen

Sehr gut gelungen und vor allem nützlich sind die sogenannten Quick-Steps. Denn darüber lassen sich Routineaufgaben automatisieren. So gibt es zum Beispiel einen vordefinierten QuickStep, der *Antworten und löschen* heißt. Wird dieser aufgerufen, geschehen zwei Dinge:

1 Die E-Mail wird vom Posteingang in den Papierkorb verschoben.

2 Es wird ein E-Mail-Antwortfenster geöffnet.

Dieses Beispiel zeigt, dass QuickSteps durchaus sinnvoll sein können. Outlook bringt bereits einige vordefinierte QuickSteps mit.

 *Diese QuickSteps sind schon da.*

Ebenso können Sie aber auch eigene anlegen. So lässt sich beispielsweise ein QuickStep definieren, durch den Besprechungsanfragen an einen festen Personenkreis und mit hoher Wichtigkeit geschickt werden. Wie sich die QuickSteps nutzen lassen, wird in Kapitel 2 gezeigt.

Mit SmartArt attraktive E-Mails erstellen

Mit den neuen SmartArts können Sie den Empfängern Ihrer E-Mails Ihre Ideen noch besser nahebringen. Ab sofort lassen sich Pyramiden, Grafiken, Diagramme usw. ganz einfach in E-Mails einfügen.

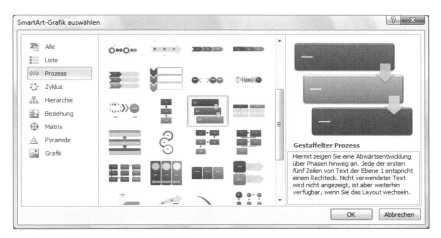

Macht Grafikprogramme (fast) überflüssig.

Vorbei sind also die Zeiten, in denen man dafür auf externe Grafikprogramme zurückgreifen musste. Jetzt können Sie im Handumdrehen Geschäftsprozesse erklären, Hierarchien visualisieren und Businessprozesse grafisch auf den Punkt bringen. In Kapitel 3 werden die neuen SmartArts ausführlich vorgestellt.

Soziale Netzwerke in Outlook einbinden

Gerade erst hat Facebook in den USA Google als beliebteste Website abgelöst. Und auch hierzulande werden soziale Netzwerke wie MySpace, XING oder eben Facebook immer beliebter. Mit dem Outlook Social Connector können Sie diese Netzwerke nun auch aktiv in Outlook nutzen. So kann man sich Familie, Freunde und Bekannte ganz einfach in den Posteingang holen. Sobald Outlook mit Ihrem Netzwerkprofil verbunden ist, werden die Profildaten abgerufen. Von allen Kontakten, die Ihnen eine E-Mail schicken, werden dann die Profilfotos angezeigt. Ganz einfach lassen sich ab sofort Aktivitäten und Statusupdates aus Outlook heraus verfolgen. Weiterführende Informationen zu diesem Thema finden Sie in Kapitel 5.

Das gibt es nicht mehr in Outlook

Viele neue Funktionen haben den Weg in Outlook geschafft. Es gibt allerdings auch Dinge, die man vergebens sucht. So ist man es als Outlook-Anwender zum Beispiel gewohnt gewesen, aus Outlook heraus Webseiten aufzurufen, das Programm also als Ersatzbrowser verwenden zu können.

Diese Möglichkeit wurde gestrichen. Und auch die Internetsuche via Outlook ist in Outlook 2010 nicht mehr möglich. Das sind aber längst noch nicht alle entfernten Features:

➢ Die Einstellungen für die auf der AutoArchivierung basierende Aufbewahrung können nicht mehr über Gruppenrichtlinien bereitgestellt werden.

➢ Die Such-Toolbar wurde gelöscht.

➢ Remote-Mail gibt es in dieser Form nicht mehr. Die Remote-Mail-Funktionen wurden durch den Cachemodus ersetzt.

➢ Das Kalenderücksetzungstool wurde entfernt.

➢ Das Exchange-Nachrichtensicherheitsfeature wird nicht mehr unterstützt.

➢ Das Tool zur Integritätsprüfung (*scanost.exe*) für Outlook-Offlineordner (OST) gibt es nicht mehr.

➢ Die Funktion *Als Webseite speichern* wurde für den Kalender gelöscht.

Diese Liste zeigt, dass sich unter den gelöschten Funktionen durchaus auch lieb gewonnene Features befinden. Vor allem die Möglichkeit, aus Outlook heraus rasch eine Webseite aufzurufen, wird vielen Anwendern fehlen.

1.2 Die Grundeinstellungen und die Arbeitsoberfläche optimieren

Bevor man mit Outlook effektiv arbeiten kann, gilt es, einige Anpassungen vorzunehmen. Auf den folgenden Seiten lernen Sie die wichtigsten Schritte kennen, mit denen Sie Outlook optimieren können.

Outlook als Standard-E-Mail-Programm festlegen

Klickt man auf einer Webseite auf einen E-Mail-Link, öffnet sich automatisch das als Standard eingerichtete E-Mail-Programm. Wer mit Outlook arbeitet, möchte dann normalerweise, dass sich Outlook und nicht etwa Windows Mail öffnet.

Bei Windows 7 wird die Systemsteuerung über die *Start*-Schaltfläche aufgerufen. Öffnen Sie dort die Internetoptionen und wechseln Sie in das Register *Programme*. Im Bereich *Internetprogramme* klickt man auf *Programme festlegen* und anschließend auf *Standardprogramme festlegen*. Markieren Sie im linken Fensterbereich *Microsoft Office Outlook* und klicken Sie rechts auf *Dieses Programm als Standard festlegen*. Mit *OK* werden die Einstellungen übernommen.

Unter Windows Vista rufen Sie über die Windows-*Start*-Schaltfläche *Systemsteuerung/Internetoptionen* auf. Im Register *Programme* klickt man im Bereich *Internetprogramme* den Eintrag *Programm festlegen* und anschließend *Standardprogramm festlegen* an. Jetzt muss im linken Fensterbereich nur noch *Microsoft Office Outlook* markiert und anschließend auf *Dieses Programm als Standard festlegen* geklickt werden.

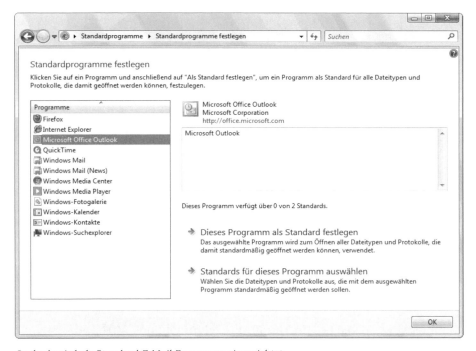

Outlook wird als Standard-E-Mail-Programm eingerichtet.

Unter Windows XP lassen sich die Einstellungen ähnlich vornehmen. Dort ruft man ebenfalls in der Systemsteuerung den Punkt *Internetoptionen* auf. Über das Auswahlfeld *E-Mail* stellt man *Microsoft Office Outlook* ein.

Die wichtigsten Shortcuts für die tägliche Arbeit

Sie sind zwar nicht jedermanns Sache, dennoch können Tastenkombinationen hilfreich sein. So kann man zum Beispiel innerhalb des E-Mail-Ordners über die Kombination ⌨Strg+⌨N im Handumdrehen eine neue E-Mail anlegen.

Über die ⌨Alt-Taste können Sie sich die verfügbaren Tastaturkürzel für die aktuelle Ansicht anzeigen lassen.

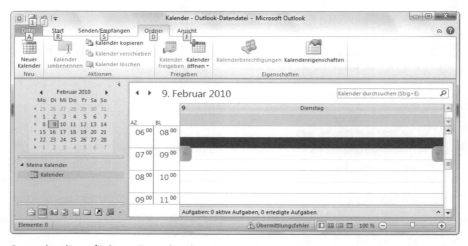

So werden die verfügbaren Tastenkombinationen sichtbar.

An dieser Stelle wird es keine Auflistung aller verfügbaren Tastaturkürzel geben. Denn erfahrungsgemäß nutzen die meisten Anwender ohnehin die Maus, verzichten also auf Shortcuts. Allerdings gibt es durchaus Tastaturkürzel, die einfach zu merken sind und die tägliche Arbeit erleichtern.

Und hier sind sie, die besten Tastaturkürzel für Outlook 2010:

F9	Senden/Empfangen aller E-Mail-Konten
Strg+R	Beantworten der aktuellen Nachricht
Strg+N	Legt innerhalb des geöffneten Ordners ein neues Element an
Strg+1	Wechsel in den E-Mail-Ordner
Strg+2	Wechsel in den Kalender
Strg+3	Wechsel in den *Kontakte*-Ordner

Strg + 4	Wechsel in den *Aufgaben*-Ordner
Strg + 5	Ruft die Notizen auf
Strg + Q	Markiert eine E-Mail als gelesen
Strg + U	Markiert eine E-Mail als ungelesen
Strg + Umschalt + A	Legt einen neuen Termin an
Strg + Umschalt + C	Erzeugt einen neuen Kontakt
Strg + Umschalt + L	Legt eine neue Kontaktgruppe an
Strg + Umschalt + N	Erzeugt eine neue Notiz

1.3 Schneller Umstieg auf die neue Version

Ruft man das neu installierte Outlook das erst Mal auf, wird automatisch der Microsoft Outlook-2010-Start-Assistent ausgeführt. Dieser Assistent hilft Ihnen bei der Grundkonfiguration Ihrer neuen Outlook-Version. Den Assistenten müssen Sie in jedem Fall durchlaufen, da sich Outlook ansonsten nicht starten lässt. Bestätigen Sie daher das erste Fenster mit *Weiter*. Im nächsten Dialogfenster sind verschiedene Upgrade-Möglichkeiten aufgeführt. Welche das letztendlich sind, hängt von den bei Ihnen installierten E-Mail-Programmen ab. Üblicherweise markiert man jedoch *Upgrade von* und *Outlook Express oder Windows Mail*.

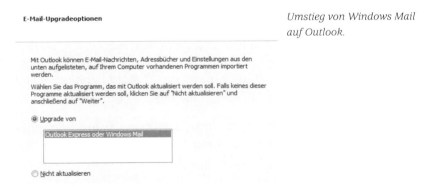

Umstieg von Windows Mail auf Outlook.

Mit *Weiter* wird die Auswahl bestätigt. Outlook überprüft nun automatisch, ob E-Mail-Konten vorhanden sind. Sollten mehrere gefunden werden, können diese bei der sich öffnenden Kontrollabfrage alle importiert werden. Alternativ dazu können Sie aber auch ein einzelnes Konto wählen.

25

Weitere Einstellungen sind nicht nötig. Outlook richtet die importierten Konten ein. Anschließend können sofort – wenn vorhanden – E-Mails und Adressen aus Windows Mail oder Outlook Express importiert werden.

Gleich im Anschluss lassen sich weitere Elemente importieren.

Das Importieren kann – je nach Umfang der vorhandenen Daten – eine Weile dauern. Sind alle Daten importiert, fragt Outlook die Passwörter für die einzelnen E-Mail-Konten ab, da diese aus Sicherheitsgründen nicht mit importiert werden.

Um die Passwörter nicht bei jedem Abrufen der E-Mails erneut eingeben zu müssen, sollten Sie die Option *Dieses Kennwort in der Kennwortliste speichern* aktivieren. Mit *OK* wird das eingetragene Passwort übernommen.

Nachdem das letzte Passwort eingetragen wurde, ist Outlook bereit für die kommenden Arbeiten.

Daten und Einstellungen aus älteren Outlook-Versionen übernehmen

Der Umstieg auf die neue Outlook-Version soll natürlich so schnell wie möglich gehen. Unverzichtbar ist dabei jedoch, dass man seine E-Mails, Adressen und sonstigen Einstellungen aus seinem vorherigen E-Mail-Programm übernehmen kann. Egal ob es sich um eine ältere Outlook-Version, Outlook Express, Windows Mail, Thunderbird oder TheBat! handelt, es gibt immer Mittel und Wege. Welche das sind, zeigt dieser Abschnitt.

Am einfachsten funktioniert die Übernahme der Daten, wenn von einer älteren Outlook-Version auf das neue Outlook umgestiegen wird. In diesem Fall muss lediglich die aktuelle Version über die alte installiert werden. Outlook übernimmt so alle vorhandenen E-Mail-Konten, Nachrichten und benutzerdefinierten Einstellungen (Ordnerstruktur und so weiter).

Outlook Express/Windows Mail/Eudora

Verwundern tut es freilich nicht, dass sich der Import der Nachrichten, E-Mail-Einstellungen und des Adressbuches am einfachsten mit Outlooks kleinem Bruder Outlook Express bzw. Windows Mail realisieren lässt. (Die folgende Anleitung gilt im gleichen Maße auch für Eudora.)

Kontoeinstellungen

Der Import der Kontoeinstellungen ist möglich, hat allerdings einen kleinen Haken: Es lässt sich jeweils nur ein Konto importieren. Wer also zehn Konten besitzt, muss die folgenden Schritte dann auch zehnmal durchführen.

1 Rufen Sie in Outlook *Datei/Öffnen* und *Importieren* auf.

2 Dort wird *Internet-Mail-Kontoeinstellungen importieren* markiert und mit *Weiter* bestätigt. Der Assistent zeigt hieraufhin eine Liste der von ihm unterstützten E-Mail-Programme an. Markieren Sie *Microsoft Outlook Express* oder *Microsoft Windows Mail* und bestätigen Sie diese Auswahl mit *Weiter*.

3 Im nächsten Schritt wird das gewünschte Konto ausgewählt. Eine Mehrfachauswahl ist – wie bereits erwähnt – nicht möglich.

4 Nachdem Sie das mit *Weiter* bestätigt haben, können Sie den Anzeigenamen korrigieren. (Dieser Name wird später bei den Empfängern Ihrer Nachrichten im *Von*-Feld angezeigt.) Im nächsten Schritt können Sie zusätzlich die E-Mail-Adresse des zu importierenden Kontos ändern. Normalerweise übernimmt man den eingetragenen Wert aber mit *Weiter*.

5 Jetzt können Korrekturen an den Servereinstellungen vorgenommen werden. Auch hier gilt: Die Einstellungen stimmen normalerweise, schließlich wurden sie importiert. Mit *Weiter* geht es zum nächsten Dialogfenster, in dem man nun tatsächlich Hand anlegen muss. Denn auch wenn alle anderen Einstellungen korrekt importiert wurden, das Passwort für das E-Mail-Konto fehlt aus Sicherheitsgründen. Nachdem Sie es eingetragen haben, bestätigen Sie es mit *Weiter*. Zu guter Letzt wählen Sie die Art der Onlineverbindung (üblicherweise *Über lokales Netzwerk (LAN) verbinden*) und beenden den Import mit *Weiter* und *Fertig stellen*.

Ein Blick nach *Datei* und *Kontoeinstellungen/Kontoeinstellungen* zeigt, dass das Konto importiert wurde. Wiederholen Sie diese Schritte für alle weiteren E-Mail-Konten.

Nachrichten und Adressbücher

Auch Nachrichten und Adressbücher lassen sich aus Outlook Express und Windows Mail ganz bequem in Outlook übernehmen.

1 Dazu wird im *Datei*-Register von Outlook *Öffnen* und *Importieren* gewählt.

2 Markieren Sie im ersten Dialogfenster *Internet-Mail und Adressen importieren* und klicken Sie auf *Weiter*.

3 Hier werden die von Outlook unterstützten E-Mail-Programme aufgelistet. Aus der Liste wird *Outlook Express 4.x, 5.x, 6.x oder Windows Mail* ausgewählt. Markieren Sie zusätzlich im unteren Fensterbereich, was importiert werden soll. Üblicherweise aktiviert man beide Kontrollkästchen.

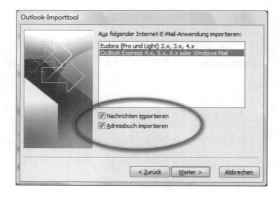

4 Mit *Weiter* wird das nächste Dialogfenster aufgerufen. Wählen Sie dort zwischen einer der folgenden Optionen. (Der Einfachheit halber wird in der folgenden Liste von Kontakten gesprochen. Gleiches gilt aber genauso für importierte Nachrichten.)

> *Duplikate durch importierte Elemente ersetzen* ~ befindet sich der gleiche Kontakt, der importiert werden soll, bereits in Outlook, wird er durch den importierten Datensatz überschrieben. Bei dieser Funktion ist also Vorsicht geboten!

> *Erstellen von Duplikaten zulassen* ~ es werden alle Kontakte importiert, ohne dass bestehende überschrieben werden. Zwei gleiche Kontakte tauchen dann auch doppelt auf. Bei Bedarf müssen doppelte Einträge anschließend gelöscht werden. Diese Option wird meistens gewählt.

> *Keine Duplikate importieren* ~ hierdurch werden nur solche Kontakte importiert, die nicht bereits existieren. So verhindert man zwar doppelte Datensätze, man kann sich allerdings nicht sicher sein, dass man tatsächlich die aktuellen Daten importiert.

5 Nachdem Sie Ihre Wahl getroffen haben, starten Sie den Import mit *Fertig stellen*. Je nach Menge der zu importierenden Daten dauert es jetzt durchaus schon mal ein bis zwei Minuten, bis man seine alten Daten im neuen Outlook nutzen kann. Abschließend bekommt man eine Zusammenfassung angezeigt, in der jeweils die Anzahl der importierten Datensätze angezeigt wird.

Mozilla Thunderbird

Die Kontoeinstellungen von Mozilla Thunderbird lassen sich leider nicht in Outlook übernehmen.

Adressen

Das Adressbuch kann leider nicht direkt von Thunderbird nach Outlook transferiert werden. Hier muss man einen Zwischenschritt über Outlook Express/Windows Mail einlegen.

1 Öffnen Sie in Thunderbird über das *Extras*-Menü das Adressbuch und klicken Sie auf *Extras* und *Exportieren*.

2 Weisen Sie der Datei einen beliebigen Namen zu und speichern Sie sie auf Ihrer Festplatte. Als Dateityp wird *LDIF* eingestellt.

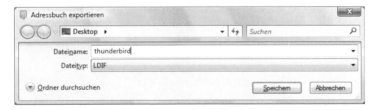

3 In Outlook Express/Windows Mail werden über *Datei/Importieren/ Anderes Adressbuch/LDIF/LDAP Datenaustauschformat* und die Auswahl der zuvor exportierten Datei die Adressdaten importiert.

4 Jetzt müssen nur noch die Daten von Outlook Express/Windows Mail in Outlook importiert werden. Dazu öffnen Sie Outlook und wählen aus dem *Datei*-Register *Öffnen* und *Importieren*.

5 Hier wird *Internet-Mail und Adressen importieren* markiert und auf *Weiter* geklickt.

6 Deaktivieren Sie *Nachrichten importieren* und *Regeln importieren*, markieren Sie *Outlook Express oder Windows Mail* und klicken Sie auf *Weiter*.

7 Mit *Erstellen von Duplikaten zulassen* und *Fertig stellen* werden die Kontaktdaten aus Outlook Express bzw. Windows Mail übernommen.

Nachrichten

1 Legen Sie sich in Outlook Express bzw. Windows Mail exakt die gleichen E-Mail-Ordner an, die auch in Mozilla Thunderbird existieren. (Diese Ordnerstruktur kann dann nach Outlook übernommen werden.)

2 Rufen Sie anschließend den Windows-Explorer auf und wechseln Sie in das Verzeichnis, in dem Mozilla Thunderbird seine E-Mails speichert. Standardmäßig ist das *Benutzer\<Benutzername>\AppData\Roaming\ Thunderbird\Profiles/xxxxxxxx.default.* (Wobei *<Benutzername>* Ihr Windows-Name ist.) Dort finden Sie die beiden Verzeichnisse *ImapMail* und *Mail*, in denen jeweils Unterverzeichnisse der entsprechenden E-Mail-Konten liegen.

Wirklich alle Dateien anzeigen

Achten Sie darauf, dass auch versteckte Dateien im Explorer angezeigt werden. Nur so können Sie die folgenden Schritte nachvollziehen. Kontrollieren Sie die Einstellungen im *Extras*-Menü des Windows-Explorer. Wählen Sie dort *Organisieren/Ordner und Suchoptionen* und wechseln Sie in das Register *Ansicht*. Hier wird *Inhalte von Systemordnern anzeigen* aktiviert und *Geschützte Systemdateien ausblenden* deaktiviert. Mit *Übernehmen* und *OK* werden die Änderungen übernommen.

---

3 Suchen Sie in diesen Verzeichnissen nach den Dateien, deren Ordner in Outlook Express bzw. Windows Mail zur Verfügung stehen sollen. Wollen Sie beispielsweise den Ordner *Wichtig* von Thunderbird nach Outlook Express/Windows Mail exportieren, markieren Sie die Datei *Wichtig* – nicht die *Wichtig.msf*!

4 Kopieren Sie diese Datei in ein beliebiges Verzeichnis Ihrer Festplatte. Klicken Sie die kopierte Datei anschließend mit der rechten Maustaste an, wählen Sie *Umbenennen* und weisen Sie ihr den Namen *Wichtig.mbx* zu. Für die weiteren Schritte wird das Tool mbox2eml benötigt, das kostenlos von der Seite *http://www.heise.de/software/download/ mbox2eml/44405* heruntergeladen werden kann.

---

mbox2eml benötigt Java

Damit das Programm laufen kann, wird Java benötigt. Sollte Java bei Ihnen nicht installiert sein, laden Sie es sich von der Seite *http://java.sun.com/* herunter und installieren es.

5 Entpacken Sie das heruntergeladene Archiv und starten Sie es über einen Doppelklick auf die Datei *Mbox2eml.jar*.

6 Aus dem *Datei*-Menü wird *Mbox laden* gewählt. Wechseln Sie zu dem Speicherort, an dem die kopierte MBX-Datei liegt, stellen Sie unter *Dateityp Mailbox-Dateien (*.mbx, *.mbox)* ein und öffnen Sie die Datei.

Probleme beim Öffnen

Sollte die Fehlermeldung *Out of Memory* erscheinen, müssen Sie der Java VM mehr Speicher zuweisen. Hilfe hierzu liefert die dem Programm beigefügte *Liesmich.txt*.

7 Wenn alle Nachrichten aufgeführt sind, wird aus dem *Datei*-Menü *Alle Nachrichten exportieren* gewählt.

8 Wählen Sie das gewünschte Verzeichnis aus, in dem die Nachrichten gespeichert werden sollen, und klicken Sie auf *Speichern*.

9 Öffnen Sie Outlook Express bzw. Windows Mail und zusätzlich das Verzeichnis über den Windows-Explorer, in dem die EML-Dateien gespeichert wurden.

10 Markieren Sie im Ordner, in dem die EML-Dateien liegen, alle Dateien und ziehen Sie sie bei gedrückter linker Maustaste auf den betreffenden Ordner in Outlook Express bzw. Windows Mail.

11 Jetzt müssen die E-Mails lediglich noch von Outlook Express/Windows Mail nach Outlook gebracht werden. Dazu wird im *Datei*-Register von Outlook *Öffnen* und *Importieren* gewählt.

12 Markieren Sie *Internet-Mail und Adressen importieren* und klicken Sie auf *Weiter*. In dem sich öffnenden Dialogfenster markiert man *Outlook Express oder Windows Mail*, deaktiviert *Adressbuch importieren* und *Regeln importieren* und klickt auf *Weiter*.

13 Mit *Fertig stellen* wird der Import eingeleitet.

IncrediMail

Der Import von IncrediMail-Kontoeinstellungen in Outlook ist leider nicht möglich.

Adressen

1 Im *Datei*-Menü von IncrediMail wird *Exportieren/Kontakte* gewählt.

2 Weisen Sie der Datei einen Namen zu und speichern Sie sie an einem beliebigen Ort.

3 Jetzt wird Outlook gestartet und im *Datei*-Register *Öffnen* und *Importieren* gewählt.

4 Hier markiert man *Aus anderen Programmen oder Dateien importieren* und klickt auf *Weiter*.

5 Markieren Sie *Kommagetrennte Werte (Windows)*. Mit *Weiter* wird das nächste Dialogfenster aufgerufen. (Sollte die Meldung kommen, dass das benötigte Konvertierungsprogramm nicht geladen werden kann, bestätigen Sie die Abfrage, ob es installiert werden soll, mit *Ja*.)

6 Über die Schaltfläche *Durchsuchen* wird die zuvor aus IncrediMail exportierte Datei ausgewählt. Im unteren Fensterbereich legt man fest, wie mit Duplikaten umgegangen werden soll. (Was also mit solchen Kontakten geschehen soll, die bereits in Outlook vorhanden sind.) Normalerweise wählt man die Voreinstellung *Erstellen von Duplikaten zulassen*. So kann man sich wenigstens sicher sein, dass keine wichtigen Kontaktdaten überschrieben werden.

7 Mit *Weiter* geht es zur Ordnerwahl. Geben Sie hier den *Kontakte*-Ordner an, in den die Adressen importiert werden sollen. Auch diese Auswahl wird wieder mit *Weiter* bestätigt. Über *Felder zuordnen* werden die unterschiedlichen Feldbezeichnungen zwischen IncrediMail und Outlook angepasst. Dazu werden die IncrediMail-Werte aus der linken Fensterhälfte auf die passenden Outlook-Felder im rechten Fensterbereich gezogen.

8 Mit *OK* und *Fertig stellen* werden die Kontaktdaten importiert.

Nachrichten

Einen direkten Exportweg von IncrediMail zu Outlook gibt es leider nicht. Hier muss man auf das kostenlose Tool IncrediConvert zurückgreifen.

1 Laden Sie sich IncrediConvert von der Seite *http://rauno.com/ic.html* herunter.

2 Nach dem Entpacken wird das Programm über einen Doppelklick gestartet. (Installiert werden muss IncrediConvert nicht.)

3 IncrediConvert wechselt automatisch in Ihr IncrediMail-Profil.

4 Über die Schaltfläche *Export* wird festgelegt, wohin die Nachrichten exportiert werden sollen.

5 Nach der Konvertierung findet man an der ausgewählten Stelle einen Ordner, in dem alle IncrediMail-Nachrichten im EML-Format liegen.

6 Öffnen Sie Outlook Express bzw. Windows Mail und legen Sie sich dort den neuen E-Mail-Ordner *IncrediMail* an (Rechtsklick auf *Lokale Ordner/Neuer Ordner*).

7 Anschließend werden alle aus IncrediMail exportierten EML-Dateien auf den neu angelegten Ordner in Outlook Express bzw. Windows Mail gezogen.

8 Öffnen Sie nun Outlook und importieren Sie diese Nachrichten aus Outlook Express bzw. Windows Mail (*Datei/Öffnen/Importieren/Internet-Mail und Adressen importieren/Weiter/Outlook Express oder Windows Mail/Nachrichten importieren* aktivieren*/Weiter/Fertig stellen*).

TheBat!

Bei TheBat! lassen sich die Kontoeinstellungen ebenfalls nicht in Outlook weiterverwenden.

Adressen

1 In TheBat! wird das Adressbuch geöffnet und aus dem *Extras*-Menü *Adressbuch exportieren* gewählt.

2 Weisen Sie der Datei einen Namen zu und wählen Sie einen beliebigen Speicherort.

3 In Windows Mail wählt man *Datei/Importieren/Windows-Kontakte*. (In Outlook Express heißt dieser Punkt *Datei/Importieren/Anderes Adressbuch/LDIF/LDAP Datenaustauschformat*.)

4 Mit *Importieren* wird die aus TheBat! exportierte Datei ausgewählt. Nach dem Importieren der Daten sind die Adressen in Outlook Express/Windows Mail verfügbar und müssen nun noch in Outlook eingefügt werden.

5 Dazu wird in Outlook aus dem *Datei*-Register *Öffnen* und *Importieren* gewählt.

6 Hier markiert man *Internet-Mail und Adressen importieren* und klickt auf *Weiter*.

7 Markieren Sie *Outlook Express oder Windows Mail* und deaktivieren Sie im unteren Fensterbereich *Nachrichten importieren* und *Regeln importieren*. (Es sollen ja ausschließlich Adressen importiert werden.)

8 Mit *Weiter, Erstellen von Duplikaten zulassen* und *Fertig stellen* werden die Kontaktdaten eingelesen.

Nachrichten

1 Aus dem *Hilfsmittel*-Menü wird *Nachrichten exportieren* und *Nachrichtenformat (.EML)* gewählt.

2 Der Datei wird ein Name und ein beliebiger Speicherort zugewiesen.

3 Öffnen Sie anschließend Outlook Express bzw. Windows Mail und legen Sie einen neuen E-Mail-Ordner an (Rechtsklick auf *Lokale Ordner/ Neuer Ordner*). Nach dem Import in Outlook können Sie diesen Ordner wieder löschen und halten so Ihr Outlook Express bzw. Windows Mail sauber.

4 Ziehen Sie nun die zuvor exportierten EML-Dateien in diesen neuen Ordner.

5 Um die E-Mails aus Outlook Express oder Windows Mail in Outlook zu importieren, wird in Outlook aus dem *Datei*-Register *Öffnen* und *Importieren* gewählt.

6 Hier markiert man *Internet-Mail und Adressen importieren* und klickt auf *Weiter*.

7 Markieren Sie *Outlook Express oder Windows Mail* und deaktivieren Sie *Adressbuch importieren* und *Regeln importieren*.

8 Mit *Weiter, Erstellen von Duplikaten zulassen* und *Fertig stellen* wird der Import abgeschlossen.

Outlook und Lotus Notes

In vielen Unternehmen wird der IBM Lotus Domino Server anstelle von Microsoft Exchange eingesetzt. Auch in diesem Fall müssen Sie nicht auf Outlook verzichten. Zwei verschiedene Varianten bieten sich an. (Einen Wermutstropfen gibt es allerdings: Beide Produkte müssen erst noch für Outlook 2007 angepasst werden. Die Vergangenheit hat aber gezeigt, dass beide Hersteller hier schnell reagieren.)

Wer auf Microsoft-Technologie setzen will, liegt mit dem Microsoft Office Outlook Connector genau richtig. Dieses Tool ist einfach zu installieren und wird als zusätzlicher Servertyp eingerichtet. Der Lotus Notes Connector kann kostenlos von *http://www.microsoft.com/downloads/* heruntergeladen werden. (Bei Drucklegung dieses Buches gab es allerdings noch keine Version für Outlook 2010. In der Vergangenheit reagierte Microsoft allerdings immer recht zügig und veröffentlichte eine entsprechende Version des Lotus Notes Connector.)

Direkt von der Quelle, also von IBM, gibt es den Lotus Domino Web Access for Collaboration, in dem Lotus Domino Access for Microsoft Outlook enthalten ist. Auch hierbei können Sie wie gewohnt mit Outlook arbeiten, obwohl im Hintergrund der Lotus Domino Server läuft. Lotus Domino Web Access for Collaboration kostet als Einzelplatzlizenz ca. 128 Euro. Weiterführende Informationen finden Sie auf den Herstellerseiten unter *http://www.306.ibm.com/software/info/ecatalog/de_DE/*.

Der Microsoft Office Outlook Connector

Wenn Sie Windows Live-E-Mail-, MSN- oder Office Live-E-Mail-Konten nutzen, können Sie den Microsoft Office Outlook Connector einsetzen. Er ermöglicht den Zugriff auf diese Konten und die Outlook-gesteuerte Verwaltung von Aufgaben, Notizen und Kontakten.

Das Tool kann kostenlos von der Microsoft-Downloadseite (*http://www.microsoft.com/downloads/*) heruntergeladen werden.

Nach der Installation und einem Neustart von Outlook werden Sie zur Eingabe der Kontoinformationen aufgefordert. Geben Sie hier die Informationen für das Konto ein, das fortan über Outlook gesteuert werden soll. Nachdem Sie die Angaben mit *OK* bestätigt haben, werden Sie aufgefordert, Outlook neu zu starten. Das neue Konto ist nun in Outlook verfügbar und lässt sich wie jedes andere Konto verwalten.

Der Outlook-Komplettumzug auf einen anderen Rechner

Oft merkt man erst wie wichtig einem seine Outlook-Daten sind, wenn man sie verloren hat. Was sich bei Notizzetteln noch verkraften ließe, kann sich im Zusammenhang mit E-Mails und den Outlook-Kontakten schnell katastrophal auswirken. Stellen Sie sich nur einmal vor, alle Ihre geschäftlichen und privaten E-Mails wären für immer verloren.

Dieses Horrorszenario lässt sich denkbar einfach vermeiden. Dazu muss man lediglich eine regelmäßige Datensicherung durchführen. Bevor gezeigt wird, wie sich Outlook-Backups anlegen lassen, erfahren Sie zunächst einige Grundregeln, die es dabei zu beachten gilt:

> ➢ Backups müssen an einem sicheren Ort aufbewahrt werden. Normalerweise sollten sich Original- und Backupdatei nicht am gleichen Ort befinden. Nur so kann verhindert werden, dass bei einem Brand oder Diebstahl beides verloren ist.

> ➢ Speichern Sie die Backups nicht auf dem gleichen Datenträger wie die Originaldateien.

> ➢ Sichern Sie nur solche Daten, die tatsächlich benötigt werden. Es hat beispielsweise keinen Sinn, wenn man neben den Outlook-Kontakten temporäre Notizen sichert.

Im Folgenden wird gezeigt, wie sich die wichtigen Outlook-Daten sichern und wiederherstellen lassen. Eingebettet werden sollte die Outlook-Datensicherung aber immer in eine allgemeine Backupstrategie, die Windows und andere Dateien umfasst.

Alles in einem Rutsch sichern

Sämtliche Outlook-Dateien lassen sich manuell sichern. Wie das geht, zeigen die folgenden Seiten. Allerdings muss man dabei alle Elemente einzeln aus Outlook exportieren. Komfortabler geht es mit speziellen Backuptools wie zum Beispiel dem Outlook Backup Assistant (*http://www.priotecs.com/outlook-backup/*). Solche Programme ermöglichen die Sicherung aller wichtigen Daten auf Knopfdruck. Diesen Komfort bekommt man dann beispielsweise im Fall des Outlook Backup Assistant für 19,95 Euro.

E-Mail-Konten sichern

Seit Outlook 2002 lassen sich E-Mail-Konten leider nicht mehr über das Programmmenü sichern. Ein Umweg über Outlook Express/Windows Mail ermöglicht es aber dennoch, die Einstellungen für die vorhandenen E-Mail-Konten bei einem Rechnerumzug mitzunehmen. Allerdings muss man dazu die E-Mail-Konten in Outlook Express bzw. Windows Mail eingerichtet haben.

Ist das der Fall, kann man in Outlook Express/Windows Mail über *Extras/ Konten*, das Markieren des gewünschten E-Mail-Kontos und *Exportieren* die Kontoeinstellungen im IAF-Format abspeichern.

Diese Datei speichert man an dem Ort, an dem das Backup durchgeführt werden soll.

Eine andere Möglichkeit zur Sicherung und Wiederherstellung liefert die Windows-Registry. Denn alle Konten der Outlook-Versionen XP, 2003, 2007 und 2010 werden in dem Schlüssel *9375CFF0413111d3B88A001 04B2A6676* unter *HKEY_CURRENT_USER\Software\Microsoft\Windows NT\CurrentVersion\Windows Messaging Subsystem\Profiles\Outlook* in der Registry gespeichert.

Dort sind die Einstellungen gespeichert.

Um die Kontoeinstellungen zu sichern, kopiert man diesen Schlüssel und stellt ihn auf dem Zielrechner durch einen Doppelklick auf die REG-Datei wieder her.

Junk-E-Mail-Einstellungen sichern

Selbstverständlich will man bei einem Rechnerumzug auch nicht wieder mit den Antispameinstellungen von vorn beginnen. Dabei kommt es auf zwei Elemente an: die Junk-E-Mail-Einstellungen und die Liste der blockierten Absender.

Zunächst geht es um die Liste der blockierten Absender. Auch die gilt es, zu sichern und bei Bedarf wiederherzustellen.

1 Aus dem *Start*-Register wird in der Gruppe *Löschen* der Punkt *Junk-E-Mail/Junk-E-Mail-Optionen* gewählt.

2 Wechseln Sie in das Register *Blockierte Absender*.

3 Nachdem man auf *Exportieren* geklickt hat, weist man der Datei einen Namen (z. B. *blockierte.txt*) zu, wählt einen Speicherort und speichert die Datei ab.

4 In dem noch geöffneten *Junk-E-Mail-Optionen*-Fenster wird in das Register *Sichere Absender* gewechselt. Exportieren Sie auch diese Liste und speichern Sie sie in einer TXT-Datei.

Diese beiden TXT-Dateien nehmen Sie beim Rechnerumzug mit und importieren die darin enthaltenen Daten folgendermaßen:

1 Aus dem *Start*-Register wird in der Gruppe *Löschen* der Punkt *Junk-E-Mail/Junk-E-Mail-Optionen* gewählt.

2 Wechseln Sie in das Register *Blockierte Absender*.

3 Über *Importieren* wird die Datei ausgewählt, in die zuvor die blockierten Absender exportiert wurden.

4 Anschließend wird in das Register *Sichere Absender* gewechselt.

5 Hier führt man die gleichen Schritte durch.

6 Mit *Übernehmen* und *OK* wird die Konfiguration des Junk-E-Mail-Filters abgeschlossen.

Regeln sichern

Dass das Anlegen von Regeln aufwendig ist, wissen Sie. Deswegen gilt auch hierfür, dass man sie mit in die Datensicherung einschließt.

1 Im *Start*-Register wird in der *Verschieben*-Gruppe *Regeln/Regeln und Benachrichtigungen verwalten* gewählt.

2 Hier klickt man auf *Optionen*.

3 Über *Regeln exportieren* können die Regeln gesichert werden. Sie müssen lediglich noch einen Speicherplatz und einen Namen für die Regeldatei angeben.

4 Mit *Speichern* werden die Regeln exportiert.

Importieren lassen sich die Regeln über die *Verschieben*-Gruppe *Regeln/ Regeln und Benachrichtigungen verwalten/Optionen/Regeln importieren*. Dort wählt man die gesicherten RWZ-Dateien aus.

Tools für den Komplettumzug

Sie haben auf den letzten Seiten gesehen, wie aufwendig es ist, wenn man alle Outlook-Daten sichern will oder muss. Da kümmert man sich erst um die Kontoeinstellungen, anschließend widmet man sich den Regeln, bis einem abschließend einfällt, dass man ja auch noch die Übermittlungs- und Programmeinstellungen benötigt. Alles in allem ist das manuelle Sichern der Outlook-Einstellungen also ziemlich aufwendig. Wer regelmäßig die Daten sichern beziehungsweise bei einem Rechnerumzug mitnehmen will, der sollte über die Anschaffung eines entsprechenden Tools nachdenken. Mittlerweile gibt es tatsächlich einige brauchbare Werkzeuge am Markt, die aufgrund ihres geringen Preises auch für kleine Firmen und Privatanwender interessant sind.

Eines der interessantesten und leistungsfähigsten Tools ist zweifellos Mail-Store (*http://www.mailstore.com/de/*). Denn mit dieser – für Privatanwender übrigens kostenlosen – Anwendung lassen sich E-Mails äußerst komfortabel archivieren. Ausführliche Informationen zu MailStore finden Sie in Kapitel 12 ab Seite 566.

Von SmartTools, deren Anwendungen Ihnen in diesem Buch noch mehrmals begegnen werden, gibt es Outlook-Backup. Das Add-in für Outlook kann von der Seite *http://www.add-in-world.com/katalog/outlook-backup/* bezogen werden. Die Gebühren für eine Einzelplatzlizenz betragen 39 Euro. Zusätzlich gibt es das „SmartTools Outlook-Backup – 5 Lizenzenpaket".

Outlook-Backup sichert die folgenden Daten: Outlook-Symbolleiste, Kategorien, E-Mail-Kontoeinstellungen, Signaturen, Filter und Regeln, das Windows-Adressbuch, die Internet Explorer-Favoriten, die Verknüpfungen auf der Outlook-Leiste, die Übermittlungseinstellungen, die benutzerdefinierten Ansichten, Ihre Einstellungen des Junk-Mail-Filters und VBA-Makros. Eine Bedienungsanleitung finden Sie auf der genannten Downloadseite.

Einen ähnlichen Funktionsumfang hat der Outlook Backup Assistant, der allerdings günstiger ist. (Für Firmen hält man übrigens eine eigene Lizenz bereit.) Gekauft werden kann das Tool auf der Seite *http://www.priotecs. com/outlook-backup/*. Neben der Sicherung der üblichen Outlook-Daten werden hier automatische, zeitgesteuerte Backups und eine Updatefunktion geboten. Zusätzliche Highlights sind die Möglichkeit zur Verschlüsselung der Sicherungsdatei sowie ein integrierter Dateibetrachter, mit dem man sich den Inhalt der Sicherungsdatei anzeigen lassen kann.

Letztes Tool in dieser Runde ist MOBackup (*http://www.mobackup.de/*). Auch hier werden die wichtigsten Outlook-Daten gesichert. Zum Testen wird eine Sharewareversion zum kostenlosen Download angeboten. Sie kann bereits die folgenden Elemente sichern und wiederherstellen: die erste Datendatei mit E-Mails, Notizen, Kontakten und Terminen, Filter und Regeln, Outlook-Symbol- und Navigationsleiste, selbst definierte Kategorien, Drucker- und Seiteneinstellungen, Übermittlungseinstellungen, Junk-E-Mail-Einstellungen, Windows-Adressbuch (WAB) und die Mozilla Firefox-Favoriten. Um die anderen Outlook-Einstellungen sichern zu können, muss man die Vollversion kaufen. Dabei gibt es eine Einzelplatzlizenz, eine Firmenlizenz sowie eine uneingeschränkte Lizenz zur Nutzung auf Kundenrechnern.

1.4 E-Mail-Konten einrichten und Daten bereitstellen

Das Einrichten der E-Mail-Konten ist in Outlook dank eines ausgeklügelten Assistenten normalerweise problemlos möglich. Und sollte doch einmal ein Konto nicht automatisch eingerichtet werden können, kann man immer noch selbst Hand an die Konfiguration legen.

Die automatische Kontoerstellung erkennt die Einstellungen (oft) selbsttätig

Es klingt verlockend: Ein Assistent ermittelt automatisch die benötigten Kontoeinstellungen wie POP3- und SMTP-Server und man selbst muss lediglich noch Benutzernamen, E-Mail-Adresse und Passwort eingeben. Hört sich gut an? Ist es auch! Der Konto-Assistent ist eine echte Arbeitserleichterung und macht das Einrichten neuer E-Mail-Konten (zumindest oft) zum Kinderspiel.

Der Assistent ist die Rettung für all diejenigen, die sehr viele E-Mail-Konten besitzen und sich nicht alle Einstellungen merken können oder wollen. Einen kleinen Wermutstropfen gibt es allerdings: Die Servereinstellungen aller E-Mail-Anbieter kennt der Assistent freilich nicht. Hier hilft nur ein Test, ob Ihr Anbieter dabei ist.

Aufgerufen wird der Assistent über *Kontoeinstellungen*. Innerhalb des *E-Mail*-Registers klicken Sie auf *Neu*, lassen *Microsoft Exchange, POP3 oder IMAP* markiert und bestätigen die Einstellungen mit *Weiter*.

Die Art des Kontos wird angegeben.

Innerhalb des Dialogfensters tragen Sie den Anzeigenamen, die E-Mail-Adresse und das Passwort für den betreffenden Account ein. Mit *Weiter* werden die Angaben bestätigt. Der Assistent versucht nun, die fehlenden Servereinstellungen zu ermitteln.

Im Erfolgsfall bekommen Sie nach kurzer Zeit drei Statusmeldungen, bestätigt durch jeweils einen grünen Pfeil, angezeigt.

➢ *Netzwerkverbindung herstellen*

➢ *Suche nach Servereinstellungen für xxx@xxx.de*

➢ *Am Server anmelden und eine E-Mail-Testnachricht senden*

Die Testnachricht wird von der angegebenen Adresse an die angegebene Adresse gesendet und sieht folgendermaßen aus:

Diese E-Mail-Nachricht wurde von Microsoft Office Outlook automatisch während des Testens der Kontoeinstellungen gesendet.

Nachdem Sie diese E-Mail (inklusive der genannten Statusmeldungen) erhalten haben, können Sie die Kontoerstellung mit *Fertig stellen* beenden.

Die automatische Kontoerstellung funktioniert leider nicht reibungslos. In diesen Fällen müssen Sie das Konto manuell einrichten. Wie das geht, wird im nächsten Abschnitt beschrieben.

Ein klassisches E-Mail-Konto von Hand einrichten

Nicht immer funktioniert die automatische Kontoerstellung. In solchen Fällen muss man die Daten dann selbst eintragen. Rufen Sie dazu im *Datei*-Register *Kontoeinstellungen/Kontoeinstellungen* auf und klicken Sie im Register *E-Mail* auf *Neu*.

Die Auswahl *Microsoft Exchange, POP3 oder IMAP* übernehmen Sie mit *Weiter*. Im unteren Fensterbereich aktivieren Sie das Kontrollkästchen *Servereinstellungen* oder zusätzlich *Servertypen manuell konfigurieren* und klicken auf *Weiter*.

Im nächsten Fenster muss man einstellen, was für ein Konto eingerichtet werden soll. Zur Auswahl stehen hier:

➢ *E-Mail-Konto* – diese Option wird benötigt, wenn es sich um ein POP3-, IMAP- oder HTTP-Konto handelt.

> ➢ *Exchange* – soll Ihr Outlook an einen Exchange Server angebunden werden, ist diese Option die richtige.

> ➢ *Textnachrichten* – wollen Sie über Outlook SMS verschicken und empfangen, müssen Sie ein entsprechendes Konto anlegen. Ausführliche Informationen dazu finden Sie ab Seite 59.

In der Mehrzahl der Fälle werden Sie sich für *E-Mail-Konto* entscheiden. Bestätigt wird die Auswahl mit *Weiter*. Das nächste Dialogfenster erwartet die Eingabe der Servereinstellungen und Benutzereingaben.

Tragen Sie an dieser Stelle die notwendigen Informationen ein. Mitgeteilt werden sie Ihnen normalerweise von Ihrem Provider. Ab Seite 46 finden Sie die Verbindungsparameter der wichtigsten Anbieter.

Mit *Weiter* und *Fertig stellen* wird die Konfiguration des Kontos abgeschlossen. Im nächsten Abschnitt werden erweiterte E-Mail-Parameter vorgestellt, die Ihnen während der Einrichtung der E-Mail-Konten begegnen.

Feintuning: fortgeschrittene Verbindungsparameter

Es ist bereits angeklungen, dass das Einrichten der Konten nicht immer auf Anhieb klappen will. Schuld daran sind dann oftmals Verbindungsparameter, an die man nicht sofort denkt – beispielsweise die SMTP-Authentifizierung oder SSL.

Zu finden sind solche und andere Parameter in den Kontoeinstellungen, die über *Datei/Kontoeinstellungen/Kontoeinstellungen* erreichbar sind. Markieren Sie das betreffende Konto und klicken Sie auf *Ändern*. Interessant ist dort zunächst ein unscheinbares Kontrollkästchen im unteren Fensterbereich.

Hinter dem Kontrollkästchen *Anmeldung mithilfe der gesicherten Kennwortauthentifizierung (SPA) erforderlich* verbirgt sich eine „heikle" Funktion. Diese Option wird oft fälschlicherweise mit der SMTP-Authentifizierung in Verbindung gebracht, hat damit aber auch rein gar nichts zu tun. Bei SPA handelt es sich vielmehr um das von Microsoft entwickelte Protokoll **S**ecure **P**assword **A**uthentication, über das eine sichere Anmeldung am E-Mail-Server möglich sein soll. Dieses Protokoll sorgt dafür, dass die Zugangsdaten nicht im Klartext an den Server übertragen werden. Stattdessen erfolgt die Authentifizierung über ein sogenanntes Challenge-Response-Verfahren.

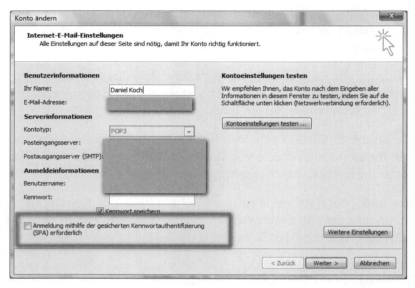

Die Authentifizierung lässt sich einstellen.

Kritiker bemängeln, dass das von Outlook verwendete Verfahren unsicher sei. So wird angemerkt, dass für die Anmeldung am Server nicht die in den Kontoeinstellungen angegebenen Zugangsdaten verwendet werden, sondern zunächst auf die des aktuell angemeldeten Benutzers zurückgegriffen wird.

Unterscheiden sich nun die Zugangsdaten im lokalen Netzwerk von denen am Mailserver, schlägt jedes Mal die erste Anmeldung fehl. Erst dann verwendet Outlook die richtigen Zugangsdaten. Angreifer können diese Funktion dann für die berüchtigten **M**an-in-the-**m**iddle-Attacken (MIM) ausnutzen, um so an die Zugangsdaten für das Windows-Netzwerk zu gelangen.

Weiterführende Informationen zu SPA

Wer sich mit einer kritischen Betrachtung von SPA auseinandersetzen will, findet ausführliche Informationen unter *http://www.security.nnov.ru/advisories/ oespa.asp.*

Normalerweise lassen Sie diese Option deaktiviert, außer Ihr Provider weist Sie ausdrücklich auf das Gegenteil hin.

Über die Schaltfläche *Kontoeinstellungen testen* können Sie überprüfen, ob die eingegebenen Daten korrekt sind. Outlook versucht hierbei, eine Verbindung zum Posteingangs- und Postausgangsserver herzustellen.

Hinter der Schaltfläche *Weitere Einstellungen* verbergen sich zusätzliche Optionen.

➢ *Der Posteingangsserver (SMTP) erfordert Authentifizierung* – diese Option im Register *Postausgangsserver* wählen Sie nur, wenn Ihr Provider dies ausdrücklich verlangt. Geben Sie dort entweder Benutzernamen und Passwort für die Anmeldung am SMTP-Server ein oder wählen Sie die Option *Gleiche Einstellungen wie für Posteingangsserver verwenden*. Beispielsweise muss für den Zugriff auf ein Yahoo!-E-Mail-Konto *Gleiche Einstellungen wie für Posteingangsserver verwenden* genutzt werden.

So arbeitet ein SMTP-Server

SMTP (**S**imple **M**ail **T**ransfer **P**rotocol) ist ein Protokoll, mit dem E-Mails über einen E-Mail-Server gesendet werden können. Das Protokoll selbst hat dabei keinen eigenen Authentifizierungsmechanismus implementiert. SMTP-Server nehmen standardmäßig Verbindung über Port 25 entgegen, neuere auch auf Port 587.

Informationen zum SMTP-Standard erhalten Sie unter *http://tools.ietf.org/html/rfc821*.

➢ *Anmeldung durch gesicherte Kennwortauthentifizierung* – einige Provider verlangen, dass das Passwort verschlüsselt zum Server übertragen wird. Verwenden Sie diese Kennwortauthentifizierung (SPA) ausschließlich dann, wenn Sie von Ihrem Provider dazu aufgefordert werden.

➢ *Serveranschlussnummern* – standardmäßig verwenden Provider als Serveranschlussnummern für den Posteingangsserver 110 und für den Postausgangsserver 25. Geändert werden können diese Einstellungen im Register *Erweitert*. (Bei der automatischen Kontoerstellung werden die Anschlussnummern übrigens automatisch ermittelt.) Sollte eine SSL-geschützte Verbindung verwendet werden, lautet die Anschlussnummer für den Posteingangsserver 995.

➢ *SSL* – sollte Ihr Provider **S**ecure **S**ockets **L**ayer (SSL) unterstützen, aktivieren Sie im Register *Erweitert* die Option *Server erfordert eine ver-*

schlüsselte Verbindung (SSL). In diesem Fall werden sämtliche Daten verschlüsselt ausgetauscht.

Mit *Weiter* und *Fertig stellen* wird die Konfiguration beendet.

Onlinekonten über Outlook verwalten (Hotmail, GMail etc.)

Im Folgenden finden Sie die Zugangseinstellungen für die gängigsten E-Mail-Anbieter.

1&1

➢ Posteingangsserver – POP3: *pop.1und1.de*, IMAP: *imap.1und1.de*

➢ Postausgangsserver – *smtp.1und1.de*

➢ Benutzername – *mxxxxxxx-yyyy* (Paketnummer-Postfachkürzel)

➢ Besonderheiten – verwendet die SMTP-Authentifizierung.

AOL

➢ Posteingangsserver – IMAP: *imap.de.aol.com*

➢ Postausgangsserver – *smtp.de.aol.com* (Port 587)

➢ Benutzername – AOL-Benutzername

➢ Besonderheiten – bei Posteingangsserver muss anstelle von Port 25 der Port 587 angegeben werden. Bei AOL ist POP3 nur über ein Zusatzprogramm (*http://www.enetbot.com/*) möglich.

Arcor

➢ Posteingangsserver – POP3: *pop3.arcor.de*, IMAP: *imap.arcor.de*

➢ Postausgangsserver – *mail.arcor.de*

➢ Benutzername – Arcor-Benutzername

➢ Besonderheiten – wer sich nicht mit Arcor ins Internet einwählt, der muss die SMTP-Authentifizierung aktivieren.

CompuServe

➢ Posteingangsserver – *pop.compuserve.de*

➢ Postausgangsserver – *smtp.compuserve.de*

➢ Benutzername – Benutzername bzw. bei SMTP *IhrBenutzername @compuserve.de*

➢ Besonderheiten – wer sich nicht mit CompuServe ins Internet einwählt, der muss die SMTP-Authentifizierung aktivieren.

Freenet

- ➢ Posteingangsserver – *mx.freenet.de* (SMTP und POP3)
- ➢ Postausgangsserver – *mx.freenet.de*
- ➢ Benutzername – *IhrBenutzername@freenet.de*
- ➢ Besonderheiten – verwendet die SMTP-Authentifizierung.

GMX

- ➢ Posteingangsserver – POP3: *pop.gmx.net*, IMAP: *imap.gmx.net*
- ➢ Postausgangsserver – *mail.gmx.net*
- ➢ Benutzername – entweder Kundennummer oder die GMX-E-Mail-Adresse
- ➢ Besonderheiten – verwendet die SMTP-Authentifizierung oder „POP3 vor SMTP". Das hängt davon ab, wie Ihr Account eingestellt ist.

GMail

- ➢ Posteingangsserver – *pop.gmail.com* (SSL; Port 995)
- ➢ Postausgangsserver – *smtp.gmail.com* (SSL; Port 465 oder 587)
- ➢ Benutzername – *IhrBenutzername@gmail.com*
- ➢ Besonderheiten – verwendet die SMTP-Authentifizierung.

o2

- ➢ Posteingangsserver – *pop.o2online.de*
- ➢ Postausgangsserver – *mail.o2online.de*
- ➢ Benutzername – *MSISDN@o2online.de*
- ➢ Besonderheiten – verwendet die SMTP-Authentifizierung.

RTL WORLD

- ➢ Posteingangsserver (RTL DSL) – *pop.rtlnet.de*
- ➢ Posteingangsserver (RTL ISDN/Modem) – *pop3.rtl.um.mediaways.net*
- ➢ Postausgangsserver – *smtp.rtlnet.de*
- ➢ Postausgangsserver (RTL ISDN/Modem) – *smtp.rtl.um.mediaways.net*
- ➢ Benutzername – Ihr Benutzername
- ➢ Besonderheiten – verwendet die SMTP-Authentifizierung.

snafu

- ➢ Posteingangsserver – POP3: *pop.snafu.de*, IMAP: *imap.snafu.de*
- ➢ Postausgangsserver – *mail.snafu.de*
- ➢ Benutzername – *IhrBenutzername@snafu.de*
- ➢ Besonderheiten – verwendet die SMTP-Authentifizierung.

Strato

- Posteingangsserver – *post.strato.de*
- Postausgangsserver – *post.strato.de*
- Benutzername – *Name@IhreDomain.de*
- Besonderheiten – verwendet die SMTP-Authentifizierung oder „SMTP vor POP3".

T-Online

- Posteingangsserver – *pop.t-online.de*
- Postausgangsserver – *mailto.t-online.de*
- Benutzername – beliebig
- Besonderheiten – man kann POP3 nur nutzen, wenn man über T-Online surft. (Deswegen benötigt man auch nicht unbedingt einen Benutzernamen bzw. ein Passwort.)

T-Online Premium

- Posteingangsserver – POP3: *pop-mail.t-online.de*, IMAP: *imap.t-online.de*
- Postausgangsserver – *asmtp.t-online.de*
- Benutzername – E-Mail-Adresse
- Besonderheiten – verwendet die SMTP-Authentifizierung.

Yahoo!

- Posteingangsserver *–pop.mail.yahoo.de*
- Postausgangsserver – *smtp.mail.yahoo.de*
- Benutzername – Yahoo!-ID
- Besonderheiten – Yahoo! verwendet die SMTP-Authentifizierung.

WEB.DE

- Posteingangsserver – *pop3.web.de*
- Postausgangsserver – *smtp.web.de*
- Benutzername – WEB.DE-Benutzername
- Besonderheiten – verwendet die SMTP-Authentifizierung

Wenn das Passwort nicht gespeichert wird

Beim Anlegen oder Anpassen von E-Mail-Konten bietet Outlook die Option, das Passwort für das E-Mail-Konto zu speichern.

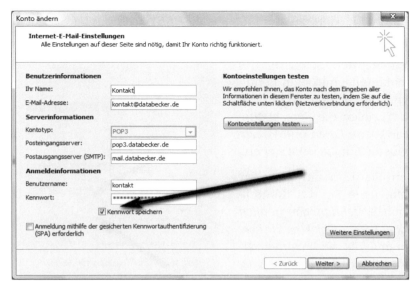

Das Passwort lässt sich speichern.

Diese Option ist durchaus sinnvoll. Denn speichert man das Passwort nicht, muss man es bei jedem Senden/Empfangen erneut eingeben.

Das Passwort muss immer wieder eingegeben werden.

Aber auch wenn man in den Optionen festgelegt hat, dass Outlook das Passwort speichern soll, klappt das leider nicht immer. Das merkt man jedoch immer erst nach einem Neustart von Outlook. Denn dann ist das zuvor eingetragene Passwort, das eigentlich gespeichert werden sollte, wieder verschwunden.

Schuld daran ist die Berechtigungsstruktur von Windows. Um das Problem zu lösen, ist ein Eingriff in die Windows-Registry nötig.

1 Klicken Sie dazu auf die Windows-*Start*-Schaltfläche, tragen Sie in das Feld *Suche starten* (Windows Vista/7) bzw. *Ausführen* (Windows XP) den Befehl *regedit* ein und bestätigen Sie das mit ⌊Enter⌋.

2 Navigieren Sie dort zu dem Schlüssel *HKEY_CURRENT_USER\Software\Microsoft\Protected Storage System Provider*.

3 Klicken Sie den Schlüssel des momentan angemeldeten Benutzers mit der rechten Maustaste an und wählen Sie *Berechtigungen*. Die Werte *Lesen* und *Vollzugriff* müssen auf *Zulassen* stehen.

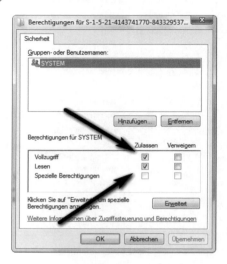

4 Klicken Sie nun auf *Erweitert* und aktivieren Sie das Kontrollkästchen *Berechtigungen in allen untergeordneten Objekten zurücksetzen und die Verbreitung vererbbarer Berechtigungen aktivieren* bzw. *Bestehende vererbbare Berechtigungen aller untergeordneten Objekte durch vererbbare Berechtigungen dieses Objektes ersetzen*. Mit *Übernehmen* werden die Einstellungen bestätigt.

5 Die offenen Dialogfenster können anschließend jeweils über *OK* geschlossen werden.

6 Zurück im Registrierungseditor klicken Sie doppelt auf den Schlüssel *Protected Storage System Provider* und anschließend auf *User*. Über *Bearbeiten/Löschen* wird dieser Schlüssel entfernt. Dazu muss der Warnhinweis mit *Ja* bestätigt werden.

7 Nun muss man den Registrierungseditor schließen und Windows neu starten. Anschließend können Sie in Outlook das Passwort in den E-Mail-Konteneinstellungen ergänzen. Bestätigt man dort das Kontrollkästchen *Kennwort speichern*, merkt es sich Outlook ab sofort tatsächlich dauerhaft.

Befinden sich auf Ihrem Computer mehrere Windows-Benutzerprofile und treten dort die gleichen Probleme auf, müssen Sie für jedes Profil den betreffenden Unterschlüssel von *Protected Storage System Provider* löschen.

Adressen der Onlinekonten mit Outlook abgleichen

Wer Webmailer wie WEB.DE, GMail oder Yahoo! nutzt, verwendet auch dort üblicherweise Kontaktdaten. In diesen Fällen bietet es sich an, wenn man die Kontaktdaten zwischen Outlook und dem entsprechenden Webmail-Account abgleichen kann. So etwas ist normalerweise problemlos möglich. Wie es geht, wird hier anhand von WEB.DE gezeigt.

Zunächst die Schritte, durch die sich die in Outlook erstellten Kontakte in WEB.DE nutzen lassen.

1 Rufen Sie in Outlook *Datei/Öffnen/Importieren* auf.

2 Markieren Sie *In Datei exportieren* und bestätigen Sie diese Auswahl mit *Weiter*.

3 Im nächsten Dialogfenster geht es um den zu erstellenden Dateityp. Hier wählt man *Kommagetrennte Werte (Windows)*.

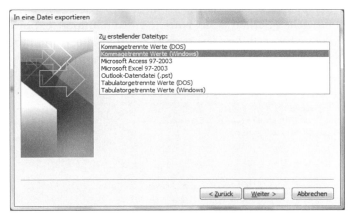

4 Mit *Weiter* geht es zum nächsten Schritt. Dort markiert man den gewünschten Kontakte-Ordner. Über die *Durchsuchen*-Schaltfläche werden Speicherort und Name der Datei angegeben, in die die Kontaktdaten gespeichert werden sollen. Mit *Weiter* und *Fertig stellen* wird der Export abgeschlossen.

Damit liegen die Kontaktdaten in Form einer CSV-Datei vor. Diese Datei können Sie in Ihren WEB.DE-Account importieren.

1 Loggen Sie sich bei WEB.DE ein und klicken Sie auf *Gruppen verwalten*.

2 Im linken Fensterbereich muss *Import* aufgerufen werden. Entscheiden Sie anschließend, wie importiert werden soll. Auf der sicheren Seite sind Sie, wenn Sie *Neue Kontakte in neue Gruppe "Import" importieren* aktivieren. Dadurch werden die Outlook-Kontakte direkt in eine eigene Gruppe eingefügt. So kommen die bestehenden WEB.DE- nicht mit den Outlook-Kontakten durcheinander. Ebenso können Sie aber auch *Komplettes Adressbuch durch Import ersetzen* einstellen. In diesem Fall landen die Outlook-Kontakte direkt im Adressbuch, werden also nicht in eine eigene Gruppe eingeordnet.

3 Über die *Durchsuchen*-Schaltfläche wird die aus Outlook exportierte CSV-Datei ausgewählt. Mit *Import Starten* werden die Kontaktdaten übermittelt. Nach dem Import zeigt WEB.DE eine Zusammenfassung an.

Anschließend können Sie wie gewohnt auf Ihr Adressbuch innerhalb des WEB.DE-Accounts zugreifen.

Der Microsoft Office Outlook Connector

Mit Windows Live Mail, Hotmail und Office Live Mail stellt Microsoft gleich mehrere E-Mail-Dienste zur Verfügung. Da war es nur eine Frage der Zeit, bis Microsoft ein Tool anbietet, über das sich eine Verbindung zwischen Outlook und den Microsoft-Webmail-Angeboten herstellen lässt. Mit dem Microsoft Office Outlook Connector gibt es nun endlich eine entsprechende Software.

Der Microsoft Office Outlook Connector ermöglicht übrigens nicht nur den Zugriff auf Ihre E-Mails. Ebenso können Sie darüber den Kalender, die Aufgaben sowie die Kontakte und Notizen abfragen.

Zu finden ist die aktuelle Version des Tools im Microsoft Download Center (*http://www.microsoft.com/downloads/de*). Schließen Sie vor der Installation Outlook. Durch die eigentliche Installation führt ein Assistent. Nachdem der Outlook Connector erfolgreich installiert wurde, starten Sie Outlook. Daraufhin öffnet sich automatisch ein Fenster, über das sich der Outlook Connector einrichten lässt.

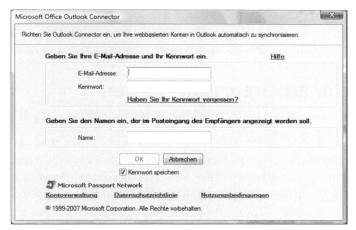

Die Konfiguration beginnt.

Hier müssen Sie die Zugangsdaten und Ihren Namen eintragen. Mit *OK* werden die Einstellungen übernommen. Der Outlook Connector meldet sich anschließend mit einem Hinweis.

Bestätigen Sie diesen Hinweis mit *OK* und starten Sie Outlook anschließend neu. Vom Outlook Connector wurde in der Zwischenzeit ein E-Mail-Konto in Outlook eingerichtet. Zu finden sind dessen Einstellungen unter *Datei/Kontoeinstellungen/Kontoeinstellungen*.

Der erste Kontakt wurde hergestellt.

Zusätzlich gibt es im Navigationsbereich die Ordner des eingerichteten Kontos. Ab sofort können Sie also hierüber Ihre Microsoft-Webmail-Konten verwalten.

Ebenso finden Sie innerhalb des *Kontakte*-Ordners ab sofort einen zusätzlichen Ordner. Dort sind die Kontakte des Webmail-Accounts enthalten.

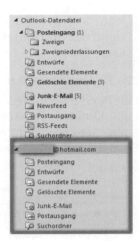

Die Webmail-Ordner gibt es jetzt in Outlook.

Auf dem Server arbeiten: IMAP-Konten verwalten

IMAP (**I**nternet **M**essage **A**ccess **P**rotocol) ermöglicht den Zugriff und die Verwaltung empfangener E-Mails. Im Gegensatz zu dem viel häufiger genutzten POP3 bleiben die Nachrichten dabei meistens auf dem Server und werden nur bei Bedarf auf den Clientrechner (als in Outlook) übernommen. Dadurch, dass die E-Mails auf dem Server bleiben, kann man auf sie von jedem Rechner und jedem Standort aus zugreifen.

IMAP hat einige Vorteile zu bieten:

> Auf E-Mails kann von mehreren Rechnern aus zugegriffen werden.

> Es sind gemeinsam genutzte E-Mail-Boxen für mehrere Benutzer möglich.

> Das lokale Datenvolumen wird reduziert, was zum Beispiel für den mobilen Zugriff (Handy) interessant ist.

> Selbst wenn man einen leistungsschwachen Rechner besitzt, kann man große E-Mail-Boxen effizient verwalten. Denn schließlich wird die Verwaltung auf dem Server vorgenommen. (Und Server sind in aller Regel recht leistungsfähig.)

> Sollte es zu einem Rechner-Crash kommen, sind die auf dem Server liegenden Daten noch verfügbar.

So schön diese IMAP-Welt auch klingen mag, es gibt durchaus auch Kritikpunkte, die hier nicht unerwähnt bleiben sollen:

➢ Bedenken Sie immer, dass die Daten in aller Regel auf einem Server eines Providers liegen. Suchen Sie sich also einen Provider, der Datenschutzrichtlinien einhält und für regelmäßige Backups sorgt.

➢ Um auf die E-Mails zugreifen zu können, ist in aller Regel eine Onlineverbindung zum Server nötig.

Trotz dieser Nachteile ist IMAP äußerst interessant. Wie es sich nutzen lässt, wird auf den folgenden Seiten anhand von WEB.DE gezeigt. Die beschriebenen Schritte lassen sich so aber auch auf jedes andere IMAP-Konto anwenden.

Ein IMAP-Konto einrichten

Eingerichtet ist das Konto in wenigen Schritten. Das Einzige, was benötigt wird, ist ein gültiges WEB.DE-Konto.

1 Legen Sie sich zunächst bei WEB.DE ein neues E-Mail-Konto an bzw. halten Sie die Kontoinformationen Ihres bestehenden WEB.DE-Kontos bereit.

2 Innerhalb von Outlook wird anschließend im *Datei*-Register *Kontoeinstellungen/Kontoeinstellungen* gewählt.

3 Klicken Sie auf *Neu*, markieren Sie *Microsoft Exchange, POP3 oder IMAP* und klicken Sie auf *Weiter*.

4 In dem sich öffnenden Dialogfenster müssen die Kontodaten eingetragen werden. Mit *Weiter* werden die Angaben bestätigt.

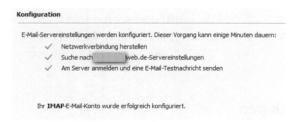

5 Die Einstellungen werden von Outlook normalerweise automatisch ermittelt. Sollte das bei Ihnen nicht der Fall sein, aktivieren Sie das Kontrollkästchen *Servereinstellungen oder zusätzliche Servertypen ma-*

nuell konfigurieren und klicken auf *Weiter*. Dort geben Sie die Daten manuell ein. Bei WEB.DE lautet der Name des Posteingangsservers *imap.web.de*. Als Postausgangsserver tragen Sie *smtp.web.de* ein. Der WEB.DE-Benutzername ist Ihre E-Mail-Adresse ohne *@web.de*.

6 Abgeschlossen wird die Konfiguration des Kontos über *Weiter* und *Fertig stellen*.

Nach der Einrichtung des Kontos werden alle Ordner aus dem WEB.DE-Account auch in der Outlook-Ordnerliste angezeigt.

Sollte es zu einer Fehlermeldung kommen, liegt das häufig an einer fehlenden Verbindung zum Server. Um diese herzustellen, markieren Sie in der Ordnerliste einen Ordner unterhalb des neuen IMAP-Ordners und wählen aus dem *Datei*-Menü *Mit [Ordnername] verbinden*.

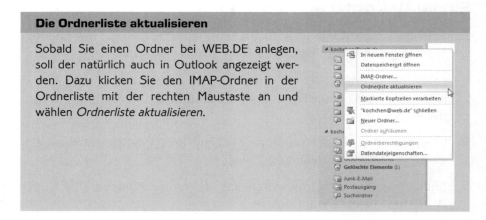

Die Ordnerliste aktualisieren

Sobald Sie einen Ordner bei WEB.DE anlegen, soll der natürlich auch in Outlook angezeigt werden. Dazu klicken Sie den IMAP-Ordner in der Ordnerliste mit der rechten Maustaste an und wählen *Ordnerliste aktualisieren*.

IMAP-E-Mails senden, empfangen und löschen

Das Senden und Empfangen von E-Mails funktioniert bei IMAP fast so wie bei POP3. Einziger Unterschied: Beim Empfangen der Nachrichten erhält man lediglich eine Kopie der E-Mail. Die Originalnachricht bleibt hingegen auf dem Server.

Ordner bei WEB.DE anlegen

Das IMAP-Konto enthält bereits einige Standardordner, die vom Provider angelegt werden. Bei WEB.DE sind das zum Beispiel *Posteingang*, *Postausgang* und *Papierkorb*. Solche Standardordner lassen sich weder löschen noch umbenennen.

Andererseits fügt aber auch Outlook einen Standardordner, nämlich *Junk-E-Mail*, ein. Um einen neuen Ordner (im folgenden Beispiel *Arbeit*) anzulegen, gehen Sie folgendermaßen vor:

1 Rufen Sie dazu Outlook auf und klicken Sie im Navigationsbereich auf *E-Mail*.

2 Hier wird der IMAP-Ordner mit der rechten Maustaste angeklickt und *Neuer Ordner* gewählt.

3 In das Feld *Name* trägt man *Arbeit* ein. Achten Sie darauf, dass bei *Ordner enthält Elemente des Typs* der Eintrag *E-Mail und Bereitstellung* eingestellt ist. Zusätzlich vergewissern Sie sich, dass im Bereich *Ordner soll angelegt werden unter* der IMAP-Ordner (z. B. *e-mail@web.de*) markiert ist.

4 Übernommen werden die Einstellungen mit *OK*.

Um zu prüfen, ob der Ordner auch tatsächlich in Ihrem WEB.DE-Account angelegt wird, loggen Sie sich dort ein. Dort sehen Sie dann auch, dass der *Arbeit*-Ordner jetzt ebenfalls vorhanden ist.

Ordner abonnieren

Eigentlich kann man beliebig viele IMAP-Ordner anlegen. Allerdings bergen zu viele Ordner das Risiko in sich, dass die E-Mail-Bearbeitung für das IMAP behindert wird. Um dem entgegenzuwirken, besteht die Möglichkeit, Ordner zu abonnieren, sodass ausschließlich diese von Outlook verwaltet werden können.

Nur in abonnierten Ordnern lassen sich E-Mails ablegen.

1 Um einen Ordner zu abonnieren, wird im Navigationsbereich *E-Mail* geöffnet.

2 Hier klickt man den IMAP-Ordner mit der rechten Maustaste an und wählt aus dem Kontextmenü *IMAP-Ordner*.

3 Über die Schaltfläche *Abfrage* lassen Sie sich zunächst alle verfügbaren IMAP-Ordner anzeigen.

4 Markieren Sie den ersten Ordner, den Sie abonnieren wollen, und klicken Sie auf *Abonnieren*. Wiederholen Sie diese Schritte für alle weiteren zu abonnierenden Ordner.

5 Sie können Outlook so einstellen, dass im Navigationsbereich innerhalb des IMAP-Ordners nur noch die abonnierten Ordner angezeigt
werden. Wenn Sie das wollen, aktivieren Sie im unteren Fensterbereich die Option *Bei der Hierarchieanzeige in Outlook*.

6 Nachdem Sie die gewünschten Ordner abonniert haben, klicken Sie
auf *Übernehmen* und *OK*.

Im Büro: schnelle Anbindung an einen Exchange Server

Viele Anwender benutzen am heimischen PC zum Schreiben von E-Mails
Windows Mail oder Outlook Express. Outlook selbst kommt oftmals nur
am Arbeitsplatz zum Einsatz. Und dort ist Outlook üblicherweise mit
einem Exchange Server verbunden. Dieser Exchange Server wird im Re-
gelfall von einem Administrator verwaltet, der dann auch für das Einrichten von E-Mail-Konten, Datensicherung und Fehlerbehebung verantwortlich ist. Dennoch kann es Situationen geben, in denen man selbst Hand
anlegen muss. Solche Dinge werden in diesem Buch vorgestellt.

Zunächst stellt sich die Frage, wie Sie erkennen können, ob Ihr Outlook
tatsächlich an einen Exchange Server angebunden ist. Um das herauszufinden, öffnen Sie in Outlook *Datei/Kontoeinstellungen/Kontoeinstellungen...*

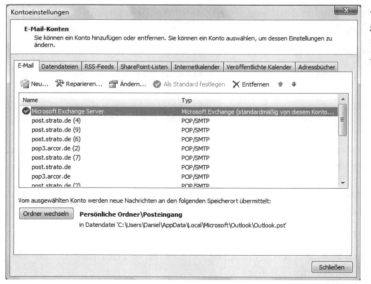

So sehen Sie gleich, ob es sich um ein Exchange-Konto handelt.

Im *E-Mail*-Register sind all Ihre E-Mail-Konten aufgeführt. Bei den Konten, die auf einen Exchange Server zugreifen, steht in der *Typ*-Spalte *Microsoft Exchange*.

In aller Regel werden Exchange-Konten im Unternehmen zentral vom Administrator eingerichtet. Sollten Sie dennoch einmal selbst Hand anlegen müssen, gehen Sie folgendermaßen vor.

1 Schließen Sie Outlook und öffnen Sie *Start/Systemsteuerung/Mail*.

2 Hier wird auf *E-Mail-Konten* geklickt. In dem sich öffnenden Dialogfenster klickt man auf *Neu* und bestätigt diese Auswahl mit *Weiter*. (Die Voreinstellung *Microsoft Exchange, POP oder IMAP* ist korrekt.)

3 Aktivieren Sie *Servereinstellungen oder zusätzliche Servertypen manuell konfigurieren* und klicken Sie auf *Weiter*. Im nächsten Dialogfenster markiert man *Microsoft Exchange* und bestätigt diese Auswahl ebenfalls mit *Weiter*.

4 In das Feld *Microsoft Exchange Server* wird der Servername eingetragen. Unter *Benutzername* geben Sie den Namen Ihres Exchange-Postfachs an. Sollten Sie sich nicht sicher sein, ob der Benutzername korrekt ist, können Sie ihn über die Schaltfläche *Namen prüfen* kontrollieren.

5 Nachdem man die Einstellungen mit *Weiter* bestätigt hat, baut Outlook eine Verbindung zum Server auf.

Jedem Konto sein eigenes Profil

Wenn Sie mehrere Exchange-E-Mail-Konten in Outlook nutzen wollen, müssen Sie für jedes dieser Konten ein eigenes Profil einrichten. Denn jedes Profil kann maximal ein einziges Exchange-Konto enthalten.

SMS-Konten einrichten

Lange Zeit musste man, um aus Outlook heraus SMS verschicken zu können, auf spezielle Hardware oder Add-ins zurückgreifen. Erst mit Outlook 2007 wurde mit dem Outlook Mobile Service ein Feature integriert, das den Versand von SMS via Outlook ermöglichte. Und diese bewährte Funktion gibt es auch in Outlook 2010. Dank des Outlook Mobile Service können die bestehenden Kontakte bequem per SMS erreicht werden. Dabei werden die SMS als E-Mails verschickt. SMS an einzelne Personen sind dabei ebenso möglich wie SMS an Gruppen.

Um SMS verschicken zu können, müssen zwei Voraussetzungen erfüllt sein:

> eine Registrierung bei einem SMS-Anbieter;
> in Outlook muss ein SMS-Konto eingerichtet werden.

Momentan ist die Auswahl möglicher Anbieter noch sehr übersichtlich, es werden aber immer mehr. Den passenden Dienstleister können Sie sich unter *http://messaging. office.microsoft.com/HostingProviders.aspx? src=O14&lc=1031* aussuchen.

Wollen Sie diese Funktionalität zunächst testen, können Sie das zum Beispiel bei redoxygen (*http://www.redoxygen.com/pricing/ free_trial/oms/*) tun. Die Einrichtung des Test-Accounts ist sehr einfach. (Achten Sie aber darauf, dass Sie Ihre Handy-Nummer korrekt angeben, da dort wichtige Codes zum Freischalten des Accounts der benötigten Software geschickt werden.)

Mit RSS-Feeds arbeiten

Lange wurde die Funktion vermisst, jetzt ist sie da. Outlook ist nun ein vollwertiger RSS-Reader. Als solch ein RSS-Reader erlaubt Outlook das Abonnieren, Verwalten und Lesen von RSS-Feeds. Anders als in früheren Outlook-Versionen muss man sich dafür nun keine externen Reader mehr installieren, sondern kommt mit den von Outlook bereitgestellten Funktionen aus.

Auch wenn hier und anderswo RSS-Feeds als Synonym für Newsfeeds verwendet werden, ist das nicht ganz korrekt. Denn RSS ist lediglich das Format, in dem viele Newsfeeds verfasst werden. Neben RSS gibt es aber auch noch andere Formate, von denen sich zumindest Atom in letzter Zeit anschickt, die RSS-Vorherrschaft zu beenden.

Newsfeeds ermöglichen es dem Anwender, eine Webseite oder Teilbereiche einer Webseite zu abonnieren und diese sich entweder auf seinem PC anzusehen oder in die eigene Webseite zu integrieren. Was auf den ersten Blick wenig spektakulär klingt, hat gegenüber anderen Techniken einen entscheidenden Vorteil: Neue Inhalte werden automatisch auf den Computer des Anwenders übertragen.

Seit Outlook 2007 ist es möglich, Newsfeeds zu abonnieren, ohne dass auf externe Tools zurückgegriffen werden muss. Outlook unterstützt derzeit die folgenden Newsfeed-Standards:

➢ Rich Site Summary (RSS 0.91)

➢ RDF Site Summary (RSS 0.9, 1.0 und 1.1)

➢ Really Simple Syndication (RSS 2.0)

➢ Atom

Damit sind all die Formate abgedeckt, die in der Praxis relevant sind.

Es gibt verschiedene Möglichkeiten, Newsfeeds in Outlook aufzunehmen. Bevor man einen Newsfeed allerdings abonnieren kann, muss man ihn zunächst einmal als solchen erkennen. Mittlerweile hat sich folgendes Logo durchgesetzt:

 An diesem Logo erkennt man Newsfeeds (normalerweise).

Vereinzelt kommt zwar auch ein XML-Logo zum Einsatz, das abgebildete Logo ist mittlerweile aber üblicher. Die Verwendung von RSS-Feeds in Outlook wird hier anhand des Sport-Feeds von N24.de gezeigt. Eine Übersicht über alle von N24 angebotenen Feeds finden Sie unter *http://www.n24.de/service/rss_podcasts/rssfeed.html*.

Hier gibt es Newsfeeds

Unter *http://www.rss-verzeichnis.de/* finden Sie zahlreiche Newsfeeds thematisch geordnet. Dort ist für jeden etwas dabei.

Zahllose Feeds werden auf dieser Seite angeboten.

Wenn Sie einem der aufgeführten Links zu einem RSS-Feed folgen, wird je nach verwendetem Browser eine XML-Datei angezeigt, die etwa folgendermaßen aussieht (hier allerdings in gekürzter Form):

```
   <rss version="2.0">
   <channel>
   <title>N24 - Wir kommen zur Sache.</title>
   <link>http://www.n24.de</link>
 5 <description>N24 - Aktueller Nachrichtenüberblick</description>
   <language>de-de</language>
   <copyright>
   (c) 2006 SevenOne Intermedia GmbH. Alle Rechte vorbehalten.
   </copyright>
10 <item>
   <guid isPermaLink="false">
   http://www.n24.de/sport/fussball/1buli/article.php
   ?articleId=87191
   </guid>
   <title>HSV-Aufsichtsrat sagt "Krisengipfel" ab</title>
15 <description>
```

- Der "Krisengipfel" des HSV-Aufsichtsrats, bei dem über die Zukunft von Trainer Thomas Doll entschieden werden sollte, findet nicht statt. Die geplante Runde habe in der Presse einen falschen Akzent bekommen, sagte der Vorsitzende Bandow.
- </description>
- <link>
- http://www.n24.de/sport/fussball/1buli/article.php ?articleId=87191
20 </link>
- <author>n24-anfragen@n24.de (N24.de)</author>
- </item>
- </channel>
- </rss>

Browser, in denen ein RSS-Reader enthalten ist (zum Beispiel der Internet Explorer ab Version 7 und Mozilla Firefox), ermöglichen es, den RSS-Feed direkt zu abonnieren. An dieser Stelle soll es aber zunächst darum gehen, den RSS-Feed in Outlook zur Verfügung zu stellen. (Wie RSS-Feeds aus dem Browser in Outlook übernommen werden können, erfahren Sie im übernächsten Abschnitt.)

1 Klicken Sie dazu innerhalb der Outlook-Ordnerliste mit der rechten Maustaste auf *RSS-Feeds* und wählen Sie *Neuen RSS-Feed hinzufügen*.

2 In das sich öffnende Dialogfenster tragen Sie die Adresse des Feeds ein. (Kopieren Sie diese zum Beispiel aus der Adresszeile des Browsers.)

3 Bestätigen Sie die Adresse mit *Hinzufügen*. Um weitere Einstellungen am RSS-Feed vorzunehmen, wird innerhalb der sich öffnenden Sicherheitsabfrage *Soll dieser RSS-Feed Outlook hinzugefügt werden?* auf *Erweitert* geklickt.

4 Hier können Sie zunächst bestimmen, in welchem Ordner der RSS-Feed angezeigt werden soll. Gerade wenn Sie viele RSS-Feeds abonnieren, sollten Sie sich eine eigene Feed-Ordnerstruktur überlegen.

Gehen Sie dabei ähnlich wie bei normalen E-Mail-Ordnern vor. So könnte es zum Beispiel die Feed-Ordner *Nachrichten*, *Sport*, *Wirtschaft* und *Show* geben. Ordner können wie üblich über die Outlook-Ordnerleiste oder direkt im aktuell geöffneten Dialogfenster *RSS-Feedoptionen* erstellt werden. Bei letzterer Variante klicken Sie auf *Ordner wechseln*, wählen die gewünschte Position und legen über *Neuer Ordner* den Feed-Ordner an. Informationen zu den weiteren möglichen Einstellungen in diesem Dialogfenster erhalten Sie im nächsten Abschnitt.

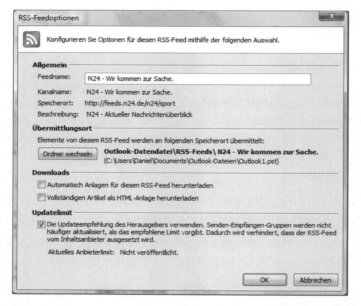

5   Bestätigen Sie die vorgenommenen Einstellungen mit *OK* und die Kontrollabfrage im nächsten Fenster mit *Ja*. Outlook fügt den abonnierten Feed automatisch in die Ordnerliste an der zuvor gewählten Position ein (standardmäßig unter *RSS-Feeds*).

Bei RSS-Feeds hat es sich bewährt, dass der Lesebereich eingeblendet wird. So hat man den Vorschautext der betreffenden Meldungen immer vor Augen. Um den Lesebereich anzuzeigen, wählen Sie aus dem *Ansicht*-Register *Lesebereich* und dann die gewünschte Position (*Unten* oder *Rechts*).

Die Newsfeeds sind abonniert.

Die abonnierten Feeds können jetzt genauso wie normale E-Mails gehandhabt werden. Feeds lassen sich also beispielsweise auch nach Kategorien gruppieren und ausdrucken. Um sich den vollständigen Artikel anzeigen zu lassen, klickt man auf *Artikel anzeigen*. Daraufhin wird der Artikel im Standardbrowser geöffnet.

Mehrere RSS-Feeds gleichzeitig aufnehmen

Wenn Sie den Eintrag *RSS-Feeds* im Arbeitsbereich mit der rechten Maustaste anklicken, wird Ihnen der Eintrag *OPML-Datei importieren* auffallen.

So lassen sich mehrere Feeds importieren.

Hierüber können Sie mehrere RSS-Feeds gleichzeitig in Outlook aufnehmen. Dabei steht OPML für **O**utline **P**rocessor **M**arkup **L**anguage, eine Sprache, mit der sich zum Beispiel RSS-Feeds zwischen verschiedenen RSS-Tools austauschen lassen. So werden diese OPML-Dateien mittlerweile auf vielen Webseiten (übrigens auch von Privatpersonen) angeboten. Diese Dateien enthalten dann eine Anzahl verschiedener RSS-Feeds, die Sie alle auf einmal in Outlook übernehmen können.

Newsfeeds aus Firefox übernehmen

OPML-Dateien sind übrigens auch noch vor einem anderen Hintergrund interessant. Denn dank dieses Dateityps können die in Mozilla Firefox angelegten Newsfeeds auch in Outlook genutzt werden. Mehr zu diesem Thema erfahren Sie dann im weiteren Verlauf dieses Kapitels.

Um eine OPML-Datei in Outlook zu importieren, rufen Sie den genannten Punkt im Arbeitsbereich auf und wählen die Datei über die *Durchsuchen*-Schaltfläche aus. Mit *Weiter* wird diese Auswahl bestätigt. Aktivieren Sie anschließend die Feeds, die Sie importieren wollen.

Durch *Weiter* wird die Auswahl bestätigt. Outlook importiert die angegebenen Feeds und zeigt noch einmal eine Zusammenfassung an, die mit *Fertig stellen* bestätigt wird.

Einige Feeds werden ausgewählt.

RSS-Feeds aus dem Browser übernehmen

Die Feeds über Outlook zu abonnieren ist eine Sache. Oftmals ist man aber mit seinem Browser unterwegs und abonniert dort einen RSS-Feed. Dann ist es natürlich erwünscht, dass automatisch eine Synchronisation zwischen den RSS-Feeds des Browsers und Outlook stattfindet. Für Benutzer des Internet Explorer ab Version 7 ist das kein Problem. Voraussetzung dafür ist, dass in Outlook die Option *Datei/Optionen/Erweitert/RSS-Feeds mit der gemeinsamen Feedliste in Windows synchronisieren* aktiviert wird.

Hat man im Internet Explorer einen RSS-Feed abonniert, wird beim ersten Outlook-Start das Dialogfenster *Von Outlook und Microsoft werden ...* angezeigt.

Wenn Sie diese Abfrage mit *Ja* bestätigen, werden die RSS-Feed-Listen zwischen Internet Explorer und Outlook immer abgeglichen.

Etwas problematischer sieht es für die Anwender aus, die Mozilla Firefox verwenden. Dort gibt es einen automatischen Abgleich leider nicht. Trotzdem muss man auch dort nicht seine RSS-Feeds doppelt anlegen. Das Zauberwort heißt hier OPML-Dateien. Outlook kann RSS-Feeds, die in OPML-Dateien vorliegen, importieren und die eigenen RSS-Feeds in OPML-Dateien exportieren. Für Firefox muss man ein entsprechendes Add-on installieren, damit der Browser OPML-Dateien erzeugen und importieren kann. Das Add-on ist unter *https://addons.mozilla.org/firefox/2625/* zu finden. Um die Firefox-RSS-Feeds in Outlook zu verwenden, wählen Sie *Lesezeichen/Lesezeichen verwalten*, klicken auf *Importieren und Sichern* und wählen *OPML exportieren*, bestätigen die Einstellungen mit *OK*, wählen den Speicherort für die OPML-Datei und legen sie mit *Speichern* ab.

Der Import funktioniert dann in Outlook so, wie es bereits gezeigt wurde.

Andersherum (von Outlook zu Firefox) geht es natürlich auch. Dabei wählen Sie in Outlook *Datei/Öffnen/Importieren* und markieren die Option *RSS-Feeds in eine OPML-Datei exportieren*.

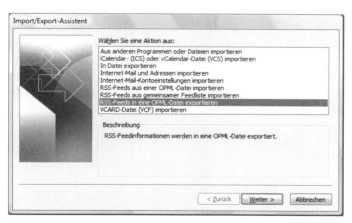

Die Newsfeeds werden exportiert.

Mit *Weiter* geht es zur Feed-Auswahl. Dort können Sie festlegen, welche Feeds exportiert werden sollen. Nachdem dieser Schritt mit *Speichern* bestätigt wurde, wählen Sie den Speicherort der OPML-Datei aus und bestätigen das mit *Speichern* und *Weiter*.

In Firefox rufen Sie anschließend *Lesezeichen/Lesezeichen verwalten* auf, klicken auf *Importieren und sichern* und wählen den Punkt *OPML-Datei importieren*. Nachdem Sie die Datei ausgewählt haben, zeigt Firefox ein Dialogfenster an, das mit *OK* bestätigt wird. Anschließend sind die Feeds auch in Firefox verfügbar.

RSS-Feeds nachträglich ändern

Nachdem man einen Feed abonniert hat, kann man ihn bereits nutzen. Im Laufe der Zeit will man aber möglicherweise festlegen, dass der RSS-Feed häufiger aktualisiert wird, oder aber man will ihn wieder abbestellen.

Die Häufigkeit auf Überprüfung von RSS-Feeds ändern

Interessant ist die Frage, wie oft RSS-Feeds auf Aktualisierungen hin überprüft werden. (Schließlich sollen RSS-Feeds aktuell sein.) Das hängt von zwei verschiedenen Faktoren ab.

Zunächst können die Herausgeber des RSS-Feeds die maximale Häufigkeit angeben, mit der auf Aktualisierungen überprüft werden soll. So gibt es zum Beispiel Herausgeber, die eine maximale Abfragehäufigkeit von 30 Minuten festlegen. Versucht man nun als Anwender, mehrmals innerhalb einer halben Stunde den RSS-Feed abzurufen, wird man möglicherweise temporär gesperrt oder das Feed-Abonnement wird storniert. Welche „Strafe" der Herausgeber wählt, bleibt ihm überlassen.

Sie können folgendermaßen herausfinden, ob der Herausgeber ein Updatelimit definiert hat.

1 Wählen Sie im *Datei*-Register *Kontoeinstellungen* und wechseln Sie in das Register *RSS-Feeds*.

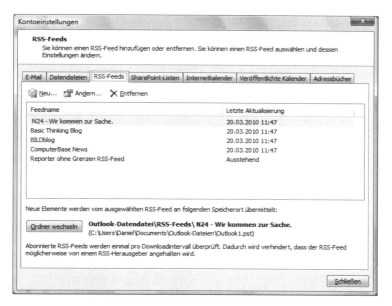

2 Dort wird der betreffende RSS-Feed markiert und *Ändern* angeklickt. Das aktuelle Anbieterlimit kann im Bereich *Updatelimit* abgelesen werden. Finden Sie dort ein Updatelimit vor, können Sie die Häufigkeit anpassen, in der nach Aktualisierungen gesehen werden soll.

Die meisten Herausgeber sind allerdings darüber froh, dass ihre RSS-Feeds abonniert werden, und legen keine Updatelimits fest.

Sie können selbst bestimmen, wie oft nach Neuerungen bei den jeweiligen RSS-Feeds geschaut werden soll. Rufen Sie dazu im Outlook-Hauptfenster im Register *Senden/Empfangen* den Punkt *Senden-Empfangen-Gruppen* auf und wählen Sie *Senden-Empfangen-Gruppen definieren*. Markieren Sie den Gruppennamen, in dem sich der betreffende Feed befindet, und rufen Sie *Bearbeiten* auf. Dort finden Sie den Punkt *RSS*.

Aktivieren Sie im oberen Fensterbereich die Option *RSS-Feeds in diese Senden-Empfangen-Gruppe einschließen*. Durch diese Einstellung werden die RSS-Feeds immer abgefragt, wenn für diese Gruppe *Senden/Empfangen* ausgelöst wird. (Bei Bedarf können einzelne RSS-Feeds im unteren Fensterbereich deaktiviert werden.)

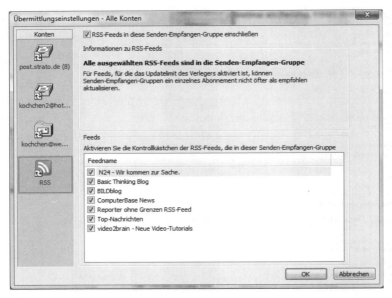

Hier legt man fest, welche Feeds in die Gruppe einbezogen werden sollen.

Nachdem das Dialogfenster mit *OK* geschlossen wurde, kann für die Gruppe der Updatezeitraum festgelegt werden. Aktivieren Sie dazu die Option *Automatische Übermittlung alle n Minuten* und geben Sie den gewünschten Rhythmus ein.

Wenn sich Ihr Intervall mit dem des Herausgebers überschneidet

Hat der Herausgeber ein Intervall von 60 Minuten angegeben, Ihr eigenes haben Sie aber auf 30 Minuten eingestellt, verwendet Outlook das des Herausgebers. Hierdurch will Outlook verhindern, dass Sie möglicherweise gesperrt werden beziehungsweise dass das RSS-Feed gekündigt wird.

Dieses Standardverhalten kann über *Datei/Kontoeinstellungen/Kontoeinstellungen/RSS-Feeds/Ändern* angepasst werden. Dort deaktivieren Sie das Kontrollkästchen im Bereich *Updatelimit*. In diesem Fall gelten ausschließlich Ihre persönlichen Einstellungen.

RSS-Feeds offline lesen

Die meisten Feeds enthalten lediglich eine Vorschau auf die eigentlichen Artikel. Will man den vollständigen Artikel lesen, muss man auf *Artikel anzeigen* klicken. Was aber, wenn Sie wissen, dass Sie morgen wegfahren und im Zug einige Artikel des Feeds lesen wollen? Um es vorwegzunehmen: Die Feeds können Sie nicht so lesen, als ob Sie online sind. Allerdings können Sie Outlook so konfigurieren, dass die Feeds als vollständige HTML-Anlagen heruntergeladen werden. Und diese können Sie dann tatsächlich lesen, auch wenn Sie offline sind.

1 Rufen Sie dazu im *Datei*-Register *Kontoeinstellungen/Kontoeinstellungen* auf und wechseln Sie in das Register *RSS-Feeds*.

2 Dort markiert man den betreffenden Feed und klickt auf *Ändern*.

3 Im Bereich *Downloads* muss die Option *Vollständigen Artikel als HTML-Anlage für jedes Element herunterladen* aktiviert werden. Nachdem die Einstellungen mit *OK* übernommen wurden, werden die Artikel des betreffenden Feeds heruntergeladen und können somit offline gelesen werden.

RSS-Feeds stornieren

Selbstverständlich sind Sie einem einmal abonnierten RSS-Feed nicht auf Gedeih und Verderb bis in alle Ewigkeit ausgeliefert. Ihnen gefällt ein Feed nicht mehr? Kein Problem, heben Sie das Abonnement einfach wieder auf. Dazu klicken Sie den Feed-Namen in der Outlook-Ordnerliste mit der rechten Maustaste an und wählen *Ordner löschen*.

Outlook fragt noch einmal nach, ob der Feed gelöscht werden soll.

Wird dieses Kontrollfenster mit *Ja* bestätigt, entfernt Outlook den RSS-Feed automatisch.

RSS-Feeds filtern

Es kann natürlich sein, dass Sie sich für ein ganz bestimmtes Thema innerhalb der Newsfeeds interessieren. Und so überfliegen Sie eigentlich immer nur die Überschriften der Feeds auf der Suche nach einem bestimmten Stichwort.

Entdecken Sie dieses in einer Überschrift, klicken Sie diese automatisch an. Eine solche manuelle Suche können Sie durch das Anlegen eines Filters automatisieren.

1 Öffnen Sie dazu den entsprechenden Feed und rufen Sie im *Ansicht*-Register *Ansichteneinstellungen* auf.

2 In dem sich öffnenden Dialogfenster klicken Sie auf *Filtern*. Interessant ist dort das Feld *Suchen nach*. Denn hier tragen Sie das Wort ein, nach dem Sie zuvor immer manuell gesucht haben.

3 Über das *In*-Feld können Sie zusätzlich festlegen, ob nach dem Wort nur im Betreff oder auch im Artikel gesucht werden soll. Mit *OK* werden die Einstellungen übernommen.

Die definierte Ansicht gilt dann ausschließlich für den betreffenden Feed. Um sie auch auf andere Feeds anzuwenden, müssen Sie diese dort noch einmal explizit anlegen. Soll die Ansicht nicht mehr gefiltert werden, klicken Sie im *Ansicht*-Register auf *Ansicht zurücksetzen*. Nachdem die Kontrollabfrage mit *Ja* bestätigt wurde, werden wieder alle Feed-Einträge ungefiltert angezeigt.

Alte RSS-Feeds automatisch löschen

Die Inhalte von RSS-Feeds können schnell sehr umfangreich werden. Das wirkt sich mit der Zeit natürlich auch auf die Größe des Exchange-Postfachs oder die Persönlichen-Ordner-Dateien aus. Besser ist es daher, wenn man alte RSS-Feeds automatisch von Outlook löschen lässt. Das geht sehr einfach über die AutoArchivierung.

Klicken Sie den RSS-Ordner innerhalb der Ordnerliste mit der rechten Maustaste an. Sollte die Ordnerliste noch nicht geöffnet sein, können Sie das über das gleichnamige Symbol nachholen.

Nach einem Rechtsklick auf den *RSS*-Ordner und *Eigenschaften* wechseln Sie in das Register *AutoArchivierung*. Dort aktivieren Sie *Für diesen Ordner folgende Einstellungen verwenden*. Bei *Elemente löschen, wenn älter als* gibt man den Zeitraum ein, den RSS-Objekte aufbewahrt werden sollen. Normalerweise genügt es, wenn man die Inhalte einen Monat in Outlook archiviert. Zusätzlich sollte *Alte Elemente endgültig löschen* aktiviert werden.

Diese Einstellungen sparen Speicherplatz.

Mit *OK* werden die Einstellungen übernommen. Dank der gewählten Optionen löscht Outlook RSS-Objekte nach einem Monat.

2. Outlook an die eigenen Bedürfnisse anpassen

Jeder Anwender setzt andere Prioritäten während der täglichen Arbeit. Und so unterschiedlich die Anforderungen der einzelnen Benutzer sind, so verschiedenartig kann Outlook angepasst werden. Dieses Kapitel zeigt, wie Sie im Handumdrehen zu Ihrem ganz persönlichen Outlook kommen.

2.1 Die Ribbon-Leiste individuell anpassen

Seit Office 2007 gibt es die Ribbon- bzw. Multifunktionsleiste. Deren Bedienkonzept basiert auf Tabs, über die man gruppierte Symbole aufrufen kann. Die Bedienung des Ribbon-Interface ist nach kurzer Einarbeitungsphase sehr angenehm. Denn dank Ribbon muss man sich bei der Suche nach einer bestimmten Funktion nicht erst durch verschachtelte Menüs hangeln, sondern sieht alles auf den ersten Blick. Beim Ribbon handelt es sich um eine Menüleiste mit einer Schaltflächenleiste darunter. Nach einem Klick auf einen der Menüpunkte klappt nicht wie gewohnt ein Menü auf, sondern es wird in eine neue Schaltflächenleiste gewechselt, in der die zum Menüpunkt gehörenden Schaltflächen aufgeführt sind.

Versprochener Zeitgewinn

Hinter dem Ribbon-Konzept stecken in erster Linie wirtschaftliche Gründe. Denn laut Microsoft sollen Anwender dank Ribbon nicht nur 65 % weniger Mausbewegungen, sondern auch gleich noch 60 % weniger Mausstrecke zurücklegen müssen. Das spart (Arbeits–)Zeit und somit natürlich auch Geld.

Weiß man einmal nicht, was sich hinter einer Schaltfläche verbirgt, braucht man nur mit der Maus auf die betreffende Schaltfläche zu zeigen. In einem sogenannten Super-Tooltip erscheinen daraufhin Erklärungen über Sinn und Zweck der Schaltfläche.

Es werden zusätzliche Informationen angezeigt.

Die Ribbon-Leiste setzt sich in Outlook bei geöffneter Ordnerliste aus vier Rubriken bzw. Registern zusammen. Diese können über die Register im oberen Fensterbereich gewählt werden. Im weiteren Verlauf dieses Buches werden Sie die Optionen, die sich hinter den Rubriken verbergen, noch ausgiebig kennenlernen. Dennoch bereits jetzt ein erster Blick auf die verfügbaren Register:

➢ *Datei* – hierunter finden Sie allgemeine Optionen zur Kontoeinstellung und dem Aufräumen von Outlook.

➢ *Start* – diese Rubrik enthält die wichtigsten Optionen zur gewählten Kategorie. Wurde z. B. der Kalender geöffnet, lassen sich ganz einfach neue Termine und Besprechungen anlegen. Öffnet man hingegen den E-Mail-Bereich, stehen Optionen wie *Neue E-Mail-Nachricht* und ein E-Mail-Filter zur Verfügung.

➢ *Senden/Empfangen* – darin sind sämtliche Optionen aufgeführt, die man zum Senden und Empfangen benötigt. Dazu gehören eine Statusanzeige ebenso wie die Möglichkeit, Outlook in den Offlinebetrieb zu schalten.

➢ *Ordner* – diese Rubrik ist ebenfalls davon abhängig, welcher Bereich gerade geöffnet ist. Hat man den Kalender aufgerufen, lassen sich über *Ordner* zusätzliche Kalender anlegen. Bei geöffnetem E-Mail-Ordner stehen hingegen Optionen wie *Neuer Suchordner* und die Einstellungen für die AutoArchivierung zur Verfügung.

➢ *Ansicht* – und auch diese Rubrik verändert sich, je nachdem, was man aufgerufen hat. Im Kalender hat man z. B. die Wahl zwischen Tages- und Wochenansicht. Bei der E-Mail-Ansicht kann man hingegen Spalten hinzufügen und den Lesebereich einblenden.

Diese Liste zeigt, dass sich die Inhalte der Ribbon-Leiste immer nach der jeweils gewählten Ansicht richten. Die innerhalb der Register verfügbaren Optionen variieren dabei ebenfalls. So werden beispielsweise bei geöffnetem *Kontakte*-Ordner die folgenden Bereiche innerhalb des *Start*-Registers angezeigt.

Das sind die Kontakte-Optionen.

Vollkommen anders sieht das nun allerdings aus, wenn man das gleiche Register innerhalb des Kalenders aufruft.

Das sind die Kalenderoptionen.

Die Ribbon-Leiste passt sich also immer den jeweiligen Bedürfnissen bzw. dem gewählten Element an.

Wenn Sie einen bestimmten Befehl nicht sofort finden, können Sie auf Dialogfenster zurückgreifen, die sich im Vergleich zu den Outlook-Vorgängerversionen kaum verändert haben. Aufrufen lassen sich diese Dialoge über die grauen Pfeilsymbole, die in der rechten unteren Ecke einer thematischen Kategorie innerhalb der Ribbon-Leiste angezeigt werden.

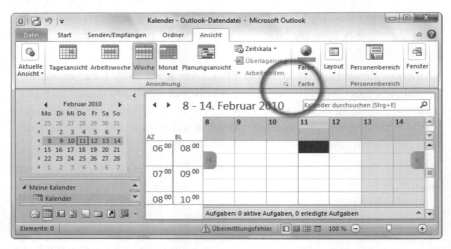

So haben Sie Zugriff auf noch mehr Optionen.

Die Ribbons minimieren

Die Ribbon-Leiste präsentiert alle Funktionen schön übersichtlich. Allerdings beansprucht sie auch sehr viel Platz. (Das ist übrigens auch einer der Hauptkritikpunkte an dieser Leiste.) Wer mit seinem Netbook unterwegs ist, möchte diesen Platz lieber für den normalen Arbeitsbereich nutzen. In solchen Fällen kann man die Multifunktionsleiste ganz einfach minimieren. So hat man deutlich mehr Platz zur Verfügung.

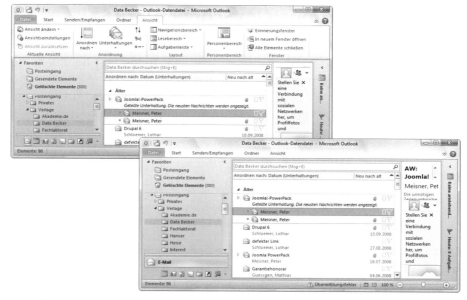

Outlook mit und ohne Leiste.

Um die Ribbons „einzufahren", klicken Sie im oberen Fensterbereich auf den Aufwärtspfeil.

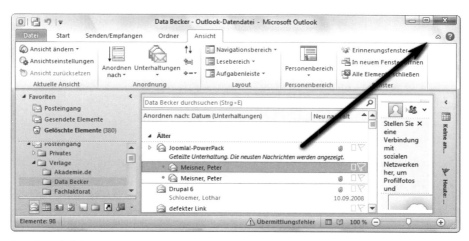

Darüber wird die Leiste minimiert.

Daraufhin wird die Leiste automatisch minimiert. Wollen Sie sie später wieder einblenden, klicken Sie auf den nun angezeigten Abwärtspfeil.

Wichtige Funktionen im Schnellzugriff

Häufig benötigte Befehle kann man in die Symbolleiste für den Schnellzugriff einfügen. Diese Symbolleiste enthält eine Reihe von Befehlen, die
unabhängig von der gerade angezeigten Registerkarte sind. Wenn Sie also
zum Beispiel häufiger die Druckfunktion von Outlook nutzen, könnten Sie
den Drucken-Befehl in die Symbolleiste für den Schnellzugriff einfügen
und diesen dann jederzeit direkt aufrufen.

Zu finden ist die Symbolleiste im oberen linken Fensterbereich von Outlook.

Hier finden Sie die Symbolleiste
für den Schnellzugriff.

Diese Symbolleiste ist vollständig anpassbar. Sie können dort jeden beliebigen Befehl platzieren. Aber Achtung: Sinnvoll ist diese Schnellzugriff-
funktion eigentlich nur, wenn man nicht zu viele Befehle einfügt. Denn
nimmt die Befehlsanzahl überhand, geht schnell die Übersicht verloren.
Über den Abwärtspfeil, der rechts neben der Symbolleiste angezeigt wird,
können Sie zunächst einmal wichtige Standardfunktionen wie z. B. *Zurück*,
Weiter und *Löschen* aufnehmen. Sollte der von Ihnen gewünschte neue
Befehl dort nicht auftauchen, rufen Sie *Weitere Befehle* auf.

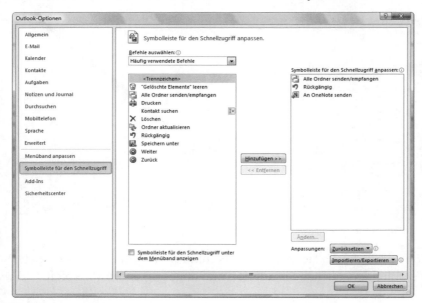

Hier finden Sie alle Befehle.

Über das Feld *Befehle auswählen* können Sie die gewünschte Befehlskategorie einstellen, in der der gesuchte Befehl eingeordnet ist. Sollten Sie diese nicht wissen, stellen Sie am besten *Alle Befehle* ein. Dadurch werden alle in Outlook verfügbaren Befehle alphabetisch aufgelistet. Haben Sie den gewünschten Befehl gefunden, markieren Sie ihn und klicken auf *Hinzufügen*. Der Befehl wird anschließend im rechten Fensterbereich angezeigt. Bestätigt man diese Einstellung mit *OK*, ist der Befehl in der Schnellzugriffleiste enthalten.

Es gibt übrigens noch einen direkteren Weg, um Befehle in die Schnellzugriffleiste aufzunehmen. Dazu klicken Sie den betreffenden Befehl innerhalb der Ribbon-Leiste mit der rechten Maustaste an.

So kann man den Befehl auch hinzufügen.

Wenn Sie anschließend *Zu Symbolleiste für den Schnellzugriff hinzufügen* wählen, wird der Befehl ebenfalls in den Schnellzugriff aufgenommen.

Das klassische Menü verwenden

Sollte Ihnen die Ribbon-Leiste nicht gefallen, können Sie auf das klassische Menü zurückgreifen. Das gelingt mit dem Add-in Classic Menu for Office (*http://www.addintools.com/german/*).

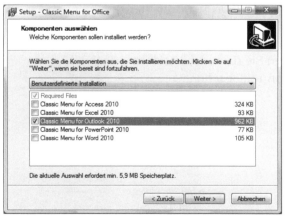

Hier wird das klassische Menü nur für Outlook installiert.

Während der Installation – durch die ein Assistent führt – können Sie festlegen, für welche Office-Programme das klassische Menü eingerichtet werden soll.

Nach erfolgreicher Installation stehen die altbekannten Menüs zur Verfügung.

2.2 Ansichten und Aufteilungen der Oberfläche reorganisieren

Outlook bietet verschiedene vordefinierte Ansichten. Diese helfen, Outlook-Elemente (z. B. Aufgaben, E-Mails usw.) übersichtlicher darzustellen. Sämtliche dieser Standardansichten lassen sich anpassen. Ebenso können Sie aber bei Bedarf auch eigene Ansichten gestalten.

Die beste Ansicht zum Arbeiten

Grundsätzlich sollte man in Outlook mit der Ordnerleiste arbeiten. Denn diese bietet Ihnen als Einzige den vollen Überblick über sämtliche Outlook-Elemente.

Die Ordnerleiste ermöglicht den Zugriff auf alle E-Mails, den Kalender, die Kontakte usw. Durch einen Rechtsklick auf den Navigationsbereich (das ist der Bereich, in dem *E-Mail*, *Kalender*, *Kontakte* usw. steht.) und *Navigationsbereichsoptionen* können Sie zudem explizit festlegen, was in der Ordnerleiste angezeigt werden soll. Wenn Sie also z. B. ohnehin nicht mit dem Journal arbeiten, können Sie es darüber ausblenden. Deaktivieren Sie dazu das vor dem *Journal*-Eintrag angezeigte Kontrollkästchen.

So hat man alles
im Blickfeld.

Die Ansichten anpassen

In Outlook gibt es zahlreiche vordefinierte Ansichten. Sie helfen zum Beispiel dabei, E-Mails und Aufgaben übersichtlich darzustellen. Jede Ansicht kann nach einem beliebigen Kriterium sortiert werden. Dazu klickt man auf den Spaltenkopf des betreffenden Feldes. Sollen die Kontakte also nach den Abteilungen sortiert werden, in denen sie arbeiten, klicken Sie auf *Abteilung*.

Es wird nach den Abteilungen sortiert.

Klicken Sie nun ein weiteres Mal auf das gleiche Feld, wird die Sortierung umgedreht.

Felder ausfüllen

Damit diese detaillierte Sortierung funktioniert, müssen bei den Kontakten die entsprechenden Felder – im vorliegenden Fall also *Abteilung* – ausgefüllt sein.

Ebenso einfach lassen sich Ansichten nach einem bestimmten Feld gruppieren. So können Sie zum Beispiel Aufgaben anhand der ihnen zugewiesenen Kategorien gruppieren. Dazu klicken Sie mit der rechten Maustaste auf die Spaltenüberschrift *Kategorien* innerhalb des geöffneten *Aufgaben*-Ordners und wählen *Nach diesem Feld gruppieren*. Oberhalb der Spaltenüberschriften wird daraufhin das Gruppierfeld angezeigt.

Das Gruppierfeld wurde eingeblendet.

Die einzelnen *Kategorien*-Gruppen lassen sich nun über die Plus- und Minuszeichen auf- und zuklappen. Durch Anklicken des zuvor angelegten Gruppierfeldes lässt sich die Sortierreihenfolge verändern.

Um ein Gruppierfeld wieder zu entfernen, ziehen Sie es bei gedrückter linker Maustaste auf das gleichnamige Feld im Spaltenkopf. Im aktuellen Beispiel wäre das *Kategorien*.

Neue Spalten für mehr Übersichtlichkeit

Sollten Ihnen die im Spaltenkopf angezeigten Felder nicht genügen, können Sie eigene hinzufügen. Wie sich so etwas realisieren lässt, lässt sich am besten anhand eines Beispiels zeigen. Durch die folgenden Schritte wird innerhalb des *Aufgaben*-Ordners ein Feld eingefügt, durch das man den Zeitaufwand der jeweiligen Aufgabe einsehen kann.

Klicken Sie dazu mit der rechten Maustaste auf eine beliebige Spaltenüberschrift innerhalb des *Aufgaben*-Ordners und wählen Sie *Feldauswahl*. Über das Auswahlfeld im oberen Fensterbereich stellt man ein, aus welcher Kategorie das neue Feld stammt. Im aktuellen Beispiel handelt es sich um eines aus der Kategorie *Alle Aufgabenfelder*.

Ziehen Sie anschließend das Feld *Gesamtaufwand* mit gedrückter linker Maustaste zwischen zwei Spaltenüberschriften innerhalb des *Aufgaben*-Ordners. Sobald ein roter Pfeil angezeigt wird, können Sie die Maustaste loslassen.

Felder wieder entfernen

Ebenso einfach können Sie nicht mehr benötigte Felder auch wieder löschen. Dazu ziehen Sie diese mit gedrückter linker Maustaste aus dem Spaltenkopf auf die Aufgabenleiste. Es wird ein schwarzes Kreuz angezeigt. Wenn Sie nun die Maustaste loslassen, wird das Feld entfernt.

Beachten Sie, dass die personalisierten Ansichten jeweils nur im aktuellen Ordner gelten. Abhilfe kann hier der Ansichten-Manager (*http://www. add-in-world.com/katalog/ol-viewmgr*) schaffen. Dieser ist bei Drucklegung dieses Buches allerdings noch nicht für Outlook 2010 verfügbar gewesen.

Texte im Lesebereich zoomen

Im Vorschaufenster können Sie die Textgröße der E-Mails ganz individuell an Ihre Sehbedürfnisse anpassen. Denn endlich enthält Outlook eine entsprechende Zoomfunktion.

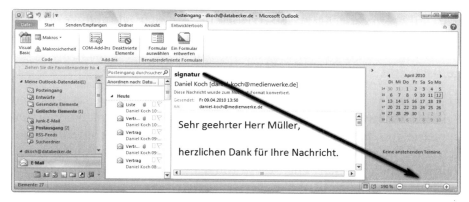

Die Textgröße lässt sich anpassen.

Darüber können Sie die E-Mail-Texte ganz nach Belieben vergrößern und verkleinern. Bewegen Sie dazu einfach den Schieberegler nach links oder rechts.

Die Schriftgröße in der Navigations- und Aufgabenleiste anpassen

In Outlook 2010 ist es nun endlich möglich, den Navigationsbereich auch optisch anzupassen. Denn bislang ließen sich weder Schriftgröße noch Schriftart des Navigationsbereichs und der Aufgabenleiste anpassen. Das hat sich geändert.

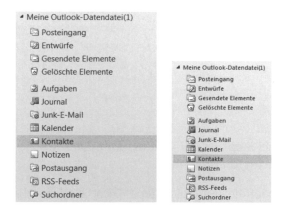

Um die Anzeige der Navigationsleiste anzupassen, klicken Sie innerhalb dieser Leiste mit der rechten Maustaste auf einen beliebigen Bereich und wählen *Navigationsbereichsoptionen*. In dem sich öffnenden Dialogfenster wird auf *Schriftart* geklickt. Anschließend lassen sich Schriftgröße, Schriftschnitt und Schriftart anpassen. Nachdem man die Einstellungen mit zweimal *OK* übernommen hat, wird der Navigationsbereich entsprechend angepasst.

Ähnlich einfach lässt sich auch die Aufgabenleiste verändern. Dazu klicken Sie die Aufgabenleiste bzw. einen beliebigen Bereich innerhalb der Aufgabenleiste mit der rechten Maustaste an und wählen *Ansichteneinstellungen*. Über *Weitere Einstellungen* können die gewünschten Anpassungen vorgenommen werden. Auch diese muss man abschließend wieder mit zweimal *OK* bestätigen.

2.3 Befehle auf einen Klick zusammenfassen mit den neuen QuickSteps

Eine äußerst interessante Funktion sind die QuickSteps. Mit den neuen QuickSteps lassen sich Routineaufgaben automatisieren, ohne dass für jede Aktion eine eigene Regel angelegt werden muss. Denn die Outlook-Regeln haben einen entscheidenden Nachteil: Standardmäßig sind von ihnen alle Nachrichten betroffen. Wollte man in früheren Outlook-Versionen ein ausgeklügeltes Regelsystem einführen, mussten sehr viele Regeln angelegt werden. Dank der QuickSteps lassen sich Nachrichten nun u. a. viel einfacher sortieren. Dafür gibt es einige vordefinierte QuickSteps. Ebenso können aber auch eigene angelegt werden.

Typische vordefinierte QuickSteps sind:

➢ *An Vorgesetzte(n)*

➢ *Team-E-Mail*

➢ *Verschieben in*

➢ *Antworten und löschen*

Zentrale Anlaufstelle für die QuickSteps ist bei geöffnetem *E-Mail*-Arbeitsbereich die gleichnamige Gruppe im Register *Start*.

Hier sehen Sie zunächst die vordefinierten QuickSteps. Diese sind durchaus sinnvoll. So kann man z. B. mit dem QuickStep *Antworten und löschen* erreichen, dass eine E-Mail, die man beantwortet hat, automatisch gelöscht wird. Das hält den Posteingang übersichtlich.

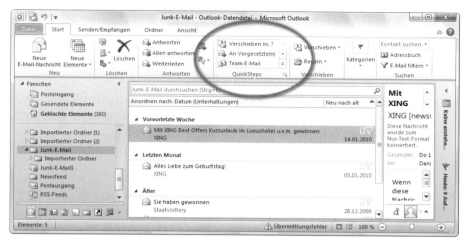

Hier sind die QuickSteps verfügbar.

Neben den vordefinierten QuickSteps können Sie auch eigene anlegen. Dazu klicken Sie innerhalb der *QuickSteps*-Gruppe auf *Neu erstellen*. Im folgenden Beispiel wird gezeigt, wie Sie einen neuen QuickStep zum Absenden von Besprechungsanfragen an Ihre Teammitglieder erstellen können.

1 Weisen Sie dem QuickStep einen passenden (!) Namen zu. Im aktuellen Beispiel könnte das *Team-Besprechung* sein.

2 Über die *An*-Schaltfläche werden die Teammitglieder ausgewählt. Damit wäre der einfachste QuickStep fertig. Allerdings lassen sich noch zusätzliche Angaben machen. Klicken Sie dafür auf *Optionen anzeigen*.

3 Hier können zusätzlich der Betreff, der Ort, die Wichtigkeit und ein kurzer Text angegeben werden.

4 Über das Feld *Aktionen hinzufügen* können Sie bei Bedarf zusätzliche Angaben machen. Sinnvoll ist das beispielsweise, wenn E-Mails kategorisiert werden sollen. Im aktuellen Beispiel entfällt dieser Schritt jedoch.

5 Um noch schneller auf den erstellten QuickStep zugreifen zu können, können Sie über das gleichnamige Auswahlfeld eine Tastenkombination einstellen. Drücken Sie diese später, wird automatisch die Besprechungsanfrage erstellt. In das *QuickInfo-Text*-Feld können Sie einen kurzen Hinweistext eintragen. Dieser wird angezeigt, wenn mit dem Mauszeiger auf den QuickStep gezeigt wird.

6 Die Einstellungen sind damit vollständig und können mit *Fertig stellen* übernommen werden. Der QuickStep ist ab sofort in der *QuickSteps*-Gruppe verfügbar.

Wenn Sie jetzt auf diesen QuickStep klicken, wird automatisch eine neue Besprechungsanfrage angelegt.

Dieses Beispiel hat gezeigt, wie die QuickSteps bei der Zusammenfassung mehrerer Arbeitsschritte zu einer Aktion helfen können.

2.4 Informationen gezielt finden

Es ist paradox: Informationen findet man im Internet schneller, als man eine bestimmte E-Mail in seinem eigenen Posteingang ausfindig machen kann. Dabei ist die gezielte Suche nach Outlook-Elementen gar nicht so schwer.

Wenn es schnell gehen soll: die Sofortsuche verwenden

Über die einfache Suche kann standardmäßig nach Elementen im aktuell geöffneten Ordner gesucht werden.

Die Sofortsuche in Aktion.

Tragen Sie den Suchbegriff in das Eingabefeld ein und klicken Sie auf das Lupen-Symbol oder drücken Sie die ⌈Enter⌉-Taste.

Outlook beschränkt die Standardsuche auf den aktuell ausgewählten Ordner. Befinden Sie sich zum Beispiel gerade im Ordner *Posteingang*, werden ausschließlich Suchtreffer aus diesem Ordner angezeigt. Ist hingegen der Kalender geöffnet, kann er durchsucht werden.

Dieses Verhalten lässt sich über die Suchoptionen ändern. Klicken Sie dazu im Register *Suchtools* auf *Suchtools* und *Suchoptionen*. (Das Register *Suchtools* wird übrigens erst angezeigt, wenn der Cursor in das Suchfeld gesetzt wurde.)

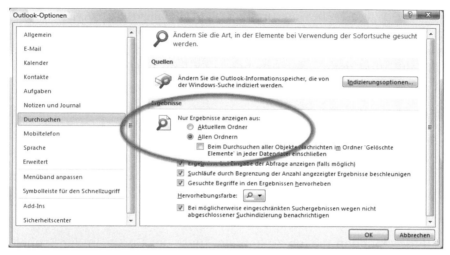

Es sollen alle Ordner durchsucht werden.

Hier können Sie *Allen Ordnern* einstellen. Aber Achtung: Diese Option garantiert zwar, dass sämtliche Outlook-Ordner des aktuell gewählten Typs (E-Mail, Kalender, Aufgaben und so weiter) durchsucht werden, dadurch dauert die Suche aber jeweils auch länger. Sie sollten diese Option normalerweise nicht wählen. Wenn die Suche wirklich einmal auf sämtliche Ordner des aktuellen Typs ausgeweitet werden soll, klicken Sie unterhalb der Suchergebnisse auf *Suchen Sie erneut in allen Outlook-Elementen*.

Eine andere Datendatei durchsuchen

Standardmäßig werden beim Durchsuchen der E-Mails die folgenden Datendateien durchsucht: Die Datendatei für das Standard-E-Mail-Konto und die indizierten Datendateien. Dabei handelt es sich um persönliche Ordner (*.pst*) und Offlineordner (*.ost*) bei Exchange-Anbindung.

Um auch eine andere Datendatei mit in die Suche einzubeziehen, klicken Sie im Register *Suchtools* auf *Suchtools*. Über *Zu durchsuchende Speicherorte* können Sie festlegen, was durchsucht werden soll.

Diese Suchen helfen Ihnen wirklich weiter: die erweiterte Suche

Die Standardsuche liefert schnelle Ergebnisse, arbeitet aber ohne weitere Parameter. Will man bessere und vor allem detailliertere Suchergebnisse erzielen, greift man auf die zahlreichen Optionen innerhalb des *Suchtools*-Registers zurück. Denn während bei der einfachen Suche lediglich der Suchbegriff und der zu durchsuchende Ordner angegeben werden können, werden hier feinere Suchoptionen angeboten:

Unter anderem können Sie

➢ Nachrichten suchen, die eine Anlage haben,

➢ Nachrichten suchen, die einer Kategorie zugeordnet wurden,

➢ Nachrichten suchen, die mit einer bestimmten Wichtigkeit versehen wurden, und

➢ ungelesene Nachrichten suchen.

Um diese Optionen nutzen zu können, muss der Cursor in der Schnell-suchen-Zeile stehen.

Zahlreiche Suchoptionen stehen zur Auswahl.

Das *Suchtools*-Register ist in vier Bereiche unterteilt.

Da wäre zunächst *Bereich*. Hier können Sie festlegen, was durchsucht werden soll. Dabei ist dieser Bereich – wie man das von den Ribbons gewohnt ist – dynamisch. Ruft man die Suchtools also beispielsweise bei geöffnetem Kalender auf, lassen sich darüber alle Kalenderelemente durchsuchen.

Ruft man hingegen den E-Mail-Ordner auf, erstreckt sich die Suche auf alle E-Mail-Elemente. Darüber hinaus gibt es nun aber auch die Option *Alle Outlook-Elemente*. Dadurch erstreckt sich die Suche dann nicht nur auf die aktuell geöffnete Elementart, sondern auf alle Outlook-Elemente. Eine innerhalb des Kalenders ausgeführte Suche greift dann also auch auf E-Mails, Kontakte, Aufgaben, Kalender und die Notizzettel zu.

Im *Verfeinern*-Bereich lassen sich die Suchergebnisse weiter eingrenzen. So kann man beispielsweise festlegen, dass ausschließlich ungelesene E-Mails oder aber auch nur unbeantwortete Besprechungsanfragen angezeigt werden sollen. Bei einigen der angebotenen Verfeinerungsoptionen werden innerhalb des Suchfeldes zusätzliche Angaben erwartet. Wählt man zum Beispiel *Betreff*, sieht das Suchfeld folgendermaßen aus:

> *betreff:(Schlüsselwörter)*

Das in Klammern stehende *Schlüsselwörter* muss hier durch den gesuchten Begriff ersetzt werden.

Ist bei den im *Verfeinern*-Bereich angebotenen Optionen das Passende nicht dabei, öffnet man *Weitere*. Hierüber lassen sich zusätzliche Felder einblenden, durch die sich die aktuelle Suche weiter verfeinern lässt.

Auf diese Weise lässt sich die Suche sehr detailliert definieren.

Definierte Suchen wiederverwenden

Über die Schaltfläche *Zuletzt verwendete Suchvorgänge* im Bereich *Optionen* können Sie auf alte Suchdefinitionen zurückgreifen. So müssen Sie die Suchkriterien nicht noch einmal neu eingeben.

Die „alte" erweiterte Suche verwenden

Von den vorherigen Outlook-Versionen ist Ihnen sicherlich noch die erweiterte Suche bekannt. Auf diese konnte man immer dann zurückgreifen, wenn die Optionen der Standardsuche nicht ausgereicht haben. Zwar setzt Microsoft in Outlook 2010 konsequent auf die Ribbon-Leiste und die Suchtools, dennoch kann man auch auf die altbewährte erweiterte Suche zurückgreifen. Letztendlich ist es reine Geschmackssache, ob Sie die neue

Ribbon-basierte oder die erweiterte Suche verwenden. Auf den folgenden Seiten werden beide Suchfunktionen vorgestellt. So können Sie selbst entscheiden, welche Variante Sie bevorzugen.

Aufgerufen wird die erweiterte Suche im *Suchtools*-Register über *Suchtools/Erweiterte Suche*.

Zahlreiche Optionen stehen zur Auswahl.

Aus dem Feld *Suchen nach*, das im oberen Fensterbereich angezeigt wird, wählt man die Elemente aus, auf die sich die Suche bezieht. Nach den folgenden Elementen kann gesucht werden:

➢ Aufgaben
➢ beliebige Outlook-Elemente
➢ Dateien (Outlook/Exchange)
➢ Journaleinträge
➢ Kontakte
➢ Nachrichten
➢ Notizen
➢ Termine und Besprechungen

Der Vorteil der erweiterten Suche: Es lassen sich fast beliebige Bedingungen miteinander kombinieren. So kann man zum Beispiel nach

➢ E-Mails eines Absenders, die einen Anhang haben,
➢ Aufgaben mit der Wichtigkeitsstufe *Hoch* oder
➢ E-Mails, in denen man selbst „nur" Cc-Empfänger ist,

suchen. Die Definition solch scheinbar aufwendiger Suchanfragen ist vergleichsweise einfach. Wählen Sie zunächst über das Feld *Suchen nach* aus, nach was gesucht werden soll. Das können Nachrichten, Notizen oder Ähnliches sein. Wenn Sie die Suche nicht auf bestimmte Outlook-Elemente begrenzen wollen, wählen Sie *Beliebigen Outlook-Elementen*.

Über die *Durchsuchen*-Schaltfläche neben dem *In*-Feld kann man die zu durchsuchenden Outlook-Ordner einstellen. Um alle Ordner zu durchsuchen, aktiviert man *Persönliche Ordner* und *Unterordner durchsuchen*. Outlook durchsucht dadurch automatisch alle dem persönlichen Ordner untergeordneten Verzeichnisse.

So werden alle Ordner durchsucht.

Die zur Verfügung stehenden Suchkriterien variieren je nach ausgewähltem Outlook-Element. Während man innerhalb des Hauptregisters (bei Nachrichten lautet es *Nachrichten*, bei Aufgaben *Aufgaben* etc.) die allgemeinen Optionen definiert, kann man innerhalb des Registers *Weitere Optionen* detailliertere Einstellungen vornehmen. Dort stehen die folgenden Optionen zur Auswahl:

➢ *Nur solche Elemente – ungelesen, gelesen*

➢ *Nur Elemente mit – Mindestens einer Anlage, Keinen Anlagen*

➢ *Mit Wichtigkeit – Normal, Hoch, Niedrig*

➢ *Nur solche Elemente – als erledigt markiert, von anderen gekennzeichnet, von mir gekennzeichnet, nicht gekennzeichnet*

Zusätzlich kann man bestimmen, dass zwischen Groß- und Kleinschreibung unterschieden wird. Als letzte Option lässt sich festlegen, wie groß das gesuchte Element sein soll. Interessant ist das zum Beispiel, wenn man eine E-Mail mit einem Dateianhang sucht, von dem man weiß, dass er größer als 1 MByte ist.

Wem auch diese Einstellungen noch nicht reichen, der wechselt in das Register *Erweitert*. Dort können zahllose Kriterien über die *Feld*-Schaltfläche ausgewählt werden. Dort stehen alle Felder zur Auswahl, die in Outlook existieren. Wollen Sie sich zum Beispiel alle E-Mails anzeigen lassen, die im

Feld *Vertraulichkeit Privat* stehen haben, nehmen Sie die folgenden Einstellungen vor:

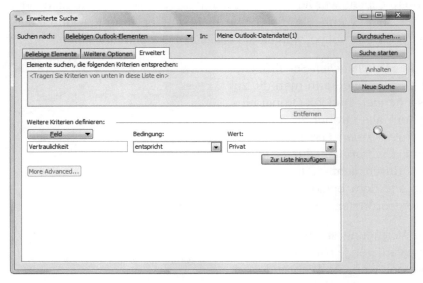

Die erweiterten Suchkriterien wurden definiert.

Mit *Zur Liste hinzufügen* wird das Suchkriterium übernommen. Ausgelöst wird die erweiterte Suche mit *Suche starten*. Die Suchergebnisse erscheinen unterhalb der Suchkriterien.

Nachrichten vom Chef mit einem bestimmten Begriff finden

Die einfache Suche liefert leider nur sehr ungenaue Treffer. Gibt man beispielsweise *Michael* ein, werden E-Mails aufgelistet, die einem oder mehreren der folgenden Kriterien entsprechen:

➢ Im Absendernamen kommt *Michael* vor.

➢ Im E-Mail-Text kommt *Michael* vor.

➢ In der Betreffzeile steht *Michael*.

Was aber, wenn man die folgende E-Mail sucht?

➢ *Michael* steht im Feld Betreff.

➢ Die E-Mail wurde von *Andreas Riegelt* gesendet.

➢ Die Nachricht wurde innerhalb der letzten Woche empfangen.

Bei der Ribbon-basierten Suche stellen Sie die gewünschten Optionen über *Betreff* und *Diese Woche* ein. Zusätzlich aktivieren Sie über *Weitere* das *Von*-Feld und geben dort den Absender an.

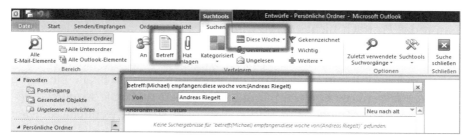

Diese Optionen müssen verwendet werden.

Über die erweiterte Suche kann man ebenfalls ganz gezielt nach dieser E-Mail suchen.

1 Öffnen Sie das Suchfenster über *Suchtools/Suchtools* und *Erweiterte Suche*.

2 Hier werden die gewünschten Suchkriterien eingetragen. Im vorliegenden Fall sehen sie folgendermaßen aus:

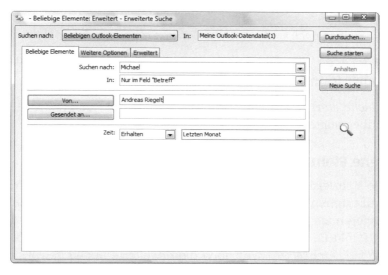

3 Mit *Suche starten* wird die Suchfunktion ausgelöst.

Übrigens: Die erweiterte Suche liefert noch weitaus mehr Funktionen. So kann man beispielsweise in der Registerkarte *Weitere Optionen* festlegen, dass nur Elemente in die Suche mit einbezogen werden sollen, die mit einer bestimmten Farbe gekennzeichnet sind.

Große E-Mails aufspüren

Damit das Postfach nicht zu voll wird, sollte man es hin und wieder aufräumen. Dabei sollte man sich vor allem auf die E-Mails konzentrieren, die den meisten Speicherplatz beanspruchen, also solche, die einen Anhang haben. Bei der Ribbon-basierten Suche können Sie sich z. B. alle Elemente anzeigen lassen, die einen Anhang haben. Dazu rufen Sie im *Suchtools*-Register *Weitere/Anlagen* auf und stellen über das Auswahlfeld *Anlagen* den Wert *Ja* ein.

So werden Elemente gefunden, die einen Anhang haben.

Bei der erweiterten Suche gibt es einen ähnlichen Mechanismus.

1 Öffnen Sie die erweiterte Suche über *Suchtools/Suchtools* und *Erweiterte Suche*.

2 Hier wird die Registerkarte *Weitere Optionen* nach vorn geholt.

3 Im Feld *Suchen nach* stellen Sie *Nachrichten* ein.

4 Unter *Größer als* gibt man die Mindestgröße der zu suchenden E-Mails ein. Normalerweise reicht hier ein Wert von 500 KByte.

5 Über *Suche starten* werden alle E-Mails aufgelistet, deren Größe 500 KByte übersteigt.

Ungelesene Elemente finden

Durch eine Spezialsuche können Sie nach ungelesenen Elementen forschen. So übersehen Sie nie wieder eine E-Mail. Bei der Ribbon-basierten Suche aktivieren Sie dazu einfach im Register *Start* im Abschnitt *Suchen* unter dem Punkt *E-Mail filtern* die Option *Ungelesen* oder unter *Suchtools* die Schaltfläche *Ungelesen*. Wer noch die erweiterte Suche gewohnt ist, findet auch dieses Tool noch in Outlook 2010.

1 Öffnen Sie die erweiterte Suche über *Suchtools/Suchtools* und *Erweiterte Suche*. Dazu muss evtl. das Register *Suchen* zuerst mit der Tastenkombination [Strg]+[E] aufgerufen werden.

2   Im oberen Listenfeld *Suchen nach* wird *Nachrichten* ausgewählt.

3   Über *Durchsuchen* werden die Outlook-Ordner markiert, die durchsucht werden sollen. Um alle Ordner in die Suche mit einzubeziehen, wird *Persönlicher Ordner* und *Unterordner einbeziehen* aktiviert.

4   Die Ordnerwahl wird mit *OK* bestätigt.

5   Holen Sie die Registerkarte *Weitere Optionen* nach vorn, markieren Sie im oberen Fensterbereich *Nur solche Elemente* und wählen Sie *Ungelesen*.

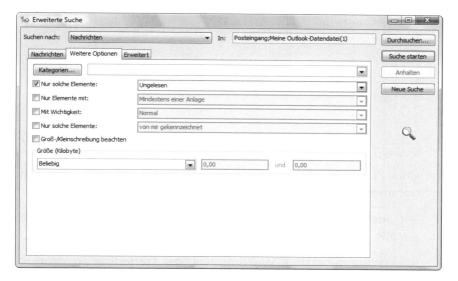

6   Die Suche kann nun mittels *Suche starten* ausgelöst werden.

Uralte E-Mails entfernen: Nachrichten aus einem bestimmten Zeitraum löschen

Wer den Posteingang übersichtlich halten will, sollte hin und wieder alte E-Mails löschen. Angenommen, Sie möchten alle E-Mails entfernen, die Sie im Jahr 2008 erhalten haben.

1   Öffnen Sie die erweiterte Suche über *Suchtools/Suchtools* und *Erweiterte Suche*.

2   Rufen Sie die Registerkarte *Erweitert* auf und klicken Sie nacheinander auf *Feld/Häufig verwendete Felder* und *Erhalten*.

3 Im Feld *Bedingung* wählen Sie *zwischen* aus und tragen in das *Wert*-Feld *1.1.2008 und 31.12.2008* ein. Insgesamt sieht das Dialogfenster jetzt folgendermaßen aus:

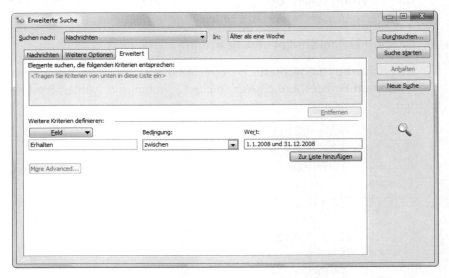

4 Über *Zur Liste hinzufügen* werden die angegebenen Kriterien aufgenommen.

5 Mit *Suche starten* wird die Suche ausgelöst. Outlook listet jetzt alle E-Mails aus dem Jahr 2008 auf.

6 Klicken Sie die erste E-Mail innerhalb der Trefferliste an, drücken Sie Strg+A und anschließend Entf.

7 Die Nachrichten werden daraufhin in den Ordner *Gelöschte Elemente* verschoben, aus dem sie wie gewohnt gelöscht werden können.

Eine Kontaktgruppe auf der Basis von Suchergebnissen anlegen

Sie wollen eine E-Mail an alle Personen schicken, deren Nachname *Ulrich* lautet? Outlook bietet hierfür standardmäßig keine Möglichkeit. Ein kleiner Trick hilft aber weiter:

1 Innerhalb des *Kontakte*-Ordners wird im *Start*-Register *Neue Kontaktgruppe* aufgerufen.

2 Klicken Sie hier auf *Mitglieder hinzufügen*.

3 In das Suchfeld wird der Name (*Ulrich*) oder ein Namensteil (*Ulr*) einge-tragen.

4 Gestartet wird die Suche über *OK*.

5 Markieren Sie in der Ergebnisliste den ersten Namen, halten Sie die Umschalt-Taste gedrückt und klicken Sie auf den letzten Namen.

6 Über *Mitglieder* --> werden die gewählten Namen in die Kontaktgruppe aufgenommen.

7 Klicken Sie auf *OK*, weisen Sie der Kontaktgruppe einen Namen zu und speichern Sie sie ab.

An diese Kontaktgruppe können Sie nun wie gewohnt E-Mails senden.

Suchordner nutzen und eigene anlegen

Normale Outlook-Ordner kennen Sie. Da gibt es zum Beispiel den Ordner *Posteingang*, in dem alle empfangenen Nachrichten gespeichert werden. Neben solchen echten Ordnern wie *Posteingang* und *Gesendete Objekte* stellt Outlook auch virtu-elle Ordner zur Verfügung. In ihnen werden nicht etwa Elemente gespeichert, sondern sie enthalten spezielle Ansichten, die bestimmte Suchkriterien erfüllen.

Diese Suchordner erlauben die Anzeige bestimm-ter Elemente, ohne dass man selbst aufwendige Suchkriterien definieren muss.

Hier finden Sie die Suchordner.

Was eigentlich beim Löschen passiert

Wichtig! Wenn Sie einen Suchordner löschen, werden die darin enthaltenen E-Mails nicht gelöscht. Denn die E-Mails sind in diesem Ordner nicht gespeichert, sondern werden lediglich dort angezeigt.

Wird allerdings eine Nachricht in einem Suchordner geöffnet oder ausgewählt und dann gelöscht, wird sie automatisch aus dem Ordner gelöscht, in dem sie gespeichert war.

Bevor Sie einen eigenen Suchordner definieren, werfen Sie einen Blick auf die Möglichkeiten, die Outlook bereits mit an Bord hat.

> *Ungelesene Nachrichten*
> *Zur Nachverfolgung gekennzeichnete E-Mails*
> *Ungelesene oder zur Nachverfolgung gekennzeichnete E-Mails*
> *Wichtige Nachrichten*
> *Nachrichten von oder an bestimmte Personen*
> *Nachrichten von bestimmten Personen*
> *Direkt an mich gesendete Nachrichten*
> *An öffentliche Gruppen gesendete Nachrichten*
> *Kategorisierte E-Mail*
> *Große Nachrichten*
> *Alte Nachrichten*
> *Nachrichten mit Anlagen*
> *Nachrichten mit bestimmten Wörtern*

Um einen dieser Suchordner zu verwenden, klicken Sie in der Ordnerliste auf *Suchordner* und wählen *Neuer Suchordner*.

So wird ein neuer Suchordner angelegt.

Wählen Sie den gewünschten Suchordner aus und stellen Sie unter *Suchen in* den zu durchsuchenden Bereich, also die entsprechende PST-Datei ein. Oberhalb von *Suchen in* wird u. U. ein zusätzliches Feld angezeigt. Hat man beispielsweise *Nachrichten von oder an bestimmte Personen* markiert, wird ein Auswahlfeld für die betreffenden Kontakte angezeigt. Sucht man hingegen *Alte Nachrichten*, kann man den gewünschten Zeitraum einstellen.

Mit *OK* wird die Suche anhand des ausgewählten Suchordners gestartet. Der Suchordner erscheint anschließend in der Ordnerliste und kann das nächste Mal bequem von dort ausgeführt werden. Um den angelegten Suchordner zu verwenden, muss er lediglich in der Ordneransicht angeklickt werden.

Der Zeitraum lässt sich festlegen.

Eigene Suchordner anlegen

Outlook stellt wie gesehen bereits eine Vielzahl an Suchordnern bereit. Bei Bedarf kann man sich aber auch einen eigenen Ordner anlegen. Zur Demonstration wird der Suchordner *Meeting* erzeugt, der folgende Eigenschaften enthält:

➢ Die Suche beschränkt sich auf den Ordner *content*.

➢ Es wird nach E-Mails mit dem Betreff *Meeting* gesucht.

➢ Die E-Mails müssen eine Anlage besitzen.

➢ Die Vertraulichkeitsstufe ist auf *Vertraulich* gesetzt.

➢ Der Absender ist *Alexander Neumann*.

Sie sehen, wie spezifisch man die Suchkriterien eines Suchordners einstellen kann.

1 Klicken Sie innerhalb der Ordnerliste mit der rechten Maustaste auf *Suchordner* und anschließend auf *Neuer Suchordner*.

2 Im Feld *Wählen Sie einen Suchordner aus* wird im Bereich *Benutzerde-finiert* der Eintrag *Benutzerdefinierten Suchordner erstellen* markiert.

3 Über *Auswählen* wird das Dialogfenster *Benutzerdefinierter Suchordner* geöffnet. Tragen Sie hier den Namen *Meeting* ein. Klicken Sie auf *Durch-suchen*, deaktivieren Sie *Persönlicher Ordner* und aktivieren Sie den Ordner, der durchsucht werden soll. Im aktuellen Beispiel also *content*. Mit *OK* wird die Auswahl bestätigt.

4 Über *Kriterien* werden die Suchkriterien bestimmt. In das Feld *Suchen nach* wird der Begriff bzw. werden die Wörter eingetragen, nach denen gesucht werden soll. Im aktuellen Beispiel handelt es sich dabei um *Meeting*. Im *In*-Feld wird festgelegt, in welchem Bereich der E-Mail nach dem Wort gesucht werden soll. Über *Von* wird der Absender aus-gewählt, dessen E-Mails gesucht werden sollen.

5 Wechseln Sie in die Registerkarte *Weitere Optionen*. Hier wird *Nur sol-che Elemente* aktiviert und aus der Liste *Mindestens einer Anlage* aus-gewählt.

6 Im Register *Erweitert* legt man fest, dass nur E-Mails berücksichtigt werden sollen, die mit der Vertraulichkeitsstufe *Vertraulich* ausgestattet sind. Dazu wird nacheinander auf *Feld*, *Häufig verwendete Felder* und *Vertraulichkeit* geklickt.

7 Im Feld *Bedingung* wird *Entspricht* ausgewählt. Als Wert stellt man hier *Vertraulich* ein. Bestätigt werden die Einstellungen mit *Zur Liste hinzu-fügen*.

8   Über dreimal *OK* wird der Suchordner angelegt.

Über das Kontextmenü des Suchordners kann er umbenannt und angepasst werden.

2.5 Mit Profilen ein Outlook für mehrere Benutzer einrichten

Outlook bietet die Möglichkeit, mit verschiedenen Profilen zu arbeiten. Das ist übrigens nicht nur interessant, wenn sich mehrere Benutzer ein Outlook teilen sollen. Auch bei einer beschädigten Outlook-Installation kann ein zusätzliches Profil hilfreich sein.

Ein neues Profil wird über die Windows-Systemsteuerung angelegt. Dort wählen Sie in der klassischen Ansicht *Mail* und klicken in dem sich öffnenden Fenster auf *Profile anzeigen*.

Die vorhandenen Profile werden angezeigt.

Mit *Hinzufügen* wird der Assistent zum Einrichten eines neuen Profils gestartet. Tragen Sie zunächst den Profilnamen ein. Der sollte eindeutig sein. Entweder verwenden Sie den Namen der Person, die über dieses Profil mit Outlook arbeiten soll, oder Sie nennen es – falls es sich um ein Sicherungsprofil handelt – beispielsweise *Sicherheit*. Das nächste Dialogfenster kennen Sie bereits vom Einrichten eines E-Mail-Kontos.

Und in der Tat wird hier auch nichts anderes gemacht. Folgen Sie dem Assistenten und richten Sie ein E-Mail-Konto ein. *Mit Fertig stellen* wird der Assistent zum Einrichten eines neuen E-Mail-Kontos beendet.

In der Systemsteuerung werden unter *Mail* nun die eingerichteten Profile angezeigt. Die folgenden beiden Optionen stehen zur Wahl:

> *Zu verwendendes Profil bestätigen* – bei jedem Outlook-Start wird gefragt, welches Profil geladen werden soll;

> *Immer dieses Profil verwenden* – das ausgewählte Profil wird automatisch bei jedem Outlook-Start verwendet.

Ein Wechsel zwischen den Profilen, während Outlook ausgeführt wird, ist übrigens nicht möglich. Stattdessen muss Outlook immer erst beendet werden, bevor man das Profil wechselt.

2.6 Outlook mit Add-ins erweitern

Outlook lässt sich durch Zusatzprogramme, die sogenannten Add-ins, um fast jede erdenkliche Funktion erweitern. Und in der Tat gibt es eine Unmenge solcher Add-ins auf dem Markt. Leider sind nicht alle Add-ins tatsächlich praxistauglich. Manche sind sogar so schlecht programmiert, dass durch deren Installation Outlook instabil läuft.

Nun könnte man sagen, dass man einfach keine Add-ins installiert, um sein System vor solchen Schwierigkeiten zu schützen. Das wird allerdings nicht immer funktionieren. Denn viele Programme, die auf den ersten Blick nichts mit Outlook zu tun haben, installieren selbstständig Outlook-Add-ins. Ein typisches Beispiel dafür ist die Telefonbuchsoftware KlickTel. Die richtet während der Installation automatisch ein Outlook-Add-in ein. Das Add-in gleicht die KlickTel-Datensätze mit den Outlook-Kontakten ab.

Davon bemerkt man als Anwender zunächst einmal nichts. Allerdings kann es nach dem Outlook-Start passieren, dass die Fehlermeldung *Unbekannter Fehler* angezeigt wird. Lösen lässt sich dieses Problem vergleichsweise einfach.

1 Man ruft das *Datei*-Register auf und öffnet *Optionen*.

2 Dort wählt man *Add-Ins*, kontrolliert, dass im Feld *Verwalten* der Eintrag *COM-Add-Ins* steht, und klickt auf *Gehe zu*.

3 In dem sich öffnenden Dialogfenster lässt sich das Add-in deaktivieren. Dazu entfernt man einfach das Kontrollkästchen vor dem betreffenden Eintrag.

Die Schritte zum Deaktivieren von Add-ins sind also sehr einfach. Nur muss man eben – wie im KlickTel-Beispiel – erst einmal darauf kommen, dass ein Add-in die Fehlermeldung verursacht hat.

Neben der Meldung *Unbekannter Fehler* machen sich Add-ins im schlechtesten Fall auch noch anders bemerkbar:

➢ Outlook stürzt nach einer gewissen Zeit ohne Fehlermeldung ab.

➢ Das Programm friert im laufenden Betrieb ohne ersichtlichen Grund ein.

➢ Es wird die Meldung *Die Erweiterung xy kann nicht geladen werden, C:/Programme/xy.dll ist kein gültiges Office Add-In* angezeigt.

Treten diese Fehler auf, sollten Sie die fraglichen Add-ins zunächst – wie eingangs dieses Abschnitts beschrieben – deaktivieren.

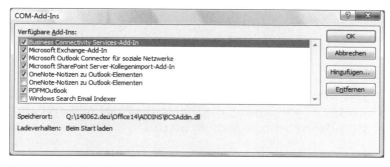

So lassen sich die Add-ins deaktivieren.

Wenn sich herausstellen sollte, dass eines der Add-ins den Fehler verursacht, deinstallieren Sie es am besten. Dazu markieren Sie das Add-in in der Übersicht und klicken auf *Entfernen*.

Leider genügt die gezeigte Variante nicht immer. Manchmal muss man die Add-ins auch manuell aus der Registry löschen. Das gilt vor allem für Security-Add-ins.

1 Klicken Sie auf die Windows-*Start*-Schaltfläche, tragen Sie in das Feld *Suche starten regedit* ein und bestätigen Sie das über die ⌐Enter⌐-Taste.

2 Innerhalb des Registrierungseditors folgen Sie dem Pfad *HKEY_ LOCAL_MACHINE\SOFTWARE\Microsoft\Exchange\Client\Extensions*.

3 Im rechten Fensterbereich lassen sich die betreffenden Einträge durch einen rechten Mausklick und *Löschen* entfernen.

4 Navigieren Sie anschließend zu *HKEY_LOCAL_MACHINE\SOFTWARE\ Microsoft\Office\Outlook\Addins* und löschen Sie dort den betreffenden Add-in-Ordner.

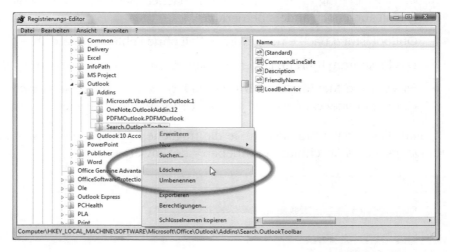

5 Überprüfen Sie abschließend, ob sich unter *HKEY_CURRENT_USER\ Software\Microsoft\Office\Outlook* ein Unterordner des Add-ins befindet. Dieser sollte dann ebenfalls gelöscht werden.

Ob überhaupt ein Add-in schuld an einem Programmabsturz oder einer Fehlermeldung ist, kann man sehr leicht herausfinden. Denn Outlook bietet einen sicheren Modus, in dem beim Programmstart keine Add-ins ausgeführt werden.

Dazu klickt man auf die Windows-*Start*-Schaltfläche und trägt in das Feld *Suche starten* den Aufruf *outlook /safe* ein. Bestätigt man das mit (Enter), wird Outlook in diesem sicheren Modus ausgeführt. In diesem Modus werden keine Add-ins geladen. So können Sie überprüfen, ob das Problem tatsächlich an den Add-ins liegt.

Add-ins installieren

Wie sich Add-ins installieren lassen, lässt sich am besten anhand eines Bei-spiels zeigen. Durch die folgenden Schritte wird das Add-in TwInbox in-stalliert, mit dem Sie Nachrichten direkt aus Outlook auf Twitter veröffent-lichen können. Das Add-in finden Sie auf der Seite *http://www.add-in-world.com/katalog/ol-viewmgr*. Nach dem Download der EXE-Datei – die man über den Link *Download TwInbox, it is free* herunterlädt – klickt man diese doppelt an.

Outlook schließen

TwInbox lässt sich nur installieren, wenn Outlook geschlossen ist. Das ist übri-gens bei allen Add-ins so. Beenden Sie also vor jeder Add-in-Installation Outlook.

Durch die Installation führt ein Assistent, der lediglich abfragt, wo das Add-in gespeichert werden soll.

Nach erfolgreicher Installation kann Outlook wieder gestartet werden. Die Ribbon-Leiste ist nun um das Register *Add-Ins* erweitert worden.

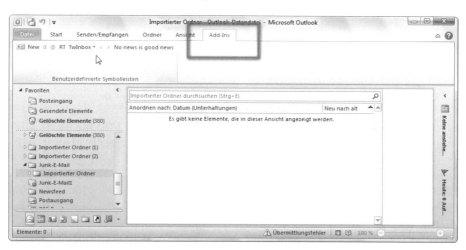

Ein neues Register erscheint.

Innerhalb dieses neuen Registers finden Sie auch die Schaltflächen für das TwInbox-Add-in.

Outlook hat selbstverständlich die Installation des Add-ins bemerkt. Rufen Sie zum Beweis *Datei/Optionen/Add-ins* und *Gehe zu* auf.

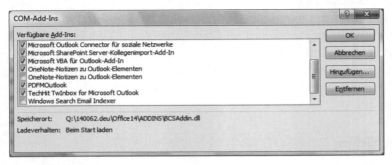

Das neue Add-in ist vorhanden.

In dieser Liste taucht nun auch das TwInbox-Add-in auf. Hierüber kann es wie jedes andere Add-in deaktiviert oder gelöscht werden.

So werden Sie Add-ins wieder los

Entfernen lassen sich Add-ins genauso einfach, wie man sie installieren kann.

1   Man ruft das *Datei*-Register auf und öffnet *Optionen*.

2   Dort wählt man *Add-Ins*, kontrolliert, dass im Feld *Verwalten* der Eintrag *COM-Add-Ins* steht, und klickt auf *Gehe zu*.

3   In diesem Dialogfenster sind alle verfügbaren Add-ins aufgeführt. Um eines dieser Add-ins zu entfernen, markiert man es und klickt auf *Entfernen*. Das Add-in wird daraufhin automatisch gelöscht. (Aber Achtung: Eine Nachfrage von Outlook gibt es nicht.)

Diese Deaktivierung entfernt die Add-ins leider nicht immer vollständig. Oftmals muss man in die Registrierung eingreifen. Das gilt auch und gerade für Add-ins, die für den E-Mail-Schutz verantwortlich sind. Ein „schönes" Beispiel dafür ist eine durch Symantec verursachte Fehlermeldung:

Die Erweiterung 'C:\Programme\NavNT\vpmsece.dll' konnte nicht installiert oder geladen werden.

Wie sich dieses Problem lösen lässt, können Sie unter *http://service1. symantec.com/SUPPORT/INTER/ent-securityintl.nsf/fb99ec161b4bfe868825*

6c4c005fd058/c3dd6a46bbbb2d748025706d0044e94b?OpenDocument nach-
lesen. Ganz allgemein gehen Sie bei solchen Fehlermeldungen so vor, wie
es auf Seite 104 beschrieben wurde.

Es ist leider innerhalb des Registrierungseditors nicht immer klar, welcher
Eintrag eigentlich zu welchem Add-in gehört. Hier bleibt einem dann
nichts anderes übrig, als über die Website des Herstellers zu versuchen,
entsprechende Informationen zu finden.

3. Das perfekte E-Mail-Sende-Management

Outlook ist zwar mehr als bloß ein E-Mail-Programm, aber natürlich kann man auch E-Mails senden und empfangen. Alle Aspekte, die Outlook auf diesem Sektor zu bieten hat, zeigt Ihnen dieses Kapitel. Wer glaubt, mit der *Senden/Empfangen*-Schaltfläche schon alle Outlook-Funktionen zum Senden und Empfangen von Nachrichten zu nutzen, der irrt gewaltig. Angefangen beim richtigen E-Mail-Format über Signaturen bis hin zu Serienmails hat Outlook einiges zu bieten.

3.1 E-Mails erstellen und gestalten

E-Mails können mit Signaturen versehen und aufwendig gestaltet werden. Mit den in Outlook 2010 neu eingeführten SmartArts lassen sich sogar Geschäftsprozesse optisch ansprechend darstellen. Das dazu notwendige Know-how wird im Folgenden vermittelt.

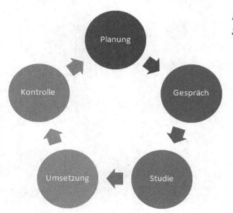

Derartige Diagramme sind mit den neuen SmartArts möglich.

Die besten Kniffe für das Erstellen von E-Mails

Beim Erstellen von E-Mails gilt es, die Outlook-Kniffe zu kennen. Das allein genügt aber nicht. Um wirklich effektiv arbeiten zu können, muss man sich auch an gewisse Spielregeln halten.

Wenn Sie die folgenden sechs Punkte bei jeder Ihrer E-Mails beachten, versenden Sie garantiert vollständige E-Mails und müssen nicht nachbessern. Denn Nachbessern bedeutet wiederum Zeitverzögerung.

➤ **Absender richtig angeben** – als Absender sollte immer Ihr eigener oder der Firmenname angegeben werden. Auf Freemail-Adressen wie GMX etc. sollte im Geschäftsleben definitiv verzichtet werden.

➤ **Richtige Betreffzeile** – E-Mails ohne oder mit nichtssagenden Betreffzeilen werden sehr oft überhaupt nicht gelesen, sondern wandern direkt in den Papierkorb des Empfängers. Halten Sie den Betreff so kurz wie möglich. In aller Regel sollte die Betreffzeile nicht länger als 32 Zeichen sein.

➤ **Persönliche Anrede** – „Sehr geehrte Damen und Herren" oder ähnliche unpersönliche Grußzeilen sollten unbedingt vermieden werden. Der Empfänger wird diese E-Mail wahrscheinlich nicht lesen. Versuchen Sie immer, den Namen des Empfängers herauszufinden. Übrigens: Auch Massenmails können persönlich gestaltet werden. Dazu verwendet man die Seriendruckfunktion von Word.

➤ **Grußzeile** – achten Sie immer darauf, dass in jeder E-Mail eine abschließende Grußzeile steht. Egal ob nun „Mit freundlichen Grüßen", „Viele Grüße" oder „Herzliche Grüße", ohne Grußzeile wirken E-Mails unpersönlich und wandern schnell in den Papierkorb.

➤ **Form und Inhalt** – E-Mails sind ein schnelles Medium. Gerade dieser Vorteil ist gefährlich. Denn während man Geschäftsbriefe auf Papier normalerweise sehr sorgfältig verfasst, verleiten E-Mails dazu, schnell ein paar Zeilen loszuschicken. Oft finden sich dann in der E-Mail Rechtschreib- und Formfehler. Deswegen gilt: Behandeln Sie E-Mails genauso wie „normale" Post. Und auch die gern verwendeten Emoticons wie ;-) oder :-(haben in geschäftlicher Korrespondenz normalerweise nichts zu suchen. (Oder würden Sie in einen Geschäftsbrief ein Smiley malen?)

➤ **Unerwartete Anhänge** – sicherheitsbewusste Nutzer öffnen grundsätzlich keine E-Mail-Anhänge von ihnen unbekannten Personen. Kündigen Sie daher bei neuen Geschäftspartnern zunächst telefonisch oder per E-Mail an, dass Sie ihnen eine E-Mail mit Anhang schicken. So können Sie sicher sein, dass Ihre E-Mail tatsächlich gelesen wird.

Abkürzungen verwenden

Vielleicht haben Sie sich ja auch schon gewundert, was denn der Absender mit ASAP meinte und was er Ihnen wohl mit KIT sagen wollte. Oftmals werden in E-Mails Abkürzungen benutzt, die zwar auf den ersten Blick etwas sperrig wirken, Ihnen aber beim E-Mail-Schreiben einiges an Zeit sparen können. Hier die gängigsten Abkürzungen:

AAMOF	as a matter of fact = Tatsache ist
ASAP	as soon as possible = so schnell wie möglich
BBL	be back later = bin später wieder da
BTW	by the way = nebenbei
CU	see you = bis bald
CYL	see you later = bis später
EDO	end of discussion = Ende der Diskussion
FYI	for your information = zu Ihrer Information
IDK	I don't know = ich weiß es nicht
IMO	in my opinion = meiner Meinung nach
KIT	keep in touch = in Verbindung bleiben
LOL	laughing out loud = laut Lachen
NAA	not at all = überhaupt nicht
OUT	out to lunch = bin beim Essen
P	pardon? = Wie bitte?
PMJI	pardon me for jumping in = Verzeihung, dass ich mich einmische
ROFL	rolling on the floor laughing = sich vor Lachen auf dem Boden wälzen

Wie so oft im Leben gilt natürlich auch hier: bloß nicht übertreiben. Setzen Sie Abkürzungen nur bei solchen Empfängern ein, von denen Sie wissen, dass sie auch tatsächlich mit OUT, NAA & Co. etwas anfangen können. Abkürzungen sollen beiden Seiten das Leben/Lesen erleichtern. Wenn der Empfänger Ihrer Nachricht erst „stundenlang" überlegen muss, was Sie ihm mit CYL oder ASAP sagen wollen, wird er ungehalten auf Ihre Nachricht reagieren.

Die E-Mail Formate: HTML, RTF oder Nur-Text?

Wurden Sie in der Vergangenheit von Ihren Geschäftspartnern auch schon darauf hingewiesen, dass sie Ihre E-Mails nicht bekommen? Vielleicht kamen aber auch verwunderte Anrufe, dass in Ihren E-Mails der Anhang *winmail.dat* steht, der Empfänger damit aber überhaupt nichts anfangen kann. All diese Probleme hängen direkt mit der Wahl des E-Mail-Formats zusammen.

So unterbinden viele Empfänger aus Sicherheitsgründen den Empfang von HTML-E-Mails. Wer hingegen das Outlook-eigene Rich-Text-Format verwendet, kann davon ausgehen, dass nur die Empfänger etwas damit anfangen können, die ebenfalls mit Outlook arbeiten. Alle anderen erhalten anstelle der eigentlichen Nachricht eine E-Mail mit dem Anhang *winmail.dat*.

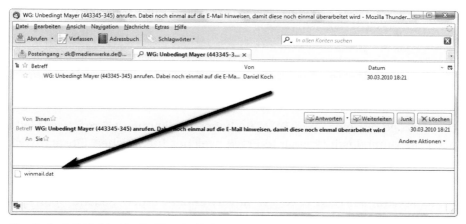

Eine Outlook-E-Mail in Mozilla Thunderbird.

Bei all diesen möglichen Problemen stellt sich natürlich die Frage, welches das richtige E-Mail-Format ist. In puncto Attraktivität sind HTML-Mails unschlagbar. Wer allerdings E-Mails schnell und sicher verschicken will, der setzt auf das Nur-Text-Format. Die folgende Tabelle stellt die wichtigsten Vor- und Nachteile der in Outlook verfügbaren Formate gegenüber:

	Vorteile	Nachteile
HTML	Texte können formatiert und somit ansprechend gestaltet werden.	HTML-Mails können JavaScript-Elemente enthalten, durch die Angriffe auf den Computer gestartet werden können.
	Firmenlogos und andere Grafiken lassen sich einbinden.	Durch unsichtbare Bilder (Ein-Pixel-Grafiken) können Angreifer überprüfen, ob die E-Mail gelesen wurde. So wissen Spammer immer, ob ihre Werbebotschaften ankommen und welche E-Mail-Adressen aktiv sind.
	E-Mails können über Briefpapiere aufgepeppt werden.	Viele E-Mail-Programme können HTML-Mails überhaupt nicht darstellen. Diese Benutzer können mit HTML-Nachrichten normalerweise überhaupt nichts anfangen.
		In vielen Unternehmen ist man mittlerweile dazu übergegangen, HTML-Mails automatisch zu löschen. Grund hierfür: Die meisten Spammails werden im HTML-Format gesendet.

	Vorteile	Nachteile
Nur-Text	Die E-Mails sind sehr klein und können so schnell gesendet und empfangen werden.	Texte lassen sich nicht formatieren.
	Ausnahmslos alle E-Mail-Clients können Nachrichten in diesem Format lesen.	Bilder können nicht eingefügt werden.
Rich-Text	Es können spezielle Outlook-Funktionen wie Abstimmungen und so weiter integriert werden.	Die überwiegende Mehrheit der E-Mail-Programme kann mit diesem Microsoft-eigenen Format nichts anfangen.

Die Vorzüge der einzelnen Formate haben Sie kennengelernt. Jetzt bleibt noch die durchaus interessante Frage, welches für welchen Einsatzzweck am besten geeignet ist:

> **Firmenintern** – arbeiten alle Mitarbeiter innerhalb der Firma mit Outlook, kann das Rich-Text-Format verwendet werden. So kann man spezielle Outlook-Funktionen wie Abstimmungen etc. nutzen.

> **Private Einladungen etc**. – Einladungen zur nächsten Geburtstagsparty an Freunde und Bekannte können Sie ruhigen Gewissens farbig und mit Bildern verziert gestalten. Das passende Format ist dann HTML.

> **Im Alltag** – normale Nur-Text-Nachrichten mögen aufgrund fehlender Formatierungen auch etwas langweilig erscheinen, sie sind jedoch schnell und können überall und mit jedem E-Mail-Programm gelesen werden.

> **Geschäftliche E-Mails** – wichtige geschäftliche E-Mails sollte man im Nur-Text-Format versenden. Denn mittlerweile sind viele Firmen dazu übergegangen, HTML-Mails automatisch zu löschen. Nur durch das Nur-Text-Format können Sie sicherstellen, dass die E-Mails tatsächlich beim Empfänger ankommen.

Als „Testsieger" geht das Nur-Text-Format hervor. Sie sollten es immer dort einsetzen, wo Sie sichergehen wollen, dass die Nachrichten auch tatsächlich empfangen werden. Da HTML-E-Mails ohnehin oftmals beim Empfänger in das Nur-Text-Format konvertiert werden, kann man sich in aller Regel die Zeit für aufwendiges Formatieren sparen. Denn die Empfänger sehen nach einer Konvertierung Ihre E-Mails z. B. immer in der Schriftart Times New Roman und in der Schriftgröße 12 Punkt.

Wenn beim Empfänger zusätzliche Zeilenumbrüche angezeigt werden

Es ist zum Verzweifeln: Da erstellt und formatiert man seine E-Mails mit größter Sorgfalt und trotzdem werden sie beim Empfänger mit zusätzlichen Zeilenumbrüchen angezeigt.

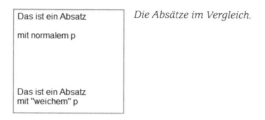

Die Absätze im Vergleich.

Das ist natürlich ärgerlich. Grund für die unerwünschten Zeilenumbrüche ist der von Outlook generierte HTML-Code, der für die Formatierung der E-Mails verwendet wird. Das Problem tritt übrigens vor allem auf, wenn die Empfänger ihre E-Mail-Programme so eingestellt haben, dass E-Mails automatisch in das Nur-Text-Format umgewandelt werden. Gleiches trifft allerdings auch auf Empfänger zu, die Freemail-Anbieter wie GMail, WEB.DE und Yahoo! nutzen.

Wenn Sie innerhalb der zu erstellenden E-Mail die [Enter]-Taste drücken, fügt Outlook im Hintergrund das HTML-Element *p* ein. Drückt man dann nochmals [Enter], kommt ein weiteres *p*-Element hinzu, was zwei Zeilenumbrüche zur Folge hat. Das lässt sich auf zwei Arten verhindern:

1 Drücken Sie, um einen Zeilenumbruch zu erreichen, die Tastenkombination [↑]+[Enter].

2 Erstellen Sie alle E-Mails im Nur-Text-Format.

Bei beiden Varianten werden „weiche" Absätze eingefügt, die übrigens auch die Lesbarkeit der E-Mails erhöhen.

Das gleiche Format für alle E-Mails

Nachdem Sie die Vor- und Nachteile der einzelnen E-Mail-Formate kennengelernt haben, geht es nun darum, das Standardformat für ausgehende E-Mails festzulegen.

1 Aus dem *Datei*-Register wird *Optionen* gewählt. Anschließend ruft man *E-Mail* auf.

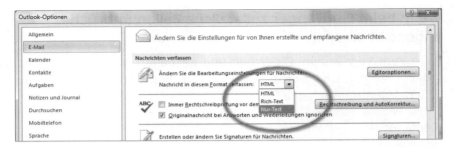

2 Aus dem Auswahlfeld im Bereich *Nachrichten verfassen* wählen Sie das gewünschte E-Mail-Format aus.

Nachdem die Einstellungen mit *OK* bestätigt wurden, wird allen neu angelegten Nachrichten standardmäßig das hier eingestellte Format zugewiesen. (Selbstverständlich können Sie einzelnen Nachrichten dann explizit ein anderes Format zuweisen. Wie das funktioniert, wird im nächsten Abschnitt gezeigt.)

Für einzelne Nachrichten ein anderes Format festlegen

Das festgelegte Standardformat gilt normalerweise für alle ausgehenden E-Mails. Aber auch wenn Sie beispielsweise als Standard-E-Mail-Format Nur-Text bestimmt haben, können Sie zwischendurch eine HTML- oder Richt-Text-Nachricht verschicken.

Dazu legen Sie die Nachricht wie gewohnt an und wechseln innerhalb der Nachricht in das Register *Text formatieren*.

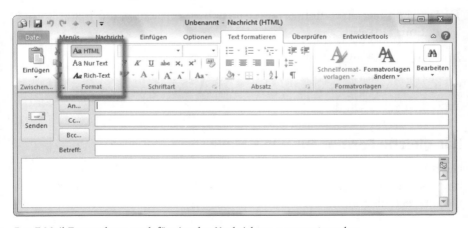

Das E-Mail-Format kann auch für einzelne Nachrichten angepasst werden.

Die verfügbaren Formate sind im Bereich *Format* aufgeführt. Voreingestellt ist das als Standard definierte E-Mail-Format. Wählen Sie stattdessen das Format, mit dem die aktuelle Nachricht gesendet werden soll.

Jedem Kontakt sein bevorzugtes Format

Möglicherweise haben Sie einen Geschäftspartner, von dem Sie wissen, dass er ausschließlich Nachrichten im Nur-Text-Format empfangen kann. Einer Ihrer Freunde wiederum freut sich diebisch über bunte HTML-E-Mails. Outlook bietet die Möglichkeit, Kontakte mit einem E-Mail-Format zu verknüpfen. Outlook weiß dann, wenn Sie an den Kontakt eine Nachricht senden, welches Format gesetzt werden soll.

Dazu wird im *Kontakte*-Ordner der betreffende Kontakt geöffnet. Im Feld *E-Mail* wird auf die eingetragene E-Mail-Adresse doppelt geklickt. In dem sich daraufhin öffnenden Dialogfenster kann dann aus dem Listenfeld *Weitere Optionen für die Interaktion mit dieser Person anzeigen* der Eintrag *Outlook-Eigenschaften* gewählt werden.

Dem Kontakt wird sein bevorzugtes Format zugewiesen.

Sobald Sie an diesen Kontakt eine E-Mail senden, wendet Outlook automatisch das eingestellte Format an.

Rich-Text-Nachrichten automatisch umwandeln

Firmenintern ist es durchaus geläufig, dass das sonst oftmals geächtete Rich-Text-Format verwendet wird. Denn immerhin dient dieses Format dazu, spezielle Outlook-Funktionen wie Abstimmungen etc. zu nutzen. Allerdings hat das Rich-Text-Format einen entscheidenden Nachteil: Es kann ausschließlich von Outlook gelesen werden.

Wird eine Rich-Text-Nachricht an einen Empfänger geschickt, der kein Outlook verwendet, erhält er statt der eigentlichen Nachricht eine für ihn unbrauchbare E-Mail mit dem Dateianhang *winmail.dat*. (Wenn Sie unterwegs mal nicht mit Outlook arbeiten und dann Ihre E-Mails zum Beispiel mit Mozilla Thunderbird abrufen, werden Sie dieses Problem kennen.)

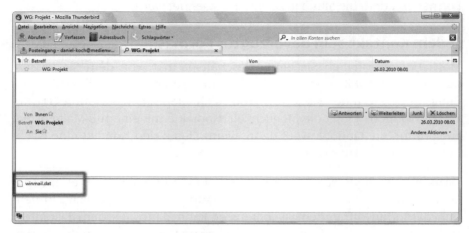

Der Empfänger bekommt nur eine winmail.dat angezeigt.

Anstelle einer normalen E-Mail bekommt man also lediglich eine E-Mail, der eine *winmail.dat* angehängt ist. Mit diesem Anhang kann man dann allerdings rein gar nichts anfangen.

Was sind Internetempfänger?

Darunter werden Personen verstanden, denen die E-Mails nicht über einen Exchange Server zugestellt werden. Senden Sie also eine E-Mail an eine Person, die außerhalb Ihres Firmennetzwerkes sitzt, spricht man von einem Internetempfänger.

Um dem Empfänger Ärger mit der *winmail.dat* zu ersparen, können Sie Outlook so einstellen, dass ausgehende E-Mails an Internetempfänger immer in HTML- oder Nur-Text-Nachrichten konvertiert werden.

Durch die folgenden Schritte wird Outlook so konfiguriert, dass Rich-Text-Nachrichten automatisch ins Nur-Text-Format konvertiert werden, wenn sie an einen Internetempfänger geschickt werden.

1 Rufen Sie über das *Datei*-Register *Optionen* den Punkt *E-Mail* auf.

2 Interessant ist dort der Bereich *Nachrichtenformat*.

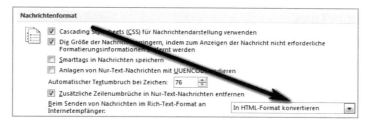

3 Über das Auswahlfeld kann man das gewünschte Format einstellen. Wählen Sie dort entweder *In Nur-Text-Format konvertieren* oder *In HTML-Format konvertieren*. Wird stattdessen die Option *Im Outlook-Rich-Text-Format senden* eingestellt, werden die Nachrichten unverändert gesendet.

4 Mit *OK* werden die Einstellungen übernommen.

Anpassungen für das HTML-Format

Wenn Sie das HTML-Format zum Senden von Nachrichten verwenden, bietet Outlook einige zusätzliche Optionen, die eine genauere Betrachtung verdienen. Zu finden sind sie unter *Datei/Optionen/E-Mail* im Bereich *Nachrichtenformat*. Dort stehen unter anderem die folgenden Optionen zur Verfügung:

➢ *Cascading Stylesheets (CSS) für Nachrichtendarstellung verwenden* – diese Option sorgt dafür, dass für die Formatierung der Nachrichten **C**ascading **S**tyle **S**heets (CSS) verwendet werden. Die Nachrichten sind somit „eleganter" und schlanker formatiert und zudem auch noch standardkonform. (Das von Outlook verwendete CSS ist allerdings nicht ganz sauber und verwendet einige Microsoft-eigene Anweisungen. Größere Nachteile ergeben sich daraus aber nicht.)

➢ *Die Größe der Nachricht verringern* – Outlook entfernt hierbei unnötige Daten wie nicht benötigte Formatierungen. Sie sollten diese Option aktivieren, schließlich werden hierdurch die E-Mails kleiner und beanspruchen somit weniger Speicherplatz. (Bei einer E-Mail mag das nicht weiter ins Gewicht fallen – bei 1.000 und mehr dann aber schon.)

➢ *SmartTags in Nachrichten speichern* – durch diese Option werden die verwendeten SmartTags in der E-Mail gespeichert. Beachten Sie, dass sich Smart-Tags nur in E-Mails speichern lassen, wenn als Format Rich-Text verwendet wird. Normalerweise deaktiviert man diese Option, da ansonsten die E-Mail-Empfänger die SmartTags sehen können (siehe dazu auch den nächsten Abschnitt).

121

Das sind SmartTags

SmartTags sind ein mit Office 2003 neu eingeführtes Feature, durch das bestimmte Datentypen in Dokumenten automatisch erkannt werden können. So gibt es zum Beispiel das SmartTag für Personennamen, über das man auf die in Outlook gespeicherten Kontaktinformationen zugreifen kann.

Ob und wie SmartTags verwendet werden können, lässt sich über *Datei/Optionen/E-Mail/Rechtschreibung* und *AutoKorrektur/AutoKorrektur-Optionen* einstellen. Im Register *SmartTags* können Sie die gewünschten Einstellungen vornehmen.

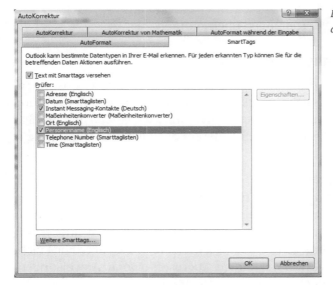

Die SmartTags werden ausgewählt.

Aktivieren Sie hier die gewünschten SmartTags und übernehmen Sie die Einstellungen mit *OK*. Damit man überhaupt SmartTags auswählen kann, muss zuvor allerdings das Kontrollkästchen *Text mit Smarttags versehen* aktiviert werden.

Ankommende Nachrichten automatisch umwandeln

Ab Seite 536 wird ausführlich auf die Gefahren eingegangen, denen man sein System durch den Empfang von HTML-E-Mails aussetzt. Diese Probleme lassen sich ganz einfach umgehen. Dazu braucht man lediglich alle ankommenden Nachrichten automatisch in das Nur-Text-Format umzuwandeln. Während man in älteren Outlook-Versionen dafür in die Registry eingreifen musste, stellte Outlook 2003 bereits eine entsprechende Option zur Verfügung. Seit Outlook 2010 ist diese in das Sicherheitscenter ausgelagert. Rufen Sie dieses über das *Datei*-Register und *Optionen* auf, klicken Sie dort auf *Einstellungen für das Sicherheitscenter* und öffnen Sie *E-Mail-Sicherheit*.

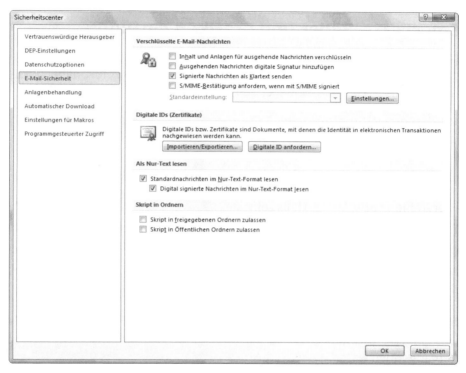

So werden E-Mails automatisch entschärft.

Aktivieren Sie hier die beiden Optionen unter *Als Nur-Text lesen*. Nachdem man die Einstellungen mit *OK* bestätigt hat, wandelt Outlook alle empfangenen E-Mails automatisch in das Nur-Text-Format um. Wenn Sie nun eine E-Mail bekommen, die Sie sich doch im HTML-Format anzeigen lassen wollen, können Sie das trotzdem tun. Dazu öffnen Sie die betreffende Nachricht und klicken auf die Meldung im oberen Fensterbereich.

Eine Rückumwandlung ist jederzeit möglich.

Aus dem sich öffnenden Optionen-Fenster wählen Sie *Als HTML anzeigen*. Outlook stellt die Nachricht anschließend als HTML-E-Mail dar. Dieser Zustand hält allerdings nur so lange, wie die E-Mail geöffnet ist. Sobald Sie sie schließen bzw. eine andere E-Mail im Lesebereich anzeigen, wird sie wieder in das Nur-Text-Format umgewandelt.

SmartArts, Bilder und Grafiken einfügen

Gerade auch was die Gestaltung anbelangt, hat sich in Outlook 2010 eine ganze Menge getan. Vor allem die SmartArts helfen ab sofort dabei, Business-E-Mails noch professioneller zu gestalten.

Mit den neuen SmartArts zielt Outlook auf Geschäftskunden. Denn dank dieser Funktion lassen sich im Handumdrehen Geschäftsprozesse, optisch ansprechende Listen, Hierarchien usw. in E-Mails einfügen.

Wollte man „früher" solche Grafiken erstellen, musste man entweder ein Grafikprogramm bemühen oder die Arbeit gleich an einen Grafiker weiterreichen. Dank der Outlook-SmartArts gehört so etwas der Vergangenheit an.

Diagramme, Organigramme & Co.

Die SmartArts lassen sich sehr einfach einsetzen. Dazu legen Sie zunächst wie gewohnt eine neue E-Mail an.

Zur Sicherheit zwischenspeichern

Es kann immer mal wieder vorkommen, dass Outlook oder Ihr Computer abstürzt. Wenn Sie also vorhaben, sehr aufwendige Grafiken zu erstellen, sollten Sie die E-Mail zwischenspeichern. Dazu klicken Sie im *Datei*-Register des geöffneten E-Mail-Fensters auf *Speichern*. Die E-Mail wird daraufhin automatisch im *Entwürfe*-Ordner zwischengespeichert. Von dort können Sie die E-Mail dann jederzeit versenden.

Innerhalb des geöffneten E-Mail-Fensters rufen Sie das *Einfügen*-Register auf und klicken in das Textfeld der E-Mail. (Erst dadurch werden die Symbole der Ribbon-Leiste aktiv.) Über das gleichnamige Symbol wird das SmartArt-Dialogfenster geöffnet.

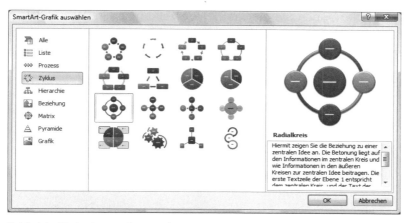

Zahlreiche Varianten werden angeboten.

In diesem Dialogfenster können Sie die gewünschte Grafik auswählen. Zur besseren Übersicht gibt es im linken Fensterbereich Kategorien wie *Liste*, *Prozess* und *Zyklus*. Im mittleren Bereich können Sie das gewünschte SmartArt markieren. Rechts ist daraufhin eine Beschreibung zu sehen. Haben Sie sich für eine Grafik entschieden, bestätigen Sie die Auswahl mit *OK*. Die Grafik enthält einige Platzhaltertexte, die Sie anpassen können.

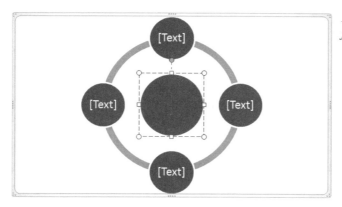

Die Texte lassen sich jederzeit anpassen.

Dazu klicken Sie den betreffenden Text an und tippen einfach einen neuen ein. Auf diese Weise lassen sich die gewünschten Informationen einfügen.

125

Über die Ribbon-Leiste lassen sich jederzeit die Farben, das Grundlayout und die von der Grafik verwendeten Formatvorlagen anpassen. Sobald Sie mit der Grafik zufrieden sind, klicken Sie innerhalb des E-Mail-Textfeldes an eine beliebige Stelle.

Selbstverständlich können Sie die Grafik jederzeit anpassen. Dazu klicken Sie sie einfach an. Mit dem Grundlayout der Grafiken müssen Sie sich übrigens keineswegs zufriedengeben. Markieren Sie dazu die eingefügte SmartArt-Grafik. Über die Schaltflächen *Layout ändern*, *Farben ändern* und *SmartArt-Formatvorlagen* lassen sich grundlegende Einstellungen anpassen.

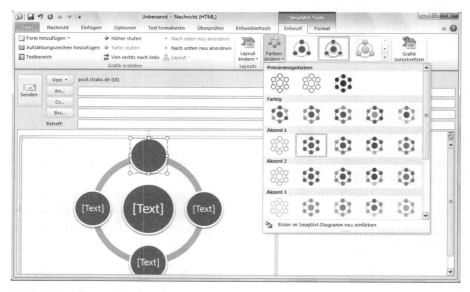

Die SmartArts lassen sich verändern.

Über *Layout ändern* lässt sich das allgemeine Aussehen der eingefügten Grafik anpassen. So kann man beispielsweise aus einem Kreis eine Pyramide machen. Über *Farben ändern* können Sie die Farbgestaltung Ihren Erfordernissen entsprechend anpassen. Im Bereich *SmartArt-Formatvorlagen* lässt sich dann zum Beispiel eine 3-D-Ansicht festlegen.

Weitere Anpassungen sind im Register *Format* verfügbar. Dort lassen sich u. a. Texteffekte, Füllungen und die Größe der einzelnen Elemente verändern. Aber Achtung: Damit das Register *Format* überhaupt sichtbar ist, muss die SmartArt-Grafik markiert, also einmal angeklickt werden.

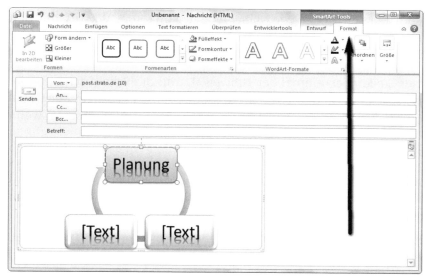

Ein neues Register ist verfügbar.

Wenn Sie mit der Gestaltung der Grafik fertig sind, können Sie die E-Mail wie gewohnt verschicken. Outlook macht aus dem SmartArt eine PNG-Grafik. Vorteil dieser Variante: Die SmartArt-Grafik kann so in jedem E-Mail-Programm angezeigt werden. Es spielt also keine Rolle, ob der Empfänger der E-Mail mit Outlook oder Mozilla Thunderbird arbeitet, die Grafik ist in jedem Fall sicht- und nutzbar.

Grafiken in E-Mails einfügen

Neben den SmartArts bietet Outlook noch eine Vielzahl anderer Möglichkeiten, Grafiken in E-Mails einzufügen. Die entsprechenden Optionen finden Sie im *Einfügen*-Register des geöffneten E-Mail-Fensters. Interessant ist dort der Bereich *Illustrationen*.

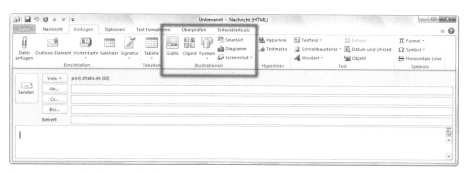

So lassen sich Grafiken einbinden.

In diesem Bereich finden Sie verschiedene Varianten. Was es mit den SmartArts auf sich hat, wurde im vorherigen Abschnitt gezeigt. Der Punkt *Screenshot* wird im nächsten Abschnitt vorgestellt.

An dieser Stelle noch einmal der Hinweis: Damit die Schaltflächen in der Ribbon-Leiste aktiv sind, muss man den Cursor in das Textfeld der E-Mail setzen. Zudem sind die verschiedenen Grafikoptionen nur verfügbar, wenn als E-Mail-Format HTML oder Rich-Text gewählt wurde.

> *Grafik* – hierüber können Bilder in die E-Mail eingefügt werden. Als Grafikformate verwendet man üblicherweise GIF, JPEG oder PNG. Wird das Format der E-Mail zwischendurch auf Nur-Text umgestellt, löscht Outlook die Grafik aus der E-Mail.

> *ClipArt* – die ClipArts kennen Sie sicherlich aus Word und PowerPoint. Diese kleinen Grafiken können Sie auch in Ihre E-Mails einfügen. Bei den eingefügten ClipArts handelt es sich letztendlich um Grafiken im PNG-Format.

> *Formen* – wer mal eben schnell einen Pfeil, einen Stern oder ein Rechteck in seine E-Mail einfügen will, findet hier die entsprechenden Optionen. Wobei die Bedienung der Formenfunktion etwas gewöhnungsbedürftig ist. Denn zunächst muss man unter *Formen* die gewünschte Form auswählen. Anschließend klickt man in das Textfeld der E-Mail, hält die linke Maustaste gedrückt und zieht die Form auf die gewünschte Größe. Um Farbe, Fülleffekt usw. im Nachhinein anzupassen, klickt man die eingefügte Form an. Daraufhin wird automatisch das *Format*-Register geöffnet, in dem die entsprechenden Optionen zur Verfügung stehen. Die eingefügten Formen werden von Outlook beim Senden in eine PNG-Grafik umgewandelt.

Hinter der Schaltfläche *Diagramm* verbirgt sich eine aufwendige Funktion, die aber durchaus sinnvoll ist. Denn darüber kann man in wenigen Schritten Diagramme in seine E-Mails einfügen. Dabei sind diese Diagramme übrigens nicht „statisch", sondern lassen sich mit echten Daten ausstatten.

Um ein Diagramm in eine E-Mail einzufügen, setzen Sie den Cursor in das Textfeld und rufen im *Einfügen*-Register *Diagramm* auf. Outlook bietet daraufhin eine große Auswahl von Diagrammen an.

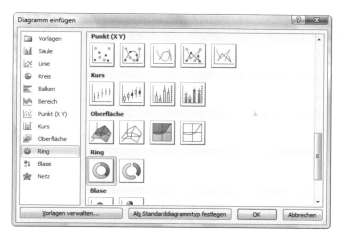

Das Diagramm wird ausgewählt.

Über den linken Bereich wird die Kategorie ausgewählt. Entscheiden Sie dort also, ob es sich zum Beispiel um ein Säulen- oder ein Ringdiagramm handelt. Rechts können Sie sich dann für das gewünschte Diagramm entscheiden. (Beachten Sie, dass rechts immer alle Diagrammvarianten zu sehen sind. Der linke Auswahlbereich dient also eher der Übersichtlichkeit.)

Mit *OK* wird die Auswahl bestätigt, wodurch Microsoft Excel geöffnet wird.

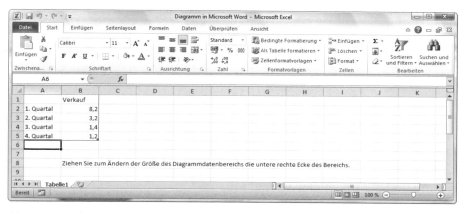

Die Diagrammdaten werden angepasst.

In dieser Excel-Tabelle können Sie die Werte, aus denen das Diagramm letztendlich generiert wird, anpassen. Dabei können Sie übrigens auch zusätzliche Zeilen einfügen. Aufpassen müssen Sie allerdings dahin gehend, dass die zusätzlichen Zeilen auch zum Diagramm passen. (So fügt man zum Beispiel in ein Diagramm keine dritte Spalte ein, da diese im Diagramm nicht berücksichtigt wird.)

129

Die in der Excel-Tabelle vorgenommenen Änderungen werden von Outlook automatisch in der E-Mail übernommen. Sobald Sie mit dem Diagramm zufrieden sind, können Sie die Excel-Tabelle ohne Speichern schließen.

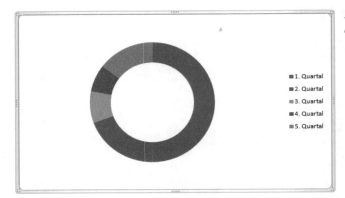

Das Diagramm wurde eingefügt.

Das Diagramm kann nachträglich sowohl optisch als auch von den Zahlenwerten her angepasst werden. Für beide Varianten muss man das zu ändernde Diagramm zunächst markieren. Daraufhin wird in der Symbolleiste der E-Mail zusätzlich ein *Diagrammtools*-Bereich eingefügt.

Ein zusätzlicher Bereich wurde eingefügt.

Darüber können Sie das Diagramm vollständig anpassen. Das gilt zunächst einmal für optische Aspekte. Über den Bereich *Diagrammformatvorlagen* können Sie die Farbgestaltung variieren. Weitere optische Anpassungen sind im *Format*-Register möglich. Dort können Sie die Schriftart, Schriftfüllung und die Texteffekte verändern.

Über das Register *Layout* lässt sich zunächst einmal die Position der Diagrammlegende bestimmen. Zusätzlich kann man dafür sorgen, dass dem Diagramm eine Überschrift zugewiesen wird.

Ein eingefügtes Diagramm lässt sich nachträglich beliebig anpassen. So können Sie zum Beispiel jederzeit aus einem Kreis- ein Balkendiagramm machen.

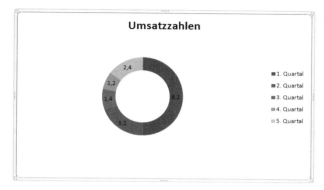

Die Legende wird angepasst.

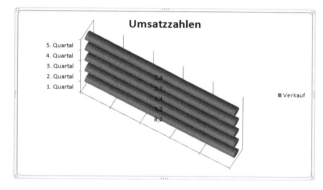

Der Diagrammtyp wurde verändert.

Die entsprechenden Optionen finden Sie im *Entwurf*-Register. (Denken Sie daran, dass dieses Register nur angezeigt wird, wenn das Diagramm zuvor markiert wurde.) Um den Diagrammtyp anzupassen, klicken Sie auf *Diagrammtyp ändern*. Daraufhin wird das bekannte Dialogfenster angezeigt, über das Sie den neuen Diagrammtyp einstellen können.

Im Register *Entwurf* gibt es auch noch die Schaltfläche *Daten bearbeiten*, über die Sie erneut Excel aufrufen und die Diagrammdaten bearbeiten können.

Die E-Mail kann – nachdem man mit den Diagrammeinstellungen fertig ist – wie gewohnt verschickt werden. Outlook macht aus dem Diagramm eine PNG-Grafik, die daher normalerweise von allen Empfängern problemlos geöffnet werden kann.

Screenshots mitschicken

Um einen Screenshot, also eine Bildschirmkopie, anfertigen zu können, brauchte man vor Outlook 2010 spezielle Software. (Alternativ konnte man über die (Druck)-Taste der Tastatur zwar auch einen Screenshot in die Zwischenablage kopieren, das war allerdings wenig komfortabel.) Mit Outlook 2010 kann man nun ganz bequem Screenshots anlegen und direkt in die E-Mail einfügen. Dazu setzen Sie den Cursor in das Textfeld der E-Mail und rufen das *Einfügen*-Register auf. Dort finden Sie die Schaltfläche *Screenshot*.

Wird diese angeklickt, liefert Outlook eine Auswahl der verfügbaren Fenster. Wenn Sie eines davon auswählen, wird ein Screenshot eben jenes Fensters in die E-Mail eingefügt.

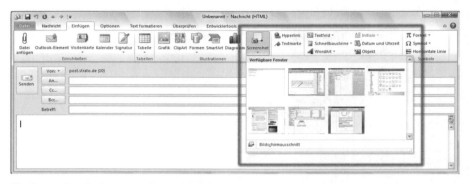

Die Screenshot-Optionen werden angezeigt.

Alternativ dazu können Sie auch lediglich einen Bildschirmausschnitt auswählen. Klicken Sie dazu die gleichnamige Schaltfläche an, die unterhalb der verfügbaren Fenster angezeigt wird. Anschließend klicken Sie den gewünschten Bildschirmausschnitt an und ziehen bei gedrückter linker Maustaste den Bereich auf. Sobald der Mauszeiger losgelassen wird, fügt Outlook den Bildschirmausschnitt in die E-Mail ein.

Die E-Mail kann anschließend wie gewohnt verschickt werden. Bei dem von Outlook eingefügten Screenshot handelt es sich um eine Grafik im PNG-Format.

Datum, Schnellbausteine und Hyperlinks: So fügen Sie Textelemente ein

Wenn Sie das *Einfügen*-Register aufrufen, werden Ihnen die beiden Bereiche für Hyperlinks und Text auffallen. Dahinter verbergen sich durchaus interessante Optionen, die in diesem Abschnitt vorgestellt werden.

Hyperlinks einfügen

Den Anfang macht ein oft benötigtes Feature: das Einfügen eines Hyperlinks. Wenn Sie in eine HTML- oder Rich-Text-E-Mail eine Web- oder E-Mail-Adresse einfügen, generiert Outlook daraus automatisch einen Link. Einige Beispiele:

> *www.databecker.de*

> *http://www.databecker.de*

> *kontakt@databecker.de*

Nun können Sie aber auch selbst Hyperlinks einfügen und so zum Beispiel ein Bild oder ein Wort verlinken. Auch das ist problemlos möglich. Dazu markieren Sie innerhalb des Textfeldes der E-Mail das betreffende Element und rufen im *Einfügen*-Register *Hyperlink* auf.

Ein Link wird eingefügt.

In dem sich öffnenden Dialogfenster stehen zahlreiche Optionen zur Verfügung. Im Normalfall möchte man aber einfach auf eine Webseite verweisen. Dazu aktivieren Sie im linken Fensterbereich unter *Link zu* die Schaltfläche *Datei oder Webseite*. In das Feld *Adresse* wird dann die Zieladresse eingetragen. Mit *OK* übernimmt man die Einstellungen. Klickt der Empfänger auf den Hyperlink in der E-Mail, wird die entsprechende Zielseite im Standardbrowser geöffnet.

Das aktuelle Datum einfügen

Über die Schaltfläche *Datum und Uhrzeit* im Register *Einfügen* können Sie das aktuelle Datum und die aktuelle Uhrzeit in die E-Mail einfügen. Diese Funktion kann durchaus sinnvoll sein. So können Sie zum Beispiel festhalten, wann genau Sie einzelne Passagen in eine lange E-Mail eingefügt haben, die über mehrere Tage hinweg erstellt wurde.

Nachdem Sie die genannte Schaltfläche angeklickt haben, bietet Outlook verschiedene Datumsvarianten an.

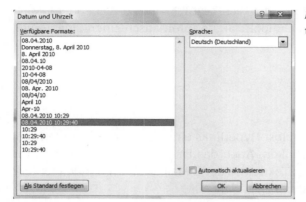

Das Datumsformat wird gewählt.

Markieren Sie die gewünschte Variante und bestätigen Sie die Auswahl mit *OK*. Outlook fügt das Datum und ggf. die Uhrzeit in die E-Mail in Form einer Feldfunktion ein. Um das Datum zu aktualisieren, klicken Sie es in der E-Mail mit der rechten Maustaste an und wählen *Felder aktualisieren*.

Mit Textbausteinen arbeiten

Oftmals verwendet man in E-Mails immer wieder die gleichen Phrasen:

➤ *Herzlichen Dank für Ihre Anfrage*

➤ *Wir melden uns schnellstmöglich wieder bei Ihnen*

In vielen Fällen verwendet man dafür E-Mail-Vorlagen. Diese Vorlagen haben aber einen entscheidenden Nachteil: Sie sind nicht flexibel. Ihnen setzt Outlook die Schnellbausteine entgegen. Über diese können Sie vordefinierte Textbausteine ganz einfach mit normalen E-Mail-Inhalten kombinieren.

Um Textbausteine nutzen zu können, muss man sie zunächst anlegen.

1 Öffnen Sie eine neue E-Mail und schreiben Sie in ihr den Text, den Sie als Textbaustein verwenden wollen.

2 Markieren Sie diesen Text und klicken Sie im *Einfügen*-Register auf *Schnellbausteine/Auswahl im Schnellbaustein-Katalog speichern*.

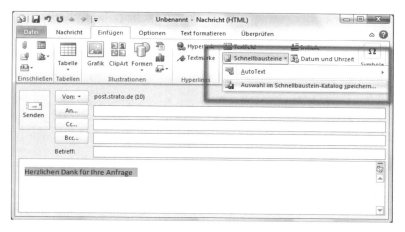

3 Die Einstellungen in dem sich daraufhin öffnenden Fenster können normalerweise unverändert übernommen werden. Wichtig ist lediglich,
dass Sie einen passenden Namen
eintragen.

4 Mit *OK* werden die Einstellungen
übernommen, der Textbaustein also
letztendlich angelegt.

Um einen Textbaustein zu verwenden, klicken Sie im *Einfügen*-Register
auf *Schnellbausteine*.

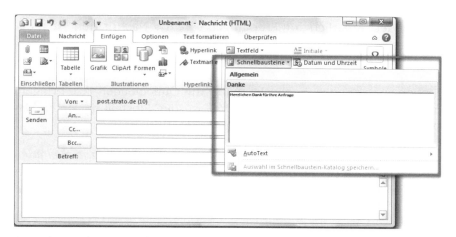

So werden Textbausteine aufgerufen.

Aus dem sich öffnenden Fenster kann dann der gewünschte Schnellbaustein ausgewählt werden.

Das Kürzel verwenden

Noch schneller geht es übrigens, wenn Sie das festgelegte Kürzel bzw. den Namen des Schnellbausteins in die E-Mail schreiben und dann die (F3)-Taste drücken. Outlook wandelt den Namen dann automatisch in den vollständigen Text um.

Sie können Schnellbausteine jederzeit wieder nachträglich ändern oder auch löschen. Dazu rufen Sie innerhalb eines E-Mail-Fensters *Einfügen/ Schnellbausteine* auf, klicken den betreffenden Baustein mit der rechten Maustaste an und wählen *Organisieren und löschen*. Markieren Sie im linken Fensterbereich den Baustein, den Sie bearbeiten oder löschen wollen, und führen Sie die gewünschte Aktion über eine der drei im unteren Fensterbereich vorhandenen Schaltflächen aus.

E-Mails auf internationale Standards umstellen

Gerade wenn man viel mit ausländischen Geschäftspartnern zu tun hat, sollte man sein Outlook auf diese Internationalität einstimmen beziehungsweise für diese Anforderungen optimieren. Das erste Problem stellt das unsägliche *AW* dar, das Outlook Antwortmails automatisch anfügt. Im internationalen E-Mail-Verkehr (und übrigens auch bei den meisten deutschsprachigen E-Mail-Programmen) wird anstelle von *AW* allerdings *RE* verwendet. Ärgerlich für Empfänger von *AW*-Nachrichten ist möglicherweise, dass sie Probleme bei der Anzeige des Mailverlaufs bekommen.

Die Option ist zwar etwas versteckt, man kann Outlook aber dazu bringen, ebenfalls *RE* zu verwenden. Zu finden ist die Einstellung unter *Datei/Optionen/Erweitert* im Bereich *Internationale Optionen*.

Aktivieren Sie hier die Optionen *Kopfzeilen von Antworten und Weiterleitungen sowie von Weiterleitungsbenachrichtigungen in Englisch*. Nachdem das Dialogfenster mit *OK* bestätigt wurde, verwendet Outlook ab sofort *RE* statt *AW*.

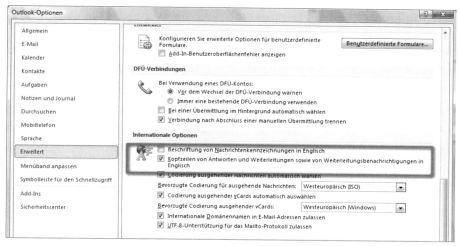

So klappt's mit dem RE.

Andere Sprachen verwenden

Erhält man E-Mails auf Deutsch oder Englisch können sie von Outlook ohne Probleme angezeigt werden. Anders sieht es da schon bei Nachrichten aus China aus. Denn damit diese von Outlook angezeigt werden kann, müssen in ihr Informationen zum Datensatz enthalten sein. Wenn Sie auf eine solche Nachricht antworten, behält Outlook automatisch den Zeichensatz der Originalnachricht bei. Der Prozess des Hinzufügens von Zeichensatzangaben wird als Kodieren bezeichnet.

Allerdings kodieren nicht alle Absender eine Nachricht. Bekommt man nun eine solche unkodierte E-Mail, verwendet Outlook die von Ihnen unter Windows festgelegte Standardkodierung. Welche Kodierung Ihr Outlook verwendet, können Sie im *Extras*-Menü über *Datei/Optionen/Erweitert* im Bereich *Internationale Optionen* ablesen. In Ihrem Outlook dürfte dort mit ziemlicher Sicherheit *Westeuropäisch* stehen. Und in der Tat funktioniert dieser Zeichensatz meistens (zumindest in Westeuropa).

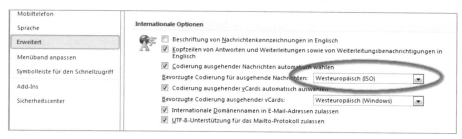

Hier können Sie die Kodierung ablesen.

Bekommt man aber zum Beispiel eine unkodierte chinesische E-Mail, kann sie von Outlook nicht korrekt dargestellt werden und man erhält statt chinesischer Schriftzeichen Kreise oder Rechtecke. Um dieses Problem zu beheben, weist man der empfangenen E-Mail nachträglich den richtigen Zeichensatz zu.

Öffnen Sie die Nachricht und wählen Sie im *Nachricht*-Register innerhalb des *Verschieben*-Bereichs *Aktionen/Andere Aktionen/Codierung* und stellen Sie dort den gewünschten Zeichensatz ein.

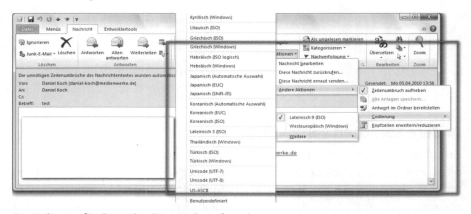

Die Kodierung für die Nachrichten wird neu festgelegt.

Für ausgehende E-Mails verwendet Outlook automatisch den Standardzeichensatz, der unter *Optionen/Erweiterung* im Bereich *Internationale Optionen* festgelegt wird. Sie können aber auch für einzelne E-Mails einen anderen Zeichensatz angeben. (Wie eingangs erwähnt ist das beim Antworten auf E-Mails mit einem anderen Zeichensatz normalerweise nicht nötig, da Outlook hier den Zeichensatz der Originalmail verwendet.)

Um die Kodierung einer E-Mail manuell zu ändern, wechseln Sie in das Register *Optionen*, öffnen *Weitere Optionen* und wählen den gewünschten Zeichensatz unter *Codierung* aus.

Nachdem das Fenster mit *Schließen* bestätigt wurde, wird der aktuellen Nachricht der neue Zeichensatz zugewiesen.

Um das Chaos der Kodierungen perfekt zu machen, gibt es Sprachen, die gleich mehrere Zeichensätze besitzen. So gibt es beispielsweise allein vier Optionen für Kyrillisch. Da fragt man sich als Anwender natürlich, welcher Zeichensatz denn der richtige ist. Die folgende Tabelle bringt Licht ins Dunkel:

Sprache	Empfehlung
Arabisch	Windows
Chinesisch	GB2312
Griechisch	ISO
Hebräisch	Windows
Japanisch	JIS
Kyrillisch	KOI8-R
Türkisch	ISO
Westeuropäisch	ISO

In den Kodierungsoptionen von Outlook stehen zwar bereits einige Zeichensätze zur Verfügung, aber längst nicht alle. Sollte die gewünschte Kodierung fehlen, muss man die Sprache erst aktivieren. Das geschieht im Windows-Startmenü über *Alle Programme/Microsoft Office Tools/Microsoft Office 2010-Spracheinstellungen*. Dort wählt man über das Auswahlfeld die gewünschte Sprache aus und bestätigt diese mit *Hinzufügen*.

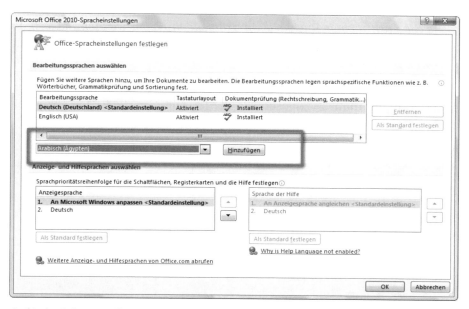

Arabisch wird eingestellt.

Nachdem man dort die Sprache aktiviert hat, steht sie in der Kodierungsliste von Outlook zur Verfügung.

3.2 Urlaubszeit: E-Mails automatisch beantworten

Oftmals bekommt man E-Mails, auf die man eigentlich mit einer Standardmail antworten möchte.

Vorsicht vor Spam

Autoresponder sind nicht unumstritten. Denn bekommt man eine Spam-E-Mail, antwortet der Autoresponder auf diese natürlich auch. Das ist fatal, da die Spammer so Gewissheit haben, dass Ihre E-Mail-Adresse aktiv ist. In vielen Unternehmen ist das Einrichten von Autorespondern daher – völlig zu Recht – untersagt.

Ein typisches Beispiel ist die Urlaubszeit. Kommen E-Mails an, während Sie im Urlaub sind, sollten diese nicht unbeantwortet bleiben. Besser ist es, wenn der Absender der E-Mail automatisch eine Antwort gesendet bekommt, in der Sie ihm mitteilen, dass Sie momentan im Urlaub sind:

Ich bin vom 01. bis 14.08.2010 nicht im Büro und habe keinen Zugriff auf meine E-Mail-Box. Ihre E-Mail wird nicht weitergeleitet; ich beantworte Sie nach meiner Rückkehr. In dringenden Fällen wenden Sie sich an meine Kollegin Miriam Schüttler unter mschuettler@databecker.de bzw. 0211/3245345-454.

Legen Sie eine neue E-Mail an und tragen Sie dort den Text ein, der den Absendern automatisch zugeschickt werden soll. Um die E-Mail abzuspeichern, wählen Sie innerhalb des Nachrichtenfensters *Datei/Speichern unter*.

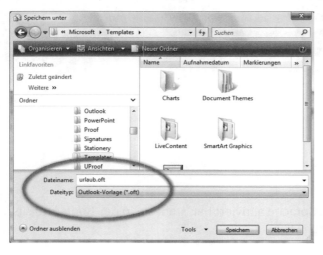

Die Vorlage wird im richtigen Ordner gespeichert.

Weisen Sie der Vorlage einen Namen (zum Beispiel *Urlaub*) zu und wählen Sie aus dem Listenfeld *Dateityp* den Eintrag *Outlook-Vorlage (*.oft)*.

Mit *Speichern* wird die Vorlage im *Vorlagen-* bzw. *Templates*-Ordner abgelegt. Damit sind die Vorarbeiten erledigt und es geht an die Regeldefinition.

1 Rufen Sie bei geöffnetem E-Mail-Ordner aus dem *Start*-Register *Regeln* und *Regeln und Benachrichtigungen verwalten* auf.

2 Über *Neue Regel*, *Regel auf von mir empfangene Nachrichten anwenden* und *Weiter* wird der erste Schritt des Regel-Assistenten aufgerufen.

3 Im nächsten Schritt können Sie bei Bedarf bestimmte Bedingungen angeben. Das könnte ein bestimmtes E-Mail-Konto oder ein ganz bestimmtes Wort im Betreff sein. Normalerweise übernimmt man das Dialogfenster allerdings mit *Weiter*. Dadurch wird die Regel auf alle ankommenden Nachrichten angewendet. Mit *Weiter* geht es also zum nächsten Schritt. (Den angezeigten Warnhinweis kann man mit *Ja* bestätigen.)

4 Hier markieren Sie das Kontrollkästchen *diese mit einer bestimmten Vorlage beantworten* und klicken im unteren Fensterbereich auf *einer bestimmten Vorlage*. Wählen Sie die zuvor abgespeicherte Vorlagendatei aus. Dazu aktiviert man aus dem Feld *Suchen in* den Eintrag *Vorlagen im Dateisystem*, markiert die OFT-Datei und klickt auf *Öffnen*. (Sollten Sie die Datei auf diese Weise nicht finden, wählen Sie *Durchsuchen*. Darüber lässt sich das Windows-Dateisystem so durchsuchen, wie Sie es vom Windows-Explorer gewohnt sind.)

5 Mit *Weiter* geht es zur Definition möglicher Ausnahmen. Legen Sie entweder eine Ausnahme fest oder überspringen Sie das Fenster mit *Weiter*.

6 Im letzten Schritt weist man der Regel einen Namen (zum Beispiel *Urlaub*) zu und kontrolliert, dass die Option *Diese Regel aktivieren* eingeschaltet ist. Haben Sie mehrere E-Mail-Konten in Outlook angelegt, können Sie die Option *Diese Regel auf alle Konten anwenden* aktivieren. Mit *Fertig stellen*, *Übernehmen* und *OK* werden die Einstellungen abgeschlossen.

Die gezeigte Regelvariante setzt einiges voraus, damit sie funktioniert:

➢ Sie müssen online sein.

➢ Outlook muss geöffnet sein.

➢ Der Computer muss eingeschaltet sein.

Diese Voraussetzungen sind natürlich nicht überall geboten. Es gibt allerdings Alternativen. Viele Provider bieten einen sogenannten Autoresponder an, über den sich ankommende E-Mails automatisch beantworten lassen. Am besten fragen Sie bei Ihrem Provider nach, wie die Webkonfiguration des Autoresponders funktioniert.

Wenn Sie in einer Exchange-Umgebung arbeiten, können Sie den Abwesenheitsassistenten nutzen. Was es mit diesem auf sich hat und wie man ihn konfiguriert, wird im nächsten Abschnitt gezeigt. Es gibt übrigens auch noch eine Stellvertreterfunktion, die ebenfalls noch vorgestellt wird.

Automatisch antworten bei Abwesenheit

Die Funktion *Automatische Antworten* wird dafür eingesetzt, dass Absendern automatisch eine E-Mail zugestellt wird. Diese E-Mail könnte dann folgendermaßen aussehen:

> *Ich bin vom 01. bis 14.08.2010 nicht im Büro und habe keinen Zugriff auf meine E-Mail-Box. Ihre E-Mail wird nicht weitergeleitet; ich beantworte Sie nach meiner Rückkehr. In dringenden Fällen wenden Sie sich an meine Kollegin Miriam Schüttler unter mschuettler@databecker.de bzw. 0211/3245345-454.*

Die Funktion kann allerdings nur mit bestehender Exchange-Anbindung eingesetzt werden. Die Vorteile dieser Möglichkeit:

➢ Ihr Computer muss nicht angeschaltet sein.

➢ Sie können entscheiden, ob eine Abwesenheitsnotiz auch außerhalb des Unternehmens gesendet werden darf. Interessant ist das vor allem vor dem Hintergrund der Spamvermeidung. Informationen zu diesem Aspekt gibt es im weiteren Verlauf dieses Abschnitts.

➢ Eine Abwesenheitsnotiz wird pro Tag und Absender lediglich einmal versendet. Das reduziert den Exchange-Mailserver-Traffic.

➢ Der Assistent lässt sich sowohl am lokalen Arbeitsplatz als auch über Outlook-Webzugriff (OWA) aktivieren und deaktivieren.

Die Funktion finden Sie unter *Datei/Automatische Antworten (abwesend)*.

Um ihn anzuschalten, aktivieren Sie in dem sich öffnenden Dialogfenster die Option *Automatische Antworten senden*. Es fällt auf, dass
das Fenster in die beiden
Register *Innerhalb meiner
Organisation* und *Außerhalb
meiner Organisation* aufge-
teilt ist.

Die Nachricht, die Sie im Register *Innerhalb meiner Organisation* angeben,
wird ausschließlich solchen Personen zugeschickt, die am gleichen Exchange Server wie Sie arbeiten. Das sind also üblicherweise Ihre Kollegen.

Der im Register *Außerhalb meiner Organisation* eingetragene Text wird hingegen an „normale" Absender geschickt, also an solche, die Ihnen von
außerhalb des Exchange Servers eine E-Mail senden.

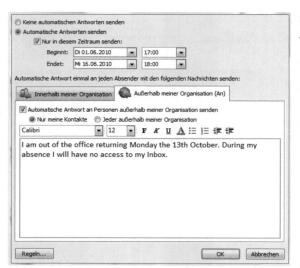

Dieser Text wird nach außen gesendet.

Sie sollten die Option *Nur meine Kontakte* aktivieren. Dadurch verhindern Sie, dass der Abwesenheitsassistent auf Spammails antwortet. Denn wer auf Spammails – eben auch mithilfe eines Autoresponder bzw. Abwesenheitsassistenten – automatisch antwortet, bestätigt dem Spammer die Gültigkeit seiner E-Mail-Adresse. Durch die genannte Option werden E-Mails nur dann beantwortet, wenn sie von einem Ihrer Kontakte stammen.

Vergessen Sie bei beiden Varianten nicht, im oberen Fensterbereich die Gültigkeitsdauer des Abwesenheitsassistenten einzustellen.

Einen Stellvertreter einrichten

In einem guten Team übernimmt man auch mal die Arbeit eines Kollegen. Ist ein Kollege im Urlaub, nimmt man seine Telefonate entgegen und erledigt einen Teil seiner Aufgaben. Mit Outlook kann man aber noch einen Schritt weiter gehen. Denn hier gibt es die Funktion der Stellvertretungen.

Exchange wird vorausgesetzt

Die Stellvertreterfunktion setzt zwingend den Einsatz eines Exchange Servers voraus.

Ein Stellvertreter kann folgende Dinge machen:

➢ Besprechungsanfragen in Ihrem Namen empfangen und beantworten,

> E-Mails in Ihrem Namen versenden und

> andere Elemente Ihres Exchange-Postfachs (Aufgaben, Notizen) verwalten.

Wie sich die Stellvertreterfunktion nutzen lässt, wird hier anhand eines typischen Szenarios gezeigt. Dabei fahren Sie in Urlaub und richten für diese Zeit einen Stellvertreter in Outlook ein. Dieser soll folgende Rechte besitzen:

> Besprechungsanfragen annehmen und beantworten

> E-Mails in Ihrem Namen verfassen

> Kontakte anlegen und lesen, aber nicht ändern

> Ihre Aufgaben lesen und ändern sowie neue Aufgaben anlegen

Was aus privaten Einträgen wird

Standardmäßig kann die Stellvertretung als privat gekennzeichnete Elemente nicht lesen. Es gibt allerdings die Option, ihr auch solche Elemente zugänglich zu machen.

Stellvertretung einrichten

Die Einrichtung eines Stellvertreters funktioniert folgendermaßen:

1 Öffnen Sie *Datei/Informationen/Kontoeinstellungen/Zugriffsrechte für Stellvertretung*.

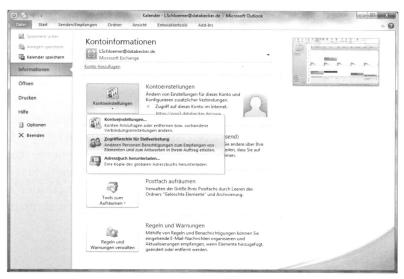

2 Über *Hinzufügen* wählt man den Stellvertreter aus. (Man kann übrigens auch mehrere Stellvertreter einrichten. So ist es durchaus denkbar, dass einer Ihren Aufgabenordner verwaltet, während ein anderer für die E-Mails zuständig ist.) Über die Schaltfläche *Berechtigungen* wird festgelegt, was der Stellvertreter in Ihrem Postfach alles anstellen darf. Die Stufen 1 bis 3 und Keine (Rechte) stehen zur Auswahl.

> ➢ Stufe 1 – Elemente lesen
> ➢ Stufe 2 – Elemente lesen und erstellen
> ➢ Stufe 3 – Elemente lesen, erstellen und ändern

3 Wobei es sich bei Elementen um E-Mails, Termine, Besprechungen, Notizen etc. handelt. Was üblicherweise nicht beachtet wird: Erhält der Stellvertreter das Recht, E-Mails zu erstellen, geschieht das in Ihrem Namen. Der Empfänger denkt also, dass Sie die Nachricht verschickt haben. Im aktuellen Beispiel werden die folgenden Berechtigungen gesetzt:

Element	Berechtigung
Kalender	3
Aufgaben	3
Posteingang	3
Kontakte	2
Notizen	Keine
Journal	Keine

4 Interessant sind zudem die beiden Optionen im unteren Fensterbereich. Normalerweise sollte man den Stellvertreter über die ihm zugewiesenen Rechte unterrichten. Dazu aktiviert man das obere der beiden Kontrollkästchen. Dem Stellvertreter wird dadurch eine E-Mail mit den Rechten zugeschickt. Vorsicht ist bei der Option *Stellvertretung kann private Elemente sehen* geboten. Wird sie aktiviert, kann der Stellvertreter auf sämtliche als privat gekennzeichneten Elemente zugreifen. In 99 % der Fälle lässt man die Finger von dieser Option. Erschwerend kommt hinzu, dass sich diese Einstellung auf alle Ordner Ihres Exchange-Postfachs auswirkt. Sie können also nicht etwa nur die privaten Kalenderelemente freigeben.

5 Mit *OK* werden die Einstellungen übernommen.

Es stellt sich zum Schluss noch die Frage, wie der Stellvertreter auf die freigeschalteten Optionen zugreifen kann. Dazu wählt er *Datei/Öffnen/Ordner eines anderen Benutzers*. Als Namen trägt er Ihren Namen ein oder wählt ihn über die Namenliste aus. Hieraufhin wird eine Liste der möglichen Ordner angezeigt.

Will der Stellvertreter nun in Ihrem Namen eine E-Mail verschicken, geht er folgendermaßen vor: Innerhalb des geöffneten Nachrichtenfensters trägt er in das *Von*-Feld Ihren Namen ein. Die übrigen Einstellungen entsprechen dann wieder denen von normalen E-Mails.

3.3 E-Mails effizienter verschicken

Das normale Senden und Empfangen ist in Outlook so intuitiv gestaltet, dass es hier keiner langatmigen Erklärungen bedarf. Zum einfachen Senden und Empfangen von E-Mails kann zwischen drei verschiedenen Aktionen gewählt werden:

➢ **Senden und Empfangen von Nachrichten für alle Konten** – dabei werden alle in Outlook vorhandenen Konten in das Senden und Empfangen mit einbezogen. Dazu wählt man im *Senden/Empfangen*-Register *Senden/Empfangen-Gruppen* und *"Alle Konten"-Gruppe*.

➢ **Senden und Empfangen von Nachrichten für ein bestimmtes Konto** – diese Variante wird verwendet, wenn man E-Mails ganz gezielt über bestimmte E-Mail-Konten verschicken will. Dazu wird das *Senden/Empfangen*-Register aufgerufen, dort das gewünschte *Konto (Nur "Kontoname")* gewählt und der Posteingang aufgerufen.

➢ **Senden einer E-Mail mit einem anderen als dem Standardkonto** – ausführliche Informationen dazu erhalten Sie auf den folgenden Seiten.

Im einfachsten und typischsten Fall erstellt und sendet man eine E-Mail folgendermaßen:

1 Bei geöffnetem E-Mail-Ordner wird im *Start*-Register *Neue E-Mail-Nachricht* aufgerufen.

2 In das *An*-Feld wird der Name des Empfängers eingetragen. Soll die Nachricht an mehrere Empfänger gesendet werden, sind deren Namen durch Semikolon zu trennen.

Auswahl der Empfänger über das Adressbuch

Die Empfänger müssen dabei übrigens nicht per Hand in das *An*-Feld eingetragen werden. Über die *An*-Schaltfläche wird ein Dialogfenster geöffnet, in dem man die Empfänger auswählen kann. Markieren Sie die in dem oberen Fensterbereich. (Eine Mehrfachauswahl ist mit Strg möglich.) Mit *An* und *OK* werden die Namen übernommen.

3 Anschließend trägt man Betreff und den eigentlichen Nachrichteninhalt ein.

4 Verschickt wird die Nachricht letztendlich über *Senden*. Outlook verschiebt die Nachricht von dort aus in den Postausgang und versendet sie von dort (je nach Outlook-Konfiguration entweder sofort oder später).

Das Standard-Senden-Konto festlegen

Standardmäßig werden beim Senden und Empfangen alle in Outlook angelegten E-Mail-Konten abgefragt und alle im Postausgang liegenden Nachrichten gesendet. Legt man sich eine E-Mail an und verschickt diese mit der *Senden*-Schaltfläche, wird für den Versand das Standard-E-Mail-Konto verwendet.

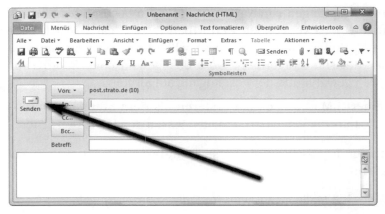

So werden E-Mails verschickt.

Um welches Konto es sich dabei handelt, kann über *Datei/Kontoeinstellungen/Kontoeinstellungen* ermittelt werden. Das Konto, bei dem in der *Typ*-Spalte *standardmäßig von diesem Konto senden* steht, ist das richtige. Um ein anderes Konto zum Standard zu erheben, markieren Sie es und wählen *Als Standard festlegen*.

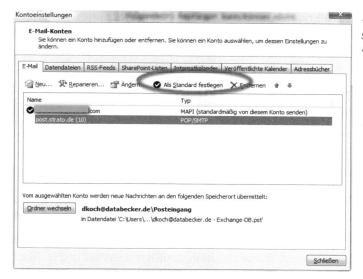

Hier sieht man gleich, welches das Standardkonto ist.

Über *Schließen* werden die Einstellungen übernommen, und alle ab jetzt gesendeten Nachrichten gehen standardmäßig über dieses Konto nach draußen.

Das Senden-Konto schnell temporär ändern

Hat man mehrere E-Mail-Konten angelegt, will man natürlich nicht immer über das Standardkonto senden. Meistens sollen private E-Mails über das private und geschäftliche über das Firmenkonto verschickt werden.

Outlook erlaubt es auf einfachste Weise, das Senden-Konto für jede einzelne Nachricht einzustellen. Dazu legt man die E-Mail wie gewohnt an und öffnet über die *Von*-Schaltfläche das Auswahlfeld für das E-Mail-Konto.

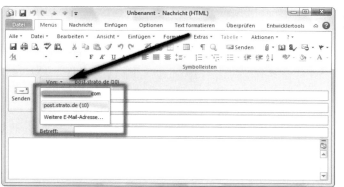

Das Senden-Konto wird ausgewählt.

Dort können Sie das richtige Konto auswählen. Welches Konto momentan für das Senden verwendet wird, können Sie neben der *Von*-Schaltfläche sehen.

E-Mail direkt vom Desktop und aus der Anwendung verschicken

E-Mails können nicht nur aus Outlook heraus verschickt werden. Auch Word, Excel und sogar der Desktop eignen sich für den E-Mail-Versand.

Die E-Mail vom Desktop aus senden

Für oft benutzte E-Mail-Adressen können Sie eine Verknüpfung auf dem Desktop anlegen. Ein Doppelklick darauf genügt, und Sie können eine E-Mail verschicken, ohne dass dafür Outlook geöffnet werden muss. Aber Achtung: Damit die Verknüpfung auch tatsächlich ein Outlook-E-Mail-Fenster öffnet, muss Outlook als Standard-E-Mail-Programm eingestellt werden. Hat man stattdessen beispielsweise Mozilla Thunderbird einge-stellt, wird eben ein Thunderbird-E-Mail-Fenster geöffnet.

1 Klicken Sie auf einen freien Desktopbereich und wählen Sie *Neu* und *Verknüpfung*.

2 Als Speicherort wird beispielsweise *mailto:kontakt@databecker.de* ein-getragen. (Wobei *kontakt@databecker.de* durch Ihre E-Mail-Adresse er-setzt werden muss.)

3 Nach einem Klick auf *Weiter* wird der Verknüpfung ein Name zugewiesen. Im gezeigten Beispiel könnte man *DataBecker-Mail* nehmen.

4 Mit *Fertig stellen* wird die Verknüpfung angelegt.

Um nun eine E-Mail zu schreiben, genügt ein Doppelklick auf das Symbol und ein neues Nachrichtenfenster wird geöffnet.

Dokumente aus Word und Excel senden

Sicherlich kennen Sie das Problem: Sie haben eine Datei in Word oder Excel geöffnet und wollen sie per E-Mail verschicken. Im Normalfall speichert man nun diese Datei, öffnet Outlook, legt eine neue E-Mail an und fügt dieser die Datei als Anhang hinzu. Das ist zwar der gängigste Weg, allerdings nicht der ideale.

Einfacher geht es, wenn man die Datei direkt aus dem Office-Programm verschickt, in dem man sie gerade geöffnet hat. Wie das funktioniert, wird hier anhand einer Word-Datei gezeigt. Genauso funktioniert es aber auch bei Excel-Tabellen, PowerPoint-Präsentationen und anderen Office-Dateien.

Rufen Sie über das *Datei*-Register *Freigeben* auf und klicken Sie auf *Als Anlage senden*.

Fehler beheben

Möglicherweise bekommen Sie die Fehlermeldung *Undefinierter Fehler* angezeigt. In diesem Fall rufen Sie den Registrierungseditor auf. Dort öffnen Sie den Schlüssel *HKEY_LOCAL_MACHINE\Software\Clients\Mail* und weisen *Standard* den Wert *Microsoft Outlook* zu.

Word stellt hieraufhin eine Verbindung zu Outlook her. Wählen Sie zunächst den gewünschten Outlook-Kontakt aus, an den die E-Mail gesendet werden soll. Diese Auswahl wird mit *OK* bestätigt. Sollte es sich bei dem Empfänger nicht um einen Outlook-Kontakt handeln, klicken Sie auf *Abbrechen*. In beiden Fällen wird ein E-Mail-Fenster geöffnet, in dem das Dokument als Anhang eingefügt wurde.

Wie Sie anhand der Abbildung sehen, wurde der Nachricht die Datei als Anhang hinzugefügt. Zusätzlich enthält die Betreffzeile den Dateinamen. Die Nachricht kann wie jede andere E-Mail gestaltet, mit Lesebestätigungen und sonstigen Funktionen ausgestattet und natürlich abschließend verschickt werden.

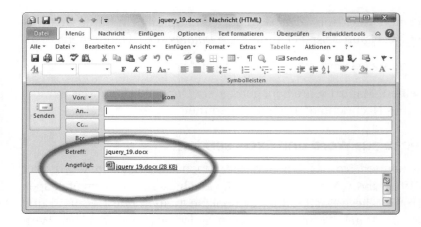

Das Dokument aus Word & Co. direkt als PDF-Datei verschicken

Das PDF-Format hat sich längst zum Quasistandard etabliert, wenn es darum geht, Dokumente plattformunabhängig zu verschicken. Microsoft hat das endlich auch eingesehen und ermöglicht zum Beispiel das Abspeichern von Word-Dokumenten im PDF-Format. In Office 2010 können Sie Word-Dokumente nun aber gleich als PDF-Datei verschicken. Dazu rufen Sie im *Datei*-Register *Freigeben* auf.

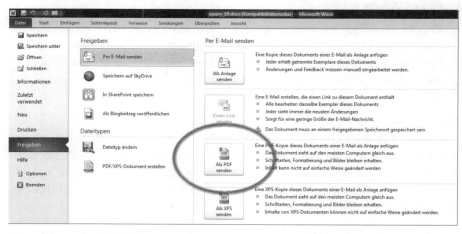

So generiert man eine PDF-Datei.

Im Bereich *Per E-Mail senden* steht die entsprechende Schaltfläche zur Verfügung. Sobald Sie sie anklicken, generiert Word automatisch eine PDF-Datei und fügt diese einer neuen E-Mail als Anhang hinzu. Beachten Sie, dass diese E-Mail nicht zwangsläufig mit Outlook erstellt wird. Vielmehr greift Word hier auf das als Standard eingerichtete E-Mail-Programm zurück.

Das XPS-Format

Auf der *Freigeben*-Seite ist Ihnen sicherlich die Schaltfläche *Als XPS senden* aufgefallen. Microsoft führte mit Windows Vista dieses neue Format ein. Genau wie PDF-Dateien ist XPS plattformübergreifend, ermöglicht digitale Signaturen und die Zuweisung von Berechtigungen. Öffnen lassen sich XPS-Dateien zum Beispiel im Internet Explorer. Ob XPS PDF ablösen können wird, bleibt abzuwarten. Unter Windows Vista und Windows 7 ist das Format aber allemal eine Alternative.

Gesendete Nachrichten noch einmal senden

Ein Kollege teilt Ihnen mit, dass er Ihre E-Mail nicht erhalten hat. Normalerweise erstellt man jetzt die E-Mail erneut oder benutzt die Weiterleiten-Funktion. Viel eleganter geht es folgendermaßen:

1 Klicken Sie die betreffende Nachricht im Ordner *Gesendete Objekte* doppelt an.

2 Im *Nachrichten*-Register wird unter *Aktionen* der Eintrag *Diese Nachricht erneut senden* gewählt.

Outlook erstellt daraufhin eine neue E-Mail, in der sowohl der Text wie auch Empfänger und Betreff der Originalnachricht enthalten sind. Die E-Mail kann anschließend noch einmal verschickt werden.

Eine andere Antwortadresse angeben

Wenn Sie eine E-Mail verschicken und jemand antwortet mittels der *Antworten*-Schaltfläche darauf, bekommen Sie die E-Mail an die Absenderadresse. Man kann für den Empfang aber auch eine andere E-Mail-Adresse festlegen.

1 Innerhalb der E-Mail wird im Register *Optionen* auf *Direkte Antworten auf* geklickt.

2 Im Bereich *Übermittlungsoptionen* aktiviert man *Antworten senden an* und trägt die gewünschte Antwortadresse ein.

3 | Mit *Schließen* werden die Einstellungen übernommen.

Die E-Mail kann anschließend wie gewohnt verschickt werden.

Nachrichten zeitgesteuert verschicken

Es klingt verlockend: Man schreibt eine E-Mail und klickt auf *Senden*, tatsächlich wird sie dann aber erst eine Stunde später verschickt. Stellen Sie sich vor, wie begeistert Ihr Chef sein wird, wenn er von Ihnen spät abends eine E-Mail von Ihrem Arbeitsplatz aus bekommt. Zum Glück weiß er nicht, dass Sie schon eine Stunde zuvor gegangen sind. So etwas lässt sich tatsächlich mit Outlook realisieren.

> **In vielen Unternehmen nicht möglich**
>
> In vielen Firmen ist das zeitverzögerte Senden von Nachrichten oft im Exchange Server deaktiviert beziehungsweise eingeschränkt. So wollen Administratoren Unklarheiten über die chronologische Reihenfolge von E-Mails vermeiden.

Wie praktikabel das zeitversetzte Senden tatsächlich ist, hängt von der jeweiligen Outlook-Konfiguration ab.

Wenn Outlook bis zum angegebenen Zeitpunkt geöffnet bleibt oder dann wieder geöffnet wird, lassen sich E-Mails zeitversetzt ohne Probleme senden. Dann spielt die Outlook-Konfiguration auch keine Rolle. In diesem Fall können E-Mails sogar über ein POP3-Konto gesendet werden.

Anders sieht es aus, wenn Outlook zum angegebenen Zeitpunkt geschlossen oder der Rechner ausgeschaltet ist. In diesem Fall benötigen Sie einen Exchange Server, und selbst dann ist noch nicht garantiert, dass das zeitversetzte Senden tatsächlich funktioniert.

In der Praxis hat sich gezeigt, dass das Senden nur klappt, wenn das Exchange-Postfach das einzige Konto im Outlook-Profil ist. Legen Sie notfalls über die Systemsteuerung ein eigenes Profil an, das ausschließlich die Verbindung zum Exchange Server hält. Sobald in Outlook ein POP3-Konto parallel zu einem Exchange-Konto im gleichen Profil betrieben wird, kann der Exchange Server offensichtlich nicht die Kontrolle über den Nachrichtenversand übernehmen und ein zeitversetztes Senden ist nicht möglich. (Möglich ist es, dass hier von Microsoft mit einem Update reagiert wird. Derzeit ist eine solche Aktualisierung allerdings nicht verfügbar.)

Um eine E-Mail zeitversetzt zu senden, rufen Sie innerhalb der E-Mail das *Optionen*-Register auf und klicken dort im Bereich *Weitere Optionen* auf *Übermittlung verzögern*.

Im Bereich *Übermittlungsoptionen* aktivieren Sie *Übermittlung verzögern bis* und stellen Datum und Uhrzeit ein. Mit *Schließen* werden die Einstellungen übernommen.

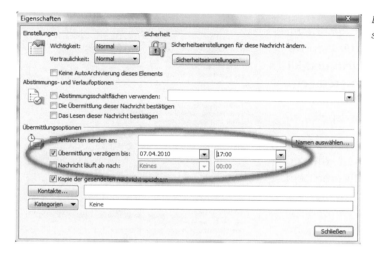

Die E-Mail wird erst später gesendet.

Die Nachricht kann nun wie jede andere E-Mail verschickt werden. Tatsächlich bleibt sie danach allerdings bis zum angegebenen Sendetermin im Ordner *Postausgang* liegen. Dass die E-Mail tatsächlich zeitversetzt verschickt wird, erkennen Sie daran, wenn Sie sie öffnen und in das Register *Optionen* wechseln. Denn dort ist die Schaltfläche *Übermittlung verzögern* aktiv.

Mit einer Regel alle E-Mails zeitversetzt senden

Sie können Outlook so konfigurieren, dass alle E-Mails zeitverzögert gesendet werden. (Vorausgesetzt, das zeitverzögerte Senden funktioniert überhaupt. Beachten Sie dazu auch die weiter oben erwähnten Hinweise.) Sollte es klappen, kann eine Regel definiert werden, durch die alle ausgehenden Nachrichten erst später verschickt werden.

1   Öffnen Sie dazu im geöffneten E-Mail-Ordner über *Start/Regeln/Regeln und Benachrichtigungen verwalten* und *Neue Regel* den Regel-Assistenten.

2 Im ersten Schritt wird *Regel auf von mir gesendete Nachrichten anwenden* markiert und mit *Weiter* bestätigt.

3 Jetzt kann eine Bedingung ausgewählt werden. Wenn Sie keine Option einstellen und gleich zum nächsten Fenster gehen, wird die Regel auf alle ausgehenden Nachrichten angewendet. Outlook weist darauf in einem entsprechenden Dialogfenster hin, das mit *Ja* bestätigt werden muss.

4 Markieren Sie *diese eine Anzahl von Minuten verzögert übermitteln* und klicken Sie im unteren Fensterbereich auf den unterstrichenen Ausdruck *eine Anzahl von*.

5 Hier stellt man die gewünschten Minuten ein, die der Nachrichtenversand verzögert werden soll. Auch wenn dort ein höherer Wert eingestellt werden kann: Der Versand der E-Mails lässt sich maximal um 120 Minuten verzögern. Mit *OK* und *Weiter* geht es zur Definition der Ausnahmen.

6 Möchte man keine Ausnahme definieren, geht es über *Weiter*, die Eingabe eines Regelnamens, das Aktivieren des Kontrollkästchens *Diese Regel aktivieren* und *Fertig stellen* zum letztendlichen Anlegen der Regel.

Ab sofort bleibt jede Nachricht so lange im Ordner *Postausgang*, bis die angegebene Zeitspanne abgelaufen ist.

Obsolete E-Mails wieder zurückholen

Es passiert immer mal wieder: Schnell noch eine E-Mail schreiben und verschicken. Und just in dem Moment, in dem Sie auf *Senden* klicken, fällt Ihnen auf, dass in der E-Mail ein Fehler ist. Haben Sie sich dann auch schon gewünscht, die E-Mail einfach wieder zurückzuholen? Mit Outlook geht das. Allerdings müssen dafür einige Voraussetzungen erfüllt sein:

➢ Der Empfänger muss mit Outlook arbeiten und über ein E-Mail-Konto bei einem Microsoft Exchange Server verfügen.

➢ Die Nachricht muss im Posteingang des Empfängers liegen.

➢ Der Empfänger darf die Nachricht nicht in einen anderen Ordner verschoben haben.

➢ Er muss angemeldet und online sein.

➢ Die Nachricht darf noch nicht gelesen worden sein.

Bevor gezeigt wird, wie eine E-Mail zurückgeholt werden kann, muss noch mit einem weitverbreiteten Missverständnis aufgeräumt werden: E-Mails lassen sich zwar zurückrufen, der Empfänger kann die originale Nachricht aber meistens trotzdem lesen. Allerdings wird er darauf hingewiesen, dass die E-Mail zwischenzeitlich ersetzt oder gelöscht wurde.

E-Mails zeitverzögert senden

Um sich vor dem Versenden fehlerhafter E-Mails zu schützen, können Sie eine Regel anlegen, die dafür sorgt, dass E-Mails vor dem Senden immer fünf Minuten im Postausgang liegen bleiben. So haben Sie genügend Zeit für eventuelle Korrekturen.

Folgende Schritte sind zum Zurückholen nötig:

1 Öffnen Sie die betreffende Nachricht im Ordner *Gesendete Objekte*.

2 Unter *Aktionen* finden Sie den Eintrag *Diese Nachricht zurückrufen*.

3 Hier können Sie zwischen zwei Varianten wählen.

> **Nachricht zurückrufen** – über die Option *Ungelesene Kopien dieser Nachricht löschen* wird die Nachricht zurückgeholt und aus dem Posteingang des Empfängers gelöscht. Allerdings muss der dem Löschen zustimmen.

> **Nachricht ersetzen** – durch die untere Option können Sie die ursprüngliche Nachricht mit einer korrigierten Fassung ersetzen. Dazu müssen Sie eine neue E-Mail senden. Wenn Sie das nicht tun, wird die Nachricht ersatzlos zurückgeholt.

4 Mit *OK* werden die Einstellungen übernommen.

Outlook versucht nun, die E-Mail zu ersetzen oder zurückzurufen. Über den Erfolg beziehungsweise Misserfolg werden Sie per E-Mail unterrichtet. Wenn die E-Mail zurückgeholt werden konnte, findet der Empfänger in seinem Posteingang zwei Nachrichten:

> die originale Nachricht

> die neue Nachricht mit dem Betreff *Rückruf: [originaler Betreff]*

Sollte die originale Nachricht vom Empfänger bereits gelesen worden sein, bekommen Sie eine E-Mail mit folgendem Betreff:

Nachrichtenrückruf fehlgeschlagen: Rückruf [originaler Betreff]

Ein Zurückholen der Nachricht, ohne dass der Empfänger davon etwas mitbekommt, ist nicht immer möglich.

E-Mails unerkannt an mehrere Empfänger schicken: Bcc

Eine E-Mail an einen Empfänger zu senden ist einfach. Man braucht dessen Adresse lediglich in das *An*-Feld zu setzen und schon kann die E-Mail verschickt werden. Manchmal will man aber die gleiche E-Mail an mehrere Personen schicken. Und dann gibt es da noch solche E-Mails, die zwar an mehrere Personen geschickt werden sollen, diese Personen sollen aber nicht wissen, dass sie nicht der einzige Empfänger der Nachricht sind.

In solchen Fällen kommen die beiden Begriffe *Bcc* und *Cc* ins Spiel.

> *Cc* – steht für **C**arbon **C**opy (Durchschlag). Wird in einer E-Mail der Name eines Empfängers in dieses Feld eingetragen, erhält dieser eine Kopie der Nachricht. Der Name des Empfängers ist für alle anderen Adressaten sichtbar.

> *Bcc* – steht für **B**lind **C**arbon **C**opy (Blinddurchschlag). Wird die E-Mail-Adresse eines Empfängers in dieses Feld eingetragen, erhält dieser eine Kopie der Nachricht. Im Gegensatz zu *Cc* ist die Adresse des Empfängers für andere Empfänger allerdings nicht sichtbar.

Wenn man selbst Empfänger einer E-Mail ist, in der mehrere Empfänger stehen, sollte man zu seiner eigenen und zur Sicherheit der anderen einige Regeln beachten. Denn oft stehen die Empfänger dann nicht nur in den Adressfeldern und im Header, sondern auch in der Nachricht selbst. Das gilt insbesondere dann, wenn die E-Mail bereits mehrfach weitergeleitet wurde.

> Verwenden Sie niemals die Allen-antworten-Funktion. Muss allen Personen geantwortet werden, kopiert man vorher alle Adressen in das *Bcc*-Feld.

> Nehmen Sie keine E-Mail-Adressen von unbekannten Personen in Ihr Adressbuch auf. (Die brauchen Sie ohnehin nicht und sie verstopfen nur den *Kontakte*-Ordner.)

> Kontrollieren Sie, ob im Textfeld Adressen stehen, die für die anderen Empfänger uninteressant sind, und löschen Sie diese.

Das *Cc*-Feld wird vor allem in der innerbetrieblichen Kommunikation eingesetzt. So kann man zum Beispiel seinem Team den aktuellen Projektstatus schicken und jeder weiß, dass die anderen die Nachricht auch bekommen haben. Leider wird mit *Cc* oft viel zu lax umgegangen. So schicken viele Leute Neujahrsgrüße an all ihre Kontakte und setzen sämtliche Adressen ins *Cc*-Feld. Dadurch weiß jeder Empfänger, an wen die Nachricht noch ging, und kann auf diesem Weg Rückschlüsse auf private und geschäftliche Kontakte/Hierarchien der anderen Empfänger und des Senders ziehen. (Vielleicht ist auch der ein oder andere Empfänger dabei, der die so gewonnenen Adressen auch gleich noch für zukünftige Spamaktionen verwendet.) Deswegen gilt: Das *Cc*-Feld sollte ausschließlich dort eingesetzt werden, wo sich alle Kopienempfänger untereinander kennen und tatsächlich erfahren sollen, an wen die E-Mail außerdem noch gesendet wurde. In allen anderen Fällen verwendet man das *Bcc*-Feld.

Das Bcc-Feld einblenden

Sollte das *Bcc*-Feld bei Ihnen nicht angezeigt werden, wechseln Sie innerhalb des E-Mail-Fensters in das Register *Optionen* und aktivieren dort die Schaltfläche *Bcc*.

Um eine Nachricht an mehrere Personen unter Verwendung des *Bcc*-Feldes zu senden, gehen Sie folgendermaßen vor:

1 Erstellen Sie die E-Mail wie gewohnt und tragen Sie in das *An*-Feld die Adresse eines Empfängers ein. Am besten notieren Sie dort Ihre eigene Adresse. So bekommen Sie die Nachricht ebenfalls zugeschickt und wissen, ob sie tatsächlich versendet wurde.

2 Klicken Sie anschließend auf das *Bcc*-Feld und wählen Sie die gewünschten Empfänger aus (Mehrfachauswahl mit gedrückter [Strg]-Taste). Die Auswahl wird anschließend mit *Bcc* und *OK* bestätigt.

3 Die E-Mail kann danach so wie jede andere versendet werden.

Vorsicht vor Kontaktgruppen

Wird in das *Cc*-Feld als Adresse eine Kontaktgruppe eingetragen, werden die einzelnen Adressen aufgelöst. Die Empfänger sehen also nicht den Namen der Kontaktgruppe, sondern die der einzelnen Empfänger. Um die Adressen auch bei Empfängerlisten anonym zu halten, muss die Kontaktgruppe in das *Bcc*-Feld gesetzt werden.

Um anschließend zu kontrollieren, an wen Sie die E-Mail alles geschickt haben, öffnen Sie den Ordner *Gesendete Elemente*. Dort müssen Sie die E-Mail öffnen und können die Adressen im *Bcc*-Feld lesen.

Können Bcc-Felder beim Empfänger ausgelesen werden?

Wenn man eine E-Mail bekommt, von der man weiß, dass sie als Blind Carbon Copy auch noch an andere Empfänger geschickt wurde, möchte man manchmal schon wissen, wer diese anderen sind.

Zugegeben, schön wäre es, wenn man einfach den Inhalt des *Bcc*-Feldes auslesen könnte. Nur leider funktioniert das in aller Regel nicht. Denn die Funktion des *Bcc*-Feldes ist kein Bestandteil des E-Mail-Programms (in diesem Fall von Outlook), sondern Teil des E-Mail-Protokolls SMTP.

Die E-Mail wird von Outlook an einen Mailserver gesendet. Der erste E-Mail-Server, auf den die Nachricht trifft, erstellt für jeden Empfänger, der im *Bcc*-Feld steht, eine Kopie der Nachricht und löscht alle anderen Empfänger aus der Mail.

Somit kommen die Informationen, die ursprünglich im *Bcc*-Feld waren, erst gar nicht beim Empfänger an und können dort folgerichtig auch nicht ausgelesen werden. (Die Daten des *An*- und des *Cc*-Feldes bleiben freilich erhalten.)

Nun ist die Aussage, dass das *Bcc*-Feld vom Empfänger nicht ausgelesen werden kann, nicht uneingeschränkt richtig. Denn einige wenige E-Mail-Server verhalten sich nicht normgerecht nach RFC #822 und löschen die *Bcc*-Felder vor dem Weitersenden nicht.

Informationen zu RFC #822

Der Aufbau von E-Mail-Headern ist genormt. In der RFC #822 (Standard for the Format of ARPA Internet Text Messages) steht, was alles enthalten sein soll. Den vollständigen Text finden Sie unter *http://www.faqs.org/rfcs/rfc822.html*.

Wird die E-Mail über einen solchen Server geleitet, kommen die *Bcc*-Informationen an und können ausgelesen werden. Fehlt nur noch das richtige Tool, das auf das *Bcc*-Feld zugreifen kann. Unter *ftp://ornicusa.com/ir/old/exe/rcpinfo11.exe* steht das nicht mehr ganz taufrische Programm RCP-Info zum kostenlosen Download bereit.

Weitergeleitete E-Mails vor Veränderungen schützen

Normalerweise ist nichts daran auszusetzen, dass der Empfänger eine von Ihnen zugeschickte Nachricht weiterleitet. Bedenklich ist es allerdings vor dem Hintergrund, dass Ihr Originaltext vorher manipuliert werden kann. Und da in der weitergeleiteten E-Mail normalerweise Ihr Name als Absender steht, wird der Inhalt der Nachricht zunächst einmal auf Sie zurückfallen. Um solchen Problemen vorzubeugen, bietet Outlook eine Funktion, durch die weitergeleitete Nachrichten vor Änderungen geschützt werden können.

Einzelne Nachrichten schützen

Wollen Sie nur eine einzelne Nachricht vor Veränderungen schützen, rufen Sie innerhalb der betreffenden E-Mail das Register *Optionen* auf und klicken auf den Pfeil im Bereich *Weitere Optionen*.

In dem sich öffnenden Dialogfenster wählt man im Bereich *Einstellungen* aus dem Auswahlfeld *Vertraulichkeit* den Eintrag *Privat*.

Die Vertraulich-keitsstufe wird eingestellt.

Nachdem man das Dialogfenster *Eigenschaften* geschlossen hat, kann die Nachricht wie gewohnt versendet werden. Der Empfänger der E-Mail kann deren Inhalt nun allerdings weder beim Lesen noch beim Weiterleiten manipulieren. Zusätzlich wird dem Empfänger im oberen Bereich der E-Mail der Hinweis *Betrachten Sie diese Angelegenheit als Privat* angezeigt.

Alle Nachrichten schützen

Normalerweise will man nur einzelne Nachrichten vor Veränderungen schützen. Ebenso ist es aber auch möglich, automatisch alle ausgehenden E-Mails mit diesem Manipulationsschutz zu versehen.

1 Dazu wird im Outlook-Hauptfenster *Datei/Optionen* geöffnet und dort in das Register *E-Mail* gewechselt.

2 Im Bereich *Nachrichten senden* wählen Sie aus dem Listenfeld *Standardstufe für Vertraulichkeit* den Eintrag *Privat*.

Nachdem man die vorgenommenen Einstellungen mit *OK* bestätigt hat, werden ab sofort alle Nachrichten auf die genannte Weise geschützt.

3.4 Senden mit mehreren E-Mail-Adressen

Kaum jemand verwaltet in Outlook nur ein E-Mail-Konto. Die meisten Anwender führen mehrere E-Mail-Konten, über die sie ihre private Korrespondenz abwickeln, und besitzen zusätzliche Konten, über die die geschäftlichen Nachrichten verwaltet werden.

Outlook bietet die Möglichkeit, sogenannte Übermittlungsgruppen zu definieren. In einer solchen Gruppe könnte man zum Beispiel alle privaten Konten zusammenfassen und so alle auf einen Schlag abrufen. Zusätzlich lässt sich für Übermittlungsgruppen einstellen, was beim Senden/Empfangen passieren soll. Will man zum Beispiel nur die Kopfzeilen der Nachrichten herunterladen, legt man das zentral in der Definition der Übermittlungsgruppe fest. Die dort vorgenommenen Einstellungen gelten dann für alle Konten der Gruppe.

Für jede Übermittlungsgruppe können Sie beispielsweise festlegen, dass

> ➢ Nachrichten gesendet/nicht gesendet werden,
> ➢ nur Kopfzeilen heruntergeladen werden,
> ➢ nur Kopfzeilen heruntergeladen werden, wenn die E-Mail eine bestimmte Größe überschreitet,
> ➢ Nachrichten empfangen/nicht empfangen werden.

Kontogruppen anlegen

Sobald man in Outlook ein E-Mail-Konto anlegt, wird automatisch eine Übermittlungsgruppe erzeugt. In dieser Gruppe werden standardmäßig alle Konten zusammengefasst. Aufgerufen wird die Gruppenverwaltung im geöffneten E-Mail-Ordner über *Senden/Empfangen*, *Senden/Empfangen-Gruppen* und *Senden-Empfangen-Gruppen definieren*.

Die Gruppe ist immer da.

Die Standardgruppe *Alle Konten* lässt sich nicht löschen. Im unteren Fensterbereich können die Einstellungen für den Online- und Offlinemodus definiert werden. Die Option *Diese Gruppe bei der Übermittlung mit einbe-*

ziehen (F9) ist standardmäßig gesetzt. Hierdurch werden die Konten der Übermittlungsgruppen beim Abrufen und Senden durch F9 ebenfalls abgefragt.

Über die Option *Automatische Übermittlung alle x Minuten* legt man fest, dass die zur Gruppe gehörenden Konten im angegebenen Zeitintervall überprüft werden.

Das richtige Zeitfenster

Standardmäßig ist ein Zeitintervall von 30 Minuten festgelegt. Das mag viel erscheinen, ist in den meisten Fällen aber trotzdem zu kurz. Denn durch den Eingang neuer Nachrichten lässt man sich leicht von der aktuellen Aufgabe ablenken und braucht anschließend wieder eine Weile, bis man sich erneut eingearbeitet hat (Sägeblatteffekt). Aus diesem Gesichtspunkt heraus sollte man Gruppen so definieren, dass sie höchstens alle 60 Minuten abgerufen werden. (Wenn man wirklich auf eine wichtige Nachricht wartet, kann man das betreffende Konto schließlich immer noch manuell abrufen.)

Setzt man zusätzlich den Haken bei *Automatische Übermittlung beim Beenden des Programms*, checkt Outlook noch einmal alle Konten, bevor es geschlossen wird.

Die Grundfunktionen haben Sie kennengelernt. Nun soll anhand eines ganz typischen Beispiels der praktische Nutzen der Übermittlungsgruppen gezeigt werden.

Angenommen, Sie haben mehrere private E-Mail-Konten und mehrere für die geschäftliche Verwendung. Durch Übermittlungsgruppen lassen sich nun z. B. alle privaten Konten zur Gruppe *Privat* zusammenfassen.

So kann man u. a. festlegen, dass für diese Gruppe nur Kopfzeilen heruntergeladen werden sollen.

1 Übermittlungsgruppen werden über *Senden/Empfangen*, *Senden/Empfangen-Gruppen* und *Senden-Empfangen-Gruppen definieren* angelegt.

2 Klicken Sie auf *Neu* und geben Sie den Namen der neuen Gruppe (beispielsweise *Privat*) ein.

3 Über *OK* wird das Dialogfenster *Übermittlungseinstellungen* geöffnet. Im linken Fensterbereich sind die Konten aufgelistet. Markieren Sie das erste Konto, das in die Gruppe aufgenommen werden soll, und aktivieren Sie *Konto in diese Gruppe mit einbeziehen*.

4 Hier kann man die gewünschten Optionen für das gewählte Konto einstellen. (Sollen nur Kopfzeilen geladen werden etc.?) Anschließend markiert man das nächste Konto, das ebenfalls in der Gruppe erscheinen soll, und nimmt auch hier die gewünschten Einstellungen vor.

5 Nachdem alle Optionen definiert sind, wird die Gruppe mit *OK* angelegt.

6 Im Dialogfenster *Übermittlungsgruppen* sollte auf jeden Fall *Diese Gruppe bei der Übermittlung mit einbeziehen* aktiviert werden. Dadurch wird erreicht, dass die Konten dieser Gruppe beim Senden/Empfangen berücksichtigt werden.

Auf die gleiche Art können Sie nun noch die Gruppe *Beruflich* anlegen und erhalten so eine perfekte Trennung zwischen beruflicher und privater Korrespondenz.

Abrufen von neuen Gruppen über die Taste F9

Wenn man die Taste F9 drückt, baut Outlook automatisch eine Verbindung zu allen Konten auf, die in der Gruppe *Alle Konten* definiert sind. Standardmäßig sind das E-Mail-Konten, RSS-Feeds, Internetkalenderabonnements und Windows SharePoint-Listen.

Legt man sich nun aber eigene Übermittlungsgruppen an, werden diese durch Drücken der F9-Taste nicht mit abgerufen. Dieses Verhalten lässt sich aber ändern.

Rufen Sie dazu *Senden/Empfangen*, *Senden/Empfangen-Gruppen* und *Senden-Empfangen-Gruppen definieren* auf und markieren Sie die betreffende Gruppe. Unter *Einstellungen für Gruppe {Gruppenname}* aktivieren Sie *Diese Gruppe bei der Übermittlung mit einbeziehen (F9)*. Nachdem das offene Dialogfenster mit *Schließen* beendet wurde, kann die Gruppe ebenfalls mit F9 abgerufen werden.

Das Senden und Empfangen selbst anstoßen

Die Möglichkeiten der Taste [F9] haben Sie kennengelernt. Es gibt aber auch noch andere Varianten, die Übermittlung automatisch zu starten. Die folgende Tabelle zeigt, welche das sind:

Gruppe	Aktion
Übermittlung für eine bestimmte Übermittlungsgruppe	*Senden/Empfangen* und Gruppe auswählen
Übermittlung für ein bestimmtes Konto	*Senden/Empfangen-Gruppen/*auf Konto klicken/Aktion wählen
Übermittlung zum Herunterladen aller markierten Kopfzeilen	*Senden/Empfangen-Gruppen/*Konto auswählen und *Markierte Kopfzeilen verarbeiten*

Der Download von E-Mail-Anhängen dauert lange und ist unter Umständen gefährlich. Auf Wunsch kann der E-Mail-Download aber zunächst auch auf die Kopfzeilen, also Absender und Betreffzeile, reduziert werden. Nur wenn man es ausdrücklich angibt, wird die gesamte E-Mail inklusive Anhang heruntergeladen.

1 Die Einstellungen sind unter *Senden/Empfangen*, *Senden/Empfangen-Gruppen* und *Senden-Empfangen-Gruppen definieren* zu finden.

2 Sofern noch keine speziellen Einstellungen vorgenommen wurden, finden Sie hier die Übermittlungsgruppe *Alle Konten*, die markiert wird. (Wenn Sie eine andere Benutzergruppe definiert haben, markieren Sie stattdessen diese.)

3 Über *Bearbeiten* werden die Einstellungen für die Benutzergruppe angepasst.

4 Aktivieren Sie *Nur Kopfzeilen downloaden* und bestätigen Sie das mit *OK*.

Bekommt man ab sofort eine E-Mail, sieht das zunächst folgendermaßen aus:

Es wurden nur die Kopfzeilen heruntergeladen.

Um eine empfangene Nachricht vollständig herunterzuladen, wird sie doppelt angeklickt. Dabei werden diese Optionen angeboten:

➢ Will man die E-Mail vollständig lesen, markiert man *Diese Nachricht für den Download markieren.*

➢ Will man sie nicht lesen, aktiviert man hingegen *Diese Nachricht zum Löschen vom Server markieren.*

Mit *OK* wird die Auswahl bestätigt. Die gewählte Aktion wird beim nächsten Senden/Empfangen ausgeführt.

Kontosynchronisierungsfilter für Exchange

Sie können selbst entscheiden, welche Elemente in die Offlineordnerdatei (OST) geladen und dort aufbewahrt werden. So kann man zum Beispiel die Synchronisierungsdauer verkürzen. Geben Sie beispielsweise an, dass nur Elemente der Kategorie *Beruflich* synchronisiert werden sollen, bleiben alle Elemente, die nicht in dieser Kategorie geführt sind, von der Synchronisation ausgeschlossen.

Das Zauberwort lautet Synchronisierungsfilter. Um einen solchen Filter anzuwenden, gehen Sie folgendermaßen vor:

1 Klicken Sie im Navigationsbereich mit der rechten Maustaste auf den Ordner, dessen Inhalt gefiltert werden soll, und wählen Sie *Eigenschaften.*

2 Innerhalb der Registerkarte *Synchronisierung* klickt man nacheinander auf *Gefilterte Synchronisierung* und *Filtern.* In der Registerkarte *Weitere Optionen* kann man jetzt beispielsweise festlegen, dass nur Elemente einer bestimmten Kategorie oder Wichtigkeit synchronisiert werden sollen.

3 Die offenen Dialogfenster können anschließend bestätigt und somit geschlossen werden.

Bei der nächsten Synchronisation des so präparierten Ordners werden neue und geänderte Elemente in die OST-Datei geladen. Alle Elemente, die den Filterkriterien entsprechen, werden ebenfalls in die OST-Datei geladen.

3.5 Briefpapiere und Designs verwenden

Während man sich in früheren Outlook-Versionen mit normalem Briefpapier zufriedengeben musste, gibt es nun zusätzlich noch sogenannte Designs. Der Unterschied zwischen beiden Varianten: Briefpapier verfügt lediglich über Hintergrundfarben und -muster. Designs besitzen zwar ebenfalls einen Hintergrund, bieten aber zusätzliche Elemente wie Farben, Effekte und Schriftarten.

Auch wenn sich Briefpapiere und Designs in diesen Punkten unterscheiden, verwendet werden sie auf die gleiche Weise. Die Beschreibungen auf den folgenden Seiten treffen somit auf beide Varianten zu.

Auf das richtige Format kommt es an

Eingesetzt werden können Designs und Briefpapiere ausschließlich, wenn die Nachrichten im HTML-Format gesendet werden.

Um eine E-Mail mit einem Design oder Briefpapier anzulegen, rufen Sie bei geöffnetem E-Mail-Ordner aus dem *Start*-Register *Neue Elemente* die Einträge *E-Mail-Nachricht mit* und *Weitere Briefpapiere* auf.

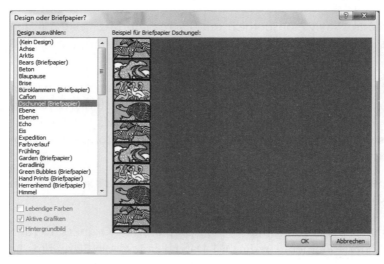

Outlook unterscheidet zwischen Design und Briefpapier.

Unter *Design auswählen* markiert man das gewünschte Design bzw. Briefpapier und bestätigt die Auswahl mit *OK*. Die drei Optionen im unteren

Fensterbereich sind ausschließlich dann aktiv, wenn man ein Design auswählt. In diesem Fall kann man zum Beispiel festlegen, ob ein Hintergrundbild verwendet werden soll. In der so angelegten E-Mail wird nun das gewünschte Design beziehungsweise Briefpapier verwendet. Davon abgesehen handelt es sich aber um eine normale Nachricht, die wie jede andere versendet werden kann.

Durch die zuvor gezeigte Variante wird lediglich eine einzige E-Mail mit einem Design oder Briefpapier versehen. Möglicherweise wollen Sie aber alle ausgehenden Nachrichten damit ausstatten. Auch das ist ohne Probleme möglich.

1   Dazu wählt man im Outlook-Hauptfenster aus dem *Datei*-Register *Optionen* und wechselt in das Register *E-Mail*.

2   Vergewissern Sie sich, dass im Bereich *Nachrichten verfassen* das Format *HTML* eingestellt ist, und klicken Sie anschließend auf *Briefpapier und Schriftarten*.

3   Über die Schaltfläche *Design* gelangen Sie zu dem bereits bekannten Dialogfenster, in dem Sie das gewünschte Design oder Briefpapier auswählen können. Mit *OK* wird das Design übernommen.

4   Das nun noch offene Dialogfenster *Signaturen und Briefpapier* hält weitere Optionen bereit. Interessant ist zum Beispiel das Kontrollkästchen *Meine Kommentare markieren*. Aktiviert man dieses, werden die Antworten in E-Mails mit dem in das Textfeld eingetragenen Namen versehen. Zusätzlich kann man über die Option *Andere Farben beim Antworten und Weiterleiten verwenden* festlegen, dass zwischen Originaltext und Ihrer Antwort auch optisch besser unterschieden werden kann.

5   Mit *OK* und *OK* werden die Einstellungen übernommen. Erstellt man nun eine Nachricht, wird dieser automatisch das eingestellte Design zugewiesen.

Word-Designs verwenden

Dass Outlook und Word eng miteinander verzahnt sind, ist kein Geheimnis. Da verwundert es auch nicht, dass man in Outlook Word-Designs problemlos verwenden kann. (Voraussetzung ist natürlich, dass Word installiert ist.) Um ein Word-Design zu verwenden, legt man die E-Mail wie gewohnt an und setzt den Cursor in den Nachrichtentext. Im Register

Optionen finden Sie nun die Gruppe *Designs*. Darüber können Sie aus zahllosen Designs auswählen.

Noch mehr Designs

Über die Schaltfläche *Office Online durchsuchen* gelangen Sie zur Downloadseite für Designs von Microsoft. Vielleicht ist dort das richtige Design für Sie dabei.

Das so ausgewählte Design wird auf die geöffnete Nachricht angewendet.

Vorhandene Designs anpassen

Die Designs sind sehr vielfältig, vielleicht wollen Sie aber trotzdem Änderungen vornehmen. Möglicherweise gefällt Ihnen an einem Design die Hintergrundfarbe oder die Schriftgröße nicht. Auch das ist kein Problem, denn die Designs lassen sich in wenigen Schritten anpassen. Die Änderungen werden dabei sofort auf das Design der aktuellen Nachricht angewendet. Damit auch das globale Design geändert wird und man somit das angepasste Design auch das nächste Mal verwenden kann, muss es allerdings als benutzerdefiniertes Design gespeichert werden.

Das Design lässt sich an verschiedenen Stellen anpassen:

- ➢ Farbe
- ➢ Effekte
- ➢ Schriftarten

Um Änderungen am Design vorzunehmen, legen Sie die E-Mail wie gewohnt mit dem gewünschten Design an, rufen das Register *Optionen* auf und klicken auf *Design*. Um die Designfarbe anzupassen, klicken Sie auf *Designfarben* und wählen die gewünschte Variante aus. Sollte das Passende nicht dabei sein, können Sie über die gleichnamige Schaltfläche im unteren Fensterbereich eine neue Designfarbe anlegen.

Weisen Sie der Designfarbe einen Namen zu, wählen Sie die gewünschten Farben aus und speichern Sie sie über die Schaltfläche *Speichern* ab.

Genauso wie die Farben lassen sich auch die Effekte und die Schriftarten anpassen.

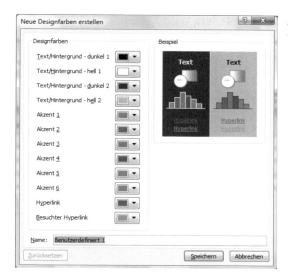

Eine neue Designfarbe wird angelegt.

Um die Änderungen am Design zu speichern und es so auch beim nächsten Mal wiederverwenden zu können, klicken Sie im Register *Optionen* auf *Designs*. Im unteren Fensterbereich finden Sie nun den Punkt *Aktuelles Design speichern*. Weisen Sie dem Design einen Namen zu und speichern Sie ihn im vorgeschlagenen Standardverzeichnis ab. Das Design wird automatisch der Liste benutzerdefinierter Designs zugewiesen und kann von dort aus aufgerufen werden. (Beachten Sie, dass der Punkt *Benutzerdefiniert* erst angezeigt wird, wenn man sein erstes eigenes Design gespeichert hat.)

3.6 Zeit fürs Wesentliche: mit der Prioritätensetzung arbeiten

Es gibt wichtige und weniger wichtige Nachrichten. Outlook kennt genau drei Wichtigkeitsstufen, mit denen man seine E-Mails ausstatten kann:

➢ Niedrig

➢ Normal

➢ Hoch

So sieht der Anwender gleich, wie wichtig eine Nachricht ist. Allerdings sollte man mit dieser Funktion sparsam umgehen. Denn wenn Sie jede zweite E-Mail mit der Wichtigkeitsstufe *Hoch* kennzeichnen, glaubt bald niemand mehr, dass eine bestimmte Nachricht wirklich wichtig ist.

Um die Wichtigkeit einer E-Mail einzustellen, wird in der Nachricht im Register *Optionen* im Bereich *Weitere Optionen* auf den Pfeil geklickt. Die Wichtigkeit wird über das gleichnamige Auswahlfeld eingestellt.

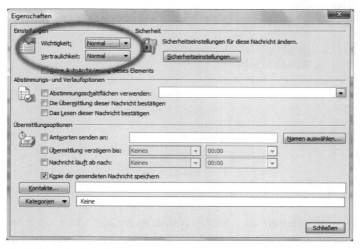

Hier lässt sich die Wichtigkeit festlegen.

Anschließend kann die E-Mail wie gewohnt versendet werden. Damit Ihnen selbst keine wichtigen Nachrichten entgehen, können Sie einen entsprechenden Suchordner einrichten, der alle als wichtig gekennzeichneten E-Mails auflistet. Um einen solchen Ordner anzulegen, klicken Sie im Outlook-Hauptfenster unter E-Mail-Ordner mit der rechten Maustaste auf *Suchordner* und wählen *Neuer Suchordner*. In dem sich öffnenden Fenster markiert man *Wichtige Nachrichten* und bestätigt die Auswahl über *OK*.

Der neue Suchordner wird angelegt.

Durch Anklicken des neuen Ordners werden alle E-Mails aufgeführt, die mit der Wichtigkeitsstufe *Wichtig* gekennzeichnet wurden.

3.7 Nachrichten unterschreiben: Signaturen verwenden

Signaturen sind vor allem im beruflichen Umfeld interessant. Dort enthalten sie meistens Informationen wie Sitz des Unternehmens, Telefonnummer etc. Eine typische Signatur sieht folgendermaßen aus:

Michel Ullrich
PR/Marketing
Scouti GmbH
Hellweger Straße 24
22523 Hamburg
Telefon: 040 / 39 30 07 - 21
Telefax: 040 / 30 63 20
E-Mail: michel.ullrich@scouti.de
Internet: www.scouti.de

Nun wäre es natürlich viel zu aufwendig, wenn man diese Informationen bei jeder E-Mail von Hand eintragen müsste. Dank der Verwendung von Signaturen kann man diese Daten einzelnen E-Mails auf Knopfdruck oder gleich allen ausgehenden E-Mails automatisch zuweisen. Wie das funktioniert und wie Sie sogar Ihre persönliche Unterschrift einfügen können, wird auf den folgenden Seiten gezeigt.

Rechtliche Anforderungen an Signaturen

Galten Signaturen früher als schmückendes Beiwerk, müssen sie heutzutage gewisse Anforderungen erfüllen. Denn seit dem 1. Januar 2007 ist in Deutschland geregelt, welche Angaben im kaufmännischen Schriftverkehr enthalten sein müssen:

➤ Firmenname inklusive Geschäftsform

➤ Name des Geschäftsführers

➤ Ort der Niederlassung

➤ zuständiges Amtsgericht

➤ Handelsregisternummer

➢ Umsatzsteuer-ID-Nummer

➢ Steuernummer

Um Abmahnungen und Geldstrafen zu entgehen, sollten die Signaturen immer vollständig sein. Einen entsprechenden Generator finden Sie zum Beispiel unter *http://www.it-recht-kanzlei.de/?id=generator*.

Allgemeine Tipps für bessere Signaturen

Bevor gezeigt wird, wie Signaturen angelegt werden, folgen zunächst einige allgemeine Hinweise zur Form von Signaturen.

Auch wenn es aufgrund der *Antworten*-Schaltfläche unnötig erscheint: Nehmen Sie trotzdem auch die E-Mail-Adresse mit in die Signatur auf. So ist Ihre E-Mail-Adresse zum Beispiel auch beim Weiterleiten der E-Mail nach wie vor sichtbar.

Verwenden Sie einen Signaturtrenner, durch den der eigentliche Text von der Signatur abgetrennt wird. Dieser besteht aus einer Zeile, in der lediglich die Zeichenfolge -- (zwei Bindestriche und ein Leerzeichen) enthalten ist. Das ermöglicht es E-Mail-Programmen, eine Signatur automatisch als solche zu erkennen und beim Antworten nicht mit zu zitieren. (Auch wenn von dieser Möglichkeit leider immer weniger E-Mail-Programme Gebrauch machen.)

> *Sehr geehrter Herr Müller,*
> *herzlichen Dank für Ihre Nachricht.*
> *Viele Grüße*
>
> *--*
>
> *Michel Ullrich*
> *PR/Marketing*
> *Scouti GmbH*
> *Hellweger Straße 24*
> *22523 Hamburg*
> *Telefon: 040 / 39 30 07 - 21*
> *Telefax: 040 / 30 63 20*
> *E-Mail: michel.ullrich@scouti.de*
> *Internet: www.scouti.de*

Versuchen Sie die Signaturbreite so festzulegen, dass 70 Zeichen nicht überschritten werden. Denn breitere Signaturen könnten beim Empfänger umbrochen werden.

(Unterschiedliche) Signaturen anlegen

Signaturen lassen sich in Outlook problemlos anlegen. Dazu wählt man aus dem *Datei*-Register *Optionen*, wechselt in das Register *E-Mail* und klickt auf *Signaturen*.

Über die Schaltfläche *Neu* wird eine neue Signatur angelegt. In dem sich öffnenden Dialogfenster weist man der Signatur zunächst einen eindeutigen Namen zu.

Tipps zur Namensfindung

Sie sollten sich bei der Namensvergabe an dem Einsatzzweck der Signatur orientieren. Oft verwendet man zwei verschiedene Signaturen, nämlich eine für das private und eine fürs berufliche E-Mail-Konto. In diesem Fall könnte man als Name *Privat* und *Beruf* verwenden.

Nachdem man den Namen mit *OK* bestätigt hat, kann die Signatur in das Textfeld eingetragen und formatiert werden. Beim Formatieren ist wieder zu berücksichtigen, dass Formatierungen nur im Zusammenhang mit HTML- und (eingeschränkt) Rich-Text-Nachrichten Bestand haben. Bei Nur-Text-E-Mails werden sämtliche Formatierungen entfernt.

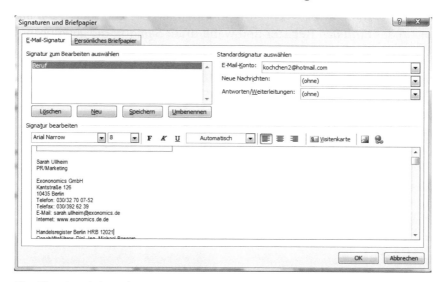

Eine Signatur wird angelegt.

Die Signatur wird mit *Speichern* gesichert. Legen Sie gegebenenfalls weitere Signaturen an. Nachdem die Signatur erstellt wurde, muss man festlegen, für welches Konto und für welchen Zweck sie dort verwendet werden soll.

Dazu markiert man die betreffende Signatur und wählt aus dem Auswahlfeld *E-Mail-Konto* das betreffende Konto aus. Über die darunter liegenden Felder *Neue Nachrichten* und *Antworten/Weiterleitungen* bestimmt man, wann die Signaturen in die Nachrichten eingefügt werden. Stellen Sie unter *Neue Nachrichten* die Signatur ein, die bei allen E-Mails, die über das eingestellte Konto gesendet werden, verwendet werden soll.

Bei Bedarf kann man zusätzlich die Signatur angeben, die Outlook nutzen soll, wenn man auf E-Mails antwortet oder diese weiterleitet. Normalerweise verwendet man in diesen Fällen allerdings keine Signatur. (Sollte man sie dann doch einmal benötigen, fügt man sie einfach per Hand ein.)

Nachdem die Einstellungen für das gewählte Konto vorgenommen wurden, wählt man das nächste E-Mail-Konto und stellt die entsprechende Signatur ein. Abschließend werden die Einstellungen mit *OK* übernommen.

Sobald man jetzt eine neue E-Mail anlegt, wird automatisch eine Signatur eingefügt. Wie bereits erwähnt kann man Signaturen auch manuell in die E-Mail übernehmen. Dazu wechselt man innerhalb des geöffneten E-Mail-Fensters in das *Einfügen*-Register und wählt unter *Signatur* die gewünschte Signatur aus.

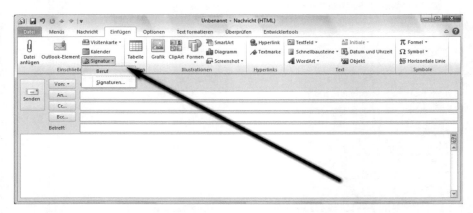

So kann man zwischen den verschiedenen Signaturen wählen.

Unterschriften einscannen und als Signatur verwenden

Sicherlich haben Sie auch schon E-Mails gesehen, die vom Absender scheinbar per Hand unterschrieben wurden. Das Ganze sieht dann in etwa aus wie nebenstehend.

Eine handgeschriebene Unterschrift.

Nun hat der Absender die E-Mail natürlich nicht wirklich unterschrieben. Stattdessen wurde die Unterschrift auf ein Blatt Papier geschrieben, eingescannt und dann als Grafik in die Signatur eingefügt.

Wenn Sie Ihrer Signatur auch diese ganz persönliche Note verleihen wollen, gehen Sie folgendermaßen vor:

1 Schreiben Sie die Unterschrift auf ein weißes Blatt Papier und scannen Sie dieses anschließend ein.

2 Zum Abspeichern wählen Sie am besten das Format JPEG. (GIF und PNG tun es allerdings auch.) Anschließend muss man nur noch die Unterschrift in die Signatur einfügen.

3 Dazu öffnet man *Datei/Optionen*, wechselt dort in das Register *E-Mail* und klickt auf *Signaturen*.

4 Markieren Sie die Signatur, in die die Unterschrift eingefügt werden soll, und rufen Sie den Dialog *Grafik einfügen* über das Grafiksymbol auf. Dort wählen Sie die Unterschriftengrafik aus und fügen sie mit *Einfügen* ein.

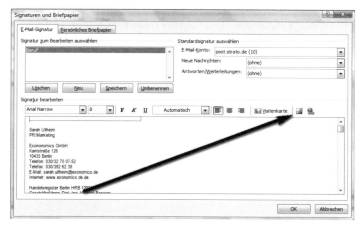

5 Die so angepasste Signatur wird anschließend über *OK* gespeichert.

Die genannten Schritte gelten nicht nur, wenn man seine Unterschrift einfügen will. Ebenso verfahren Sie, wenn das Firmenlogo oder eine andere Grafik in der Signatur erscheinen soll.

Gerade auch was die Gestaltung anbelangt, hat sich in Outlook 2010 eine ganze Menge getan. Vor allem die SmartArts helfen ab sofort dabei, Business-E-Mails noch professioneller zu gestalten.

3.8 Serienmails verschicken

Lange Zeit ist die Serien-E-Mail-Funktion von Outlook eine Katastrophe gewesen. Zu viele unverständliche Dialoge standen zwischen Anwender und fertigem Serienbrief. Schuld daran ist ausgerechnet die Kombination von Word und Outlook gewesen. Und auch in der neusten Outlook-Version hat sich nichts Wesentliches in dieser Sache getan. Immer noch bleibt das Anlegen von Serien-E-Mails für viele Anleger ein frommer Wunsch. Die folgende Anleitung hilft aber dabei, die Einstiegshürden zu meistern.

(Immer noch) Keine Anhänge

Bis jetzt ist es nicht möglich, Serienmails aus Outlook heraus zu verschicken, die einen Anhang haben.

Um eine Serienmail zu verschicken, sind vier Schritte notwendig:

1 Man wählt die Outlook-Kontakte aus.

2 Durch einige Dialogfenster werden Betreff usw. festgelegt.

3 Die E-Mail wird in Word gestaltet.

4 Nach der Kontrolle wird die E-Mail verschickt.

Im folgenden Beispiel wird von einer personalisierten Anrede ausgegangen. Im Kopf der E-Mails steht dann also z. B. Folgendes:

Sehr geehrte Frau Mallrich,

Wenn Sie diese Personalisierung nicht wünschen, lassen Sie den betreffenden Schritt in der folgenden Anleitung einfach weg.

Word- und Outlook-Versionen

Die Serienmail-Funktion klappt nur, wenn Word und Outlook von der gleichen Version sind. Wenn Sie also z. B. mit Outlook 2010 arbeiten, muss auch Word 2010 im Einsatz sein. Anderenfalls können Sie zwar die Serienmails erstellen, das Versenden wird dann allerdings nicht funktionieren.

Zunächst müssen die Kontakte ausgewählt werden. Dabei kommen ganz unterschiedliche Datenquellen infrage. Am häufigsten werden sicherlich die Outlook-Kontakte verwendet. Daher wird auf dieser Variante hier auch das Augenmerk liegen. Ebenso können Sie aber auch eine Excel-Tabelle oder die Office-Adressleiste verwenden.

Um die Kontakte in Outlook auszuwählen, wechselt man in den *Kontakte*-Ordner und markiert die gewünschten Kontakte. Aber Achtung: Die Kontakte sollten zuvor noch etwas präpariert werden. Denn nur wenn die Kontaktdaten vollständig sind, lassen sich tatsächlich personalisierte Serienmails verschicken. Entscheidend ist vor allem, dass die Anrede, Name und Vorname enthalten sind. Öffnen Sie dazu die betreffenden Kontakte und klicken Sie auf die *Name*-Schaltfläche.

Die Kontaktdaten werden optimiert.

Hier sollte neben dem Vor- und Zunamen auch immer die richtige Anrede eingestellt sein. Fehlt diese, wird in der Grußzeile der Serienmail Folgendes stehen:

Sehr geehrte(r) Herr Müller

So etwas gilt es üblicherweise zu vermeiden. Füllt man die genannten Felder korrekt aus, sieht die Anrede folgendermaßen aus:

Sehr geehrter Herr Müller

Passen Sie die Kontaktdaten entsprechend an bzw. achten Sie gleich beim Anlegen der Kontakte darauf, dass diese vorhanden sind.

Eine Mehrfachauswahl der Kontakte ist über die Strg-Taste möglich. Klicken Sie anschließend im *Start*-Register des Outlook-Hauptfensters in der Gruppe *Aktionen* auf *Seriendruck*.

Die Vorbereitungen für den Seriendruck werden abgeschlossen.

Kontrollieren Sie in dem sich daraufhin öffnenden Dialogfenster, ob die Option *Nur ausgewählte Kontakte* aktiviert ist. In dem Feld *Zusammenführung an* muss zudem *E-Mail* eingestellt werden. Zudem können Sie auch gleich noch den Text der Betreffzeile festlegen.

Übernehmen Sie diese Einstellungen mit *OK*. Outlook öffnet daraufhin automatisch Word. Die von Word angebotenen Seriendruck-Schaltflächen ignorieren Sie dabei. Momentan ist lediglich die Gruppe *Felder schreiben und einfügen* interessant.

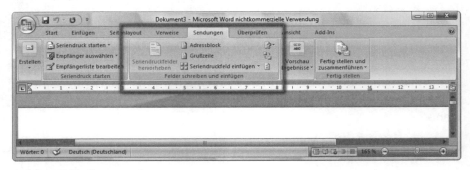

Auf diese Felder kommt es jetzt an.

Im vorliegenden Serienbrief-Beispiel soll zunächst eine personalisierte Grußformel eingefügt werden. Setzen Sie dazu den Cursor an die gewünschte Stelle im Dokument und klicken Sie auf *Grußzeile*.

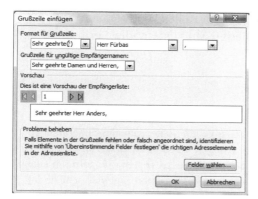

Die Grußzeile wird definiert.

Über die Felder können Sie festlegen, wie die Anrede aussehen soll. Kontrollieren Sie über die Pfeiltasten im Bereich *Vorschau*, ob die Einträge stimmen. Mit *OK* werden die Angaben abschließend bestätigt. Word fügt daraufhin eine Feldfunktion ein, die folgendermaßen aussieht:

> «Anrede»

Nun können Sie die E-Mail wie gewohnt in Word gestalten. Dabei lassen sich neben der Anrede auch noch weitere Seriendruckfelder einfügen. Ein Beispiel soll die Vorgehensweise zeigen. Angenommen, Sie möchten in die Serienmail Folgendes schreiben:

> *Eine Anfahrtsskizze schicken wir Ihnen in den kommenden Tagen an Ihre E-Mail-Adresse (bachl@databecker.de)*

Dabei soll jeweils die richtige E-Mail-Adresse des aktuellen Kontakts eingefügt werden. Um das E-Mail- oder ein beliebiges anderes Feld einzufügen, platzieren Sie zunächst den Cursor an der gewünschten Stelle und klicken auf *Seriendruckfeld einfügen*.

Ein zusätzliches Feld wird eingefügt.

Aktivieren Sie *Adressfelder* und markieren Sie dort *E-Mail-Adresse*. Mit *Einfügen* wird das ausgewählte Feld in die E-Mail eingefügt. Wiederholen Sie diese Schritte für alle anderen Felder, die Sie ebenfalls noch benötigen.

Jetzt können Sie die E-Mail wie ein ganz normales Word-Dokument gestalten. Wenn Sie mit der E-Mail zufrieden sind, kann die Serienmail verschickt werden.

Testkontakte anlegen

Serienmails werden nicht selten an mehrere Tausend Empfänger geschickt. Logisch also, dass beim E-Mail-Versand nichts schiefgehen sollte. Um die Serienmail zu kontrollieren, sollten Sie diese vor dem richtigen Versand an einige wenige Empfänger schicken. Idealerweise handelt es sich bei diesen Testempfängern um einige Ihrer Kollegen. So können Sie den Versand kontrollieren und vielleicht findet ja ein Kollege auch noch einen Tippfehler, den Sie versehentlich übersehen haben.

Um die E-Mails zu versenden, klicken Sie in der Word-Symbolleiste auf *Fertig stellen und zusammenführen* und wählen *E-Mail-Nachricht senden* aus.

Kontrollieren Sie hier noch einmal die Einstellungen. Achten Sie vor allem auf den Betreff und das E-Mail-Format. Mit *OK* werden die Angaben letztendlich bestätigt. Word verschiebt daraufhin die E-Mails in den *Postausgang*-Ordner von Outlook, von wo sie dann wie gewohnt verschickt werden.

So stimmen die Einstellungen normalerweise.

Serienmails mit Anhängen verschicken

Ein entscheidendes Manko hat die vorgestellte Serienmail-Funktion: Mit ihr lassen sich leider keine Anhänge verschicken. Will man trotzdem Serienmails mit Anhängen verschicken, muss man auf Tools von Drittanbietern zurückgreifen. Eines der besten Programme seiner Art ist Supermailer (*http://www.supermailer.de/*), von dem man sich eine 30-Tage-Testversion herunterladen kann. Die Preise für die Vollversion liegen je nach Lizenzart zwischen 15,50 und 108 Euro.

Supermailer ermöglicht den unkomplizierten Versand von Serienmails und Newslettern. Aus Outlook-Anwender-Sicht heraus ist freilich vor allem interessant, dass die Outlook-Kontakte importiert werden können.

Nach der Installation öffnet man den Punkt *Empfänger der E-Mail* und klickt auf *Importieren* und *Outlook*. Jetzt braucht man nur noch den Outlook-Ordner auszuwählen, aus dem die Kontakte importiert werden sollen (normalerweise \kontakte), stellt die Felder ein und liest die Daten über *Jetzt importieren* aus. (Beachten Sie, dass in der Testversion nur 25 Kontakte importiert werden können.)

Das Erstellen der E-Mail selbst ist dann ebenfalls kein Problem. Dazu ruft man *Text der E-Mail* auf und trägt den Nachrichtentext ein. Nun zum eigentlichen Punkt, warum Supermailer hier vorgestellt wird. Über die Schaltfläche *Dateianhänge der E-Mail* kann der mitzusendende Dateianhang ausgewählt werden.

Anschließend wird die Serienmail über *E-Mails jetzt versenden* verschickt.

Eine Serienmail als Vorlage wiederverwenden

Das Anlegen von Serienmails ist recht aufwendig. Um sich den Stress beim nächsten Mal zu ersparen, braucht man die Serienmail lediglich zu speichern und kann sie immer wiederverwenden.

1   Dazu speichern Sie die Word-Datei unter einem beliebigen Namen in einem beliebigen Verzeichnis ab (als normale Word-Datei *.docx* oder *.doc*, nicht als Dokumentvorlage *.dot*).

2   Sobald der Versand der nächsten Serienmail ansteht, markiert man in Outlook die Kontakte, die die Nachricht erhalten sollen. Anschließend wird wie gewohnt die Seriendruckfunktion aufgerufen.

3   Im Bereich *Dokument* aktiviert man *Vorhandenes Dokument*, klickt auf *Durchsuchen* und wählt das gespeicherte Word-Dokument aus.

4   Nachdem die Auswahl mit *OK* bestätigt wurde, klickt man nochmals auf *OK*. Daraufhin wird die Vorlage in Word mit den ausgewählten Empfängerdaten geöffnet.

Jetzt braucht man lediglich nur noch die obligatorische Kontrolle vorzunehmen und kann die Serienmail anschließend ganz normal verschicken.

3.9 Nachrichten lesen und drucken

Mit dem Empfangen von Nachrichten ist es nicht getan. Denn eigentlich beginnt erst jetzt die echte Arbeit. Sollen E-Mails ausgedruckt werden und will man eine Lesebestätigung schicken?

Der Umgang mit Lesebestätigungen

Outlook bietet die Möglichkeit, sich als Absender einer E-Mail darüber informieren zu lassen, ob der Empfänger die Nachricht erhalten hat. Outlook stellt hierfür zwei Optionen zur Verfügung:

> **Lesebestätigungen** – werden gesendet, wenn die Nachricht gelesen wurde.

> **Übermittlungsbestätigungen** – werden gesendet, wenn die Nachricht dem Empfänger zugestellt werden konnte.

Um es mit aller Deutlichkeit zu sagen: Beide Varianten werden zwar immer noch gern genutzt, bei vielen Empfängern lösen sie aber zu Recht Bauchweh aus. Schließlich teilt man so dem Absender der Nachricht mit, wann man die E-Mail erhalten hat, und setzt sich somit möglicherweise unter Druck, sie zügig zu beantworten. Deswegen sollte man weder selbst Lesebestätigungen anfordern noch senden.

Bei Lesebestätigungen können die Anwender frei entscheiden, ob Outlook dieses Feedback tatsächlich geben soll. Bei den Übermittlungsentscheidungen sieht das allerdings anders aus. Denn diese werden direkt vom Posteingangsserver des Mailservers der Gegenseite gesendet, ohne dass der Empfänger hier eingreifen oder etwas davon merken würde. Allerdings ist diese Funktion auf vielen Servern deaktiviert, da die Serverleistung durch Übermittlungsbestätigungen herabgesetzt wird. In Ausnahmefällen können Lese- und Übermittlungsbestätigungen aber durchaus nützlich sein.

Übermittlungsbestätigungen sind nicht wasserdicht

Beachten Sie, selbst wenn Sie die Übermittlungsbestätigung eingerichtet haben, ist die erfolgreiche Übermittlung nicht in jedem Fall garantiert. Denn nicht alle E-Mail-Server versenden entsprechende Bestätigungen. Bei ihnen erhält man dann diese Nachricht:

Your message has been successfully relayed to he following recipients, but the requested delivery status notifications may not be generated by the destination.

Wollen Sie selbst eine Lesebestätigung für eine Nachricht anfordern, gibt es zwei Varianten. Sie können entweder für einzelne oder global für alle ausgehenden E-Mails Lesebestätigungen anfordern. Zunächst die Variante für einzelne Nachrichten:

Legen Sie die E-Mail wie gewohnt an und wechseln Sie anschließend in das Register *Optionen*.

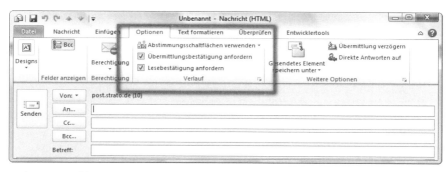

So lassen sich Übermittlungs- und Lesebestätigungen anfordern.

Dort findet man im Bereich *Verlauf* die beiden Kontrollkästchen, über die man eine Lesebestätigung oder eine Übermittlungsbestätigung (oder sogar beides) anfordern kann.

> **Warum man keine Lesebestätigungen anfordern sollte**
>
> Theoretisch können Sie natürlich von jedem Ihrer Empfänger Lesebestätigungen anfordern. Dabei ist aber zu beachten, dass Lesebestätigungen große Nachteile haben. Viele Empfänger fühlen sich gegängelt und kontrolliert. Zudem garantiert eine Lesebestätigung nicht, dass der Empfänger die E-Mail tatsächlich gelesen hat, sondern dass sie als gelesen markiert wurde (was ein großer Unterschied ist).

Die globalen Einstellungen werden über *Datei/Optionen/E-Mail* im Bereich *Verlauf* vorgenommen.

Aktivieren Sie die gewünschten Optionen und bestätigen Sie die Auswahl mit *OK*. Wichtig sind hier vor allem die folgenden Einstellungen:

➢ *Für alle gesendeten Nachrichten Folgendes anfordern* – legen Sie hier fest, ob Sie Lesebestätigungen und Übermittlungsbestätigungen für jede Ihrer Nachrichten anfordern. Normalerweise lässt man beide Kontrollkästchen deaktiviert, da man Bestätigungen nur im Einzelfall anfordert.

185

> *Für jede Nachricht, die die Anforderung einer Lesebestätigung enthält –*
> hier sollten Sie *Senden einer Lesebestätigung immer bestätigen lassen*
> aktivieren. So werden Sie bei jeder angeforderten Bestätigung gefragt,
> ob Sie diese tatsächlich senden wollen.

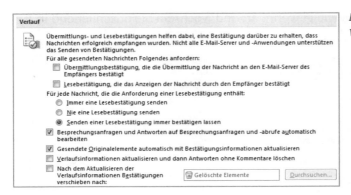

Die Optionen zur
Verlaufskontrolle.

Bleibt natürlich noch die interessante Frage, wie die Antwort auf eine ange-
forderte Lesebestätigung eigentlich aussieht. Die folgende Abbildung zeigt
es:

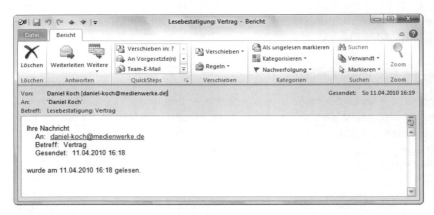

Man bekommt eine ganz normale E-Mail mit dem Betreff *Lesebestätigung:*
[Nachrichtenbetreff]. In der Nachricht stehen die wichtigsten Daten der ursprünglichen Nachricht (*An*, *Betreff*, *Gesendet*) und wann sie vom Empfänger gelesen wurde.

Beachten Sie, dass Sie Lesebestätigungen nicht unbedingt sofort zugestellt
bekommen. Da es sich bei Lesebestätigungen um ganz normale E-Mails
handelt, werden sie erst gesendet, wenn der Empfänger seine Nachrichten
verschickt.

Wann eine E-Mail als gelesen gilt

Wenn man Lesebestätigungen anfordert, ist es natürlich interessant zu wissen, wann eine E-Mail eigentlich aus Outlook-Sicht als gelesen gilt. Denn schließlich kann Outlook nicht erkennen, ob der Empfänger die Nachricht tatsächlich gelesen hat, sondern muss sich dafür eines Tricks bedienen. Es gibt verschiedene Faktoren, die dabei genutzt werden:

➢ Die E-Mail wird per Doppelklick geöffnet.

➢ Die E-Mail wird in der Vorschau markiert und anschließend markiert man eine andere Nachricht.

➢ Die E-Mail wird im Vorschaufenster angezeigt.

Sie können selbst bestimmen, wann Ihr Outlook eine Lesebestätigung sendet. (Ebenso können Sie übrigens auch festlegen, dass überhaupt nie eine Bestätigung gesendet wird. Informationen dazu finden Sie auf den nächsten Seiten.) Die entsprechenden Einstellungen dazu sind unter *Datei/Optionen/Erweitert/Lesebereich* zu finden.

 *Das sind die Standardeinstellungen.*

Standardmäßig ist Outlook so eingestellt, dass eine E-Mail als gelesen gilt, wenn im Ordner ein anderes Element ausgewählt wird. Besser ist es allerdings, wenn man bestimmt, dass die Nachricht nur dann als gelesen gilt, wenn sie eine bestimmte Anzahl an Sekunden im Lesebereich angezeigt wird. Dazu aktivieren Sie die obere Option und tragen die gewünschten Sekunden ein.

Man muss natürlich nicht darauf warten, dass Outlook eine E-Mail als gelesen markiert, sondern kann hier auch manuell eingreifen. Viele Anwender öffnen dazu die E-Mail per Doppelklick. Das muss aber nicht sein. Im Dialogfenster *Lesebereich* haben Sie die Option *Einzeltastenlesen mit Leertaste* gesehen. Wird diese aktiviert, können E-Mails per [Leertaste] als gelesen markiert werden und Outlook springt anschließend automatisch zur nächsten Nachricht.

187

Wer will, kann E-Mails übrigens auch über eine Schaltfläche in der Symbolleiste als gelesen markieren.

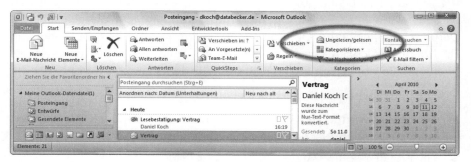

So ist es natürlich noch besser.

Dann muss man nur noch die betreffende E-Mail markieren und klickt anschließend auf die Schaltfläche *Ungelesen/gelesen*.

So geht man mit angeforderten Lesebestätigungen um

Wie Sie Lesebestätigungen anfordern, haben Sie gesehen. Nun geht es darum, wie Sie mit angeforderten Lesebestätigungen umgehen. Sobald ein Absender seine Nachrichten mit einer Lesebestätigung ausstattet, werden Sie nach dem Öffnen der E-Mail mit folgendem Dialogfenster konfrontiert:

Der Absender hat eine
Lesebestätigung angefordert.

Um eine Bestätigung zu senden, bestätigt man diese Abfrage mit *Ja*. Über *Nein* wird keine Lesebestätigung gesendet. Interessant ist die Option *Zukünftig nicht mehr nachfragen*. Wenn Sie diese aktivieren und auf *Ja* klicken, wird jedes Mal, wenn ein Empfänger eine Lesebestätigung anfordert, auch tatsächlich eine geschickt. Wird die Frage hingegen verneint, werden ab sofort keine Lesebestätigungen mehr gesendet.

Durch die Verwendung der Option *Zukünftig nicht mehr nachfragen* greift man direkt in die globale Konfiguration ein. Mehr Informationen dazu erhalten Sie im nächsten Abschnitt.

Lesebestätigungen (immer) unterdrücken

Sie können global festlegen, dass Ihr Outlook überhaupt keine Lesebestätigungen sendet und Sie auch nicht bei jeder E-Mail danach gefragt werden.

Die entsprechenden Optionen finden Sie über *Datei/Optionen*. Dort finden Sie unter *E-Mail* im Bereich *Verlauf* die gesuchten Einstellungen.

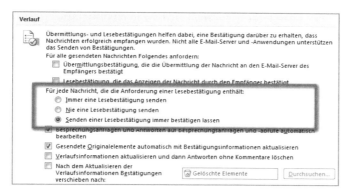

Hier können Sie die Lesebestätigungen dauerhaft unterdrücken.

Die folgenden drei Optionen stehen zur Auswahl:

➤ *Immer eine Lesebestätigung senden* – es wird jede Lesebestätigung gesendet. Die bekannte Kontrollabfrage erscheint nicht.

➤ *Nie eine Lesebestätigung senden* – es wird nie eine Lesebestätigung gesendet. Die bekannte Kontrollabfrage erscheint nicht.

➤ *Senden einer Lesebestätigung immer bestätigen lassen* – jedes Mal, wenn der Absender eine Lesebestätigung anfordert, erscheint bei Ihnen das bekannte Dialogfenster mit der Kontrollabfrage.

Um wirklich Ruhe vor Lesebestätigungen zu haben, aktiviert man die Option *Nie eine Lesebestätigung senden*. So schlägt man zwei Fliegen mit einer Klappe. Erstens erscheint die Standardabfrage, ob man eine Lesebestätigung senden will, nicht mehr, und es wird zweitens überhaupt keine Lesebestätigung mehr gesendet.

Den Text der Lesebestätigungen ändern

Um es vorwegzunehmen: Der Text der Lesebestätigungen lässt sich mit Outlook-Bordmitteln leider nicht anpassen. Über einen Umweg kann man aber dennoch personalisierte Bestätigungen senden. Das Zauberwort lautet einmal mehr Regeln.

Eigentlich eher eine Empfangsbestätigung

Beachten Sie, dass es sich hier im wörtlichen Sinn nicht um eine Lese-, sondern um eine Empfangsbestätigung handelt. Denn Outlook wird so konfiguriert, dass automatisch eine Nachricht gesendet wird, wenn eine neue E-Mail empfangen wird. Ob Sie sie dann auch tatsächlich lesen, weiß die Regel natürlich nicht.

Bevor Sie eine solche Regel erstellen, sollten Sie allerdings die normalen Outlook-Lesebestätigungen deaktivieren. (Ansonsten würde der Empfänger zwei Lesebestätigungen von Ihnen erhalten.) Anschließend kann die Regel angelegt werden.

1 Legen Sie eine E-Mail an, die als Nachricht gesendet werden soll. Als Betreff könnte zum Beispiel *Vielen Dank für Ihre Nachricht* eingestellt werden. Im Nachrichtentext bedankt man sich dann für die E-Mail:

[...]
Vielen Dank für Ihre Nachricht. Ich werde mich so schnell wie möglich bei Ihnen melden.
[...]
Viele Grüße

2 Aus dem *Datei*-Register der Nachricht wählen Sie *Speichern unter*. Weisen Sie der E-Mail einen Namen zu und wählen Sie als Dateityp *Outlook-Vorlage (*.oft)*. Outlook stellt daraufhin das richtige Verzeichnis (nämlich *Templates*) ein. Mit *Speichern* wird die E-Mail dort abgelegt. (Die E-Mail selbst kann dann übrigens ohne Speichern geschlossen werden.)

3 Jetzt geht es an die Definition der eigentlichen Regel. Dazu ruft man den Regel-Assistenten über *Start/Regeln/Regeln und Benachrichtigungen verwalten* und *Neue Regel* auf.

4 Markieren Sie *Regel auf von mir empfangene Nachrichten anwenden* und rufen Sie das nächste Fenster mit *Weiter* auf. Im aktuellen Beispiel

wird davon ausgegangen, dass alle E-Mails, die über ein bestimmtes Konto kommen, automatisch beantwortet werden. (Ebenso könnte man aber auch eine Regel definieren, bei der ausschließlich die E-Mails eines ganz bestimmten Absenders beantwortet werden.) Dazu wird *über Konto Kontoname* aktiviert und im unteren Fensterbereich auf den unterstrichenen Ausdruck *Kontoname* geklickt. Dort wählt man das betreffende Konto aus und bestätigt die Angaben mit *OK* und *Weiter*.

5 Aktivieren Sie *diese mit einer bestimmten Vorlage beantworten* und klicken Sie im unteren Fensterbereich auf *einer bestimmten Vorlage*. Aus dem *Suche in*-Feld stellt man *Vorlagen im Dateisystem* ein und wählt die abgespeicherte E-Mail-Vorlage aus. (Sollten Sie sie in einem anderen Verzeichnis gespeichert haben, können Sie die Vorlage über die *Durchsuchen*-Schaltfläche auswählen.) Mit *Öffnen* wird die Auswahl bestätigt. Das Dialogfenster sollte jetzt folgendermaßen aussehen:

6 Mit *Weiter* gelangt man zum nächsten Dialogfenster, in dem man bei Bedarf Ausnahmen definieren kann. Interessant könnte das zum Beispiel sein, wenn man einen „lästigen" E-Mail-Schreiber nicht über den Eingang seiner Nachricht informieren will. In diesem Fall aktiviert man *außer diese ist von einer Person/öffentlichen Gruppe* und stellt den oder die Absender ein. Mit *Weiter* geht es zum nächsten Schritt.

7 Weisen Sie der Regel einen Namen zu (zum Beispiel *Danke*), achten Sie darauf, dass *Diese Regel aktivieren* aktiviert ist, wählen Sie *Fertig stellen*, *Übernehmen* und *OK*.

Sobald jetzt eine E-Mail über das angegebene Konto eintrifft, wird automatisch eine Nachricht versendet, über die der Absender informiert wird, dass seine E-Mail angekommen ist.

Sich über den Eingang wichtiger Nachrichten informieren lassen

Standardmäßig wird man von Outlook anhand eines kleinen Briefsymbols im Systray (das ist der Bereich neben der Windows-Uhr) informiert. Das mag für viele Anwender ausreichend sein, es gibt aber noch weiterführende Möglichkeiten. Outlook bietet gleich vier verschiedene Varianten an. Welche davon man tatsächlich einsetzt, hängt von den technischen Gegebenheiten des Systems ebenso wie vom persönlichen Geschmack ab.

In Zeitmanagementseminaren wird daher empfohlen, die automatische Benachrichtigung zu deaktivieren.

Ablenkungen inklusive

Es ist ein Streitpunkt, ob man sich überhaupt über den Eingang neuer Nachrichten informieren lassen sollte. Denn egal ob Desktopbenachrichtigung oder Signalton: Was auf den ersten Blick sinnvoll erscheint, lenkt mit der Zeit massiv von der Arbeit ab. Sobald man eine Aufgabe aufgrund einer eintreffenden Nachricht unterbricht, braucht man danach wieder mehrere Minuten, um sich erneut auf die Aufgabe konzentrieren zu können. Ob Sie sich daran halten, bleibt letztendlich Ihnen überlassen. Das nötige Rüstzeug dazu liefert dieser Abschnitt.

So gibt es zum Beispiel die Möglichkeit, sich akustisch über den Eingang neuer E-Mails informieren zu lassen. Das ist aber natürlich nur sinnvoll, wenn der Rechner mit Soundkarte und Boxen ausgestattet ist. Zudem gilt es dabei zu bedenken, dass Kollegen im Büro leicht gereizt reagieren könnten, wenn alle zwei Minuten ein Signalton ertönt.

Die Optionen, wie man sich über den Eingang neuer Nachrichten informieren lassen will, stellt man folgendermaßen ein:

1 Im *Datei*-Register wird *Optionen* gewählt.

2 Dort ruft man das Register *E-Mail* auf. Interessant ist hier der Bereich *Nachrichteneingang*.

3   Aktivieren beziehungsweise deaktivieren Sie die betreffenden Kontrollkästchen. Auf jeden Fall sollte man *Briefumschlagsymbol in der Task-
leiste anzeigen* nutzen. Was es mit der Schaltfläche *Desktopbenachrichtigungseinstellungen* auf sich hat, wird im nächsten Abschnitt gezeigt.

Desktopbenachrichtigungen nutzen

Seit Outlook 2003 stehen Desktopbenachrichtigungen als Erweiterung der
Mailbenachrichtigung zur Verfügung. Wem das Briefumschlagsymbol, das
den Eingang neuer Nachrichten signalisiert, nicht genügt, für den ist die
Desktopbenachrichtigung genau das Richtige.

*So wird man über den Eingang neuer
Nachrichten informiert.*

Dieses Fenster klappt kurz (standardmäßig sieben Sekunden) auf und zeigt
Absender, Betreff und den Introtext der Nachricht. Aktivieren und deakti-
vieren lassen sich Desktopbenachrichtigungen über den im vorherigen
Abschnitt vorgestellten Bereich *Nachrichteneingang*.

Um die Desktopbenachrichtigungen zu nutzen, aktiviert man die Option
Desktopbenachrichtigungen anzeigen.

Die Anzeigedauer der Desktopbenachrichtigungen anpassen

Standardmäßig werden Desktopbenachrichtigungen nur sieben Sekunden
angezeigt. Wem das zu kurz ist, der kann die Anzeigedauer verlängern:

1   Dazu wird im *Datei*-Register *Optionen* gewählt und *E-Mail* geöffnet.

2   Anschließend ruft man *Desktopbenachrichtigungseinstellungen* auf. Standardmäßig sind sieben Sekunden eingestellt.

3   Die Anzeigedauer kann hier auf maximal 30 Sekunden festgelegt werden.

So funktionieren Desktopbenachrichtigungen auch bei gefilterten E-Mails

Standardmäßig werden Desktopbenachrichtigungen ausschließlich bei
E-Mails angezeigt, die im Posteingang landen. Sortiert man seine Nachrich-

ten über Regeln in Unterordner ein, muss man normalerweise auf Desktopbenachrichtigungen verzichten. Damit ist jetzt Schluss:

1 Rufen Sie bei geöffnetem E-Mail-Ordner im *Start*-Register *Regeln* und *Regeln und Benachrichtigungen verwalten* auf, markieren Sie die Regel, durch die die Nachrichten in den Unterordner sortiert werden, und klicken Sie auf *Regel ändern* und *Regeleinstellungen bearbeiten*.

2 Der erste Schritt kann man *Weiter* übersprungen werden. Für die Anzeige der Desktopbenachrichtigungen ist lediglich der zweite Schritt interessant. Aktivieren Sie dort das Kontrollkästchen *Desktopbenachrichtigung anzeigen*.

3 Nachdem der Regel-Assistent wie gewohnt beendet wurde, werden auch die gefilterten E-Mails mit einer Desktopbenachrichtigung angekündigt.

Wiederholen Sie die genannten Schritte bei Bedarf für alle weiteren Regeln.

Spezielle Alarm-Fenster öffnen

Wem all die gezeigten Varianten nicht genügen, der kann durch ein spezielles Alarm-Fenster dafür sorgen, dass er E-Mails von bestimmten Absendern (z. B. von Ihrem Chef ;-) garantiert nicht verpasst. Anders als eine normale Desktopbenachrichtigung hat diese Variante zudem den Vorteil, dass das Fenster nicht automatisch geschlossen wird. Stattdessen bleibt es so lange stehen, bis man es explizit schließt.

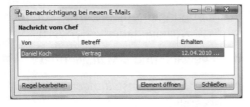

Ein solches Fenster übersieht man nicht.

So erkennen Sie sofort, dass eine neue Nachricht eingegangen ist. Durch Anklicken der Nachrichten wird die E-Mail in einem neuen Fenster angezeigt. Möglich wird ein solches Alarm-Fenster durch eine spezielle Regel, die folgendermaßen angelegt wird:

1 Öffnen Sie eine beliebige E-Mail des Absenders, für dessen Nachrichten ein Meldungsfenster angezeigt werden soll, und rufen Sie im *Nachrichten*-Register *Regeln/Regel erstellen* auf.

2 Aktivieren Sie im oberen Fensterbereich *Von {Name}* und öffnen Sie *Erweiterte Optionen*. Das erste Dialogfenster kann mit *Weiter* übersprungen werden, da die angegebene Bedingung bereits übernommen wurde.

3 Im nächsten Dialogfenster aktiviert man das Kontrollkästchen *Im Benachrichtigungsfenster für neue Elemente diesen Text anzeigen*.

4 Klicken Sie im unteren Fensterbereich auf diesen Text und tragen Sie den anzuzeigenden Text ein (beispielsweise *Nachricht vom Chef*). Der untere Fensterbereich sollte jetzt folgendermaßen aussehen:

5 Mit *Weiter* gelangt man zu dem Fenster, in dem man bei Bedarf Ausnahmen definieren kann. Wollen Sie keine angeben, überspringen Sie es mit *Weiter*.

Abschließend weist man der Regel einen Namen zu, kontrolliert, dass *Diese Regel aktivieren* aktiviert ist, und beendet die Regeldefinition über *Fertig stellen*.

Empfangene E-Mails nachträglich verändern

E-Mails, die man empfängt, sind bei Weitem nicht immer perfekt. Oftmals ist der Betreff nicht aussagekräftig belegt. Manchmal möchte man aber auch dem eigentlichen E-Mail-Inhalt noch etwas hinzufügen. Dank der entsprechenden Outlook-Optionen können Sie

➢ den Betreff und

➢ den E-Mail-Inhalt

nachträglich ändern. Um den Betreff anzupassen, öffnen Sie die empfangene E-Mail durch einen Doppelklick. (Im Vorschaufenster ist die Bearbeitung nicht möglich.) Wenn Sie jetzt den Betreff anklicken, können Sie ihn ganz nach Belieben ändern.

Ebenso einfach lässt sich auch der E-Mail-Inhalt nachträglich anpassen. Dazu muss die E-Mail ebenfalls per Doppelklick geöffnet werden. Im *Nachricht*-Register finden Sie unter *Aktionen* die Option *Nachricht bearbeiten*.

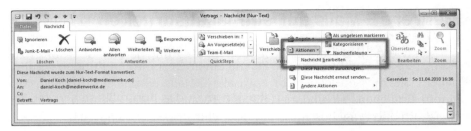

So lässt sich die E-Mail bearbeiten.

Sobald Sie diese anklicken, können Sie den E-Mail-Inhalt verändern. Dazu setzen Sie einfach den Cursor in das Textfeld und nehmen die Anpassungen vor. Die Änderungen müssen vor dem Schließen der E-Mail über *Datei/ Speichern* übernommen werden.

Entscheidende E-Mails (automatisch) ausdrucken

Sie wollen alle E-Mails eines Kunden ausdrucken? Über das Anlegen einer entsprechenden Regel ist das kein Problem.

1 Bei geöffnetem E-Mail-Ordner wird mit *Start/Regeln/Regeln und Benachrichtigungen verwalten/Neue Regel*, dem Markieren von *Regel auf von mir empfangene Nachrichten anwenden* und *Weiter* der Regel-Assistent gestartet.

2 Im oberen Fensterbereich wird *die von einer Person/öffentlichen Gruppe kommt* aktiviert. Anschließend klickt man im unteren Fensterbereich auf *einer Person/öffentlichen Gruppe*, wählt den Absender aus, dessen E-Mails ausgedruckt werden sollen, und klickt auf *OK*.

3 Über *Weiter* geht es zum nächsten Dialogfenster, in dem *diese drucken* aktiviert wird.

4 Mit *Weiter* gelangt man zum Ausnahmen-Dialog, der normalerweise mit *Weiter* übersprungen werden kann.

5 Nachdem man der Regel einen Namen zugewiesen und sich vergewissert hat, dass *Diese Regel aktivieren* aktiviert ist, wählt man *Fertig stellen* und *Übernehmen*.

Ab sofort werden alle ankommenden E-Mails dieser Person automatisch ausgedruckt.

Mehrere E-Mails auf einmal ausdrucken

Sie werden zum Chef beordert und sollen ihm die vollständige E-Mail-Korrespondenz mitbringen, die Sie mit einem bestimmten Kunden geführt haben? Sie müssen jetzt nicht etwa alle E-Mails einzeln ausdrucken. Mit einem einfachen Trick können Sie die E-Mails in einer einzigen Textdatei speichern und brauchen nur noch dieses eine Dokument auszudrucken.

1 Markieren Sie die gewünschten E-Mails, indem Sie die E-Mails mit Strg + Klick auswählen.

2 Drücken Sie die Taste F12.

3 Der Textdatei wird ein beliebiger Name zugewiesen. Gespeichert wird die Datei abschließend mit *Speichern*.

Neben den reinen Texten wird auch ein Nachrichtenkopf gespeichert, in dem *Von*, *An*, *Gesendet* und *Betreff* enthalten sind:

Von: Daniel Koch [daniel-koch@medienwerke.de]
Gesendet: Sonntag, 11. April 2010 16:36
An: hoehner@databecker.de
Betreff: Vertrag

Sehr geehrter Herr Höhner,

...

Von: Daniel Koch [daniel-koch@medienwerke.de]
Gesendet: Montag, 12. April 2010 08:47
An: hoehner@databecker.de
Betreff: Vertrag

Halle Herr Höhner,

Löschen Sie die E-Mail-Header bei Bedarf einfach aus der Textdatei. Nicht mit gespeichert werden Anhänge und eventuell vorhandene Formatierungen.

Die E-Mails in die richtige Reihenfolge bringen

Die Nachrichten werden in der Reihenfolge gespeichert, in der sie markiert wurden. Die zuerst markierte E-Mail erscheint auch als erste innerhalb der Textdatei.

Die so erzeugte Textdatei können Sie anschließend ausdrucken.

3.10 E-Mail-Anhänge verschicken

Logisch, dass man in E-Mails oftmals Anhänge einfügen muss. Gerade hier lauern aber ungeahnte Gefahren. Denn nicht selten rufen Geschäftspartner an und weisen darauf hin, dass sie immer nur *winmail.dat*-E-Mails von Ihnen bekommen. Um dieses und andere Anhangprobleme geht es auf den folgenden Seiten. Ausführliche Informationen zur Sicherheit von E-Mail-Anhängen finden Sie übrigens in Kapitel 12.

Automatische Vorschau auf E-Mail-Anhänge

Wenn man eine E-Mail erhält, in der sich ein Anhang befindet, kann man sich diesen von Outlook direkt anzeigen lassen. Dafür wurde die neue Funktion der Anlagenvorschau eingeführt. Die funktioniert allerdings nur bei HTML- oder Nur-Text-Nachrichten. E-Mails im Rich-Text-Format unterstützen dieses Feature nicht.

Am einfachsten funktioniert die Anlagenvorschau in Verbindung mit dem Lesebereich.

So gefährlich ist der Lesebereich wirklich

Immer wieder wird darauf hingewiesen, dass die Verwendung des Lesebereichs ein Sicherheitsrisiko darstelle. Allerdings wird dabei übersehen, dass Skripte oder Anhänge nicht automatisch aktiviert werden, wenn man sie im Lesebereich öffnet.

Trotz dieser Sicherheitsvorkehrungen seitens Microsoft ist natürlich nicht ausgeschlossen, dass es Angreifern doch gelingt, einen Weg zu finden, einen Angriff über den Lesebereich zu starten. Erschwerend kommt hinzu, dass Sie von Microsoft gesperrte Dateitypen freischalten können. Wenn Sie davon Gebrauch machen, sollten Sie den Lesebereich auf jeden Fall deaktivieren.

In diesem Fall wählen Sie die Nachricht aus, deren Anlage Sie in der Vorschau anzeigen wollen, und klicken im Lesebereich auf die Anlage. Je nach Typ des Anhangs wird er gleich angezeigt (zum Beispiel Bilder oder Word-Dokumente) oder es erscheint ein Sicherheitshinweis (zum Beispiel bei HTML-Dateien).

Dieser Warnhinweis
wird standardmäßig angezeigt.

Erst wenn dies mit *Dateivorschau* bestätigt wird, zeigt Outlook eine Vorschau an. Alle in der Anlage möglicherweise enthaltenen aktiven Inhalte werden übrigens gesperrt. Dazu gehören Skripte ebenso wie Makros und ActiveX-Steuerelemente.

Interessant ist in diesem Zusammenhang natürlich, für welche Dateitypen man die Anhangvorschau überhaupt nutzen kann. Die entsprechenden Einstellungen sind unter *Datei/Optionen/Sicherheitscenter/Anlagenbehandlung/Anlagen- und Dokumentvorschau* zu finden.

Aktuell sind diese
Dateivorschauen installiert.

Hier sind die Anwendungen aufgeführt, für die eine Dateivorschau verfügbar ist. Microsoft weist ausdrücklich darauf hin, dass auch andere Anbieter entsprechende Vorschaufunktionen für Outlook entwickeln können, die man herunterladen und installieren kann. Derzeit sind solche Anwendungen allerdings noch nicht verfügbar.

Das größte Problem der Anlagenvorschau dürfte zweifellos die fehlende PDF-Unterstützung sein. Denn will man sich ein PDF-Dokument in der Vorschau anzeigen lassen, meldet sich Outlook folgendermaßen:

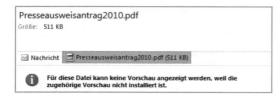

PDF wird standardmäßig nicht unterstützt.

Lösen lässt sich dieses Problem mit dem Foxit PDF Preview Handler von Tim Heurer. Dieses Tool können Sie kostenlos von der Seite *http:// timheuer.com/blog/archive/2008/05/09/foxit-pdf-preview-handler.aspx* herunterladen. Nach erfolgreicher Installation – während der Outlook geschlossen sein muss – klappt die Vorschau auf PDF-Dokumente.

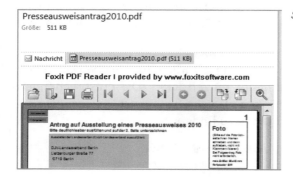

So funktioniert die PDF-Vorschau.

Wenn die Anhänge als winmail.dat ankommen

Wer nicht mit Outlook arbeitet, kommt öfter in den Genuss von E-Mails, die zwar keinen Inhalt, dafür aber den unbrauchbaren Dateianhang *winmail.dat* haben. Das Problem steckt in dem Outlook-eigenen Rich-Text-Format.

Probleme mit winmail.dat vermeiden

Wenn Sie E-Mails verschicken, sollten Sie nicht das Rich-Text-Format verwenden. Eingangs dieses Kapitels finden Sie ausführliche Informationen zu den in Outlook verfügbaren Formaten. Dort wird auch beschrieben, wie Sie das E-Mail-Format umstellen können.

Die *winmail.dat* lässt sich nicht ohne Weiteres öffnen. Da muss man zu Spezialtools greifen. So kann man beispielsweise mit WMDecode (*http://www.biblet.freeserve.co.uk/Download/WMDecode.zip*) *winmail.dat*-Dateien ganz einfach öffnen.

1   Man entpackt die *VMDecode.zip* auf den Desktop.

2   Im E-Mail-Client wird die *winmail.dat* gesucht und auf den Desktop gespeichert.

3   Anschließend zieht man die *winmail.dat* bei gedrückter linker Maustaste auf die *VMDecode.exe*.

4   Der Inhalt der *winmail.dat* ist anschließend auf dem Desktop zu finden.

4. Die tägliche E-Mail-Flut effizient verwalten

Treffen E-Mails ein, werden diese automatisch von Outlook in den Posteingang verschoben. So weiß man immer, wo die neu angekommenen Nachrichten zu finden sind. Unübersichtlich wird es allerdings, wenn man pro Woche Hunderte E-Mails bekommt. In diesem Fall muss man dafür sorgen, dass man nicht den Überblick verliert.

Outlook stellt dafür verschiedene Varianten bereit. Mit dem Regel-Assistenten und dem ausgeklügelten Kategoriensystem bekommt man seine E-Mails in den Griff und behält so stets den Überblick.

4.1 Das Kategoriensystem von Outlook

Üblicherweise werden Kategorien in Outlook im Zusammenhang mit Aufgaben verwendet. Dort sind Kategorien natürlich wichtig, allerdings können sie auch im Zusammenhang mit der Übersichtlichkeit im Posteingang nützlich sein. Denn verwendet man Kategorien für E-Mails, kann man sich diese zum Beispiel im Posteingang anhand der Kategorien sortiert anzeigen lassen.

Die E-Mails wurden kategorisiert und gruppiert.

Dank der Gruppierungsfunktion können Sie sich so nun beispielsweise alle E-Mails zu einem bestimmten Projekt ansehen. Voraussetzung dafür ist natürlich, dass die E-Mails kategorisiert werden.

Um eine E-Mail zu kategorisieren, klicken Sie diese mit der rechten Maustaste an und wählen *Kategorisieren*. Daraufhin werden verschiedene Optionen angeboten:

➢ *Farbwahl* – weisen Sie die gewünschte Kategorie anhand der Farbe zu. Entweder greift man dazu auf eine der standardmäßig angezeigten Farben zurück oder lässt über *Alle Kategorien* alle Varianten anzeigen beziehungsweise legt zusätzliche Kategorien an.

➢ *Schnellklick festlegen* – bestimmen Sie die Kategorie, die E-Mails zugewiesen wird, wenn man in die Spalte *Kategorien* klickt. Hier gibt man üblicherweise die Kategorie an, die man am häufigsten verwendet.

➤ *Alle Kategorien löschen* – löscht die der E-Mail zugewiesenen Kategorien.

Sobald Sie eine Farbe bzw. Kategorie das erst Mal auswählen, wird folgendes Fenster geöffnet:

Darüber können Sie der Kategorie einen anderen Namen zuweisen. Zusätzlich lassen sich Farbe und Tastenkombination bestimmen. Im nächsten Abschnitt wird gezeigt, wie ein Kategoriensystem am effektivsten aufgebaut und genutzt wird.

Um der E-Mail die Kategorie zuzuweisen, werden die Einstellungen mit *Ja* übernommen.

Eigene Kategorien anlegen

Die Namen *Blaue Kategorie*, *Gelbe Kategorie* usw. sind überhaupt nicht aussagekräftig. Besser ist es daher, wenn Sie sich ein eigenes Kategoriensystem überlegen. Wichtig ist dabei vor allem, dass die Kategoriennamen logisch gewählt werden. Das könnte zum Beispiel folgendermaßen aussehen:

Kategorie	Farbe
Verträge	Blau
Messestand	Gelb
Außendienst	Grün
Kundenanfragen	Lila
Chef	Orange
Internes	Rot

Sie können vorhandene Kategorien anpassen oder eigene anlegen. Zunächst die Anpassungsvariante: Klicken Sie eine beliebige E-Mail mit der rechten Maustaste an und wählen Sie *Kategorisieren/Alle Kategorien*. Dort markieren Sie die Kategorie, die umbenannt werden soll, und klicken im rechten Fensterbereich auf *Umbenennen*.

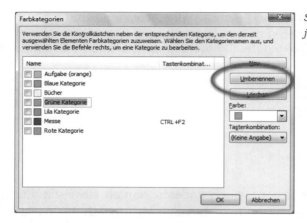

So lassen sich Kategorien jederzeit umbenennen.

Jetzt kann links der gewünschte Name eingetragen werden. Mit *OK* werden die Einstellungen übernommen.

Im gleichen Dialogfenster können Sie aber auch völlig neue Kategorien anlegen. Klicken Sie dazu auf die *Neu*-Schaltfläche.

Eine neue Kategorie wird angelegt.

In dem sich öffnenden Fenster können der Name, die Farbe und eine Tastenkombination angegeben werden. Mit *OK* wird die Kategorie angelegt.

Kategorien automatisch beim E-Mail-Empfang zuweisen

Den Regel-Assistenten und seine vielfältigen Funktionen haben Sie ausführlich kennengelernt. Dann wundert es Sie sicherlich nicht, dass er auch dazu genutzt werden kann, E-Mails automatisch Kategorien zuzuordnen. So kann man zum Beispiel festlegen, dass alle Nachrichten von einem bestimmten Absender automatisch eine Kategorie zugewiesen bekommen.

Die entsprechenden Einstellungen finden Sie unter *Start/Regeln* und *Regeln und Warnungen erstellen*. Wählen Sie dort *Neue Regel*, markieren Sie im unteren Fensterbereich *Regel auf von mir empfangene Nachrichten anwenden* und klicken Sie auf *Weiter*. Nachdem man die zu erfüllende Bedingung (den Absender, das E-Mail-Konto etc.) definiert hat, aktiviert man im nächsten Schritt die Option *diese der Kategorie Kategorie zuordnen*. Anschließend klickt man auf den unterstrichenen Ausdruck *Kategorie* im unteren Fensterbereich und wählt die gewünschte Kategorie aus.

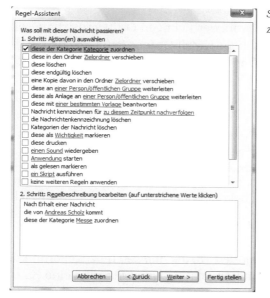

So wird die Kategorie automatisch zugewiesen.

Auf diese Weise können Sie Ihre ganz persönliche automatisierte Kategorienzuweisung realisieren.

Die Kategorien für effektive Ansichten nutzen

Sinnvoll sind Kategorien natürlich nur, wenn man sie für spezielle Ansichten nutzt. Outlook stellt hierfür zwei Varianten zur Verfügung. Um sich ausschließlich kategorisierte Nachrichten anzeigen zu lassen, klickt man innerhalb der Ordnerleiste mit der rechten Maustaste auf *Suchordner* und wählt *Neuer Suchordner*. Scrollen Sie dort zu dem Bereich *Nachrichten organisieren* und markieren Sie *Kategorisierte E-Mail*. Über das Feld *Auswählen* stellt man die gewünschte(n) Kategorie(n) ein. Mit *OK* werden die beiden offenen Fenster jeweils geschlossen. Ein anschließender Klick auf den neuen Suchordner zeigt alle E-Mails, denen man eine Kategorie zugewiesen hat.

Über die den jeweiligen Kategorien vorangestellten Plus- und Minuszeichen können die Kategoriengruppen maximiert und minimiert werden.

Der Suchordner hat allerdings einen entscheidenden (oder zumindest möglicherweise entscheidenden) Nachteil: Er zeigt ausschließlich kategorisierte E-Mails an. E-Mails, die bislang keiner Kategorie zugeordnet sind, tauchen hier nicht auf.

Dieses Manko lässt sich durch die Wahl der richtigen Ordneransicht beseitigen. Rufen Sie dazu den gewünschten E-Mail-Ordner (zum Beispiel *Posteingang*) auf und wählen Sie aus dem *Ansicht*-Register im Bereich *Anordnung* den Eintrag *Kategorien*.

Die Ansicht wird nach Kategorien sortiert.

Auch hier werden die Nachrichten anhand der ihnen zugewiesenen Kategorien geordnet. Und genauso wie bei der Suchordner-Variante lassen sich Nachrichten der Kategorien über die Plus- und Minuszeichen ein- und ausblenden.

Neu ist allerdings der Bereich *Kategorien: (Keine Angabe)* hinzugekommen. Darin werden all die E-Mails zusammengefasst, denen bislang keine Kategorie zugewiesen wurde. So hat man nun tatsächlich auf alle E-Mails Zugriff.

Kategorien exportieren

Seit der 2007er-Version speichert Outlook die Kategorien nicht mehr in der Windows-Registry, sondern in der PST-Datei. Das ist zunächst einmal sinnvoll. Denn muss man eine PST-Datei beispielsweise nach einem Crash wiederherstellen, hat man auch gleich die alten Kategorien wieder. Allerdings will man nicht immer die gesamte PST-Datei wiederherstellen. Wie kommt man in einem solchen Fall dann aber an die Kategorien? Mit Outlook-Bordmitteln lässt sich das Problem leider nicht lösen. Vielmehr muss man auf externe Software zurückgreifen. Für Outlook 2007 gibt es diese reichlich. Anders sieht es allerdings für die 2010er-Version von Outlook aus. Denn bei Drucklegung dieses Buches hatte noch kein Hersteller seine Software entsprechend aktualisiert. Die Erfahrungen der letzten Jahre zeigen aber, dass neue Softwareversionen doch recht schnell auf die Veröffentlichung einer neuen Outlook-Version folgen. Daher geben wir Ihnen an dieser Stelle zwei Links zu Herstellern, deren Tools sich in der Vergangenheit gut für den Kategorienexport geeignet haben:

> *http://www.codetwo.com/freeware/catman/*
> *http://www.vboffice.net/product.html?cmd=detail&id=2006063*

Überprüfen Sie auf diesen Seiten, ob die Tools nun auch für Outlook 2010 verfügbar sind.

E-Mails nachverfolgen

E-Mails können in Outlook so markiert werden, dass man an diese garantiert denkt. Diese Option nennt sich *Zur Nachverfolgung*. Auf diese Weise gekennzeichnete Nachrichten helfen bei der Verwaltung der E-Mails. So können Sie zum Beispiel eine E-Mail kennzeichnen, in der Informationen angefordert werden, die bis zu einem bestimmten Datum benötigt werden.

Nicht nur für E-Mails interessant

Übrigens: Die Nachverfolgung spielt nicht nur im Zusammenhang mit E-Mails eine wichtige Rolle. Interessant ist diese Funktion auch für Aufgaben. Informationen dazu finden Sie in Kapitel 8. Ebenso lässt sie sich aber auch für Kontakte nutzen.

Outlook bietet die Möglichkeit, E-Mails mit der Funktion *Zur Nachverfolgung* zu kennzeichnen. Das hat mehrere Vorteile:

> Solche E-Mails werden mit einem Flaggen-Symbol gekennzeichnet.

> Über den Suchordner *Zur Nachverfolgung gekennzeichnete E-Mails* kann man sich alle so gekennzeichneten E-Mails anzeigen lassen.

> Sie erscheinen in der Aufgabenliste und im Kalender.

Um eine E-Mail mit *Zur Nachverfolgung* zu kennzeichnen, klickt man sie mit der rechten Maustaste an, wählt *Zur Nachverfolgung* und die gewünschte Option aus.

Die E-Mail wurde zur Nachverfolgung gekennzeichnet.

Die folgende Tabelle zeigt, welche Auswirkungen die jeweiligen Einstellungen haben:

Kennzeichnung	Beginnt am	Fälligkeit	Erinnerung
Heute	Aktuelles Datum	Aktuelles Datum	Eine Stunde vor Ende des aktuellen Arbeitstages
Morgen	Aktuelles Datum + 1 Tag	Aktuelles Datum + 1 Tag	Beginn des aktuellen Tages + 1 Arbeitstag
Diese Woche	Aktuelles Datum + 2 Tage (allerdings nicht später als der letzte Arbeitstag der Woche)	Letzter Arbeitstag der Woche	Beginn des aktuellen Tages + 2 Arbeitstage
Nächste Woche	Erster Arbeitstag der Woche	Letzter Arbeitstag der nächsten Woche	Beginn des ersten Arbeitstages der nächsten Woche
Ohne Datum	Kein Datum	Kein Datum	Aktuelles Datum
Benutzerdefiniert	Aktuelles Datum wird angezeigt, wählen Sie ggf. ein anderes.	Aktuelles Datum wird angezeigt, wählen Sie ggf. ein anderes.	Aktuelles Datum wird angezeigt, wählen Sie ggf. ein anderes.

Neben der normalen Kennzeichnung können Sie eine Kennzeichnung mit Erinnerung zuweisen. Dadurch können Sie sich an die Nachverfolgung einer besonders wichtigen E-Mail erinnern lassen. Die entsprechenden Optionen finden Sie in der geöffneten E-Mail unter *Nachverfolgung/Erinnerung hinzufügen*.

Die Erinnerungsfunktion wird aktiviert.

Legen Sie das Datum fest, an dem die Erinnerung erscheinen soll. In das Feld *Kennzeichnung* trägt man den Text ein, der deutlich machen soll, warum man sich erinnern lassen will. Typische Einträge könnten *Zur Nachkontrolle* oder *Bitte um Rückruf* sein. Die übrigen Einstellungen sind die gleichen, die auch bei der normalen Outlook-Erinnerung angewendet werden müssen.

Nachdem man das Fenster mit *OK* geschlossen hat, wird, sobald die angegebene Uhrzeit erreicht ist, ein Erinnerungsfenster geöffnet.

Die schnellere Nachverfolgung

Anstelle der gezeigten Rechtsklick-Variante können Sie auch auf die Tastenkombination [Strg]+[Umschalt]+[G] zurückgreifen. Dadurch wird das Dialogfenster *Benutzerdefiniert* geöffnet, in dem dann nur noch die Angaben für die Nachverfolgung gemacht werden müssen.

Eigene E-Mails zur Nachverfolgung kennzeichnen

Sie können übrigens auch Ihre eigenen E-Mails mit der Funktion *Zur Nachverfolgung* ausstatten. Das kann durchaus sinnvoll sein. Stellen Sie sich beispielsweise vor, dass Sie einem Kollegen eine E-Mail schicken, in der Sie ankündigen, dass Sie ihn später noch einmal per E-Mail kontaktieren wollen. Wenn Sie dieser E-Mail eine *Zur Nachverfolgung*-Kennzeichnung zuweisen, vergessen Sie die nochmalige Kontaktaufnahme mit Sicherheit nicht.

Um eine E-Mail, die Sie gerade erstellen, entsprechend zu kennzeichnen, wählen Sie im *Nachricht*-Register *Nachverfolgung* und dann die gewünschte Option.

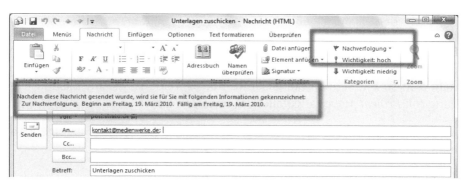

Die eigene E-Mail wird zur Nachverfolgung gekennzeichnet.

Dass die Nachverfolgung hinzugefügt wurde, ist an dem im oberen Fensterbereich eingeblendeten Hinweistext zu sehen.

4.2 Eine eigene Ordnerstruktur anlegen

Outlook bringt bereits einige Standardordner mit, in denen E-Mails gespeichert werden. Das sind zum Beispiel der Posteingang, der Postausgang und die gesendeten Objekte. Diese Aufteilung reicht zwar für eine Grobeinteilung der Nachrichten, eine effektive E-Mail-Verwaltung ist dadurch aber nicht möglich.

Besser ist es, wenn man sich eine eigene Ordnerstruktur anlegt und dort alle E-Mails einordnet beziehungsweise einordnen lässt.

E-Mails automatisch sortieren lassen

Mithilfe des Regel-Assistenten können Sie E-Mails automatisch in bestimmte Ordner einsortieren lassen. Ausführliche Informationen hierzu erhalten Sie ab Seite 214.

Wie die Ordnerstruktur letztendlich in Ihrem Outlook aussieht, hängt von Ihren Anforderungen ab. Wenn Sie zum Beispiel mehrere Projekte bearbeiten, könnte die Ordnerliste folgendermaßen aussehen:

Jedem Projekt sein eigener Outlook-Ordner.

Für jedes Projekt wurde hier ein eigener Ordner angelegt. Verschiebt man nun dorthin die jeweils zu einem Projekt gehörenden Nachrichten, kann man sich so blitzschnell die gesamte Korrespondenz, die im Zusammenhang mit *Projekt Mayer* angefallen ist, anzeigen lassen.

Um eine ganz individuelle Ordnerstruktur anzulegen, gehen Sie folgendermaßen vor:

1 Öffnen Sie über die gleichnamige Schaltfläche im Navigationsbereich die Ordnerliste.

2 Mit der rechten Maustaste klicken Sie auf den Ordner, der als „Elternelement" dienen soll, und wählen *Neuer Ordner*. Das Prinzip, was „Elternelement" bedeutet, ist schnell erklärt. Soll in *Posteingang* der Ordner *Projekte* angelegt werden, ist *Posteingang* das „Elternelement" von *Projekte*.

3 In das *Name*-Feld wird der Name des Ordners eingetragen. Unter *Ordner enthält Elemente des Typs* muss *E-Mail und Bereitstellung* ausgewählt sein.

4 Mit *OK* wird der neue Ordner erzeugt. Um nun unterhalb des eben angelegten *Projekte*-Ordners weitere Unterordner (zum Beispiel *Projekt Mayer*, *Projekt Hans* und so weiter) anzulegen, klicken Sie diesen in der Ordnerliste mit der rechten Maustaste an und wählen *Neuer Ordner*. Die weiteren Schritte sind dann die gleichen, wie sie zuvor beschrieben wurden.

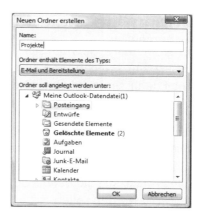

E-Mails in die richtigen Ordner verschieben

Nachdem nun die Ordnerstruktur steht, müssen die E-Mails in die richtigen Ordner verschoben werden. Dabei gibt es zwei verschiedene Varianten.

Alle ab sofort eingehenden Nachrichten sollen automatisch in die richtigen Ordner verschoben werden. Dazu wird der Regel-Assistent verwendet.

Zunächst soll es aber darum gehen, die bereits vorhandenen E-Mails richtig einzuordnen. Dazu wird die gewünschte Nachricht markiert, mit gedrückter linker Maustaste auf den gewünschten Ordner gezogen und dort losgelassen.

Die E-Mail wird somit aus dem ursprünglichen Ordner in den neuen verschoben. Das ist allerdings nicht die einzige Variante. Möglicherweise wollen Sie die E-Mails sowohl im ursprünglichen wie auch im neuen Ordner liegen haben. In diesem Fall ziehen Sie die Nachricht bei gedrückter rechter Maustaste auf den gewünschten Ordner, lassen sie dort los und wählen *Kopieren*.

Mehrere E-Mails gleichzeitig verschieben

Sie müssen die E-Mails nicht einzeln verschieben oder kopieren, sondern können das gleichzeitig für mehrere Nachrichten machen. Klicken Sie dazu die betreffenden E-Mails nacheinander mit der linken Maustaste an und halten Sie dabei die Strg-Taste gedrückt.

Vorläufige Papierkörbe

Es gibt E-Mails, die man sicherheitshalber im Posteingang belässt, die man zwar nicht ablegen, aber eben auch nicht gleich löschen will. Bestes Beispiel dafür sind Bestellungsbestätigungen. Denn erst wenn der bestellte Artikel wirklich eingetroffen ist, sollte man eine solche E-Mail löschen.

Um den normalen Posteingang nicht mit solchen Nachrichten zu verstopfen, helfen vorläufige Papierkörbe. Legen Sie sich dafür zum Beispiel im Monat Februar den Ordner *Februar-Papierkorb* an. Dorthin verschieben Sie alle E-Mails, die Sie bereits bearbeitet haben, die aber weder abgelegt noch gelöscht werden sollen.

Überprüfen Sie am Ende des Monats, welche Nachrichten tatsächlich aus dem Ordner gelöscht werden können, und legen Sie anschließend für den neuen Monat einen entsprechenden Ordner an.

4.3 Von Outlook die Post sortieren lassen – der Regel-Assistent

E-Mails von Hand zu sortieren ist zwar eine Möglichkeit, eleganter und effizienter ist allerdings die automatische E-Mail-Verwaltung. Durch die Definition von Regeln kann der Empfang von E-Mails beziehungsweise deren Weiterverarbeitung automatisiert werden.

Regeln sind in Outlook eine Zusammenfassung von Bedingungen, Ausnahmen und Aktionen. Beim Erstellen von Regeln sind einige Besonderheiten zu berücksichtigen:

➢ Regeln, die auf einem Mailserver (zum Beispiel Microsoft Exchange) definiert sind, werden immer zuerst ausgeführt. Erst danach folgen die lokal auf dem Client festgelegten Regeln.

➢ Die Reihenfolge der Regeln ist frei definierbar und kann im geöffneten E-Mail-Ordner über *Start/Regeln/Regeln und Benachrichtigungen verwalten* und den dortigen Bereich *Regeln (in der angezeigten Reihenfolge angewendet)* angepasst werden. Dazu markieren Sie die betreffende Regel zunächst. Über die Pfeile lässt sich dann die Reihenfolge anpassen.

> Um zu verhindern, dass sich mehrere Regeln widersprechen, sollte bei der Regeldefinition die Aktion *Keine weiteren Regeln anwenden* gewählt werden. Wird hierauf verzichtet, kann es dazu kommen, dass eine Regel die Ergebnisse einer vorher definierten Regel wieder aufhebt und unerwartete Aktionen ausgeführt werden. Informationen dazu erhalten Sie im weiteren Verlauf dieses Kapitels.

Der Regel-Assistent im Detail

Regeln werden in Outlook über den Regel-Assistenten erstellt. Der ist relativ komplex, erlaubt dadurch aber auch fast alle Aktionen, die man sich wünscht. Wichtig ist aber, dass die Regeln mit Bedacht erstellt werden. Denn mit wenigen Mausklicks lässt sich zum Beispiel eine Regel anlegen, durch die alle ankommenden Nachrichten automatisch gelöscht werden.

Die Funktionsweise des Regel-Assistenten lässt sich am besten anhand von Beispielen zeigen. Die in der Praxis beliebtesten Regeln finden Sie auf den folgenden Seiten. Zunächst aber der prinzipielle Ablauf der Regelerstellung:

1 Zunächst legt man fest, welche ankommenden oder abgehenden E-Mails von der Regel erfasst werden sollen.

2 Bestimmen Sie anschließend, was mit den Nachrichten geschehen soll. Sollen Sie zum Beispiel in einen bestimmten Ordner verschoben oder mit einer Farbe gekennzeichnet werden?

215

3 Im dritten Schritt können, falls nötig, Ausnahmen definiert werden.

4 Abschließend bestimmt man den Regelnamen und ob sie aktiviert werden soll.

Eine neue Regel erstellen

Nachdem Sie sich einen ersten Überblick über die Funktionsweise des Regel-Assistenten verschafft haben, wird nun eine erste Regel erstellt.

Um eine neue Regel anzulegen, wird innerhalb des geöffneten E-Mail-Ordners aus dem *Start*-Register *Regeln/Regeln und Benachrichtigungen verwalten* gewählt. In dem sich öffnenden Dialogfenster erhält man eine Übersicht über alle bislang in Outlook angelegten beziehungsweise bereits standardmäßig vorhandenen Regeln.

Der Regel-Assistent von Outlook.

Es werden ausschließlich die Regeln angewendet, deren vorangestelltes Kontrollkästchen aktiviert ist. Um eine Regel nachträglich anzuschalten, aktivieren Sie das betreffende Kontrollkästchen. Soll eine Regel hingegen nicht mehr angewendet werden, deaktivieren Sie das entsprechende Kontrollkästchen. Wenn Sie sich sicher sind, die Regel nicht mehr zu benötigen, können Sie diese auch löschen. Dazu markieren Sie sie und klicken auf *Löschen*.

Die Regeln werden in der Reihenfolge angewendet, in der sie im Übersichtsfenster stehen. Interessant ist das in solchen Fällen, bei denen die

Reihenfolge tatsächlich entscheidend ist. Um die Reihenfolge zu ändern, markieren Sie die gewünschte Regel und klicken auf eines der beiden Pfeilsymbole im oberen Fensterbereich.

Um die Einstellungen einer vorhandenen Regel anzupassen, markieren Sie diese und wählen *Regel ändern*. Über das aufklappende Fenster können Sie die Regel umbenennen oder einige vorgegebene Aktionen ausführen. Um die Regel komplett zu bearbeiten, wählt man *Regeln ändern/Regeleinstellungen bearbeiten*. Daraufhin öffnet sich der Regel-Assistent und die Einstellungen können angepasst werden.

Wollen Sie eine völlig neue Regel anlegen, klicken Sie im Übersichtsfenster auf *Neue Regel*. Zunächst müssen Sie festlegen, von welcher Art die neue Regel ist.

➤ *Den Überblick behalten* – in diesem Bereich sind Regeln zusammengefasst, durch die die Übersicht erhöht werden kann. Dazu gehören zum Beispiel Regeln, die Nachrichten eines bestimmten Absenders in einen bestimmten Ordner verschieben oder Nachrichten einer bestimmten Person für die Nachverfolgung kennzeichnen.

➤ *Auf dem Laufenden bleiben* – wenn Sie sich über den Eingang von Nachrichten bestimmter Personen gesondert informieren lassen wollen, werden Sie in diesem Bereich fündig. Hier kann man sich über den Nachrichteneingang mittels Sound unterrichten oder E-Mails an sein Handy weiterleiten lassen.

➤ *Regel ohne Vorlage erstellen* – hier können Sie eine neue Regel erstellen, ohne dass im Regel-Assistenten irgendwelche Voreinstellungen vorgenommen wurden.

Nachdem man die Regelart bestimmt hat, gelangt man über *Weiter* zum nächsten Dialogfenster. Hier wählt man die Bedingungen aus. Legen Sie hier zum Beispiel fest, von welcher Person die Nachricht kommen soll oder ob Ihr Name „nur" im *Cc*-Feld steht. Sollte eine Bedingung eine genauere Definition benötigen, erscheint im unteren Fensterbereich ein unterstrichener Ausdruck.

2. Schritt: Regelbeschreibung bearbeiten (auf unterstrichene Werte klicken)

Nach Erhalt einer Nachricht
die von einer Person/öffentlichen Gruppe kommt
diese in den Ordner Zielordner verschieben
und keine weiteren Regeln anwenden

Genauer definiert wird die Regel im unteren Fensterbereich.

Klicken Sie auf diesen Ausdruck und wählen Sie die gewünschte Zusatzoption aus. Nachdem alle Bedingungen definiert wurden, ruft man mit *Weiter* das nächste Dialogfenster auf.

Hier wird die Aktion ausgewählt, die ausgeführt werden soll, wenn eine Nachricht die zuvor definierten Bedingungen erfüllt. Legen Sie hier zum Beispiel fest, dass eine Nachricht automatisch gelöscht oder gedruckt wird. Auch an dieser Stelle gilt: Wenn die Aktion genauer bestimmt werden muss, klicken Sie im unteren Fensterbereich auf den unterstrichenen Ausdruck.

Mit *Weiter* wird das nächste Dialogfenster aufgerufen, in dem Ausnahmen definiert werden können. Legen Sie dort beispielsweise fest, dass die Regel dann nicht angewendet werden soll, wenn die E-Mail das Wort *Wichtig* im Betreff stehen hat. Nachdem Sie die Ausnahmen definiert haben, rufen Sie das nächste Fenster mit *Weiter* auf.

Weisen Sie der Regel nun einen logischen Namen zu. Über die Regeloptionen können Sie die Anwendung der Regel steuern.

➢ *Diese Regel jetzt auf Nachrichten anwenden* – wählt man diese Option, wird die Regel nicht nur auf alle neuen E-Mails angewendet, sondern auf alle, die im Posteingang liegen. Vorsicht also bei dieser Option!

➢ *Diese Regel aktivieren* – nur wenn diese Option aktiviert wird, werden die ankommenden Nachrichten unter Berücksichtigung dieser Regel behandelt.

➢ *Diese Regel für alle Konten erstellen* – soll die Regel nicht nur für das aktuelle, sondern für alle Konten gelten, aktivieren Sie diese Option.

Mit *Fertig stellen* wird die Regel angewendet.

Regeln aus einer Vorlage schneller anlegen

Sie haben gesehen, dass die Regeldefinition durchaus zeitaufwendig ist. Warum also nicht den Weg hin zur perfekten Regel verkürzen? Wenn Sie zum Beispiel eine E-Mail von einem bestimmten Absender bekommen, können Sie diese als Ausgangspunkt für die schnelle Regeldefinition nutzen.

Öffnen Sie dazu die betreffende Nachricht und wählen Sie im Bereich *Verschieben* die Option *Regeln/Regel erstellen*.

Blitzschnell eine neue Regel erstellen.

Hier kann man durch Aktivieren der jeweiligen Kontrollkästchen die Bedingungen und Aktionen auswählen. Als Standardwerte sind bereits der Name des Absenders und der Betreff der aktuell gewählten Nachricht eingetragen. Wählen Sie die gewünschten Bedingungen und Aktionen aus. Sollten die bereitgestellten Funktionen nicht ausreichen, klicken Sie auf *Erweiterte Optionen*.

Das öffnet den bekannten Regel-Assistenten, über den weitere Einstellungen vorgenommen werden können.

Über *OK* wird die Regel angelegt. Als Regelname wird entweder der Name des Absenders, der Betreff oder der Wert von *Gesendet an* gewählt. Sollte bereits eine Regel gleichen Namens existieren, fügt Outlook automatisch eine Ziffer an den Namen an.

Die so angelegte Regel ist automatisch aktiviert, wird allerdings nicht auf bereits vorhandene E-Mails angewendet.

Projekte-E-Mails automatisch in den Projekteordner einsortieren

Eingangs dieses Kapitels haben Sie die Vorteile einer detaillierten Ordnerstruktur kennengelernt. Wenn man sich mehrere E-Mail-Ordner anlegt, möchte man natürlich, dass die ankommenden Nachrichten automatisch in die richtigen Ordner verschoben werden. Im folgenden Beispiel wird davon ausgegangen, dass sie mit einem Kollegen an einem Projekt arbeiten. Alle E-Mails dieses Kollegen sollen daher beim Eintreffen automatisch in den betreffenden Projektordner einsortiert werden.

1   Innerhalb des geöffneten E-Mail-Ordners wird aus dem *Start*-Register *Regeln/Regeln und Benachrichtigungen verwalten* gewählt.

2 Dort klickt man auf *Neue Regel* und markiert im oberen Fensterbereich *Nachrichten von einem bestimmten Absender in einen Ordner verschieben*.

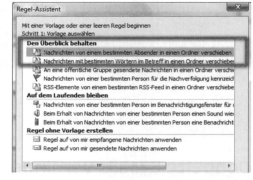

3 Mit *Weiter* wird das nächste Dialogfenster aufgerufen. Klicken Sie dort im unteren Fensterbereich auf den unterstrichenen Ausdruck *einer Person/öffentlichen Gruppe*, stellen Sie den gewünschten Absender ein und bestätigen Sie die Auswahl mit *OK*.

4 Anschließend klicken Sie auf *Zielordner* und wählen den Ordner aus, in den die E-Mails von diesem Absender automatisch verschoben werden sollen. Auch

diese Auswahl wird wieder mit *OK* bestätigt. Der untere Bereich des Dialogfensters sollte nun folgendermaßen aussehen:

5 Mit *Weiter* bestätigen Sie das Dialogfenster. Auch das nächste Fenster kann bestätigt werden, schließlich handelt es sich hier nur um eine nochmalige Zusammenfassung der vorgenommenen Einstellungen.

6 Soll die Regel nicht uneingeschränkt für alle E-Mails gelten, können Sie nun noch Ausnahmen definieren. So ist es in der Praxis oft üblich, dass E-Mails, die einen Anhang haben, in spezielle Ordner umgeleitet werden. Oft möchte man speicherplatzfressende Nachrichten immer an zentraler Stelle haben, um sie schnell löschen zu können. Mit *Weiter* gelangt man zum nächsten Fenster.

7 Weisen Sie der Regel einen Namen zu. Dabei ist auf einen sinnvollen Regelnamen zu achten, von dem man auch noch in drei Wochen weiß, welche Regel sich dahinter verbirgt. Im aktuellen Beispiel ist *Projekt Mayer* ein guter Name. Zwei weitere Optionen sind wichtig:

> ➢ *Diese Regel jetzt auf Nachrichten anwenden* – wenn Sie diese Option aktivieren, werden alle bisher empfangenen Nachrichten, auf die die definierten Eigenschaften zutreffen, ebenfalls so behandelt, wie

man es bei der Regeldefinition festgelegt hat. Für das gezeigte Beispiel hätte diese Option zur Folge, dass alle Nachrichten von *Anders*, die sich bereits in einem der Outlook-E-Mail-Ordner befinden, automatisch in den *Projekt Mayer*-Ordner verschoben werden.

> *Diese Regel aktivieren* – nur wenn diese Option gewählt ist, wird die Regel angewendet.

8 Mit *Fertig stellen*, *Übernehmen* und *OK* wird die Regel angelegt.

Doppelte E-Mails verhindern

Ein immer wiederkehrendes Problem stellen doppelte E-Mails dar. Dieses Phänomen tritt zum Beispiel immer dann auf, wenn man mehrere E-Mail-Konten abfragt und die E-Mails jeweils in einen eigenen Kontoordner einsortieren lässt. Legt man in einem dieser Kontoordner einen Unterordner an, tauchen die E-Mails anschließend sowohl im Kontoordner wie auch im Unterordner auf.

Schuld daran ist eine gern übersehene Option im Regel-Assistenten. Zu finden ist sie innerhalb des Regel-Assistenten im Abschnitt *Was soll mit dieser Nachricht passieren*.

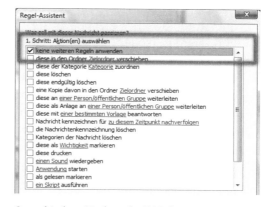

Aktivieren Sie hier die Option *keine weiteren Regeln anwenden*. Dadurch wird erreicht, dass nur die aktuelle Regel angewendet wird. Duplikate der E-Mail werden so also verhindert.

So verhindern Sie doppelte E-Mails.

Newsletter automatisch einsortieren

Newsletter – zumindest solche, die man bewusst abonniert hat – können durchaus interessant sein. Allerdings gehen sie manchmal im alltäglichen E-Mail-Verkehr unter. Besser ist es daher, wenn man sich eine Regel einrichtet, durch die Newsletter in einen bestimmten Ordner einsortiert werden. Denn Newsletter muss man bekanntermaßen nicht immer sofort lesen. Meistens liest man sie, wenn man mal ein paar Minuten Zeit hat.

Ob Sie einen einzigen *Newsletter*-Ordner anlegen oder für jeden Newsletter einen eigenen Ordner verwenden wollen, bleibt dabei letztendlich Ihnen überlassen. Durch die folgenden Schritte werden Newsletter automatisch in den gleichnamigen Ordner verschoben:

Hierhin sollen die Newsletter verschoben werden.

1 Rufen Sie zunächst wie gewohnt innerhalb des geöffneten E-Mail-Ordners aus dem *Start*-Register *Regeln/Regeln und Benachrichtigungen verwalten* auf.

2 Über *Neue Regel* wird der Regel-Assistent gestartet. Für den Newsletter-Fall bieten sich nun prinzipiell zwei Optionen an:

> ➢ *Nachrichten von einem bestimmten Absender in einen Ordner verschieben*

> ➢ *Nachrichten mit bestimmten Wörtern im Betreff in einen Ordner verschieben*

3 Beide Varianten können für Newsletter genutzt werden. Im vorliegenden Beispiel wird allerdings die zweite Option markiert und mit *Weiter* bestätigt.

4 Klicken Sie im unteren Fensterbereich auf *bestimmten Wörtern*. In dem sich öffnenden Dialogfenster gibt man das betreffende Wort an. Welches Wort das letztendlich ist, hängt vom jeweiligen Newsletter ab. Ein typisches Beispiel könnte aber *Business-News* sein. Mit *Hinzufügen* und *OK* werden die Einstellungen übernommen.

5 Über *Zielordner* wird der Ordner eingestellt, in den die E-Mails automatisch verschoben werden sollen. Insgesamt sollte der untere Fensterbereich jetzt folgendermaßen aussehen:

2. Schritt: Regelbeschreibung bearbeiten (auf unterstrichene Werte klicken)

Nach Erhalt einer Nachricht
mit Business-News im Betreff
diese in den Ordner Newsletter verschieben
und keine weiteren Regeln anwenden

6 Mit *Weiter* gelangt man zum nächsten Fenster. Sollen keine Ausnahmen definiert werden, wird dieses ebenfalls mit *Weiter* bestätigt.

7 Weisen Sie der Regel einen Namen zu. Im aktuellen Beispiel ist *Business-News* ein guter Name.

8 Mit *Fertig stellen*, *Übernehmen* und *OK* wird die Regel angelegt.

Regeln auf bereits eingegangene E-Mails anwenden

Sie wissen längst, dass Regeln direkt nach ihrer Definition angewendet werden können. Aber auch wenn man es in diesem Moment vergisst: Die E-Mails lassen sich nachträglich noch anhand der Regeln sortieren.

Regeln können also durchaus auf bereits eingegangene Nachrichten angewendet und somit als Organisationsmittel genutzt werden. Binnen kürzester Zeit lässt sich so der Posteingang aufräumen.

1 Innerhalb des geöffneten E-Mail-Ordners wird aus dem *Start*-Register *Regeln/Regeln und Benachrichtigungen verwalten* gewählt.

2 Nachdem man auf *Regeln jetzt anwenden* geklickt hat, wird eine Liste der in Outlook vorhandenen Regeln angezeigt. Markieren Sie hier die Regeln, die auf die vorhandenen Nachrichten angewendet werden sollen.

3 Standardmäßig wird hier nur der Posteingang durchsucht. Über die *Durchsuchen*-Schaltfläche können Sie aber auch jeden anderen Ordner auswählen. Zusätzlich lässt sich über *Unterordner einbeziehen* festlegen, dass alle untergeordneten Outlook-Ordner ebenfalls durchsucht werden sollen. Über das Auswahlfeld *Regeln anwenden auf* kann bestimmt werden, ob die Regeln auf alle Nachrichten, ungelesene Nachrichten oder gelesene Nachrichten angewendet werden sollen. (Normalerweise lässt man hier *Alle Nachrichten stehen*.)

4 Mit *Jetzt ausführen* werden die Regeln angewendet.

So verpassen Sie keine E-Mails mehr

Wenn Sie Outlook mithilfe des Regel-Assistenten so konfigurieren, dass E-Mails automatisch in verschiedene Ordner sortiert werden, kann es schnell passieren, dass Sie E-Mails übersehen.

223

Wem das zu aufwendig ist, der kann sich mit einer eleganten Outlook-Funktion alle ungelesenen E-Mails in einer übersichtlichen Liste anzeigen lassen.

1 Wählen Sie dazu aus dem *Suchen*-Register *Suchtools/Erweiterte Suche*. (Das *Suchen*-Register wird erst angezeigt, wenn man den Cursor in das Suchen-Feld setzt, das im oberen Fensterbereich angezeigt wird.)

2 Über die *Durchsuchen*-Schaltfläche wählt man die Ordner aus, die bei der Suche nach ungelesenen E-Mails berücksichtigt werden sollen. (Meistens genügt es, wenn man *Posteingang* markiert und die Option *Unterordner durchsuchen* aktiviert.)

3 Anschließend wechseln Sie in das Register *Weitere Optionen* und aktivieren *Nur solche Elemente*. Dort kontrolliert man, ob *Ungelesen* eingestellt ist. Wenn nicht, nehmen Sie diese Einstellung vor.

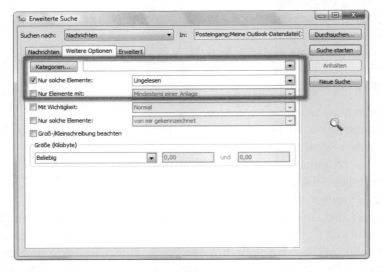

4 Mit *Suche starten* wird der Suchvorgang ausgelöst. Outlook listet nun alle ungelesenen E-Mails auf.

Mit Suchordnern ungelesenen E-Mails auf die Spur kommen

Die im vorherigen Abschnitt gezeigte Suche ist übrigens nicht die einzige Möglichkeit, sich alle ungelesenen E-Mails anzeigen zu lassen. Eine Alternative dazu sind Suchordner.

Um einen solchen Suchordner anzulegen, klicken Sie in der Ordnerliste mit der rechten Maustaste auf *Suchordner* und wählen *Neuer Suchordner*.

Ein neuer Suchordner wird angelegt.

Markieren Sie im Bereich *Nachrichten lesen* den Eintrag *Ungelesene Nachrichten*. Über *Suchen in* stellt man ein, was durchsucht werden soll. Mit *OK* wird der Suchordner abschließend angelegt.

Will man sich nun alle ungelesenen E-Mails anzeigen lassen, braucht man in der Ordnerliste nur noch unter *Suchordner* auf *Ungelesene Nachrichten* zu klicken.

So werden die ungelesenen
E-Mails aufgelistet.

Ausgehende E-Mails sortieren

Die meisten Outlook-Anwender sortieren ihren Posteingang. Was viele aber nicht wissen: Auch die ausgehenden E-Mails kann man in verschiedene Ordner sortieren. Eine typische Ordnerstruktur für gesendete Nachrichten könnte zum Beispiel folgendermaßen aussehen:

Auch ausgehende Nachrichten
kann man sortieren.

Darum, wie eine Ordnerstruktur angelegt wird, geht es an dieser Stelle nicht. Vielmehr lautet das Thema, wie der Regel-Assistent dazu genutzt werden kann, gesendete E-Mails automatisch sortieren zu lassen.

Als Beispiel wird folgendes Szenario zugrunde gelegt: Alle über ein bestimmtes Konto gesendeten Nachrichten sollen im Ordner *Projekt Mayer* gespeichert werden.

1   Innerhalb des geöffneten E-Mail-Ordners wird aus dem *Start*-Register *Regeln/Regeln und Benachrichtigungen verwalten* gewählt.

2   Klicken Sie auf *Neue Regel*. Dort markiert man *Regel auf von mir gesendete Nachrichten anwenden* und bestätigt die Auswahl mit *Weiter*.

3   Aktivieren Sie hier die Option *über Konto Kontoname*. Über den unterstrichenen Ausdruck im unteren Fensterbereich wird das betreffende E-Mail-Konto ausgewählt und mit *OK* bestätigt. *Weiter* geht es zum nächsten Schritt.

4   Wählen Sie den Ordner, in den die gesendeten Nachrichten verschoben werden sollen. Dazu wird *eine Kopie davon in den Ordner Zielordner verschieben* markiert. Anschließend klickt man im unteren Fensterbereich auf *Zielordner* und wählt den entsprechenden Ordner aus.

5   Nach dem Bestätigen mit *Weiter* können bei Bedarf Ausnahmen definiert werden. Ansonsten überspringt man das Dialogfenster einfach mit *Weiter*. Weisen Sie der Regel einen Namen zu und wählen Sie *Fertig stellen*, *Übernehmen* und *OK*.

Per Handy über den Eingang neuer E-Mails informiert werden

Mit einem einfachen Trick können Sie sich über den Eingang neuer E-Mails mittels einer SMS informieren lassen. Für die Umsetzung gibt es ganz unterschiedliche Lösungen. Eine der einfachsten, gleichzeitig aber auch effektivsten ist sicherlich die hier beschriebene:

1   In Outlook wird eine Regel definiert, durch die E-Mails an ein spezielles E-Mail-Konto weitergeleitet werden.

2   Dieses Konto muss über eine SMS-Benachrichtigungsfunktion verfügen. (Was mittlerweile die meisten Handy-Provider unterstützen.)

3 Das Konto muss so konfiguriert werden, dass entweder nur die Betreff-zeile oder gleich der gesamte Text der E-Mail als SMS ans Handy geschickt wird.

Bei o2 hat man das beispielsweise so gelöst, dass man dort einmal pro Stunde über den Eingang neuer E-Mails informiert wird.

E-Mails sind angekommen.

Zunächst muss also eine Regel in Outlook angelegt werden:

1 Innerhalb des geöffneten E-Mail-Ordners wird aus dem *Start*-Register *Regeln/Regeln und Benachrichtigungen verwalten* gewählt.

2 Klicken Sie auf *Neue Regel*. Dort markiert man *Regel auf von mir empfangene Nachrichten anwenden* und bestätigt die Auswahl mit *Weiter*.

3 Jetzt wählt man die Bedingung aus. Das ist beispielsweise *über Konto Kontoname* oder aber auch *die von einer Person/öffentlichen Gruppe kommt*. Nachdem man die Bedingung exakt spezifiziert hat, geht es mit *Weiter* zum nächsten Schritt.

4 Markieren Sie hier *diese an eine Person/öffentliche Gruppe weiterleiten*. Klicken Sie im unteren Fensterbereich auf *eine Person/öffentliche Gruppe* und wählen Sie Ihr eigenes E-Mail-Konto aus. Das ist entweder Ihr E-Mail-Konto bei Ihrem Handy-Provider oder beispielsweise auch ein Konto bei Google Mail, Yahoo! usw. Mit *OK* und *Weiter* werden die Einstellungen übernommen.

5 Im nächsten Schritt können Sie Ausnahmen festlegen. Mit *Weiter*, *Fertig stellen*, *Übernehmen* und *OK* wird die Regeldefinition abgeschlossen.

Sobald ab jetzt eine den definierten Bedingungen entsprechende E-Mail ankommt, wird diese an das angegebene Konto weitergeleitet. Dieses Konto wiederum ist jenes, das von Ihrem Handy-Provider „überwacht" wird. Und eben jene „Überwachung" führt dazu, dass Sie über den Eingang neuer E-Mails per SMS informiert werden.

Regeln und den Junk-E-Mail-Filter parallel nutzen

In der Praxis werden Regeln und der Junk-E-Mail-Filter oft parallel betrieben. Dabei ist gerade das nicht ohne Risiko. Denn oft werden E-Mails nicht oder nicht korrekt verschoben oder tauchen dann mehrfach im Outlook-Ablagesystem auf.

Dazu muss man zunächst wissen, dass die über den Regel-Assistenten definierten Regeln im Gegensatz zu früheren Outlook-Versionen keinen (!) Vorrang mehr vor dem Junk-E-Mail-Filter haben. Erkennt der Junk-E-Mail-Filter eine Spammail, verschiebt er sie in den *Junk-E-Mail*-Ordner, ohne dass Regeln angewendet werden.

Dieses Verhalten lässt sich bei Bedarf nur verhindern, indem man den Junk-E-Mail-Filter deaktiviert und gegebenenfalls eigene Spamregeln definiert oder einen externen Spamfilter wie zum Beispiel den Spamihilator installiert.

So sichern Sie die angelegten Regeln

Sie haben Regeln am heimischen PC erstellt und wollen sie auch auf der Arbeit nutzen? Oder bei Ihnen steht die Anschaffung eines neuen Computers an und auf dem neuen Rechner sollen die Outlook-Regeln zur Verfügung stehen? Dank der Import-/Exportfunktion können Sie bestehende Regeln exportieren und an gewünschter Stelle wieder in Outlook übernehmen.

Rufen Sie dazu innerhalb eines geöffneten E-Mail-Ordners aus dem *Start*-Register *Regeln/Regeln und Benachrichtigungen verwalten* auf und klicken Sie auf *Optionen*.

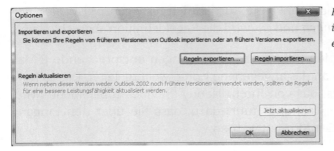

Regeln lassen sich importieren und exportieren.

Um eine Regel zu exportieren, wählen Sie die Schaltfläche *Regeln exportieren*. Suchen Sie nach einem Speicherplatz, weisen Sie der Regeldatei einen eindeutigen Namen zu und wählen Sie *Speichern*. In der exportierten Datei befinden sich alle in Outlook definierten Regeln.

Das Importieren funktioniert genauso einfach. Nachdem man das *Optionen*-Fenster aufgerufen hat, klickt man auf *Regeln importieren*, sucht die RWZ-Regeldatei aus und wählt *Öffnen* und *OK*.

Beachten Sie, dass gleichnamige Regeln nicht überschrieben werden! Wenn zwei Regeln den gleichen Namen besitzen, werden beide parallel in der Regelliste angezeigt.

4.4 Das Postfach entschlacken und aufräumen

Im Laufe der Zeit sammeln sich immer mehr Daten in Outlook an. Zwar können die Outlook-Datendateien mittlerweile eine stolze Größe von 20 GByte annehmen, dennoch sollte man sein Outlook regelmäßig aufräumen. Das gilt natürlich auch und gerade im Unternehmen. Auf den folgenden Seiten werden die wichtigsten Aufräum- und Archivierungsfunktionen vorgestellt.

Microsoft hat die wichtigsten Funktionen zum Aufräumen des Postfachs schön übersichtlich an einer zentralen Stelle zusammengefasst. Zu finden sind diese im *Datei*-Register.

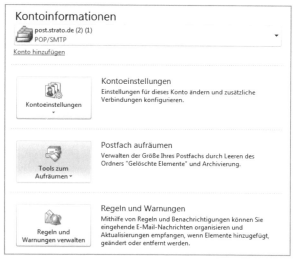

Optionen für die Postfachverwaltung.

Hinter der Schaltfläche *Tools zum Aufräumen* verbergen sich drei interessante Optionen:

> *Postfachbereinigung* – hierüber kann u. a. die Postfachgröße festgelegt werden. Zusätzlich lässt sich die AutoArchivierung ausführen.

> *Ordner "Gelöschte Elemente" leeren* – darüber lässt sich der Ordner *Gelöschte Elemente* endgültig leeren.

> *Archivieren* – hierüber lassen sich Elemente manuell archivieren.

Auf den folgenden Seiten werden die einzelnen Optionen noch ausführlich vorgestellt. Zunächst aber noch einige allgemeine Hinweise zum Thema Aufräumen des Postfachs. Gerade im Unternehmen wird üblicherweise stark darauf geachtet, dass die Postfächer der einzelnen Mitarbeiter nicht zu groß werden. Denn Speicherplatz kostet Geld. Daher werden vom Administrator vor allem Größenbeschränkungen des Postfachspeichers am Exchange Server durchgeführt. Zudem werden alte Daten regelmäßig gelöscht. Daher sollten Sie vor allem am Arbeitsplatz Ihr Postfach stets aufräumen. Das nötige Rüstzeug dazu liefern die folgenden Seiten.

Die Postfachgröße herausfinden

Es ist durchaus interessant zu wissen, wie groß das eigene Postfach ist. Dazu klicken Sie in der Ordnerliste die entsprechende Datei (z. B. *Mein Konto*) mit der rechten Maustaste an und wählen *Eigenschaften*.

Hier finden Sie alle Informationen über die Datendatei.

Im Register *Allgemein* klicken Sie auf *Ordnergröße*. In dem sich daraufhin öffnenden Dialogfenster sind die Gesamtgröße und die Größe der einzelnen Ordner zu sehen.

So groß ist das Postfach momentan.

Die Größenangaben beziehen sich jeweils auf KByte. Bei einer maximal zur Verfügung stehenden Postfachgröße von 20 GByte können Sie übrigens 20.971.520 KByte belegen.

Das Postfach aufräumen

Im *Datei*-Register verbergen sich hinter dem Punkt *Tools zum Aufräumen/ Postfachbereinigung* zahlreiche interessante Optionen:

Über *Postfachgröße anzeigen* können Sie die gleichen Informationen sehen, die bereits im vorherigen Abschnitt vorgestellt wurden.

Interessanter ist da schon der Suchen-Bereich. Denn darüber können Sie sich Elemente anzeigen lassen, die bestimmte Anforderungen erfüllen:

➢ Elemente, die ein bestimmtes Alter haben

➢ Elemente, die eine bestimmte Größe haben

231

Löst man eine Suche aus, öffnet Outlook automatisch das Dialogfenster *Erweiterte Suche* und führt die Suche entsprechend aus. Die Suchergebnisse werden im unteren Bereich des Dialogfensters aufgeführt. Dort kann man die Elemente – wenn man sie nicht mehr braucht – markieren und löschen. (Wobei eine Mehrfachauswahl über die [Strg]-Taste möglich ist.)

Über die Schaltfläche *AutoArchivieren* wird die AutoArchivierung ausgelöst. Was es mit dieser Funktion auf sich hat, wird im weiteren Verlauf dieses Kapitels noch ausführlich gezeigt.

Um sich einen Überblick darüber zu verschaffen, wie viele Elemente eigentlich innerhalb des Ordners *Gelöschte Elemente* liegen, können Sie *Größe von "Gelöschte Elemente" anzeigen* anklicken. Über die *Leeren*-Schaltfläche kann der gesamte Ordner *Gelöschte Elemente* geleert werden. Outlook fragt noch einmal nach, ob der Inhalt dieses Ordners tatsächlich endgültig gelöscht werden soll. Denn hier gilt: Gelöscht ist gelöscht.

Die Schaltfläche *Größe von "Konflikte" anzeigen* ist nur aktiv, wenn Sie mit einem Exchange Server verbunden sind. Der hinter dieser Funktion stehende Ordner für Synchronisationsprobleme enthält Protokolle und Elemente, die von Outlook nicht mit Ihrem Postfach auf dem Exchange Server synchronisiert werden konnten. Insgesamt gibt es vier Ordner für Synchronisationsprobleme, die innerhalb der Ordnerliste angezeigt werden:

➢ *Synchronisationsprobleme*
➢ *Konflikte*
➢ *Lokale Fehler*
➢ *Serverfehler*

Über die beiden gleichnamigen Schaltflächen im Dialogfenster *Postfach aufräumen* können Sie sich die Größe von *Konflikte* anzeigen und diese Ordner löschen lassen.

Daten manuell archivieren

Um zu verhindern, dass Outlook an die Speichergrenze der Datendateien stößt, sollte man das Postfach in regelmäßigen Abständen archivieren. Hierfür stellt Outlook eine Archivierungsfunktion zur Verfügung. Durch diese Archivierung werden alle Outlook-Daten, die ein bestimmtes Alter erreicht haben, automatisch aus ihrem Postfach gelöscht und in eine Archiv-PST-Datei verschoben. Diese Archivdatei liegt auf Ihrem Computer innerhalb Ihres Benutzerprofils. Die archivierten Daten können also jederzeit wiederhergestellt werden. (Wie dieses Wiederherstellen funktioniert, wird in diesem Kapitel ebenfalls gezeigt.)

Um alte Elemente zu archivieren, rufen Sie *Datei/Tools zum Aufräumen/Archivieren* auf.

Hier können Sie festlegen, was archiviert werden soll. Üblicherweise markiert man das oberste Element (z. B. *Meine Outlook-Datendatei*) und aktiviert im oberen Fensterbereich *Diesen Ordner und alle Unterordner archivieren*.

Über das Datumsfeld legen Sie fest, ab welchem Datum Elemente als „alt" gelten, also archiviert werden

Die Daten werden ausgewählt.

sollen. Ein guter Wert liegt hier zwischen drei und sechs Monaten.

Der Speicherort der Archivdatei kann über die *Durchsuchen*-Schaltfläche festgelegt werden. Über die *OK*-Schaltfläche werden die ausgewählten Elemente archiviert. Dass Outlook die Elemente tatsächlich archiviert hat, können Sie in der Ordnerliste sehen.

Denn hier taucht jetzt ein *Archive*-Bereich auf. Darin sind alle archivierten Ordner und deren archivierte Elemente zu sehen. Um archivierte Elemente aus diesen Ordnern wiederherzustellen, ziehen Sie diese einfach aus dem Archivordner in Ihr Postfach.

Ein neuer Bereich ist hinzugekommen.

Die AutoArchivierung nutzen

Die AutoArchivierung ist in Outlook standardmäßig aktiviert. Nachfolgend wird gezeigt, welche Elemente in welchen Intervallen automatisch archiviert werden:

> *Postausgang* – drei Monate

> *Posteingang*, *Entwürfe*, *Journal*, *Notizen*, *Aufgaben*, *Kalender* – sechs Monate

> *Gesendete Objekte*, *Gelöschte Objekte* – zwei Monate

Outlook hält sich bei der AutoArchivierung an feste Regeln. Diese Regeln bestimmen, ab welchem Datum ein Element archiviert werden soll. Die folgende Tabelle zeigt, welche Ereignisse von Outlook verwendet werden, um festzustellen, wann Elemente archiviert werden sollen.

Element	Alter des Elements
Aufgabe	Das Erledigungsdatum oder Datum/Uhrzeit der letzten Änderung. Achtung: Aufgaben, die nicht als erledigt markiert sind, werden nicht automatisch archiviert!
E-Mail	Das Senden-/Empfangen-Datum oder das Datum der letzten Änderung.
Journaleintrag	Das Erstellungsdatum oder das Datum der letzten Änderung.
Kalenderelement	Das Datum des Elements oder dessen letzte Änderung. Achtung: Serienelemente werden nicht automatisch archiviert.
Kontakt	Kontakte werden nicht automatisch archiviert.
Notiz	Das Datum der letzten Änderung.

Sie sollten zunächst überprüfen, ob die AutoArchivierung aktiviert ist. Wählen Sie hierzu aus dem *Datei*-Register *Optionen*, wechseln Sie in die Registerkarte *Erweitert* und wählen Sie *Einstellungen für AutoArchivierung*.

Die AutoArchivierung ist aktiviert.

Wenn das Kontrollkästchen *AutoArchivierung alle x Tage* aktiviert ist, ist die AutoArchivierung eingerichtet. In den Standardeinstellungen wird die

AutoArchivierung alle 14 Tage durchgeführt. Wollen Sie diesen Zeitraum ändern, tragen Sie den gewünschten Wert in das Feld vor *Tage* ein. Bei der Verwendung der AutoArchivierung werden die zu archivierenden Ordner innerhalb der Ordnerliste angezeigt.

Um zu kontrollieren, welche Elemente archiviert werden, öffnen Sie innerhalb der Ordnerliste den *Archive*-Ordner. Die Struktur des Archivordners ist mit der der normalen Ordnerliste fast identisch. Wie Sie nur bestimmte Ordner archivieren können und welche zusätzlichen Einstellungen möglich sind, wird auf den folgenden Seiten beschrieben.

Die Standardeinstellungen für alle Ordner definieren

Der einfachste Weg zum Sichern von Elementen ist die Wahl der gleichen Einstellungen der AutoArchivierung für alle Outlook-Ordner. In diesem Fall werden alle Ordner gleich behandelt. Das Vergessen der Archivierung von Ordnern wird somit ausgeschlossen. Damit für alle Ordner die gleichen Archivierungseinstellungen gelten, rufen Sie *Datei/Optionen* und *Erweitert* auf. Über die Schaltfläche *Einstellungen für AutoArchivierung* gelangen Sie zu dem relevanten Dialogfenster.

Legen Sie über *AutoArchivierung alle x Tage* fest, in welchen Zeitabständen die AutoArchivierung durchgeführt werden soll. Nehmen Sie die übrigen Einstellungen vor und wählen Sie anschließend *Einstellungen auf alle Ordner anwenden*. Bestätigen Sie die Angaben abschließend über *OK*.

Die AutoArchivierung für einzelne Ordner

Nachfolgend wird beschrieben, wie Sie die Art der AutoArchivierung für einzelne Ordner festlegen können. Wenn Sie, wie zuvor gezeigt, die Schaltfläche *Einstellungen auf alle Ordner anwenden* wählen, werden die Einstellungen für alle Ordner übernommen. Die Einstellungen für die einzelnen Ordner werden also überschrieben.

Die Standardeinstellungen für einzelne Ordner festlegen

Zugegebenermaßen ist das Festlegen der AutoArchivierung für alle Ordner der schnellste Weg. In der Praxis ist es aber häufig so, dass beispielsweise einige Ordner häufiger archiviert werden sollen als andere. So können Sie beispielsweise festlegen, dass der Ordner, in dem Ihre geschäftlichen E-Mails liegen, alle zehn Tage, der Ordner mit den privaten E-Mails aber nur alle 20 Tage archiviert werden soll. Um die Archivierungsoptionen für einzelne Ordner festzulegen, klicken Sie den betreffenden Ordner in der Ordnerliste mit der rechten Maustaste an und wählen *Eigenschaften*. Wechseln Sie in die Registerkarte *AutoArchivierung* und nehmen Sie die gewünschten Optionen vor. Damit die Einstellungen für den Ordner individuell vorgenommen werden können, markieren Sie die Option *Für diesen Ordner folgende Einstellungen verwenden*. Stellen Sie die gewünschten Optionen ein und wählen Sie anschließend *Übernehmen*.

Die AutoArchivierung wird individuell festgelegt.

Auf den folgenden Seiten wird u. a. gezeigt, wie Sie die AutoArchivierung für alle Ordner unterbinden können. Wollen Sie die AutoArchivierung allerdings nur für einzelne Ordner abschalten, wählen Sie in dem zuvor beschriebenen Dialogfenster die Option *Elemente in diesem Ordner nicht archivieren*.

Die AutoArchivierung abschalten

Die AutoArchivierung hat sicherlich ihre Vorteile. Problematisch ist sie allerdings immer dann, wenn in Outlook viele Daten vorhanden sind. In diesen Fällen kann die AutoArchivierung schon einmal mehrere Minuten dauern. Sollte Ihnen die AutoArchivierung zu lange dauern, können Sie sie abschalten.

1 Rufen Sie im *Datei*-Register *Optionen* auf und wechseln Sie in die Registerkarte *Erweitert*.

2 Wählen Sie hier *Einstellungen für AutoArchivierung* und deaktivieren Sie das Kontrollkästchen *AutoArchivierung alle x Tage*.

Da jetzt die AutoArchivierung nicht mehr automatisch durchgeführt wird, ist es umso wichtiger, dass Sie die wichtigsten Daten in regelmäßigen Abständen sichern. Wie sich dies realisieren lässt, erfahren Sie im Laufe dieses Abschnitts.

Archive gegen unbefugten Zugriff schützen

Wenn mehrere Personen Zugriff auf einen Rechner haben, sollte der Archivordner durch ein Passwort geschützt werden. Somit wird jeder Anwender beim Outlook-Start zur Eingabe eines Passwortes aufgefordert. Beachten Sie, dass diese Einstellung erst nach dem nächsten Outlook-Start gültig ist. Um den Archivordner mit einem Passwort zu schützen, klicken Sie diesen mit der rechten Maustaste an und wählen *Datendateieigenschaften*. Anschließend wählen Sie nacheinander *Erweitert* und *Kennwort ändern*.

Archivdateien durch ein Passwort schützen.

Tragen Sie in die beiden Felder *Neues Kennwort* und *Kennwort bestätigen* das gewünschte Passwort ein und bestätigen Sie die Eingaben über *OK*. Wenn Sie sich nachträglich dazu entschließen, dass der Archivordner nicht mehr durch ein Passwort geschützt werden soll, tragen Sie in das Feld *Altes Kennwort* Ihr Passwort ein und lassen die beiden übrigen Felder leer.

Archivierte Daten wiederherstellen

Wie bereits erwähnt wurde, speichert Outlook standardmäßig archivierte Elemente in der Datei *archive.pst*. Im Normalfall finden Sie diese Datei unter *C:\Users\<Benutzername>\Documents\Outlook-Dateien\archive.pst*. Sollte sie dort nicht zu finden sein, klicken Sie in der Ordnerliste mit der rechten Maustaste auf *Archive*, wählen *Datendateieigenschaften* und *Erweitert*.

Den Pfad und Namen der Archivdatei können Sie dem Feld *Datei* entnehmen. Um auf archivierte Elemente zugreifen zu können, muss der Archivordner in der Ordnerleiste angezeigt werden. Ist dies bei Ihnen nicht der Fall, gehen Sie folgendermaßen vor: Rufen Sie *Datei/Optionen/Erweitert/Einstellungen für AutoArchivierung* auf. Aktivieren Sie dort *Archivordner in Ordnerliste anzeigen*. Der Archivordner wird jetzt in der Ordnerliste aufgelistet.

Hier steht der Pfad zur Datei.

Die gewünschten Dateien können nun ganz einfach aus den Archivordnern herausgeholt werden. Sollten Sie sehr viele Elemente wiederherstellen wollen, greifen Sie am besten auf die entsprechende Importfunktion zurück. Ausführliche Informationen dazu finden Sie in Kapitel 12.

Volle Postfächer gezielt abarbeiten

„O Mann, wo ist diese E-Mail nur? Gestern habe ich sie doch noch gesehen." Kennen Sie das? Bei einem durchschnittlichen Mailaufkommen von 80 Nachrichten pro Tag sammeln sich im Posteingang in einer Woche 400 Nachrichten.

Experten gehen mittlerweile davon aus, dass täglich 60 Milliarden E-Mails über das Internet verschickt werden.

Wer hier nicht gegensteuert, wird sich bei der Suche nach einer bestimmten Nachricht immer wieder der bekannten Problematik der „Nadel im Heuhaufen" gegenübersehen. Hier gilt es, ein Ablagesystem zu finden, das durchaus mit klassischen „Papierablagen" zu vergleichen ist. Prinzipiell lassen sich E-Mails in fünf Kategorien aufteilen.

> ➤ **Nutzlos** – eingehende E-Mails, die Sie nicht mehr benötigen, sollten Sie sofort löschen. Oftmals genügt schon ein Blick auf den Absender oder die Betreffzeile, um zu wissen, dass es die Nachricht nicht wert ist, aufgehoben zu werden. Jede gelöschte Nachricht schafft mehr Übersicht!

> ➤ **Eilig** – Anfragen für einen wichtigen Geschäftstermin, die aktuelle Projektplanung oder andere wichtige E-Mails sollten Sie sofort bearbeiten.

➢ **Schnell** – wenn das Bearbeiten einer E-Mail nur ein bis drei Minuten in Anspruch nimmt, erledigen Sie es sofort. Denn wenn Sie das nicht tun, türmen sich solche eigentlich schnell abgearbeiteten Nachrichten mit der Zeit dann doch zu einem beachtlichen Berg. Gehen Sie hier getreu dem Motto „Was du heute kannst besorgen ..." vor.

➢ **Aufheben** – lässt sich absehen, dass das Abarbeiten einer E-Mail länger als ca. vier Minuten dauert, sortieren Sie sie in einen speziellen Ordner. Für diesen Ordner darf dann aber nicht das Motto gelten: „aus den Augen aus dem Sinn". Am besten halten Sie sich eine gewisse Zeitspanne pro Tag frei und arbeiten dann konsequent diese E-Mails ab. Manchmal kann es übrigens auch sinnvoll sein, den Ablageordner in mehrere Unterordner aufzuteilen.

➢ **Privat** – die Erinnerung an Einkäufe hat zwischen beruflichen E-Mails ebenso wenig etwas zu suchen wie die Einladung zum Geburtstag der geliebten Tante. Legen Sie sich stattdessen einen speziellen Privatordner an und verschieben Sie dorthin alle persönlichen E-Mails. Auch hier gibt es Tricks für die Automatisierung. So können Sie zum Beispiel alle E-Mails Ihrer Frau durch Outlook wie von Geisterhand in den richtigen Ordner sortieren lassen. Informationen dazu finden Sie in Kapitel 4.3.

Outlook vom Ballast befreien

Nun gibt es natürlich auch solche Zeitgenossen, denen das „geordnete Chaos" geradezu ans Herz gewachsen ist, die bilden aber immer noch die – wenn natürlich auch sympathische – Ausnahme. Sie kennen es aus dem „normalen" Leben: Wenn auf dem Schreibtisch zu viele Unterlagen liegen, braucht man lange, um an eine bestimmte Information zu gelangen.

Hierfür eignet sich der Einsatz der erweiterten Suche, die über die Tastenkombination [Strg]+[Umschalt]+[F] gestartet wird. Hinweise zum effektiven Einsatz dieser Suchfunktion finden Sie in Kapitel 2.4.

Oftmals wird man in E-Mails nicht direkt angesprochen, sondern ist nur einer von vielen Empfängern. Das passiert etwa, wenn jemand nicht den genauen Ansprechpartner kennt und deswegen eine E-Mail gleich an die gesamte Abteilung schickt. Um solche Nachrichten herauszufiltern, ruft man die erweiterte Suche ([Strg]+[Umschalt]+[E]) auf. Dort wählt man die Option *In denen ich: an* und anschließend die Auswahl *mit weiteren Empfängern auf der "CC"-Zeile stehe*. In der Trefferliste können dann die unnötigen E-Mails erkannt und gleich gelöscht werden.

Auf die gleiche Weise können Sie übrigens auch nach E-Mails von einem ungeliebten Kunden (der Sie mit unerquicklichen Nachrichten geradezu verfolgt) suchen.

Unterhaltungen in Outlook aufräumen

In Outlook sammeln sich also im Laufe der Zeit immer mehr Elemente an. Diesen kann man – und das wurde in diesem Kapitel gezeigt – mit der AutoArchivierung zu Leibe rücken. Mit Outlook 2010 wurde nun allerdings eine weitere Möglichkeit eingeführt, mit der man seinen Posteingang sauber halten kann: die Unterhaltungsansicht. Bei ihr werden alle E-Mails, die den gleichen Betreff haben, in einem Unterhaltungsfaden zusammengeführt. Eine solche Funktion gab es zugegebenermaßen bereits früher schon. Jetzt werden in dieser Ansicht aber auch E-Mails berücksichtigt, die im Ordner *Gesendete Elemente* oder in einem Unterordner liegen.

Outlook zeigt standardmäßig alle E-Mail-Ordner in der Unterhaltungsansicht an. Gibt es zu einer E-Mail mehrere Antworten, ist das an einem vorangestellten Doppelumschlag-Symbol zu erkennen.

◢ Datum: Freitag			
Webmaster	Fr 16.04.2010 17:49	7 KB	
◢ Datum: Letzte Woche			
Heise Emailcheck	Mo 12.04.2010 20:51	8 KB	
c't-Emailcheck	Mo 12.04.2010 20:51	7 KB	
Daniel Koch	Mo 12.04.2010 10:02	8 KB	
Daniel Koch	Mo 12.04.2010 10:00	8 KB	
Daniel Koch	Mo 12.04.2010 09:59	7 KB	Rote Kategorie
Daniel Koch	Gesendete Elemente	7 KB	
Daniel Koch	Gesendete Elemente	7 KB	
Daniel Koch	Mo 12.04.2010 09:59	7 KB	Rote Kategorie

So erkennen Sie Unterhaltungen.

Klickt man auf den vorangestellten Abwärtspfeil, zeigt Outlook alle zu der Unterhaltung gehörenden Elemente an. Über die Schaltfläche *Unterhaltungen*, die im *Ansicht*-Register angezeigt wird, können Sie festlegen, wie die Unterhaltungsansicht aussehen soll.

Wichtig ist hier, dass die beiden Optionen *Nachrichten in Unterhaltungen anzeigen* und *Nachrichten aus anderen Ordnern anzeigen* aktiviert sind.

Die Unterhaltungsansicht ist übrigens nicht nur hinsichtlich der Übersichtlichkeit gut.

Auch wenn es um das Aufräumen des Posteingangs geht, leistet diese Ansicht gute Dienste. Denn Outlook bietet eine Möglichkeit, Unterhaltungen aufzuräumen. Diese hat gegenüber dem manuellen Löschen einzelner Nachrichten deutliche Vorteile. So entfällt zum Beispiel das Durchsuchen des Ordners *Gesendete Elemente* nach verschickten E-Mails, die man löschen möchte.

Rufen Sie im *Start*-Register *Aufräumen/Unterhaltung aufräumen* auf.

Outlook öffnet daraufhin automatisch ein Dialogfenster, durch das man noch einmal auf die Folgen des Aufräumens hingewiesen wird.

Bestätigt man dieses Fenster mit *Aufräumen*, räumt Outlook die Unterhaltung entsprechend den eingestellten Optionen auf. Welche Optionen das sind, können Sie über die *Einstellungen*-Schaltfläche festlegen. Diese öffnet die Outlook-Optionen. Interessant ist hier nun der Bereich *Unterhaltungen aufräumen*.

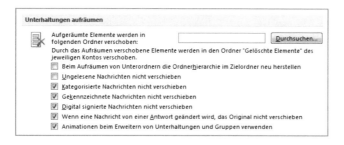

Die auf der Abbildung gezeigten Einstellungen sind normalerweise für die meisten Anwender völlig in Ordnung. Wer Outlook anfangs noch nicht recht vertraut, kann über die *Durchsuchen*-Schaltfläche einen Ordner auswählen, in den die von Outlook aussortierten Elemente verschoben werden. Macht man davon keinen Gebrauch, werden die Elemente automatisch in den Ordner *Gelöschte Elemente* verschoben.

5. Kontakte anlegen und organisieren

Outlook kann weit mehr, als E-Mails zu verschicken. Besonders gelungen ist zweifellos die Kontaktverwaltung. Denn im Handumdrehen findet man die Telefonnummer eines Geschäftspartners und vergisst auch garantiert keinen Geburtstag mehr. Voraussetzung dafür ist allerdings, dass die Kontaktdaten vollständig eingetragen werden. Zudem sollte man seinen *Kontakte*-Ordner regelmäßig auf Karteileichen und Dubletten hin untersuchen. Macht man das nämlich nicht, geht schnell die Übersicht verloren.

5.1 Kontaktinformationen erstellen und managen

Bevor man mit den Outlook-Kontakten arbeiten kann, muss man sie natürlich zunächst erfassen. Um einen neuen Kontakt anzulegen, rufen Sie über den Navigationsbereich den *Kontakte*-Ordner auf und klicken in der Ribbon-Leiste auf *Neuer Kontakt*.

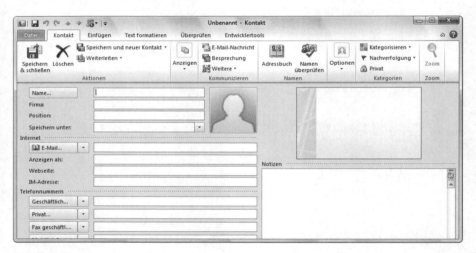

Ein neuer Kontakt wird angelegt.

Tragen Sie zunächst Informationen wie Name, Firma, Webseite etc. ein. Um Probleme mit falsch geschriebenen Daten zu vermeiden, sollten Sie jeweils die angebotenen Schaltflächen verwenden. Um den Namen korrekt einzugeben, klicken Sie also auf die Schaltfläche *Name*.

Hier werden die einzelnen Elemente des Namens aufgeschlüsselt und man verhindert so, dass es zu Problemen aufgrund fehlerhafter Formate o. Ä. kommt. (Erfahrungsgemäß werden oft Vor- und Nachname falsch eingetragen.) Über das Listenfeld *Speichern unter* kann man einstellen, in welcher Reihenfolge Vorname und Nachname gespeichert werden sollen. Normalerweise verwendet man die Voreinstellung *Nachname, Vorname*. So kann man sich die Namen später anhand der Nachnamen sortieren lassen.

So werden fehlerhafte Einträge verhindert.

Ganz ähnlich funktioniert auch die Eingabe der E-Mail-Adresse. Sie können sie von Hand eintippen oder über die Schaltfläche *E-Mail* aus dem Outlook-Adressbuch bzw. aus dem *Kontakte*-Ordner auswählen.

Zusätzliche Kontaktfelder anlegen

Beim Eintragen der Kontaktdaten bietet Outlook zahlreiche Felder an. So ist es problemlos möglich, außer dem Namen eben auch Telefonnummer, E-Mail-Adresse usw. einzutragen. Allerdings stehen nicht für alle Informationen Felder zur Verfügung. In solchen Fällen können Sie eigene Felder anlegen. Angenommen, Sie möchten ein Feld anlegen, in das die Automarke eingetragen wird, die der jeweilige Kontakt fährt.

1 Öffnen Sie den betreffenden Kontakt und klicken Sie im Register *Kontakt* auf *Alle Felder*. Sollte diese Option nicht gleich zu sehen sein, muss zunächst auf *Anzeigen* im gleichen Register geklickt werden.

2 Über die *Neu*-Schaltfläche im unteren Fensterbereich wird das Dialogfenster *Neue Spalte* geöffnet. Geben Sie hier den gewünschten Namen, den Typ und das Format an. Für das aktuelle Feld wird bei *Typ* und *Format* jeweils *Text* einge-

stellt. Ebenso können Sie aber auch festlegen, dass die Einträge aus Prozentangaben oder aus einem Datum bestehen müssen.

3 Über *OK* wird das neue Feld angelegt. Um einen Eintrag einzufügen, setzt man den Cursor in die *Wert*-Spalte und schon kann man die Automarke eintragen.

4 Sie können auf die gleiche Weise zusätzliche Felder einfügen, die dann jeweils untereinander angezeigt werden.

Bleibt zum Schluss noch die überaus interessante Frage, ob die selbst angelegten Felder bei allen Kontakten zur Verfügung stehen: Nein, sie werden nur in dem Kontakt angezeigt, in dem sie angelegt wurden.

Telefonnummern normgerecht eintragen

Gerade beim Eintragen der Telefonnummern kommt es erfahrungsgemäß immer wieder zu Problemen. Das gilt insbesondere dann, wenn man Telefonnummern von ausländischen Geschäftspartnern einträgt. Aber auch im Zusammenhang mit der Synchronisation von Handys und Smartphones spielt das richtige Format eine entscheidende Rolle. Es stellt sich die Frage, wie Telefonnummern korrekt eingegeben werden.

+[Landeskennzahl]_([Ortskennzahl])_[Rufnummer]

Für eine Berliner Telefonnummer sieht das folgendermaßen aus:

+49 (30) 18987832

Das ist das international gebräuchliche Format. Achten Sie vor allem darauf, dass der Ortsvorwahl keine führende 0 zugewiesen wird.

Telefonnummern beliebig formatieren

Es ist natürlich durchaus möglich, dass gerade Ihr Handy ein anderes Format wie zum Beispiel *+493018987832* verlangt. Vielleicht haben Sie auch schon Ihre Kontakte eingetragen, merken aber plötzlich, dass Sie dabei das falsche Nummernformat verwendet haben. In diesen Fällen brauchen Sie die Telefonnummern nicht von Hand zu korrigieren, sondern können zum Beispiel das Tool FormatNumbers (*http://www.outlook-stuff.com/lang-de/produkte/228-format numbers.html*) verwenden.

Stundensätze & Co.: Zusatzinformationen eintragen

Vielleicht wollen Sie zu einem Kontakt zusätzliche Informationen speichern: möglicherweise seine Stundensätze in Form einer Excel-Tabelle oder seinen Lebenslauf. Realisieren lässt sich das über das *Notizen*-Feld.

Interessant dabei: Es bleiben alle Formatierungen enthalten. Um zum Beispiel eine Excel-Tabelle einzufügen, öffnen Sie diese in Excel, markieren und kopieren sie. Anschließend kopieren Sie den markierten Tabellenbereich über Strg+C, setzen den Cursor in das *Notizen*-Feld des Kontakts und drücken Strg+V.

Die Formatierungen bleiben erhalten.

Nach dem Speichern sind die so eingefügten Daten auch beim nächsten Mal verfügbar, wenn man den Kontakt öffnet.

Die eigene virtuelle Visitenkarte gestalten

Eine sehr gelungene Funktion sind die virtuellen Visitenkarten. Denn diese vermitteln durchaus den Eindruck echter Visitenkarten.

Es werden automatisch die wichtigsten Informationen aus dem Kontaktfenster übernommen. So hat man alle relevanten Daten im Blick, sobald man den betreffenden Kontakt öffnet.

Sie können selbst entscheiden, welche Informationen innerhalb der Visitenkarte angezeigt werden. Standardmäßig übernimmt Outlook die wichtigsten bereits aus dem Kontaktfenster. Um zusätzliche Daten einzufügen oder nicht benötigte zu entfernen, klicken Sie die Visitenkarte mit der rechten Maustaste an und wählen *Visitenkarte bearbeiten*.

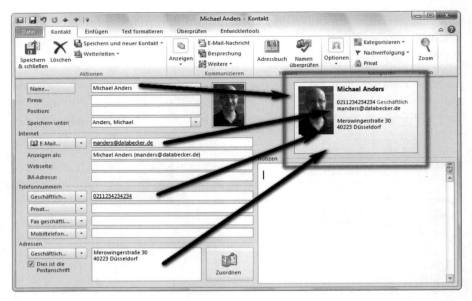

Die Visitenkarte wirkt wie aus dem richtigen Leben.

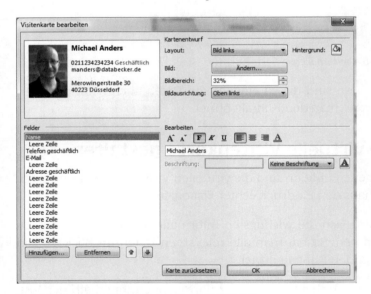

So bestimmen Sie selbst, was angezeigt werden soll.

Unter *Felder* werden die Felder aufgeführt, die für die Visitenkarte verwendet werden. Um einen Wert zu ändern, markieren Sie das Feld in der Liste und füllen das Textfeld aus. Die vorgenommenen Änderungen werden, sobald man sie mit *OK* bestätigt, auch im Kontaktfenster angezeigt.

Soll ein Feld nicht auf der Visitenkarte angezeigt werden, markieren Sie es und wählen *Entfernen*.

Über die *Hinzufügen*-Schaltfläche lassen sich weitere Felder in die Visitenkarte aufnehmen. Die Reihenfolge, in der die Einträge auf der Visitenkarte angezeigt werden, lässt sich über die Pfeilsymbole anpassen. Soll ein Eintrag weiter oben angezeigt werden, markiert man ihn und klickt auf das nach oben zeigende Pfeilsymbol.

Sie haben sicherlich bereits die *Ändern*-Schaltfläche im Bereich *Bild* gesehen. Hierüber können Sie der Visitenkarte ein Bild hinzufügen. Das muss in einem der Formate BMP, EMF, ICO, JPEG, GIF, PNG, TIFF oder WMF vorliegen. Beachten Sie, dass das hier angegebene Bild nicht automatisch als Kontaktbild innerhalb des Kontaktfensters verwendet wird.

Um es auch dort anzuzeigen, klicken Sie im Kontaktfenster auf die Bildschaltfläche, wählen die Grafik aus und bestätigen die Auswahl mit *OK*.

Den Absender einer E-Mail automatisch als Kontakt ablegen

Haben Sie eine E-Mail bekommen, können Sie deren Absender direkt als Kontakt ablegen. Dazu ziehen Sie die betreffende E-Mail mit gedrückter linker Maustaste auf den *Kontakte*-Ordner. Sobald die Maustaste losgelassen wird, öffnet sich ein Kontaktfenster.

Darin sind nun bereits wichtige Informationen enthalten:

➢ *Name*
➢ *Speichern unter*
➢ *E-Mail*
➢ *Anzeigen als*
➢ *Notizen* (Darin wird der E-Mail-Text angezeigt.)

Um die Informationen zu übernehmen, wird der Kontakt gespeichert.

Kontaktdaten aus einer Signatur übernehmen

In einer vernünftigen Signatur stehen bereits die wichtigsten Informationen wie Name, Firma, Anschrift, Telefon, E-Mail und die Internetadresse. Da wäre es doch eine absolute Zeitverschwendung, wenn man diese Informationen noch einmal abtippt, wenn man – wie im vorherigen Abschnitt beschrieben – den Kontakt aus einer E-Mail heraus anlegt.

Durch die folgenden Schritte können Sie ohne großen Zeitaufwand die Daten aus einer Signatur übernehmen.

1 Dazu ziehen Sie die E-Mail wie zuvor gezeigt auf den *Kontakte*-Ordner. Markieren Sie anschließend den gesamten Text innerhalb des Notizfeldes mit Ausnahme der Signatur.

2 Drücken Sie nun die (Entf)-Taste, um den überflüssigen Text aus dem Notizfeld zu löschen. In dem Feld sollte jetzt nur noch die Signatur stehen.

3 Markieren Sie den Firmennamen, ziehen Sie ihn bei gedrückter linker Maustaste auf das *Firmen*-Feld und lassen Sie dort die Maustaste los. Der Firmenname steht daraufhin an der gewünschten Stelle.

4 Wiederholen Sie diese Schritte für alle weiteren Daten, die aus der Signatur übernommen werden sollen. Das könnten Telefonnummer, Anschrift, Abteilung und so weiter sein.

5 Nachdem die relevanten Daten aus der Signatur übernommen wurden, kann der restliche Inhalt des Textfeldes gelöscht werden. Speichern Sie anschließend den neuen Kontakt über die entsprechende Schaltfläche.

Mehrere Mitarbeiter der gleichen Firma eintragen

Viele Ihrer Kontakte arbeiten in der gleichen Firma. Das bedeutet natürlich auch, dass man immer wieder die gleichen Angaben eintragen muss. Dazu gehören geschäftliche Telefonnummer, Adresse, der Name der Firma etc.

Was die wenigsten Anwender wissen: Man kann Kontakte, die in der gleichen Firma arbeiten, viel schneller anlegen und sich so doppelte Arbeit sparen.

1 Öffnen Sie den Kontakt, der in der gleichen Firma arbeitet wie die Person, die als neuer Kontakt aufgenommen werden soll, und rufen Sie das Register *Kontakt* auf.

2 Klicken Sie auf den Abwärtspfeil neben dem Feld *Speichern und neuer Kontakt* und wählen Sie *Kontakt in dieser Firma*.

3 Daraufhin werden die persönlichen Daten des Kontakts gelöscht, allgemeine Informationen wie Firmenname, geschäftliche Telefonnummer etc. sind aber nach wie vor enthalten.

4 Jetzt müssen Sie nur die persönlichen Angaben des Kontakts ergänzen.

5 Mit *Speichern & schließen* wird der neue Kontakt angelegt.

Es geht doch! Excel-Adressen in Outlook übernehmen

Immer wieder hört man, dass sich Excel-Datensätze nicht in Outlook verwenden lassen. Denn zwar gibt es eine entsprechende Import-/Exportfunktion, dennoch kommt es immer wieder zu Problemen. Schuld daran ist Excel. Allerdings ist man diesen Widrigkeiten nicht machtlos ausgeliefert. Denn mit dem richtigen Know-how lassen sich tatsächlich in Excel abgespeicherte Adressen in Outlook verwenden.

1 Nachdem die Daten in Excel vorliegen, werden sie markiert. Wechseln Sie anschließend in das Register *Formeln* und rufen Sie im Bereich *Definierte Namen* den Punkt *Namen definieren* auf. Als Name verwenden Sie *MeineAdressen*. Zusätzlich ist darauf zu achten, dass unter *Bereich* der Wert *Arbeitsmappe* eingestellt ist.

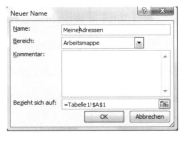

2 Mit *OK* wird das Dialogfenster geschlossen. Speichern Sie die Änderungen und schließen Sie Excel. In Outlook wird im *Datei*-Register *Öffnen* und *Importieren* aufgerufen.

3 Markieren Sie *Aus anderen Programmen oder Dateien* und klicken Sie auf *Weiter*. Hier wird *Microsoft Excel* ausgewählt und mit *Weiter* bestätigt.

4 Suchen Sie über *Durchsuchen* die Excel-Datei und klicken Sie anschließend auf *OK*. Als Zielordner wird *Kontakte* markiert. Anschließend klickt man auf *Weiter*.

5 Über *Weiter* wird der eigentliche Importvorgang gestartet. Outlook schlägt von sich aus vor, den in Excel angelegten Zellenbereich zu importieren. Aktivieren Sie das Kontrollkästchen *MeineAdressen* und klicken Sie auf *Felder zuordnen*.

6 Kontrollieren Sie, ob Outlook die Felder korrekt zugeordnet hat. Sollte die Zuordnung eines Feldes nicht stimmen, klicken Sie es im linken Fensterbereich an und ziehen es bei gedrückter linker Maustaste auf das gewünschte Feld innerhalb der rechten Seite.

7 Nachdem alle Felder zugeordnet sind, wird das Dialogfenster *Felder zuordnen* mit *OK* geschlossen.

8 Über *Fertig stellen* werden die Daten importiert.

Outlook-Kontakte in Excel und Access verwenden

Der umgekehrte Weg von Outlook zu Excel oder Access funktioniert natürlich auch. So kann man seine Outlook-Kontaktdaten zum Beispiel dazu verwenden, sich eine Access-Datenbank aufzubauen. Vor der Weiterverarbeitung der Daten steht allerdings erst einmal deren Export aus Outlook heraus an.

1 Wählen Sie aus dem *Datei*-Register *Öffnen* und *Importieren*.

2 Hier wird *In Datei exportieren* markiert und auf *Weiter* geklickt.

3 Über *Microsoft Excel* und *Weiter* gelangt man zur Ordnerauswahl.

4 Hier wird der gewünschte *Kontakte*-Ordner markiert und mit *Weiter* bestätigt.

5 Wählen Sie einen Speicherort für die Excel-Datei aus und klicken Sie auf *Weiter*.

6 Im nächsten Dialogfenster wird auf *Benutzerdefinierte Felder zuordnen* geklickt. In dem sich öffnenden Fenster bestimmt man, welches Kontaktfeld wie in Excel verwendet werden soll. Das Prinzip dahinter ist denkbar einfach: In der rechten Fensterhälfte sehen Sie die Felder, wie sie im Outlook-*Kontakte*-Ordner verwendet werden. Zunächst klicken Sie auf *Standardzuordnung* und anschließend auf *Zuordnung löschen*.

7 Ziehen Sie jetzt von der linken Seite nacheinander die Felder, die tatsächlich exportiert werden sollen, in die rechte Fensterhälfte. Dazu gehören typischerweise *Name*, *Firma*, *Telefon* und *Geschäftsadresse*.

8 Nachdem alle Felder zugeordnet sind, wird das Dialogfenster mit *OK* geschlossen.

9 Über *Fertig stellen* startet man das Exportieren. Die Excel-Datei kann dann wie gewohnt verwendet werden.

Reiseplanung direkt über die Outlook-Kontakte

Vielleicht ist Ihnen beim Anlegen der Kontakte bereits die *Zuordnen*-Schaltfläche aufgefallen.

Aktiv ist diese, sobald in das Adressfeld eine Adresse eingetragen wird. Klickt man auf die *Zuordnen*-Schaltfläche, öffnet sich der Standardbrowser mit einer Landkarte, auf der zu sehen ist, wo die angegebene Adresse genau liegt.

So weiß man gleich, wohin man gehen muss, wenn man einen seiner Kontakte besuchen will.

Mit diesem Wissen ausgestattet, können Sie sich beruhigt an die Reiseplanung machen. Aber Achtung: Damit diese Funktion fehlerfrei läuft, müssen die Adressdaten nach einem ganz bestimmten Schema eingetragen werden. Klicken Sie dazu im *Adresse*-Bereich des Kontakts auf eine der Schaltflächen *Geschäftlich*, *Privat* oder *Weitere*.

So gibt es keine Probleme bei der Eingabe der Adresse.

Füllen Sie dort am besten alle Felder aus. So gibt es erfahrungsgemäß keine Probleme bei der Adressübergabe von Outlook an den Microsoft-Dienst.

E-Mails einfach an Kontakte senden

Um den Empfänger einer E-Mail anzugeben, trägt man normalerweise dessen Adresse in das *An*-Feld ein oder klickt auf die *An*-Schaltfläche und wählt ihn aus dem *Kontakte*-Ordner bzw. Adressbuch aus. So weit, so gut. Es funktioniert aber auch der umgekehrte Weg. Sie können aus dem *Kon-*

takte-Ordner heraus E-Mails senden. Dafür gibt es zwei verschiedene Varianten.

➢ Sie klicken im *Kontakte*-Ordner den betreffenden Kontakt mit der rechten Maustaste an und wählen *Erstellen/E-Mail-Nachricht*.

➢ Innerhalb des geöffneten Kontaktfensters des betreffenden Kontakts klicken Sie im *Kontakt*-Register auf die *E-Mail-Nachricht*-Schaltfläche.

Die Schaltfläche ist recht unscheinbar.

In beiden Fällen wird ein neues E-Mail-Fenster erzeugt, in dem im *An*-Feld bereits die E-Mail-Adresse eingetragen ist.

Aber Achtung: Beide Varianten funktionieren nur, wenn innerhalb des betreffenden Kontakts eine E-Mail-Adresse steht. Fehlt diese, gibt Outlook eine Fehlermeldung aus.

Bei diesem Kontakt fehlt die E-Mail-Adresse.

Outlook-Adressen direkt in Word verwenden

Immer mal wieder muss man in Word Adressdaten eingeben. Denken Sie zum Beispiel an Briefköpfe oder Ähnliches. Natürlich kann man diese Adressen per Hand eintippen oder aus Outlook kopieren und manuell in Word einfügen. Es geht aber auch deutlich komfortabler. Denn mit wenigen Handgriffen lässt sich in Word eine Schaltfläche integrieren, über die Sie auf Ihre Outlook-Kontakte zugreifen können.

Der Zugriff auf das Adressbuch aus Word heraus.

Über dieses Fenster kann man dann den bzw. die gewünschten Kontakte auswählen. Im Word-Dokument werden an der aktuellen Cursorposition die dem Kontakt zugewiesenen Adressdaten geschrieben.

1 Klicken Sie in Word auf der Schnellstartleiste auf das Symbol mit dem kleinen Abwärtspfeil und dann auf *Weitere Befehle.* (Die Schnellstartleiste finden Sie ganz oben links.)

2 In dem Auswahlfeld *Befehle auswählen* stellen Sie *Alle Befehle* ein. In der Liste der aufgeführten Felder markieren Sie *Adressbuch* und klicken auf *Hinzufügen*.

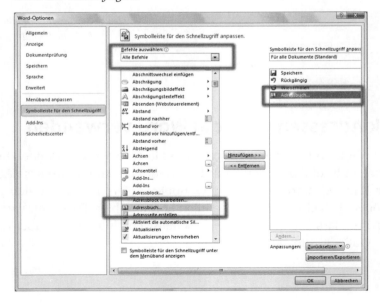

3 Mit *OK* wird das Dialogfenster geschlossen. In Word gibt es nun in der Schnellstartleiste das Symbol für das Adressbuch. Nach einem Word-Neustart muss zunächst ggf. das gewünschte Profil ausgewählt werden.

4 Danach können Sie das Adressbuch in Word verwenden.

Outlook und die vorgeschlagenen Kontakte

Wenn Sie in Outlook 2010 den *Kontakte*-Ordner öffnen, wird Ihnen die Rubrik *Vorgeschlagene Kontakte* auffallen.

Diese neue Funktion ist durchaus interessant. Denn dort sind all die E-Mail-Adressen aufgeführt, mit denen Sie als Empfänger oder Absender kommuniziert haben, ohne dass Sie diese als Kontakt abgespeichert haben. Dank dieser Funktion müssen Sie ab sofort also nicht mehr erst im Posteingang nach einer E-Mail-Adresse suchen, wenn der Absender zuvor nicht als Kontakt abgelegt wurde. Stattdessen öffnen Sie einfach die vorgeschlagenen Kontakte.

Hier finden Sie die vorgeschlagenen Kontakte.

Sollten Sie diese Funktion nicht nutzen wollen, können Sie sie deaktivieren. Rufen Sie dazu *Datei/Optionen/Kontakte* auf.

In diesem Dialogfenster deaktivieren Sie das betreffende Kontrollkästchen im Bereich *Vorgeschlagene Kontakte*. Nachdem das mit *OK* übernommen wurde, werden die Kontakte nicht mehr „vorgeschlagen".

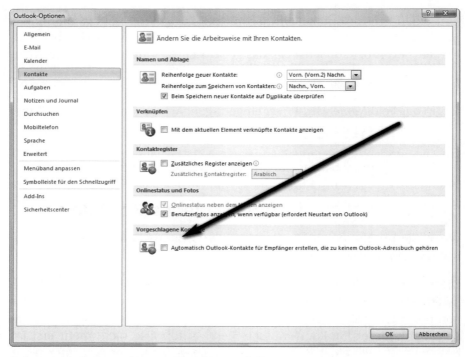

So lassen sich die vorgeschlagenen Kontakte ausschalten.

Private und geschäftliche Kontakte voneinander trennen

Je nachdem, wie viele Kontakte Sie in Ihrem Outlook verwalten, kann es sehr schnell unübersichtlich im *Kontakte*-Ordner werden. Sucht man dann einen bestimmten Kontakt, ist das oftmals mühsam und langatmig. Um solche Probleme zu umgehen, können Sie mehrere Kontakte-Ordner anlegen. Im einfachsten Fall verwendet man zwei Kontakte-Ordner:

> ➤ *Beruflich*
> ➤ *Privat*

Es geht allerdings auch noch deutlich detaillierter. So könnte man Kontakte im Unternehmen zum Beispiel anhand von Abteilungen einordnen:

> ➤ *Marketing*
> ➤ *Personal*
> ➤ *Entwicklung*

Um einen *Privat*-Kontakte-Ordner anzulegen, gehen Sie folgendermaßen vor:

1 Klicken Sie den *Kontakte*-Ordner innerhalb der Ordnerliste mit der rechten Maustaste an und wählen Sie *Neuer Ordner*.

2 In das Feld *Name* wird *Privat* eingetragen. Achten Sie darauf, dass unter *Ordner enthält Elemente des Typs* der Wert *Kontakt* ausgewählt ist.

3 Die übrigen Einstellungen können mit *OK* bestätigt werden.

Nachdem die gewünschte Ordnerstruktur angelegt wurde, können die Kontakte eingeordnet werden. Dazu markieren Sie diese im *Kontakte*-Ordner (Mehrfachauswahl ist mit gedrückter ⌷Strg⌷-Taste möglich) und ziehen sie mit gedrückter linker Maustaste auf den gewünschten Ordner.

Kontakte aus Outlook Express bzw. Windows Mail übernehmen

Wenn Sie Ihre Kontakte zuvor in Windows Mail oder Outlook Express angelegt haben, müssen Sie das in Outlook nicht noch einmal machen. Stattdessen können Sie die Kontaktdaten ganz einfach importieren.

1 Dazu wird in Outlook aus dem *Datei*-Register *Öffnen* und *Importieren* gewählt.

2 Markieren Sie *Internet-Mail und Adressen importieren* und bestätigen Sie diese Auswahl mit *Weiter*.

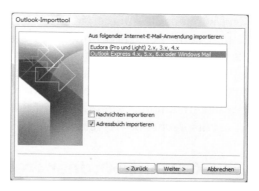

3 In dem neuen Dialogfenster wird *Outlook Express 4.x, 5.x, 6.x oder Windows Mail* markiert und *Adressbuch importieren* aktiviert. Achten Sie unbedingt darauf, dass im unteren Fensterbereich *Nachrichten importieren* deaktiviert ist. Wenn Sie das nicht tun, werden sämtliche E-Mails, die Sie bisher über Outlook Express oder Windows Mail empfangen haben, in den Standard-Posteingang von Outlook kopiert.

4 Mit *Weiter* geht es zum nächsten Schritt. Hier müssen Sie entscheiden, wie Outlook mit solchen Kontakten verfahren soll, die bereits im Outlook-Ordner *Kontakte* vorhanden sind. Am besten aktivieren Sie *Erstellen von Duplikaten zulassen*. So werden wirklich alle Kontakte aus Outlook Express bzw. Windows Mail importiert. Bei Bedarf können Sie doppelte Einträge später manuell löschen oder von einem Tool löschen lassen.

5 Über *Fertig stellen* werden die Kontaktdaten importiert und sind anschließend in Outlook verfügbar.

5.2 Die Kontakte für andere freigeben oder per E-Mail verschicken

Im Unternehmen ist man oft an einem Exchange Server angeschlossen. Ist das bei Ihnen auch der Fall, genügt es normalerweise, wenn in der gesamten Firma oder in einer Abteilung eine Person einen *Kontakte*-Ordner führt. Alle anderen können dann auf diesen Datenbestand zugreifen. (Jeder Anwender besitzt aber trotzdem noch seinen persönlichen *Kontakte*-Ordner.)

Damit das gelingt, muss der *Kontakte*-Ordner lediglich in den öffentlichen Ordner verschoben werden.

Jetzt können alle auf die gleichen Kontaktdaten zugreifen. Es ist lediglich darauf zu achten, dass Änderungen an den Kontaktdaten nur von einer Person durchgeführt werden. So erspart man sich Chaos, das ansonsten früher oder später garantiert eintreten würde. Am besten bestimmt man im Team eine Person, die die Änderungen einträgt. Sobald jemand aus dem Team einen Änderungswunsch hat, schreibt er eine E-Mail oder legt eine entsprechende Aufgabe an.

Den Kontakte-Ordner freigeben

Eine andere Variante, dank der mehrere Personen auf die gleichen Kontaktdaten zugreifen können, besteht in der Freigabe der *Kontakte*-Ordner. Beachten Sie, dass auch bei dieser Variante ein Exchange-Konto vorausgesetzt wird.

Interessant ist die Freigabe der Kontakte zum Beispiel im Zusammenhang mit der Arbeit an einem Projekt. So kann man einen Kontakte-Ordner anlegen, in dem alle für das Projekt relevanten Ansprechpartner gespeichert sind. Alle Kollegen, die an dem Projekt mitarbeiten, können auf diesen freigegebenen Ordner zugreifen und nutzen so den gleichen Datenbestand. Im folgenden Beispiel wird zunächst davon ausgegangen, dass unterhalb des Standard-*Kontakte*-Ordners der Ordner *Projekt-Kontakte* angelegt wurde. Dieser Ordner enthält die Kontaktdaten, auf die das Team zugreifen können soll.

1 Klicken Sie den Ordner *Projekt-Kontakte* mit der rechten Maustaste an und wählen Sie *Projekt-Kontakte freigeben*.

2 Die Freigabe wird über normale E-Mails realisiert, in denen Freigabeeinladungen enthalten sind. In das *An*-Feld tragen Sie all die Empfänger ein, die auf den Kontakte-Ordner zugreifen dürfen.

3 Sollen die Empfänger Änderungen an den Kontakten vornehmen dürfen, aktivieren Sie das Kontrollkästchen *Empfänger können Elemente in Ordnern vom Typ "Kontakte" hinzufügen, bearbeiten und löschen*. Über *Senden* und *OK* wird die Freigabeeinladung verschickt.

Die Empfänger erhalten die E-Mail und können anschließend auf den freigegebenen Kontakte-Ordner zugreifen.

Kontakt als Visitenkarte per E-Mail verschicken

Beim Austausch von Kontaktinformationen kommt man um die sogenannten vCards nicht herum. Dabei handelt es sich um digitale Visitenkarten, in denen die wichtigsten Kontaktdaten gespeichert werden.

Eine typische vCard.

Der Empfänger einer solchen vCard kann sie ganz bequem per Mausklick in seinen *Kontakte*-Ordner oder das Adressbuch seines E-Mail-Programms übernehmen. Die allgemeine Bezeichnung „E-Mail-Programm" impliziert es bereits: vCards sind keineswegs eine reine Microsoft- bzw. Outlook-Lösung, sondern basieren auf einem Standard, der unter *http://www.*

imc.org/pdi/ nachgelesen werden kann. Weiterführende Informationen zu diesem Standard und dazu, wie Sie auch ohne Outlook vCards erstellen können, erhalten Sie im weiteren Verlauf dieses Kapitels.

Visitenkarten und Viren

In der Vergangenheit gab es immer wieder Warnungen davor, dass in vCards Viren enthalten sein können. Die letzte Meldung liegt zwar bereits einige Zeit zurück und bezog sich auf Outlook 2000, trotzdem sollte man Vorsicht walten lassen. Öffnen Sie am besten nur vCards von solchen Personen, die Sie kennen und denen Sie (weitestgehend) vertrauen.

Das Besondere an vCards ist, dass man so ganz bequem Kontaktinformationen per E-Mail verschicken oder auf seiner Webseite zum Download anbieten kann. Der Empfänger der vCard braucht sie dann nur noch in sein E-Mail-Programm zu importieren. Anschließend stehen ihm die Kontaktinformationen vollständig zur Verfügung.

Unterschied zwischen vCard und virtueller Visitenkarte

Beachten Sie, dass diese beiden Elemente zwar ähnlich klingen, aber keineswegs das Gleiche sind. Die virtuellen Visitenkarten wurden in Outlook 2007 eingeführt, damit man beim Öffnen eines Kontakts die wichtigsten Informationen sofort sieht. In vCards hingegen sind alle Informationen gespeichert, die man zu einem Kontakt eingetragen hat.

Der Umgang mit vCards wird hier an einem ganz typischen Beispiel gezeigt. Es wird angenommen, dass Sie in Ihrem *Kontakte*-Ordner die Kontaktinformationen eines Geschäftspartners gespeichert haben. Einer Ihrer Außendienstmitarbeiter benötigt nun diese Informationen ebenfalls.

1 Dazu klicken Sie den betreffenden Kontakt im *Kontakte*-Ordner mit der rechten Maustaste an und wählen *Kontakt weiterleiten/Als Visitenkarte*.

2 Daraufhin wird ein neues E-Mail-Fenster geöffnet, in dem die vCard als Anhang eingefügt wird.

3 Sie brauchen jetzt nur noch die üblichen E-Mail-Angaben wie *An*, *Betreff* etc. auszufüllen und können die Nachricht wie gewohnt versenden.

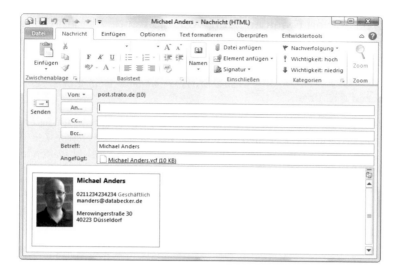

Die gezeigte Variante hat einen entscheidenden Vorteil: Durch das vCard-Format kann der Empfänger die Kontaktinformationen auch ohne Outlook nutzen. Möglicherweise werden vom E-Mail-Programm des Empfängers nicht alle Felder korrekt umgesetzt, im Großen und Ganzen gibt es aber keine schwerwiegenden Probleme beim Import von Outlook-vCards.

Empfängt man beispielsweise in Mozilla Thunderbird eine E-Mail, in der eine vCard eingefügt wurde, sieht das folgendermaßen aus:

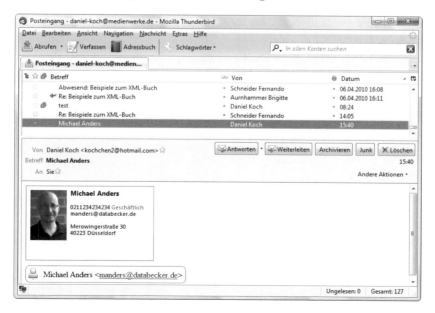

Die vCard wird dort als Grafik angezeigt. Um die in der vCard enthaltenen Informationen zu übernehmen, klicken Sie auf das entsprechende Kontakte-Symbol, das ebenfalls in der E-Mail enthalten ist.

So wird das Kontaktfenster aufgerufen.

Darüber wird ein Fenster *Neuer Kontakt* geöffnet, in dem die in der vCard stehenden Informationen bereits enthalten sind.

Die Informationen wurden übernommen.

Wenn Sie sich hingegen sicher sind, dass der Empfänger mit Outlook arbeitet, können Sie die Kontaktdaten auch im Outlook-eigenen Format verschicken. Das hat den Vorteil, dass Sie absolut sicher sein können, dass tatsächlich alle Felder korrekt interpretiert werden. Um die Kontaktdaten im Outlook-Format zu verschicken, klicken Sie den betreffenden Kontakt mit der rechten Maustaste an und wählen *Kontakt weiterleiten/Als Outlook-Kontakt weiterleiten*. Daraufhin wird ein neues E-Mail-Fenster geöffnet, in dem der Kontakt als Anhang eingefügt ist. Als Betreff wird der E-Mail automatisch der Name des Kontakts zugewiesen.

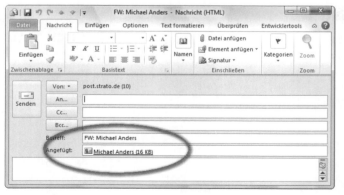

Der Outlook-Kontakt wird verschickt.

Als Empfänger muss man lediglich den Anhang öffnen und kann den Kontakt dann abspeichern.

Sie können die vCard auch einfach in eine bestehende E-Mail einfügen. Dem Anwender wird sie dann innerhalb der E-Mail als Visitenkarte angezeigt. Voraussetzung dafür ist allerdings, dass beim Senden und Empfangen jeweils das HTML-Format gewählt wird. Sollte das Nur-Text-Format verwendet werden, wird die Visitenkarte als normaler Anhang eingefügt.

Um einer E-Mail eine Visitenkarte hinzuzufügen, wählen Sie innerhalb des geöffneten Nachrichtenfensters im Register *Einfügen* aus der Gruppe *Einschließend* die Schaltfläche *Visitenkarte*. Dort werden die zuletzt geöffneten Visitenkarten angezeigt.

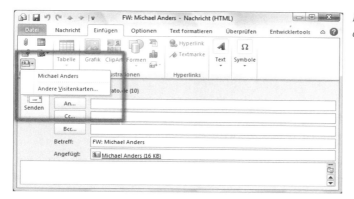

Die Visitenkarte wird ausgewählt.

Sollte die richtige Visitenkarte hier nicht mit dabei sein, wählen Sie *Andere Visitenkarten*. Suchen Sie dort nach der gewünschten Karte und fügen Sie sie mit *OK* ein.

Die E-Mail kann anschließend wie jede andere verschickt werden.

vCards übernehmen

vCards werden per E-Mail gesendet. Empfangen Sie eine solche E-Mail, können Sie die enthaltenen Kontaktdaten ganz einfach in Ihren *Kontakte*-Ordner aufnehmen.

1   Dazu öffnen Sie die E-Mail. Sie sehen, dass die E-Mail einen Anhang enthält.

2   Über einen Doppelklick und anschließendes Öffnen wird ein Kontaktfenster angezeigt, in dem die in der vCard enthaltenen Informationen enthalten sind.

3 Um diesen Kontakt in den *Kontakte*-Ordner aufzunehmen, wählen Sie *Speichern & schließen*.

Eine vCard in die Signatur einfügen

Sie können vCards auch Ihrer E-Mail-Signatur beifügen. Das sieht nicht nur schick aus, sondern ist auch noch sinnvoll. Schließlich sieht so der Empfänger auf den ersten Blick die wichtigsten Informationen. Damit die Visitenkarte tatsächlich wie zuvor gezeigt beim Anwender erscheint, muss die Nachricht allerdings im HTML-Format gesendet werden. Zudem darf der Empfänger die E-Mail nicht ins Nur-Text-Format umwandeln. Ohne HTML-Format wird die vCard nicht im E-Mail-Text, sondern als ganz normaler Dateianhang eingefügt.

Um Ihrer Signatur eine vCard hinzuzufügen, gehen Sie folgendermaßen vor:

1 Aus dem *Datei*-Register wählen Sie *Optionen* und wechseln in das Register *E-Mail*.

2 Nachdem Sie über *Signaturen* das Dialogfenster *Signaturen und Briefpapier* geöffnet haben, markieren Sie die betreffende Signatur im Bereich *Signatur zum Bearbeiten auswählen*.

3 Setzen Sie im Bereich *Signatur bearbeiten* den Cursor an die Position, an der die Visitenkarte erscheinen soll. Anschließend kann die gewünschte Visitenkarte über die gleichnamige Schaltfläche ausgewählt werden.

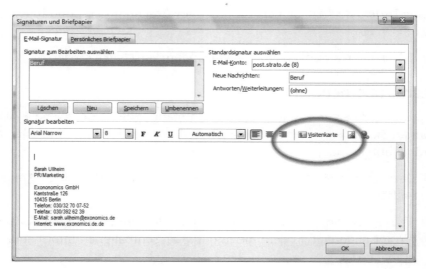

4 Markieren Sie die Karte und fügen Sie sie mit *OK* ein. Anschließend können die Änderungen an der Signatur mit *OK* übernommen werden.

Die Handhabung der Signatur ändert sich durch die eingefügte Visitenkarte nicht.

vCards ohne Outlook anlegen

vCards sind, das wurde bereits erwähnt, keine Microsoft-Lösung. Wie vCards aufgebaut sind und welche Felder sie enthalten sollten, wird vom **I**nternet **M**ail **C**onsortium (IMC) festgelegt. Die aktuelle vCards-Spezifikation finden Sie unter *http://www.imc.org/pdi/*. Der Vorteil dieser Spezifikation ist, dass viele Hersteller von E-Mail-Programmen sie umgesetzt haben. So ermöglichen unter anderem die folgenden Programme den Einsatz von vCards:

➢ Outlook

➢ Outlook Express/Windows Mail

➢ iPhone (allerdings nur mit Zusatztools wie vCard-Mailer usw.)

➢ The Bat!

➢ Lotus Notes

➢ Apple Mac OS

➢ Palm Desktop

➢ Novell Evolution

➢ Mozilla

vCards sind normale, unformatierte ASCII-Dateien, also nichts anderes als TXT-Dateien. Zum besseren Verständnis, wie eine vCard-Datei im „Innersten" aussieht, hier ein typisches Beispiel:

- `BEGIN:VCARD`
- `VERSION:2.1`
- `N;LANGUAGE=de:Mayer;Michael`
- `FN:Michael Mayer`
- `ORG:DATA BECKER`
- `TITLE:Produktmanager`
- `END:VCARD`

Die Syntax ist eigentlich recht simpel. Umrahmt wird die Datei von *BEGIN:VCARD* und *END:VCARD*. Die Inhalte selbst setzen sich aus Eigenschaften und Werten zusammen. Wobei die Eigenschaften die Felder bezeichnen, die Werte sind hingegen das, was in den Feldern später angezeigt wird.

Speichern Sie diese Datei unter dem Namen *mayer.vcf* ab und öffnen Sie sie über einen Doppelklick. Ein Kontaktfenster wird daraufhin geöffnet.

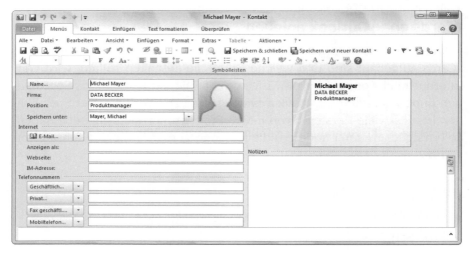

Die Informationen wurden direkt übernommen.

Hier werden die in der Datei angegebenen Daten in den richtigen Feldern angezeigt. Über *Speichern & schließen* kann der Kontakt anschließend in die Outlook-Kontakte-Ordner übernommen werden.

Da es sich bei vCards ohnehin „nur" um ASCII-Dateien handelt, gibt es verschiedene Wege, sie zu erzeugen. Während Sie die Outlook-Variante bereits kennen, ist das manuelle Anlegen der ASCII-Datei anhand der Spezifikation zu aufwendig. Es gibt aber zahlreiche Onlinegeneratoren, die das Anlegen von vCards ohne Outlook & Co. ermöglichen. Ein entsprechender Generator ist beispielsweise unter *http://vcardmaker.wackomenace.co.uk/* zu finden.

5.3 Geburtstags-, Telefonlisten & Co.: mit optimierten Ansichten arbeiten

Die Eingabe der Kontaktdaten ist eine Sache. Kontakte effektiv zu verwalten eine andere. Denn wer 200 und mehr Kontakte gespeichert hat und nicht mit optimierten Ansichten arbeitet, verliert schnell den Überblick.

Kontakte nach Firmen sortiert anzeigen

Auf der Arbeit möchte man seine Kontakte normalerweise nach Firmen sortiert anzeigen. Denn oft hat man den Namen eines Ansprechpartners nicht parat, wohl aber den Namen der Firma, in der er arbeitet. In solchen Fällen hilft dann die folgende Ansicht weiter:

Die Kontakte werden nach Firmen sortiert angezeigt.

Hier werden die Kontakte hierarchisch angezeigt. Nach der Firma folgt die Abteilung, dann der Nachname und zum Schluss der Vorname.

Das Feld Abteilung anzeigen

Um die Abteilung einzutragen, muss das betreffende Feld zunächst eingeblendet werden. Dazu rufen Sie innerhalb des geöffneten Kontakts *Ansicht/ Details* auf.

Eine solche Ansicht lässt sich recht schnell erstellen:

1 Öffnen Sie den *Kontakte*-Ordner und klicken Sie im Register *Ansicht* auf *Ansichteneinstellungen*.

2 In dem sich öffnenden Dialogfenster wird *Gruppieren* gewählt.

3 Deaktivieren Sie zunächst *Automatisch nach Anordnung gruppieren*. Anschließend wählen Sie aus den Listenfeldern jeweils das Element aus, nach dem die Einträge gruppiert werden sollen.

4 Damit die ausgewählten Felder auch tatsächlich im *Kontakte*-Ordner angezeigt werden, muss man jedes Mal *Feld in Ansicht anzeigen* aktivieren.

5 Zusätzlich zu diesen Einstellungen kann die Sortierreihenfolge festgelegt werden. Der Übersichtlichkeit halber sollte sie allerdings für jedes Feld gleich gewählt werden, also entweder alle *Aufsteigend* oder alle *Absteigend*.

6 Mit *OK* und nochmals *OK* werden die Einstellungen übernommen.

Selbstverständlich müssen Sie für die Ansicht nicht alle hier aufgeführten Kriterien verwenden. Wenn Sie hauptsächlich mit Firmen zusammenarbeiten, in denen Sie nur einen Ansprechpartner haben, ist das Kriterium *Abteilung* natürlich überflüssig. Outlook bietet übrigens auch eine vordefinierte Firmenansicht. Um diese zu verwenden, rufen Sie innerhalb des geöffneten *Kontakte*-Ordners *Ansicht* auf und klicken im *Anordnung*-Bereich auf *Firma*.

Sinnvolle Telefonlisten anlegen

Outlook bietet im *Kontakte*-Ordner über *Ansicht/Ansicht ändern/Telefon* eine Standardtelefonliste. Sie mag auf den ersten Blick sinnvoll erscheinen, zeigt bei genauerer Betrachtung aber eklatante Schwächen. So wird nicht nur der Name doppelt angezeigt (*Name* und *Speichern unter)*, auch erscheinen für eine Telefonliste unbrauchbare Spalten wie *Journal* und *Kategorien*. Die Telefonliste sollte tatsächlich nur die Spalten enthalten, die man wirklich benötigt. Und genau eine solche Liste wird durch die folgenden Schritte angelegt.

1 Innerhalb des *Kontakte*-Ordners wird über *Aktuelle Ansicht/Telefon* die Darstellung auf die Telefonliste umgestellt.

2 Im aktuellen Beispiel soll zunächst die Spalte *Name* entfernt werden. Klicken Sie dazu mit der rechten Maustaste auf den Spaltenkopf *Name* und wählen Sie aus dem sich öffnenden Kontextmenü *Diese Spalte entfernen*.

Darum wird die Name-Spalte entfernt

In der Spalte *Name* werden die Namen nach dem Schema *Vorname Nachname* angezeigt. Besser ist im Geschäftsleben – da dort normalerweise Nachnamen geläufiger sind – die Variante *Nachname, Vorname*. Diese Ansicht bietet die Spalte *Speichern unter*. Daher wird eben jene Spalte für die Telefonliste verwendet.

---

3 Wiederholen Sie diese Schritte anschließend für die Spalten *Firma*, *Fax geschäftl.*, *Telefon privat*, *Kategorien* und *Journal*.

4 Ein Problem gibt es noch. Die Spalten passen sich nicht automatisch den Inhalten an. Im ungünstigsten Fall werden so Inhalte abgeschnitten. Vermeiden lässt sich das, indem man mit der rechten Maustaste auf den entsprechenden Spaltenkopf (zum Beispiel *Speichern unter*) klickt und aus dem Kontextmenü *Größe anpassen* wählt.

Eine solche Telefonliste lässt sich dann nicht nur erstklassig in Outlook nutzen, sondern ist auch zum Ausdrucken geeignet.

Geburtstagslisten mit Erinnerung anlegen

Telefonlisten sind natürlich nicht die einzigen Listen, die man sich generieren lassen kann. Ein weiteres typisches Beispiel sind Geburtstagslisten. Fast nichts ist wohl peinlicher, als den Geburtstag eines Kollegen, eines Geschäftspartners oder (noch schlimmer) eines Familienangehörigen zu vergessen. Um den Geburtstag für einen Kontakt einzutragen, öffnen Sie diesen Kontakt und rufen im *Kontakt*-Register *Anzeigen/Details* auf. In das Feld *Geburtstag* kann das entsprechende Datum eingetragen werden.

Der Geburtstag wird eingetragen.

Nach dem Speichern den Kontakts legt Outlook automatisch Kalendereinträge mit folgenden Eigenschaften an:

➢ *Betreff: Geburtstag von xxx* (Wobei *xxx* durch den Namen des Kontakts ersetzt wird.)

➢ *Ganztägiges Ereignis*

➢ *Serientyp = jährlich*

Outlook bietet eine einfache Möglichkeit, sich seine Kontakte nach Geburtstagen sortiert anzeigen zu lassen.

Durch die folgenden Schritte wird eine Ansicht definiert, bei der, sollten an einem Tag mehrere Personen Geburtstag haben, diese gruppiert werden. So hat man sie alle im Blick. Angelegt wird die Liste folgendermaßen:

1 Innerhalb des *Kontakte*-Ordners wählt man aus dem *Ansicht*-Register *Ansicht ändern/ Ansichten verwalten*. Über *Neu* wird das Dialogfenster *Neue Ansicht erstellen* geöffnet.

2 In das Feld *Name der neuen Ansicht* wird *Geburtstagsliste* eingetragen. Bestätigen Sie die Angaben mit *OK*. In dem nun angezeigten Dialogfenster wird auf *Spalten* geklickt. Hierüber legt man die Spalten an, die später in der Geburtstagsliste angezeigt werden sollen.

3 Markieren Sie den ersten Eintrag im Fensterbereich *Diese Spalten in dieser Reihenfolge anzeigen*, halten Sie die Umschalt-Taste gedrückt und klicken Sie auf den letzten Eintrag der Liste. Jetzt sollten alle Wörter markiert sein. Mit *Entfernen* werden alle Einträge gelöscht. Im Feld *Verfügbare Spalten auswählen aus* wird *Alle Kontaktfelder* ausgewählt.

4 Suchen Sie unter *Verfügbare Spalten* nach *Speichern unter* und klicken Sie auf *Hinzufügen*. Wiederholen Sie diese Schritte für die Felder *Adresse privat* und *Geburtstag*. Insgesamt sollte das Dialogfenster folgendermaßen aussehen:

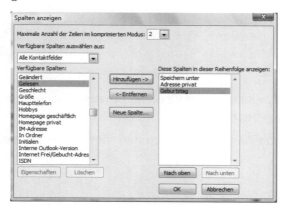

5 Nachdem alle Spalten eingefügt sind, klicken Sie auf *OK* und anschließend auf *Gruppieren*. Im unteren Fensterbereich wird aus der Liste *Ver-*

fügbare Felder auswählen aus der Eintrag *Alle Kontaktfelder* markiert. Anschließend wird unter *Elemente gruppieren nach* der Eintrag *Geburtstag* ausgewählt und daneben *Aufsteigend* eingestellt.

6 Im Bereich *Anschließend nach* wählt man *Speichern unter* aus und bestätigt die Angaben mit *OK*. Klicken Sie auf *Spalten formatieren*. Markieren Sie *Speichern unter* und tragen Sie in das *Anzeigen als*-Feld *Name* ein.

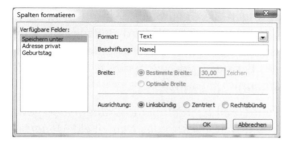

7 Bestätigen Sie dieses und das nächste Dialogfenster mit *OK* und klicken Sie anschließend auf *Ansicht übernehmen*. Im *Kontakte*-Ordner wird unter *Aktuelle Ansicht* auf *Geburtstagsliste* geklickt.

Haben nun mehrere Personen an einem Tag Geburtstag, werden sie gruppiert angezeigt. Über die Plus- und Minuszeichen lassen sich die jeweiligen Gruppen maximieren bzw. minimieren.

Geburtstagslisten anlegen, aber unabhängig von der Jahreszahl

Die im vorherigen Abschnitt generierte Geburtstagsliste war schon einmal nicht schlecht. Einen kleinen Schönheitsfehler hat sie allerdings: Die Geburtstage werden zunächst anhand der Jahreszahl sortiert. Allerdings wollen Sie bei einem raschen Blick auf die Liste natürlich wissen, wer an welchem Tag Geburtstag hat. Das Jahr ist zunächst nebensächlich.

Dieses Manko lässt sich nur beseitigen, indem man das Kontaktformular anpasst. Das allerdings führt zu einem anderen Problem: Denn aus diesem Grund funktioniert die Liste nur mit neu angelegten Kontakten. Bei bereits vorhandenen Kontakten greift diese Liste nicht.

1 Öffnen Sie den *Kontakte*-Ordner und klicken Sie auf *Neuer Kontakt*.

2 Im *Entwicklertools*-Register des sich öffnenden Fensters wird *Dieses Formular entwerfen* gewählt.

Das Register Entwicklertools einblenden

Wahrscheinlich wird das Register *Entwicklertools* bei Ihnen zunächst nicht angezeigt. Um es einzublenden, rufen Sie *Datei/Optionen* auf, klicken im Register auf *Menüband anpassen*, aktivieren im rechten Fensterbereich das Kontrollkästchen *Entwicklertools* und bestätigen dies mit *OK*.

---

3 Wechseln Sie in das Register *(S.2)*, klicken Sie im *Formular*-Bereich auf *Seite/Seite umbenennen*, tragen Sie *Geburtstag* ein und bestätigen Sie den neuen Namen mit *OK*. Im Bereich *Tools* wird *Feldauswahl* aktiviert. Daraufhin wird ein Fenster angezeigt, in dem verschiedene Felder zur Verfügung stehen. (Dieses Fenster ist möglicherweise bereits geöffnet, wenn Sie *Dieses Formular entwerfen* aufrufen.)

4 Aus dem oberen Feld wird *Benutzerdefinierte Ordnerfelder* gewählt. Anschließend klickt man auf *Neu*, trägt in das *Name*-Feld *MonatGeburt* ein und wählt als Typ *Ganze Zahl*. Bestätigen Sie die Angaben mit *OK* und wiederholen Sie die Schritte für das zweite Feld *TagGeburt*.

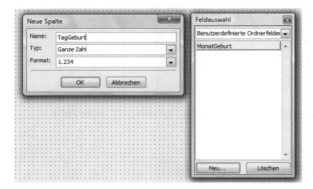

5 Ziehen Sie die beiden Felder nacheinander mit gedrückter linker Maustaste an eine beliebige Stelle des Geburtstagsformulars. Mit der rechten Maustaste wird auf das Eingabefeld rechts neben *MonatGeburt* geklickt und die Eigenschaften aufgerufen.

6 Im Register *Wert* wird *Startwert des Feldes setzen auf* aktiviert und *Month([Geburtstag])* eingetragen. (Dadurch wird in diesem Feld der Monat des Geburtstagsfeldes aus der Detailseite des Kontakts automatisch übernommen.) Nachdem die Angaben bestätigt wurden, werden die Schritte für das *TagGeburt*-Feld wiederholt. Hierbei wird bei *Startwert des Feldes setzen auf* das Feld *Day([Geburtstag])* eingetragen.

7 Nachdem die Felder entsprechend ausgestattet sind, wird im *Formular*-Bereich *Veröffentlichen* und *Formular veröffentlichen unter* gewählt. Weisen Sie dem Formular einen Namen (z. B. *Geburtstag*) zu, wählen Sie aus dem Feld *Suchen in* den Wert *Bibliothek für persönliche Formulare* und klicken Sie auf *Veröffentlichen*.

8 Schließen Sie das Formular, beantworten Sie die Frage, ob die Änderungen gespeichert werden sollen, aber mit *Nein*. Im Outlook-Hauptfenster wird nun im Bereich *Meine Kontakte* mit der rechten Maustaste auf *Kontakte* geklickt und *Neuer Ordner* gewählt. Nachdem als Name *Geburtstag* angegeben wurde, erzeugt man den Ordner mit *OK*.

9 Dieser Ordner wird nun mit der rechten Maustaste angeklickt. Aus dem Kontextmenü wählt man *Eigenschaften*. Im Register *Allgemein* stellen Sie unter *Bereitstellen in diesem Ordner Formulare* ein, markieren im *Suchen in*-Feld *Bibliothek für persönliche Formulare*, wählen das *Geburtstag*-Formular aus, klicken auf *Öffnen* und auf *OK*.

Und wieder wie gehabt: Über die Plus- und Minuszeichen lassen sich die Kontakte nun nach ihrem Geburtstag gruppieren.

Die Geburtstage eingeben

Die Vorarbeiten für die optimierte Geburtstagsliste sind abgeschlossen. Jetzt müssen nur noch die Daten eingegeben werden.

1 Öffnen Sie im *Kontakte*-Ordner den zuvor angelegten Ordner *Geburtstag*. Legen Sie über *Neuer Kontakt* einen neuen Kontakt an. Sie erkennen, dass der neue Bereich *Geburtstag* hinzugekommen ist.

2 Geben Sie probehalber einen Kontakt ein und wechseln Sie in die Registerkarte *Details*. Hier werden die Geburtsdaten eingetragen.

3   Wenn Sie jetzt in das *Geburtstag*-Register wechseln, sehen Sie, dass *Monat* und *Tag* automatisch ausgefüllt wurden. Anhand dieser Daten wird nun die Geburtstagsliste aufgebaut.

4   Klicken Sie im *Ansichten*-Register des *Geburtstag*-Ordners nacheinander auf *Ansicht ändern* und *Ansichten verwalten*.

5   Über *Neu* wird eine neue Ansicht erzeugt, der Sie den Namen *Geburtstag Monat* zuweisen.

6   Über *OK* wird die neue Ansicht angelegt. In dem sich öffnenden Dialogfenster *Ansicht anpassen* klickt man auf *Felder*. Es werden nun die Felder bestimmt, die später angezeigt werden sollen. Markieren Sie im Feld *Diese Felder in dieser Reihenfolge anzeigen* den ersten Eintrag, halten Sie die ⌈Umschalt⌉-Taste gedrückt und klicken Sie auf den letzten Eintrag. Über *Entfernen* werden die Felder gelöscht.

7   Aus dem Feld *Verfügbare Felder auswählen aus* wird *Alle Kontaktfelder* selektiert. Markieren Sie im Feld *Verfügbare Felder* den Eintrag *Speichern unter* und klicken Sie auf *Hinzufügen*. Wiederholen Sie diese Schritte für die Felder *Adresse privat* und *Geburtstag*. Die Auswahl wird mit *OK* bestätigt.

8   Klicken Sie auf *Sortieren*. Im Feld *Verfügbare Felder auswählen aus* wird *Formulare* gewählt. Markieren Sie im linken Fensterbereich *Geburtstag*, klicken Sie auf *Hinzufügen* und *Schließen*. Im oberen Feld wird *MonatGeburt* ausgewählt. Aus dem Feld *Anschließend nach* markiert man *TagGeburt*.

9   Klicken Sie auf *OK* und beantworten Sie die Outlook-Kontrollabfrage mit *Nein*. Über *OK* und *Ansicht übernehmen* werden die Einstellungen angewendet. Im *Kontakte*-Ordner wird nun unter *Ansicht ändern* auf *Geburtstag Monat* geklickt. Wie Sie sehen, werden die Geburtstage korrekt sortiert. Die Jahreszahl spielt bei der Sortierreihenfolge keine Rolle mehr.

5.4 Kontakte und Adressen ausdrucken

Selbstverständlich können Sie die Kontaktdaten ausdrucken. Auch hierfür werden wieder verschiedene Optionen geboten. Egal ob man die Kontakte in einem normalen papiergebundenen Terminplaner verwenden oder sie im Memoformat ausdrucken will, vieles ist möglich.

Entscheidend dafür, welche Optionen Outlook beim Drucken anbietet, ist die aktuell gewählte Ansicht. So stehen bei der Ansicht *Visitenkarte* andere Druckoptionen zur Wahl als in der Ansicht *Karten*.

Einträge im Memoformat drucken

Die gebräuchlichste Form, seine Kontakte auszudrucken, besteht sicherlich in der Verwendung des Memoformats.

Daniel Koch	
Name:	Michael Anders
Nachname:	Anders
Vorname:	Michael
Abteilung:	Marketing
Firma:	Data Becker
Adresse geschäftlich:	Merowingerstrasse 30
	40223 Düsseldorf.
Geschäftlich:	021194234234
E-Mail:	kontakt@databecker.de
E-Mail-Anzeigename:	Michael Anders (kontakt@databecker.de)

So sieht ein Kontakt im Memoformat aus.

Das ist die übersichtlichste Form. Die Kontaktdaten sind gut lesbar und so ideal für den Ausdruck geeignet.

1 Dazu öffnet man den *Kontakte*-Ordner und ruft unter *Ansicht/Ansicht ändern* den Eintrag *Karte* auf.

2 Klicken Sie bei gedrückter Strg-Taste alle Kontakte an, die ausgedruckt werden sollen.

3 Im *Datei*-Register wird *Drucken* gewählt. Markieren Sie den zu verwendenden Drucker und stellen Sie unter *Einstellungen* den Wert *Memoformat* ein.

4 Klicken Sie *Memoformat* doppelt an und wechseln Sie in das Register *Kopfzeilen/Fußzeilen*. Dort tragen Sie in das mittlere Feld den Begriff *Kontaktdaten* ein. Das hier angegebene Wort dient später im Ausdruck als Überschrift.

5 In der Fußzeile sollen Datum, Seitenzahl und Ihr Name erscheinen. Dafür, dass die Seitenzahl mit ausgedruckt wird, sorgt im mittleren Feld der Eintrag *[Seite]*. Um das Datum einzufügen, setzen Sie den Cursor in das linke untere Feld und klicken auf das dritte Symbol von links. Der Benutzername wird eingefügt, indem der Cursor in das rechte Feld gesetzt und anschließend auf das rechte Symbol geklickt wird.

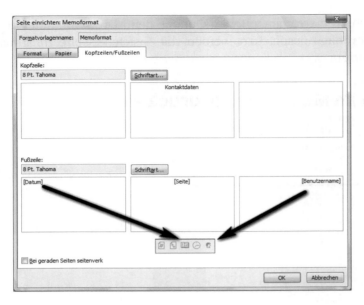

6 Mit *OK* werden die Einstellungen übernommen.

7 Ist man mit dem Ergebnis zufrieden, wird der Ausdruck mit *Drucken* gestartet.

Adresskarten für ein Filofax ausdrucken

Im vorherigen Beispiel wurde ein in Outlook bereits vorhandenes Druckformat lediglich angepasst. In diesem Abschnitt geht es nun darum, wie Sie Ihr ganz persönliches Druckformat entwickeln können. Als Ergebnis bekommen Sie eine Liste der Kontaktdaten, die so für ein Filofax genutzt werden kann. Im folgenden Beispiel wird von einem A5-Filofax ausgegangen. (Sollten Sie eine andere Filofax-Variante verwenden, funktioniert die Konfiguration ähnlich. Allerdings kann es zu einer Fehlermeldung hinsichtlich des Anzeigenplatzes kommen. Was es damit auf sich hat, wird in diesem Abschnitt auch noch gezeigt.)

1 Öffnen Sie den *Kontakte*-Ordner und wählen Sie unter *Ansicht/Ansicht ändern* den Punkt *Visitenkarte* aus.

2 Anschließend wird im *Datei*-Register *Drucken* gewählt, die Druckoptionen werden geöffnet und im *Drucken*-Dialog wird auf *Formate definieren* geklickt.

3 In dem sich öffnenden Dialogfenster stellt man als Druckformat *Kartenformat* ein und klickt anschließend auf *Kopieren*.

4 Im Bereich *Formatvorlagenname* geben Sie den Namen an, unter dem die Druckvorlage gespeichert werden soll. Typischerweise trägt man hier *Filofax* ein.

5 Vergewissern Sie sich, dass *Überschrift für jeden Buchstaben* und *folgen unmittelbar aufeinander* aktiviert sind. Zusätzlich wird *Spaltenanzahl* auf *2* gesetzt. Insgesamt sieht das Dialogfenster nun folgendermaßen aus:

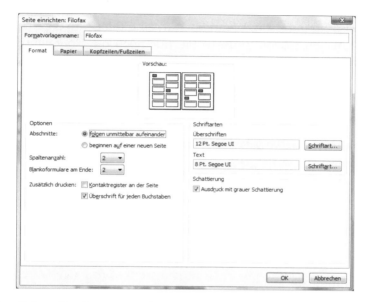

6 Holen Sie die Registerkarte *Papier* nach vorn und stellen Sie unter *Typ* A4 ein. Im Bereich *Größe* wird *filofax A5* markiert.

7 Mit *OK* und *Schließen* werden die Einstellungen übernommen. Über *Seitenansicht* können Sie sich vergewissern, ob die Einstellungen funktionieren.

8 Über *Drucken* können die Adresskarten gedruckt werden.

Um die Vorlage später wiederzuverwenden, wird im *Datei*-Register des *Kontakte*-Ordners auf *Drucken* geklickt und *Filofax* markiert.

Probleme bei Filofax

Sollte die Fehlermeldung *Die angegebene Spaltenzahl ist zu groß* erscheinen, bestätigen Sie diese mit *OK* und stellen im Bereich *Ausrichtung Querformat* ein.

5.5 Mehrere Empfänger zu Kontaktgruppen zusammenfassen

Vielleicht kennen Sie das Problem: Ihrer Projektgruppe gehören 13 Mitglieder an. Jedes Mal, wenn Sie eine E-Mail an die Projektgruppenmitglieder schicken, müssen Sie diese 13 Kontakte mühsam heraussuchen. Das kostet unnötig Zeit. Viel schneller und eleganter ist hier der Weg über Kontaktgruppen. Denn in diesen Listen können Sie mehrere Empfänger zu einer Gruppe zusammenfassen. Wenn Sie nun eine E-Mail an die Projektmitglieder verschicken wollen, müssen Sie nur noch die Kontaktgruppe angeben. Alle Kontakte, die in dieser Liste zusammengefasst sind, bekommen die E-Mail dann automatisch zugestellt.

Früher hieß das Verteilerlisten

In früheren Outlook-Versionen liefen die Kontaktgruppen noch unter dem Namen Verteilerlisten. Diese Bezeichnung wurde mit Outlook 2010 abgeschafft.

Mehrere Kontakte zu einer Kontaktgruppe zusammenfassen

Im Arbeitsleben legt man Kontaktgruppen oftmals anhand der Abteilungen im Unternehmen an:

➢ *Außendienst*

➢ *Marketing*

➢ *Entwicklung*

➢ *Planung*

➢ *Personal*

Zu erkennen sind diese Listen an einem speziellen Symbol.

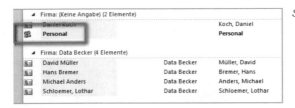

So sehen Kontaktgruppen aus.

Üblicherweise legt man Kontaktgruppen im *Kontakte*-Ordner an. Das ist allerdings nicht die einzige Möglichkeit. Denn auch im

➢ öffentlichen Kontakte-Ordner und im

➢ persönlichen Adressbuch

können die Listen gespeichert werden. Üblicherweise geht man aber den Weg über den *Kontakte*-Ordner.

1 Rufen Sie den *Kontakte*-Ordner auf und klicken Sie im *Start*-Register auf *Neue Kontaktgruppe*.

2 Um Mitglieder in diese Gruppe aufzunehmen, wechseln Sie in das Register *Kontaktgruppe* und klicken auf *Mitglieder hinzufügen*. Nun stehen drei Optionen zur Auswahl:

➢ *Aus Outlook-Kontakten*

➢ *Aus Adressbuch*

➢ *Neuer E-Mail-Kontakt*

3 Normalerweise ruft man *Aus Outlook-Kontakten* auf. Dadurch wird ein Fenster geöffnet, in dem die Outlook-Kontakte angezeigt werden. Markieren Sie dort die gewünschten Kontakte. Eine Mehrfachauswahl ist dabei über die (Strg)-Taste möglich.

4 Durch Anklicken der *Mitglieder*-Schaltfläche werden die ausgewählten Kontakte in die Liste aufgenommen. Mit *OK* bestätigt man die Auswahl.

5 Die Kontakte stehen daraufhin in der Liste. Weisen Sie der Kontaktgruppe nun noch einen Namen zu. Dieser Name dient später dazu, an die Gruppe E-Mails, Besprechungsanfragen usw. schicken zu können.

6 Mit *Speichern und schließen* wie die Gruppe letztendlich angelegt.

Kontaktgruppen aus E-Mails im Posteingang erzeugen

Beim Anlegen von Kontaktgruppen muss übrigens nicht immer die zuvor gezeigte Variante gewählt werden. Es gibt auch einen (fast) automatischen Weg.

Wie das funktioniert, wird anhand eines typischen Beispiels gezeigt. Dabei wird davon ausgegangen, dass innerhalb des Posteingangs der Unterordner *Zweigniederlassungen* existiert. Dort landen mittels angelegter Regel alle E-Mails aus den entsprechenden Niederlassungen. Aus den Absendern dieser Nachrichten soll nun die Kontaktgruppe *Zweigniederlassungen* erstellt werden.

1   Öffnen Sie den Unterordner *Zweigniederlassungen* und klicken Sie im *Datei*-Register auf *Öffnen* und *Exportieren*. Hier markiert man *In Datei exportieren* und klickt auf *Weiter*.

2   Markieren Sie *Microsoft Excel* und bestätigen Sie das mit *Weiter*.

3   Als der zu exportierende Ordner wird *Zweigniederlassungen* ausgewählt.

4   Anschließend klickt man auf *Weiter*. Über *Durchsuchen* wählen Sie Speicherort und Dateiname der Excel-Datei aus, die beim Exportieren neu angelegt werden soll. Mit *OK* und *Weiter* geht es zum nächsten Schritt.

5   Mit *Fertig stellen* werden die Kontakte exportiert.

Durch diese Schritte sind Sie im Besitz einer Excel-Datei. Die darin enthaltenen Adressen müssen nun in einen Kontakte-Ordner importiert werden. Sollte dieser noch nicht existieren, legen Sie zunächst einen neuen Kontakte-Ordner an und nennen diesen z. B. *Zweigniederlassungen*.

1   Klicken Sie im *Datei*-Register auf *Öffnen* und *Importieren*, markieren Sie *Aus anderen Programmen und Dateien importieren* und klicken Sie auf *Weiter*.

2   Hier markiert man *Microsoft Excel* und wählt *Weiter*. Über *Durchsuchen* wird die zuvor angelegte Excel-Datei ausgewählt. Mit *Weiter* geht es zum nächsten Dialogfenster. (Unter *Optionen* lässt man üblicherweise die Option *Erstellen von Duplikaten zulassen* aktiviert.)

3   Markieren Sie den Kontakte-Ordner *Zweigniederlassung* und klicken Sie nacheinander auf *Weiter* und *Fertig stellen*.

Die ausgewählten E-Mail-Adressen werden jetzt in den Kontakte-Ordner importiert. Die Vorarbeiten sind damit abgeschlossen, und die Kontaktgruppe kann angelegt werden.

1   Das geschieht im Kontakte-Ordner über *Start/Neue Kontaktgruppe*. Als Name wird der Kontaktgruppe *Zweigniederlassungen* zugewiesen.

2   Über *Mitglieder hinzufügen* im Register *Kontaktgruppe/Aus Outlook-Kontakten* wählen Sie den zuvor angelegten Kontakte-Ordner aus.

3   Markieren Sie die gewünschten Kontakte und klicken Sie anschließend auf *Mitglieder*.

4   Angelegt wird die Kontaktgruppe mit *OK* sowie *Speichern und schließen*.

Damit ist die Kontaktgruppe *Zweigniederlassungen* erzeugt, die nun wie jede andere Liste verwendet werden kann.

E-Mails an die Kontaktgruppe senden

Nachdem man die Kontaktgruppe angelegt hat, will man an sie natürlich auch E-Mails verschicken. Dabei geht man exakt so wie bei einer normalen E-Mail vor.

1   Innerhalb der neuen E-Mail wählt man über *An* die Kontaktgruppe aus. (Ebenso kann man den Namen der Kontaktgruppe auch direkt in das Adressfeld eintragen.)

2   Anschließend wird die E-Mail wie gewohnt gesendet.

Empfänger verstecken: das Bcc-Feld nutzen

Oft will man die E-Mail zwar an eine Kontaktgruppe schicken, die Empfänger sollen aber nicht die Adressen der anderen E-Mail-Empfänger sehen.

Firmenintern am Exchange Server kann man mit dem Exchange System Manager Gruppen anlegen. Sämtliche Nachrichten, die man an eine solche Gruppe schickt, enthalten als Empfängernamen ausschließlich den Gruppennamen. Allerdings hat diese Variante für die meisten „normalen" Anwender einen entscheidenden Nachteil: Um solche Gruppen anzulegen, benötigt man auf dem Exchange Server Administratorrechte, die man normalerweise nicht hat.

In solchen Fällen – oder auch wenn man nicht in einer Exchange-Umgebung arbeitet – gibt es noch eine andere Möglichkeit. Das Zauberwort lautet *Bcc* – **B**lind **C**arbon **C**opy. Sie haben Sinn und Zweck dieses Feldes bereits kennengelernt. Und genau wie bei „normalen" Empfängern kann man es auch in Verbindung mit Kontaktgruppen verwenden.

1   Die E-Mail wird wie üblich angelegt.

2   In das *An*-Feld trägt man allerdings nicht den Namen der Kontaktgruppe, sondern seine eigene E-Mail-Adresse ein.

3   In das *Bcc*-Feld trägt man nun den Namen der Kontaktgruppe ein.

4   Anschließend kann die E-Mail wie gewohnt versendet werden.

Die Empfänger sehen lediglich, dass sie eine Nachricht bekommen haben.
Alle anderen Adressen können sie nicht einsehen.

So ändern Sie Kontaktgruppen nachträglich

Kontaktgruppen können jederzeit auch nachträglich noch geändert werden. Das ist wichtig, wenn zum Beispiel ein neuer Kollege in die Gruppe
aufgenommen werden muss. In solchen Fällen gehen Sie folgendermaßen
vor:

1   Wechseln Sie in den *Kontakte*-Ordner und öffnen Sie die Kontaktgruppe mit einem *Doppelklick*.

2   Innerhalb des Registers *Kontaktgruppe* können über *Mitglieder hinzufügen* neue Mitglieder aufgenommen werden. Wählen Sie die gewünschte Option aus und fügen Sie den Kontakt der Gruppe hinzu.

Mitglieder aus der Kontaktgruppe entfernen

Ähnlich unkompliziert funktioniert auch das Löschen eines Mitglieds. Dazu öffnen
Sie die Kontaktgruppe, markieren den nicht mehr benötigten Kontakt und klicken
im Register *Kontaktgruppe* auf *Mitglied entfernen*.

So hält man die Daten der Kontaktgruppe automatisch aktuell

Die Kontaktgruppe lässt sich automatisch auf dem neusten Stand halten.
Ändert sich beispielsweise die E-Mail-Adresse eines Kontakts, passt man
diesen Eintrag normalerweise im *Kontakte*-Ordner an. Normalerweise öffnet man anschließend die Kontaktgruppe und trägt auch dort die neue
E-Mail-Adresse ein. Diesen Schritt kann man sich allerdings sparen.

1   Öffnen Sie die Kontaktgruppe und klicken Sie im Register *Kontaktgruppe* auf *Jetzt aktualisieren*.

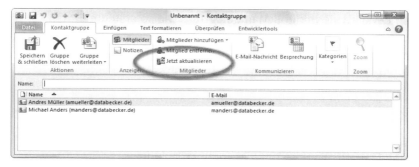

2 Outlook gleicht automatisch sämtliche Daten zwischen Kontaktgruppe und *Kontakte*-Ordner ab.

Kontaktgruppen mitnehmen oder einem Kollegen zuschicken

Sie haben auf den vorherigen Seiten gesehen, wie aufwendig es sein kann, Kontaktgruppen anzulegen und immer auf dem neusten Stand zu halten. Kein Wunder also, dass man sie auch nach einem Rechnerwechsel wieder zur Verfügung haben will. Für diese Fälle genügt es, wenn Sie sie über die normale Exportfunktion von Outlook so wie die anderen Kontakte exportieren. Vielleicht wollen Sie einen Kollegen aber auch in den Genuss der Kontaktgruppe kommen lassen. Dann senden Sie ihm diese Liste einfach per E-Mail zu.

1 Dazu wird eine neue E-Mail erstellt.

2 Im *Einfügen*-Register wählt man *Element einfügen*, markiert im oberen Fensterbereich den gewünschten Kontakte-Ordner und sucht nach der Kontaktgruppe.

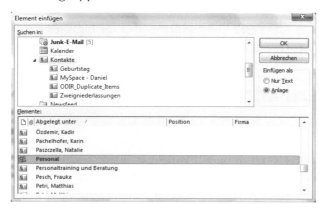

3 Mit *OK* wird sie in die E-Mail eingefügt. Die so erstellte E-Mail kann nun verschickt werden. Der Empfänger muss den Anhang (die Kontaktgruppe) anschließend einfach mit gedrückter linker Maustaste auf den *Kontakte*-Ordner ziehen und sie dort loslassen.

So kontrollieren Sie die Kontaktgruppe in Excel

Kontaktgruppen nehmen schnell einen beachtlichen Umfang an. Umso wichtiger ist es, dass man regelmäßig kontrolliert, ob noch alle E-Mail-Adressen oder Namen stimmen. Das könnte man natürlich direkt in Outlook. Allerdings ist diese Prozedur zu aufwendig. Eleganter und schneller geht es, wenn man die Kontaktgruppe nach Excel exportiert und dort auf mögliche Fehler hin untersucht.

Anschließend nimmt man die möglichen Korrekturen auf dem klassischen Weg in Outlook vor.

1 Öffnen Sie den betreffenden Kontakte-Ordner und suchen Sie nach der Kontaktgruppe.

2 Ziehen Sie die Kontaktgruppe mit gedrückter rechter Maustaste auf den E-Mail-Ordner.

3 Dort wird die Maustaste losgelassen und *Hierhin kopieren als Nachricht mit Text* gewählt.

4 In dem sich öffnenden E-Mail-Fenster werden die Daten der Kontaktgruppe angezeigt.

5 Kopieren Sie diese, öffnen Sie Excel und fügen Sie die Daten dort mit [Strg]+[V] ein.

So haben Sie die Daten der Kontaktgruppe schön übersichtlich vorliegen und können ganz bequem kontrollieren, ob alles seine Richtigkeit hat.

5.6 Aktivitäten zu Kontakten verfolgen

Mit einfachen Mitteln kann man herausfinden, wie oft man mit einem Kontakt telefoniert oder ihm die letzte E-Mail geschickt und welche Aufgaben man ihm zugewiesen hat. Möglich wird das durch die Verknüpfung von Outlook-Elementen mit Kontakten. Anhand dieser Verknüpfungen kann man dann die Aktivitäten einer Person exakt nachverfolgen.

Kontakte mit Outlook-Elementen verknüpfen

Um die Aktivitäten kontrollieren zu können, müssen die Outlook-Elemente mit dem Kontakt verknüpft werden. Will man also zum Beispiel wissen, welche Aufgabe man einem Kontakt zugewiesen hat, stellt man eine Verknüpfung zwischen Aufgabe und Kontakt her. Anders bei einem Termin. In diesem Fall muss man den Kontakt mit dem Termin verknüpfen. Und genau von einem solchen Fall wird im folgenden Beispiel ausgegangen.

1 Öffnen Sie den Kontakt und wählen Sie *Einfügen/Outlook-Element.*

Verknüpfungen im Schnellzugriff

Wenn Sie öfter Kontakte mit Elementen verknüpfen, sollten Sie die entsprechende Schaltfläche in die Schnellzugriffleiste aufnehmen. Klicken Sie dazu auf den Abwärtspfeil in der Leiste und rufen Sie dort *Weitere Befehle* auf. Anschließend wählt man unter *Befehle auswählen* den Eintrag *Alle Befehle*, markiert *Verknüpfung* und klickt auf *Hinzufügen.*

Nachdem man die Einstellungen mit *OK* übernommen hat, kann man den Kontakt ganz bequem über die neue Schaltfläche mit beliebigen Elementen verknüpfen.

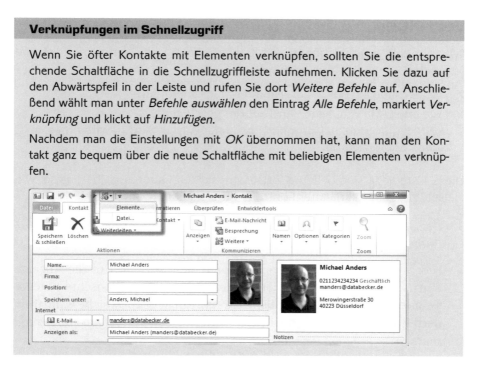

2 Im oberen Fensterbereich wird *Kalender* markiert. In der unteren Fensterhälfte kann nun der gewünschte Termin ausgewählt werden.

3 Über *OK* wird die Verbindung zwischen Kontakt und Kalendereintrag hergestellt. Mit *Speichern* werden die Einstellungen übernommen.

4 Um herauszufinden, wer an dem im Kalender angegebenen Termin teilnimmt, öffnen Sie den entsprechenden Kalendereintrag. Im Register *Ereignis*, Bereich *Kontakte* werden die teilnehmenden Personen angezeigt.

Sie können Kontakte übrigens nicht nur mit Kalendereinträgen verknüpfen. Das gleiche Vorgehen lässt sich genauso gut auf Notizen, E-Mails und andere Outlook-Elemente anwenden.

Man kann übrigens nicht nur Outlook-Elemente mit Kontakten verknüpfen. Ebenso lassen sich auch Word-, Excel- und PDF-Dateien nutzen. So kann man zum Beispiel einem Kontakt eine Preiskalkulation zuordnen und hat sie so immer gleich parat.

Aktivitäten zu einem Kontakt detailliert verfolgen

Wie sinnvoll Verknüpfungen sein können, zeigt sich, wenn man sich die folgenden Fragen beantworten will:

> Wann habe ich das letzte Mal mit Müller telefoniert?
> Welche E-Mails habe ich an Taubner geschickt?
> Wann hat Stöckl eigentlich das letzte Mal an einem Meeting teilgenommen?

Diese Liste ließe sich beliebig fortsetzen, sie zeigt aber auch bereits so, wie vielseitig sich die Aktivitätenkontrolle nutzen lässt.

1 Dazu wird der Kontakt geöffnet und im *Kontakt*-Register *Anzeigen/ Aktivitäten* aufgerufen.

2 Hier werden alle Aktivitäten des Kontakts angezeigt. Um die Anzeige einzuschränken, wird aus dem *Anzeigen*-Feld die gewünschte Kategorie ausgewählt. Will man beispielsweise nur wissen, welche Aufgaben dem Kontakt zugewiesen wurden, wird *Anstehende Aufgaben/Termine* markiert.

5.7 Mit Adressbüchern arbeiten

Vorweg die wohl wichtigste Lektion dieses Abschnitts: Adressbücher haben nichts mit den Outlook-Kontakten zu tun. Mit Kontakten wird all das bezeichnet, was im Outlook-*Kontakte*-Ordner gespeichert ist. Das Outlook-Adressbuch hingegen wird erst dann angezeigt, wenn man auf die *An*-, *Bcc*- oder *Cc*-Schaltfläche innerhalb eines neuen E-Mail-Fensters klickt.

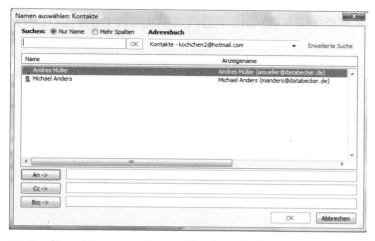

Die Empfänger können ganz bequem über das Adressbuch ausgewählt werden.

In und im Umfeld von Outlook wird zwischen drei verschiedenen Adressbüchern unterschieden.

➢ **Outlook-Adressbuch** – das Outlook-Adressbuch ist nichts anderes als ein Anzeigemedium für die Outlook-Kontakte. Trotz dieser Gemeinsamkeit verhalten sich die Outlook-Kontakte und das Outlook-Adressbuch vor allem hinsichtlich der Sortierung der Einträge sehr unterschiedlich. So gibt es im Outlook-Adressbuch nur drei Sortiermöglichkeiten: nämlich Vorname, Nachname und *Wie "Speichern unter"* – anders im *Kontakte*-Ordner, bei dem unzählige Varianten angeboten werden.

➢ **Windows-Adressbuch** – dieses Adressbuch wird hauptsächlich von Outlook Express bzw. Windows Mail genutzt.

➢ **Persönliches Adressbuch** – das persönliche Adressbuch ist ein Relikt des Exchange-Clients. Es arbeitet im Gegensatz zum Outlook-Adressbuch unabhängig von der PST-Datei. Bei der Arbeit mit dem persönlichen Adressbuch ist zu berücksichtigen, dass dort vorgenommene Einträge nicht in der persönlichen Ordnerdatei *(*.pst)* gespeichert werden. Das persönliche Adressbuch muss also separat gesichert werden. Diese mit der Dateierweiterung **.pab* abgespeicherten Adressbücher lassen sich aber problemlos über den Import-Assistenten in Outlook integrieren.

Das wichtige Adressbuch ist das Outlook-Adressbuch, auf dem im Folgenden das Hauptaugenmerk liegen wird.

Die Outlook-Kontakte als Adressbuch einrichten

Um die im *Kontakte*-Ordner angelegten Kontakte als Adressbuch nutzen zu können, muss man zunächst den Adressbuchdienst einrichten.

1 Dazu ruft man aus dem *Datei*-Register den Punkt *Kontoeinstellungen/ Kontoeinstellungen* auf und wechselt in das Register *Adressbücher*.

2 Hier klicken Sie auf *Neu*. Im nächsten Dialogfenster wird *Zusätzliche Adressbücher* markiert und mit *Weiter* bestätigt.

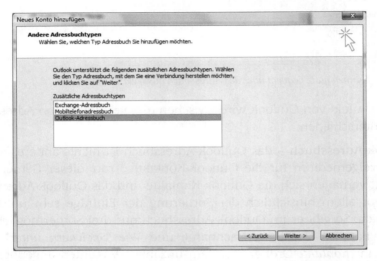

3 Dort markiert man *Outlook-Adressbuch* und bestätigt diese Auswahl ebenfalls mit *Weiter*.

4 Sollte es jetzt zu einer Fehlermeldung kommen, ist der Adressbuchdienst bereits installiert. In diesem Fall können Sie den Assistenten abbrechen. Erscheint keine Fehlermeldung, führen Sie den Assistenten zu Ende.

5 Um nun den *Kontakte*-Ordner als Adressbuch einzurichten, klicken Sie ihn mit der rechten Maustaste an und wählen *Eigenschaften*.

6 Im Register *Outlook-Adressbuch* aktivieren Sie das Kontrollkästchen *Diesen Ordner als E-Mail-Adressbuch anzeigen*.

Nachdem man das offene Dialogfenster mit *OK* geschlossen hat, kann man den *Kontakte*-Ordner als Adressbuch nutzen. Um das zu testen, klicken Sie innerhalb eines E-Mail-Fensters auf die *An*-Schaltfläche. In dem erscheinenden Fenster werden nun sämtliche Kontakte aus dem *Kontakte*-Ordner angezeigt. Über das Auswahlfeld im oberen Fensterbereich lässt sich das entsprechende Adressbuch auswählen.

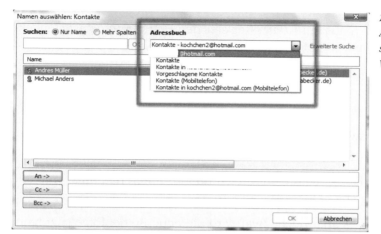

Zahlreiche Adressbücher stehen zur Verfügung.

Wirklich alle Kontakte anzeigen

Ein Problem mit den Kontakten gibt es nun allerdings noch. Es tritt auf, wenn man mehrere Kontakte-Ordner besitzt. In diesem Fall muss man tatsächlich bei jedem dieser Ordner das Kontrollkästchen *Diesen Ordner als E-Mail-Adressbuch anzeigen* aktivieren. Erst dann werden wirklich alle Kontakte im Adressbuch angezeigt.

Die Sortierreihenfolge ändern

Beim Speichern von Kontakten werden verschiedene Sortierungen angeboten. Dazu steht innerhalb der Kontaktfenster das Auswahlfeld *Speichern unter* zur Verfügung. Im Geschäftsleben entscheidet man sich hier normalerweise für *Nachname, Vorname* – schließlich kennt man die meisten beruflichen Kontakte hauptsächlich mit Nachnamen. Und genau das ist auch die Standardeinstellung. Möglicherweise wollen Sie die Kontakte aber auch zuerst mit dem Vornamen oder nach Firma *(Nachname, Vorname)* ablegen. Die Standardeinstellung für das Feld *Speichern unter* kann man anpassen.

1   Gehen Sie dazu im *Datei*-Register auf *Optionen* und öffnen Sie das Register *Kontakte*. Interessant ist dort der Bereich *Namen und Ablage*.

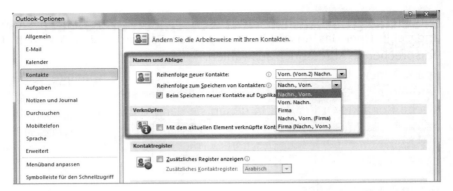

2 Über das Auswahlfeld *Reihenfolge zum Speichern von Kontakten* stellen Sie die gewünschte Reihenfolge ein.

Nachdem man die Einstellungen mit *OK* übernommen hat, muss man die Sortierreihenfolge nicht jedes Mal ändern.

Ein Problem gibt es aber noch: Zwar wird die neue Reihenfolge jetzt beim Speichern von Kontakten automatisch angewendet, nutzt man beim Schreiben von E-Mails aber die Adressliste, werden Sie feststellen, dass dort die Kontakte immer nach Vornamen sortiert werden. (Die Adressliste wird aufgerufen, indem man innerhalb des geöffneten E-Mail-Fensters auf die *An*-Schaltfläche klickt.) Auch dieses Verhalten lässt sich anpassen.

1 Dazu wird im *Datei*-Register *Kontoeinstellungen/Kontoeinstellungen* aufgerufen.

2 Im Register *Adressbücher* finden Sie alle vorhandenen Adressbücher.

3 Hier wird das gewünschte Adressbuch standardmäßig *Outlook-Adressbuch*) markiert und auf *Ändern* geklickt.

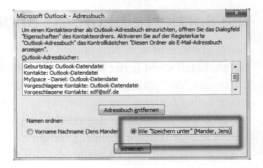

4 In dem sich öffnenden Dialogfenster markiert man *Wie "Speichern unter" (Mander, Jens)*.

5 Mit *Schließen* und *Fertig stellen* werden die Einstellungen übernommen.

6 Nach einem Outlook-Neustart zeigt ein Blick in das Adressbuch, dass die Sortierung anhand von Nachnamen vorgenommen wird.

Erst die geschäftlichen Kontakte anzeigen lassen

Beim Öffnen des Adressbuches werden zunächst die Kontakte des Standard-*Kontakte*-Ordners angezeigt. Allerdings legen sich viele Anwender eigene Kontakte-Ordner an, in denen sie dann die wichtigsten Geschäftspartner zusammenfassen. Im folgenden Beispiel wird davon ausgegangen, dass der Kontakte-Ordner *Geschäftspartner* existiert. Und eben der Inhalt dieses Ordners soll beim Adressbuch-Start angezeigt werden.

1 Im *Kontakte*-Ordner wird das Adressbuch über *Start/Adressbuch* aufgerufen.

2 Hier wird aus dem *Extras*-Menü *Optionen* gewählt. Stellen Sie unter *Beim Öffnen des Adressbuchs diese Adressliste zuerst anzeigen* den gewünschten Ordner (im Beispiel *Geschäftspartner*) ein. Damit auch beim Senden zuerst die Namen und E-Mail-Adressen anhand dieses Kontakte-Ordners überprüft werden, markieren Sie im unteren Fensterbereich den entsprechenden Ordner und klicken so lange auf das Pfeil-nach-oben-Symbol, bis der Eintrag an erster Stelle steht.

3 Mit *OK* werden die Einstellungen übernommen.

Um sich die Inhalte der anderen Kontakte-Ordner anzeigen zu lassen, selektiert man sie im Adressbuch-Hauptfenster aus dem Feld *Namen anzeigen aus*.

Nach Kontakten im Adressbuch suchen

Das Adressbuch hält eine Suchfunktion parat. Um diese zu nutzen, rufen Sie das Adressbuch bei geöffnetem *Kontakte*-Ordner über *Start/Adressbuch* auf. Aus dem Auswahlfeld *Adressbuch* geben Sie das zu durchsuchende Adressbuch an.

Die Suche im Adressbuch war in früheren Outlook-Versionen nur anhand der beiden Felder *Vorname* und *Nachname* möglich. Kein Wunder also, dass viele Anwender die Suchfunktion erst gar nicht eingesetzt haben. Denn meistens hat man den gesuchten Kontakt mittels Scrollen durch die Datensätze schneller gefunden.

Mit Outlook 2007 wurde dieses Manko endlich beseitigt. Hier können in der Suche nun tatsächlich alle Kontaktfelder durchsucht werden. Dazu aktiviert man im oberen Fensterbereich *Mehr Spalten*.

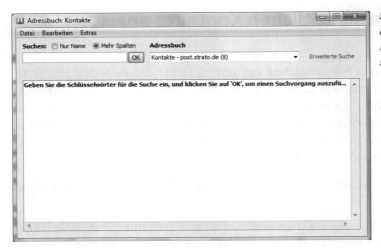

So kann man detailliert nach Kontakten suchen.

In das Feld können mehrere Kriterien eingetragen werden. Die einzelnen Werte sind dabei jeweils durch ein Komma voneinander zu trennen.

Fehlermeldungen beim Öffnen des Adressbuches

Das Adressbuch ist eine feine Sache, allerdings funktioniert es nicht immer. Klickt man beispielsweise innerhalb eines E-Mail-Fensters auf die *An*-Schaltfläche, um so den Empfänger auszuwählen, kann es schon mal vorkommen, dass die Liste leer ist.

Manchmal passiert es aber auch, dass beim Zugriff auf das Adressbuch die folgende Fehlermeldung angezeigt wird:

Die Adressliste kann nicht angezeigt werden. Der mit dieser Adressliste assoziierte Kontaktordner wurde verschoben oder gelöscht, oder Sie haben keine Zugriffsberechtigung. Informationen über das Entfernen dieses Ordners aus dem Adressbuch finden Sie in der Outlook-Hilfe.

Diese beiden Probleme lassen sich mit wenigen Handgriffen lösen:

1 Rufen Sie aus dem *Datei*-Register *Kontoeinstellungen/Kontoeinstellungen* auf und wechseln Sie in das Register *Adressbücher*.

2 Dort markieren Sie das erste aufgeführte *Outlook-Adressbuch* und löschen es mit *Entfernen*. Wiederholen Sie diese Schritte für alle weiteren Adressbücher.

3 Anschließend schließt man das offene Dialogfenster, beendet Outlook und startet das Programm neu.

4 Klicken Sie in der Ordnerliste den *Kontakte*-Ordner mit der rechten Maustaste an und wählen Sie *Eigenschaften*. Im Register *Outlook-Adressbuch* aktivieren Sie das Kontrollkästchen *Diesen Ordner als E-Mail-Adressbuch anzeigen*.

5 Nachdem man die Einstellungen mit *Übernehmen* und *OK* bestätigt hat, wird das Adressbuch wie gewohnt angezeigt.

Bei einigen Anwendern ist die Option *Diesen Ordner als E-Mail-Adressbuch anzeigen* allerdings „ausgegraut" und lässt sich daher nicht aktivieren. Auch dieses Problem lässt sich lösen:

1 Dazu ruft man aus dem *Datei*-Register die *Kontoeinstellungen* auf und wechselt in das Register *Adressbücher*.

2 Dort wählt man *Neu*, markiert *Zusätzliche Adressbücher* und klickt auf *Weiter*. In dem sich öffnenden Dialogfenster aktiviert man *Outlook-Adressbuch* und bestätigt diese Einstellung ebenfalls mit *Weiter*.

3 Nachdem man alle offenen Dialogfenster geschlossen und danach Outlook beendet und erneut gestartet hat, kann in den Eigenschaften des Kontakte-Ordners die Option *Diesen Ordner als E-Mail-Adressbuch anzeigen* aktiviert werden.

Ein LDAP-Verzeichnis einrichten

LDAP fristet ein Schattendasein, ist aber eine überaus interessante Anwendung. Denn gerade in großen Unternehmen können dank eines LDAP-Servers Adressen zentral bereitgestellt werden. So lassen sich Hunderttausende E-Mail-Adressen auf einem Server speichern und alle Mitarbeiter können diesen Datenbestand über Outlook abfragen. LDAP kann aber mehr, als ein riesiges Adressbuch zur Verfügung zu stellen. Typische Einsatzgebiete sind:

➢ Benutzerverwaltung

➢ E-Mail-Adressverzeichnis

➢ Telefonbuch innerhalb eines Unternehmens

➢ Ressourcenverwaltung (Tagungsräume, Firmenwagen etc.)

Um die Vorteile von LDAP nutzen zu können, muss zunächst eine Verbindung zu dem betreffenden LDAP-Server hergestellt werden.

Der eigene LDAP-Server

In diesem Buch liegt der Fokus auf dem Einsatz von Outlook aus Clientsicht. Vielleicht wollen Sie aber selbst einen LDAP-Server aufsetzen und so die Adressen in Ihrem Unternehmen zentral verwalten. (Oder dem Admin einen entsprechenden Tipp geben.) Einen LDAP-Server für Windows finden Sie unter *http:// www.devx.com/dbzone/Article/27241*.

Nun haben Sie in Ihrem Unternehmen möglicherweise noch keinen LDAP-Server, wollen aber trotzdem wissen, wie sich das Arbeiten mit LDAP anfühlt. Zu diesem Zweck wird im folgenden Beispiel der LDAP-Server von Bigfoot, einem E-Mail-Verzeichnis, verwendet.

1 Aus dem *Datei*-Register ruft man *Kontoeinstellungen* auf und wechselt in das Register *Adressbücher*.

2 Klicken Sie dort auf *Neu* und übernehmen Sie im nächsten Dialogfenster die Voreinstellung *Internetverzeichnisdienst (LDAP)* mit *Weiter*.

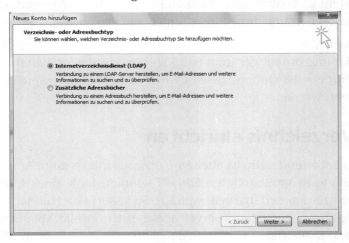

3 Geben Sie dort den entsprechenden LDAP-Server an. Im aktuellen Beispiel wird *ldap://ldap.bigfoot.com/* verwendet. Im Unternehmen müssen Sie wahrscheinlich zusätzlich das Kontrollkästchen *Server erfordert Anmeldung* aktivieren. Die dort einzutragenden Werte für Benutzername und Kennwort erhalten Sie von Ihrem Administrator.

4 Mit *Weiter* und *Fertig stellen* wird die Installation abgeschlossen. Nach einem Neustart von Outlook kann das eingerichtete Adressbuch verwendet werden. Dazu ruft man *Start/Adressbuch* auf und wählt es im *Adressbuch*-Bereich aus.

5.8 Adressbücher zusammenführen

Effektiv arbeiten lässt sich mit dem *Kontakte*-Ordner nur, wenn man ihn permanent säubert und dafür sorgt, dass weder doppelte Einträge noch sogenannte Karteileichen vorhanden sind. Outlook selbst hat hier nur beschränkte Fähigkeiten, sodass man auf Lösungen externer Anbieter zurückgreifen muss.

Doppelte Einträge finden

Der *Kontakte*-Ordner wird schnell unübersichtlich, wenn man Kontakte doppelt abspeichert. Das passiert übrigens häufiger, als man annehmen mag. Ein kleiner Schreibfehler im Namen genügt und schon werden für ein und dieselbe Person zwei Kontakteinträge angelegt. Allerdings ist das nicht die einzige Situation, bei der man sich doppelte Einträge einbrockt. Auch das Importieren von Kontakten ist eine potenzielle Gefahrenquelle.

Outlook hat mittlerweile eine Funktion eingebaut, die direkt erkennt, dass ein möglicher Konflikt auftritt und man einen Kontakt doppelt anlegen will. Versucht man, einen Kontakt unter dem gleichen Namen wie einen bereits existierenden zu speichern, wird folgendes Dialogfenster geöffnet:

Der Kontakt ist offenbar bereits vorhanden.

Hier kann man entscheiden, ob der Kontakt tatsächlich als neuer Kontakt angelegt oder der bestehende Kontakt mit den neuen Informationen aktualisiert werden soll.

Speichert man den Kontakt tatsächlich als neuen Kontakt, wird er dem *Kontakte*-Ordner hinzugefügt. Gibt es also beispielsweise bereits den Kontakt *Hans Müller* und Sie speichern einen weiteren Kontakt mit dem Namen *Hans Müller*, gibt es im *Kontakte*-Ordner zwei *Hans Müller*. Das Problem hieran ist lediglich, dass man die Kontakte auf den ersten Blick nur schlecht auseinanderhalten kann. Am besten wählen Sie in einem solchen Fall eine Ansicht, in der ausreichend Informationen angezeigt werden, um die Kontakte unterscheiden zu können.

Die Warnung abschalten

Wenn Sie nicht jedes Mal diesen Warnhinweis angezeigt bekommen wollen, können Sie ihn ausschalten. Dazu öffnen Sie *Datei/Optionen/Kontakte* und deaktivieren das Kontrollkästchen *Beim Speichern neuer Kontakte auf Duplikate überprüfen.*

Weist man Outlook hingegen an, den bestehenden Kontakt mit den neuen Informationen zu ergänzen, passiert Folgendes: Outlook vergleicht alle Felder des bestehenden und des neuen Kontakts. Dabei werden alle Felder des bestehenden Kontakts mit denen aus dem neuen Kontakt überschrieben. Das passiert allerdings nur dort, wo sich die Daten überschneiden. Steht im bereits existierenden Kontakt die geschäftliche Telefonnummer *(030) 18987823* und im neuen Kontakt im gleichen Feld *(040) 1234234*, wird sie in das Feld des bestehenden Kontakts kopiert.

Die vorgestellte Outlook-Funktion ist nur beim Anlegen von Kontakten hilfreich. Befinden sich allerdings bereits doppelte Einträge im *Kontakte-Ordner*, greift sie nicht. Hier muss man dann entsprechende Fremdtools einsetzen. Davon gibt es einige. Ein kostenloses Tool dieser Art ist der **O**utlook **D**uplicate **I**tems **R**emover, der von der Seite *http://www.vaita. com/ODIR.asp* heruntergeladen werden kann.

Nicht nur für doppelte Kontakte

Mit ODIR lassen sich übrigens nicht nur doppelte Kontakteinträge löschen. Auch doppelte Notizen, E-Mails, Aufgaben und Kalendereinträge lassen sich entfernen.

Schließen Sie vor der Installation Outlook. Durch die Installation führt ein Assistent. Hier ist nichts weiter zu beachten. Wenn

Sie nach erfolgreicher Installation Outlook öffnen und in das *Add-Ins*-Register wechseln, finden Sie dort den Eintrag *ODIR*. Klicken Sie diesen an und wählen Sie Remove duplicate items.

Keine Angst vorm Löschen

Outlook Duplicate Items Remover löscht die doppelten Einträge zwar aus dem angegebenen Ordner, allerdings nicht sofort aus Outlook. Stattdessen werden die entfernten Einträge automatisch in den neuen Kontakte-Ordner *ODIR_Duplicate_Items* verschoben, der von ODIR angelegt wird. Somit können Sie also jederzeit versehentlich gelöschte Einträge wiederherstellen.

In dem sich öffnenden Dialogfenster markieren Sie den Ordner, der auf doppelte Einträge untersucht werden soll. Über die Schaltfläche *Remove duplicate items* wird die Suche gestartet. Je nach Anzahl der vorhandenen Einträge kann die Suche eine Weile dauern. Anschließend wird die Anzahl der entfernten doppelten Einträge angezeigt. Zur Kontrolle sollten Sie dann in jedem Fall noch einmal in dem Ordner *ODIR_Duplicate_Items* die entfernten Elemente überprüfen. Um Platz zu sparen, können diese dann – wenn alles korrekt gelaufen ist – gelöscht werden.

Plaxo: Karteileichen finden und entfernen

Nicht nur doppelte Kalendereinträge können einem das Outlook-Leben schwermachen, auch veraltete Einträge stören. Spätestens wenn Sie merken, dass bei Serienmails die Hälfte der Nachrichten als unzustellbar wieder zurückkommt, ist es Zeit zu handeln. Ähnlich wie bei Dubletten liefert Outlook auch für dieses Problem keine befriedigende Lösung und man muss auf Fremdanbieter setzen.

Eine recht unkonventionelle Lösung ist dabei Plaxo, das die im *Kontakte*-Ordner enthaltenen Kontakte automatisch um Aktualisierung ihrer Daten bittet.

Damit das funktioniert, verschickt Plaxo nach der Installation an die im *Kontakte*-Ordner liegenden Kontakte automatisch E-Mails. In denen sind die jeweiligen Daten des angeschriebenen Kontakts enthalten. Die Empfänger können ihre Daten bei Bedarf anpassen und schicken sie anschließend zurück. Beim Eintreffen der Nachrichten in den Posteingang werden die geänderten Angaben automatisch von Plaxo übernommen. So richtig interessant wird Plaxo allerdings erst, wenn der Empfänger der E-Mail ebenfalls Plaxo-Mitglied wird. Denn ändert er dann seine Daten, werden diese auch bei den anderen Plaxo-Teilnehmern aktualisiert. Wer Plaxo ausprobieren möchte, kann die Outlook-Toolbar unter *http://www.plaxo. com/* herunterladen.

5.9 Kontakte und Kategorien

Dass Outlook ein ausgeklügeltes Kategoriensystem mitbringt, wurde bereits im Zusammenhang mit der Kategorisierung von E-Mails gezeigt. Genauso können Sie aber auch Ihre Kontakte in Kategorien einordnen. Dazu rufen Sie innerhalb des betreffenden Kontakts das *Kontakt*-Register auf. Über die *Kategorisieren*-Schaltfläche lässt sich die gewünschte Kategorie einstellen.

Die Kategorie wird ausgewählt.

Sie können einem Kontakt auch mehrere Kategorien zuweisen. Dazu rufen Sie einfach mehrfach das *Kategorisieren*-Feld auf. Angezeigt werden die Kategorien dann im oberen Seitenbereich des Kontakts.

Hier wurden zwei Kategorien zugewiesen.

Allen Mitarbeitern einer Firma die gleiche Kategorie zuweisen

Manchmal kann es durchaus sinnvoll sein, wenn man allen Mitarbeitern einer Firma die gleiche Kategorie zuweist. Lassen Sie sich dafür zunächst die Kontakte anhand einer Firma sortieren.

1 Klicken Sie dazu innerhalb des *Kontakte*-Ordners in der Kopfzeile auf *Firma*. Outlook gruppiert daraufhin die Kontakte anhand der Firma.

2 Durch einen Rechtsklick auf den Namen der Firma, für die die Kategorie gelten soll, und *Kategorisieren* können Sie die gewünschte Kategorie auswählen. Daraufhin wird ein Warnhinweis angezeigt.

3 Nachdem diese Meldung mit *OK* bestätigt wurde, wird allen Kontakten aus dieser Firma die gewählte Kategorie zugewiesen.

E-Mails an alle Kontakte mit der gleichen Kategorie schicken

Mit einem einfachen Trick können Sie allen Kontakten, denen die gleiche Kategorie zugewiesen wurde, auf einmal eine E-Mail senden.

Dazu klicken Sie innerhalb des *Kontakte*-Ordners auf den Spaltenkopf *Kategorien*. Outlook gruppiert daraufhin die Kontakte anhand der ihnen zugewiesenen Kategorien.

Jetzt muss man nur noch die Überschrift der entsprechenden Kategorie mit gedrückter linker Maustaste auf die *E-Mail*-Schaltfläche im Navigationsbereich ziehen. Outlook öffnet daraufhin ein neues E-Mail-Fenster, in dessen *An*-Feld die E-Mail-Adressen all der Kontakte eingetragen sind, die der Kategorie zugewiesen wurden.

6. Mehr Zeit fürs Wesentliche: der Kalender

Der Kalender ist in Outlook das zentrale Planungsinstrument. Mit ihm kann man Termine verwalten und so seinen Arbeitsalltag organisieren. Damit ist das Potenzial des Kalenders aber noch lange nicht ausgeschöpft. Vom Serientermin über die Zeitzonenverwaltung bis hin zum Veröffentlichen des Kalenders im Internet ist alles möglich.

6.1 Privates und Berufliches trennen: mehrere Kalender nutzen

In Outlook kann man mehrere Kalender parallel betreiben. Sinnvoll ist eine solche Einteilung zum Beispiel, wenn man eine strikte Trennung zwischen privaten und geschäftlichen Terminen vornehmen will. (Möglich ist es aber auch, dass man ein Ehrenamt im Sportverein innehat und dafür einen separaten Kalender führt.) Genau von diesem Szenario wird hier ausgegangen.

Um einen zweiten Kalender anzulegen, gehen Sie folgendermaßen vor:

1 Im Outlook-Hauptfenster wird die Ordnerliste geöffnet.

2 Dort klickt man den Kalender mit der rechten Maustaste an und wählt *Neuer Kalender*.

3 Nachdem Sie dem Kalender einen Namen zugewiesen haben, kontrollieren Sie, dass unter *Ordner enthält Elemente des Typs* der Eintrag *Kalender* eingestellt ist.

4 Mit *OK* wird der neue Kalender angelegt.

Vor dem normalen Kalender erscheint jetzt ein Pluszeichen, über das der neue Kalender aufgerufen werden kann. Nachdem man den neuen Kalender geöffnet hat, kann man mit ihm genauso wie mit dem Standardkalender arbeiten.

Auf diese Weise kann man zwischen den verschiedenen Kalendern hin und her wechseln.

Manchmal möchte man aber auch die Termine aller in Outlook angelegten Kalender angezeigt bekommen. Rufen Sie dazu über den Navigationsbereich *Kalender* auf. Im Bereich *Meine Kalender* werden daraufhin alle verfügbaren Kalender aufgeführt.

Diese Kalender stehen zur Verfügung.

Aktivieren Sie die Kontrollkästchen der Kalender, die Sie angezeigt bekommen wollen.

Die Kalender werden hintereinander angezeigt.

Im Hauptfenster erscheinen hieraufhin die ausgewählten Kalender. Zwischen ihnen kann man nicht nur über die Registerkarten hin und her wechseln, der Clou ist der Durchschein-Effekt. Alle hinter dem aktuell angezeigten Kalender liegende Kalender scheinen durch. Somit hat man die Termine aller vorhandenen Kalender im Blick und kann sich frisch an die Tages- und Wochenplanung machen.

Den Kalender durch verschiedene Kalenderansichten trennen

Wie eine logische Trennung zwischen privaten und beruflichen Kalendern realisiert werden kann, haben Sie im vorherigen Abschnitt gesehen. Dort wurden einfach mehrere Kalender angelegt und das Problem war gelöst. Es gibt aber auch eine Alternative, die ohne zusätzlichen Kalender auskommt. Dabei wird ganz auf die Filterregeln von Outlook gesetzt.

Ausführliche Informationen zur Terminverwaltung

An dieser Stelle gibt es nur einen kurzen Ausblick auf die Terminverwaltung mit Outlook. Das nächste Kapitel widmet sich dann ausschließlich diesem Thema.

Im folgenden Beispiel wird davon ausgegangen, dass jeweils eine Kalenderansicht für die private und die berufliche Nutzung umgesetzt werden soll. Entscheidend dabei ist, dass innerhalb der Terminfenster bei privaten Terminen die Funktion *Privat* genutzt wird. Bei geschäftlichen Terminen bleibt diese Funktion hingegen deaktiviert.

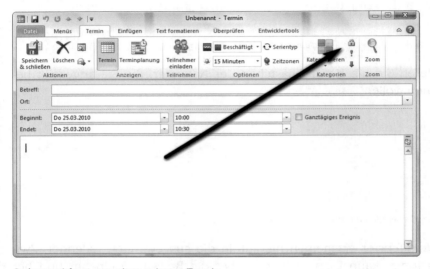

So kennzeichnet man einen privaten Termin.

Durch die folgenden Schritte wird eine passende Ansicht definiert:

1 Um die neue Ansicht anzulegen, wird innerhalb des geöffneten Kalenders aus dem *Ansicht*-Register *Ansicht ändern/Ansichten verwalten* und *Neu* gewählt.

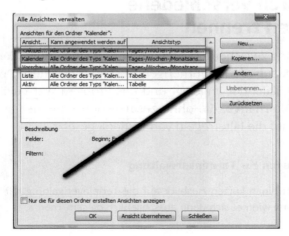

2 In dem sich hieraufhin öffnenden Fenster markiert man den Eintrag *Tages-/Wochen-/Monatsansicht* aus der Spalte *Kalender* und klickt auf *Kopieren*. (Die Ansichtsnamen werden standardmäßig leider nicht vollständig angezeigt. Um den vollen Namen zu sehen, fahren Sie mit dem Mauszeiger auf den Namen in der Spalte *Ansichtsname*. Outlook öffnet hieraufhin ein Tooltip-Fenster mit dem kompletten Namen.)

3 Weisen Sie der Ansicht den Namen *Privat* zu und legen Sie sie über *OK* an. (Die Option *Alle Ordner des Typs "Kalender"* kann so übernommen werden.)

4 Im Fenster *Erweiterte Ansichteneinstellungen: Privat* klickt man auf *Filtern* und wechselt dort in das Register *Erweitert*. Klicken Sie auf *Feld* und wählen Sie unter *Häufig verwendete Felder* den Eintrag *Vertraulichkeit*. Bei *Bedingung* wird *entspricht* gelassen und bei *Wert* wählt man *Privat*.

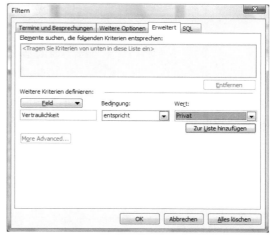

5 Mit *Zur Liste hinzufügen*, *OK* und *OK* wird die neue Ansicht angelegt.

Sie befinden sich nun im Dialogfenster *Alle Ansichten verwalten*. (Sollten Sie es versehentlich geschlossen haben, rufen Sie es über das *Ansicht*-Register *Ansicht ändern* und *Ansichten verwalten* auf.) Durch die nächsten Schritte wird eine Ansicht für die geschäftlichen Daten angelegt.

1 Markieren Sie dazu die Ansicht *Privat* und rufen Sie *Kopieren* auf. Der neuen Ansicht weisen Sie den Namen *Geschäftlich* zu und bestätigen dies mit *OK*.

2 Über *Filtern* und *Erweitert* wird das nun schon bekannte Dialogfenster aufgerufen. Im Feld *Elemente suchen, die ...* sehen Sie den zuvor angelegten Eintrag für den privaten Kalender. Markieren Sie ihn und wählen Sie *Entfernen*.

3 Stellen Sie über das Feld *Bedingung* den Wert *ungleich* ein.

4 Bestätigen Sie die Auswahl mit *Zur Liste hin-
zufügen*. Mit *OK, OK*
und *Ansicht übernehmen*
men werden die Ein-
stellungen übernom-
men.

Die geschäftliche Ansicht ist damit angelegt. Um zwischen geschäftlicher und privater Ansicht zu wechseln, ruft man im *Ansicht*-Register *Ansicht ändern* auf. Dort stehen die definierten Ansichten zur Verfügung.

*So wird der schnelle
Wechsel möglich.*

Auf diese Weise kann im Handumdrehen zwischen ganz unterschiedlichen Ansichten hin und her gewechselt werden.

Ordnung im Kalender halten: Überflüssiges löschen

Der Outlook-Kalender ist ein mächtiges Planungsinstrument. Wer seinen Kalender allerdings nicht regelmäßig auf Vordermann bringt, wird schnell im Kalenderchaos versinken. (Noch schlimmer wird es, wenn auch Kollegen auf den Kalender zugreifen können. Denn dann wird auch gleich noch deren Arbeit verkompliziert.) Wer einige Punkte im Umgang mit dem Kalender berücksichtigt, bleibt von solchen Problemen verschont.

1 Tragen Sie tatsächlich jeden Termin ein. Das gilt sowohl für private als auch für berufliche Termine.

2 In den Kalender gehören ausschließlich Termine hinein. Aufgaben gehören in die Aufgabenliste.

3 Trennen Sie private und berufliche Termine.

6.2 Das Aussehen des Kalenders anpassen

Der Outlook-Kalender ist standardmäßig so eingerichtet, dass die meisten Anwender damit ohne Probleme arbeiten können. So werden nur die wichtigsten Informationen zu den Terminen angezeigt und eine Arbeitswoche geht immer von Montag bis Freitag. Dieser Abschnitt zeigt, wie Sie den Kalender ganz an Ihre persönlichen Bedürfnisse anpassen können.

Individuelle Arbeitswochen einrichten

Im Outlook-Kalender wird zwischen Wochen und Arbeitswochen unterschieden. Während eine Woche aus den bekannten sieben Tagen besteht, umfasst eine Arbeitswoche nur die Tage, an denen man tatsächlich arbeiten muss. Wenn Sie zum Beispiel nur von Montag bis Donnerstag arbeiten, ist die folgende Ansicht ideal:

Nur die relevanten Tage werden angezeigt.

Hier werden im Kalender nur die Tage angezeigt, an denen man tatsächlich arbeitet. Eine solche Ansicht ist im Handumdrehen erstellt.

1 Im *Datei*-Register öffnen Sie *Optionen/Kalender*.

2 Im Bereich *Arbeitszeit* aktivieren Sie ausschließlich die Wochentage, die tatsächlich angezeigt werden sollen. Mit *OK* werden die Einstellungen übernommen.

Über das gleiche Dialogfenster lassen sich übrigens noch andere Einstellungen vornehmen. Interessant ist zum Beispiel die Funktion *Erster Wochen-*

tag. Hierüber kann man den ersten Tag der Arbeitswoche festlegen. Stellt man hier zum Beispiel *Dienstag* ein, wird auch innerhalb des Kalenders der Dienstag als erster Arbeitstag angezeigt.

Die Arbeitswoche beginnt hier erst am Dienstag.

Wochennummern im Datumsnavigator anzeigen

Auftragsbestätigungen und Terminaufgaben werden meistens im Zusammenhang mit Wochennummern genannt. Aussagen wie „Der Auftrag muss bis zur 24. Woche fertig sein." gehören zum Arbeitsalltag. Sie können Outlook so konfigurieren, dass die Kalenderwochen im Datumsnavigator und im eigentlichen Kalender angezeigt werden.

Nehmen Sie dazu die folgenden Einstellungen vor:

1 Aus dem *Datei*-Register wird *Optionen* gewählt. Öffnen Sie anschließend das *Kalender*-Register.

2 Im Bereich *Anzeigeoptionen* wird das Kontrollkästchen *Wochennummern in der Monatsansicht und im Datumsnavigator anzeigen* aktiviert.

3 Mit zweimal *OK* werden die Einstellungen übernommen. Ein Blick in den Datumsnavigator und die Monatsansicht des Kalenders zeigt, dass die Wochennummern nun tatsächlich angezeigt werden.

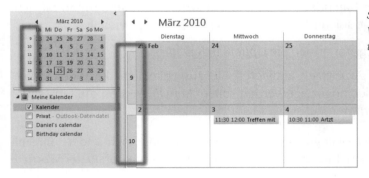

So hat man die Wochennummern im Blick.

Termindetails einblenden

Standardmäßig werden nur gekürzte Angaben zu den Terminen im Kalender angezeigt. Denn lediglich der Inhalt der Betreffzeile erscheint im Kalender. Und auch wenn man mit der Maus auf den Termin zeigt, werden als Zusatzinformationen lediglich Anfangs- und Endzeit angezeigt.

Sie können Outlook aber auch so einstellen, dass zusätzlich dazu auch der Inhalt des Notizfeldes erscheint.

Dazu wählen Sie aus dem *Ansicht*-Register den Eintrag *Ansicht ändern* und anschließend *Vorschau*. Die Handhabung der neuen Ansicht unterscheidet sich nicht von der normalen. So können Sie auch hier zwischen Tages-, Wochen- und Monatsansicht wechseln. Um die

Outlook rückt mit den Termindetails nicht heraus.

Termindetails einzublenden, fahren Sie mit dem Mauszeiger auf den betreffenden Termin. In einem sogenannten Tooltip-Fenster werden die zusätzlichen Informationen zum Termin angezeigt.

So entlockt man Outlook mehr Termindetails.

Um wieder die verkürzte Ansicht zu erhalten, wird im *Ansicht*-Register *Ansicht ändern* und *Kalender* bzw. eine andere Ansicht außer *Vorschau* gewählt.

Das Zeitraster anpassen

Standardmäßig zeigt Outlook die Tages- und Wochenansicht mit einem 30-Minuten-Zeitraster an.

So sieht die 30-Minuten-Skala aus.

Diese Einteilung können Sie anpassen, um so zum Beispiel ein detaillarteres Zeitfenster zu verwenden.

Das ist die 15-Minuten-Skala.

Rufen Sie dazu innerhalb des *Ansicht*-Registers in der Wochen-, Arbeitswochen oder Tageansicht den Punkt *Zeitskala* auf. Darüber lässt sich der gewünschte Wert festlegen.

Mit verschiedenen Zeitzonen arbeiten

Der Einsatz von Outlook beschränkt sich nicht nur auf eine Zeitzone. Wer schon immer „in verschiedenen Welten" unterwegs war oder Kollegen hat, die in einer anderen Zeitzone arbeiten, dem stellt Outlook die richtigen Funktionen zur Verfügung.

Die entsprechenden Einstellungen dazu findet man im *Ansicht*-Register unter *Optionen/Kalender*. Interessant ist dort der Bereich *Zeitzonen*.

Darüber lassen sich die Zeitzonen verwalten.

Wollen Sie eine zusätzliche Zeitzone anzeigen, aktivieren Sie das Kontrollkästchen *Zweite Zeitzone anzeigen* und wählen aus dem Auswahlfeld die gewünschte Zeitzone aus. Zusätzlich weisen Sie ihr eine Beschriftung zu. Mit *OK* werden die Einstellungen übernommen.

Bei Bedarf können Sie die neue Zeitzone übrigens auch gleich zum Standard erheben. Wählen Sie dazu die Schaltfläche *Zeitzonenwechsel* innerhalb der Kalenderoptionen.

Beachten Sie, dass die als Standard eingerichtete Zeitzone auch gleichzeitig als Windows-Zeitzone genommen wird. Wenn Sie die Zeitzone in Outlook ändern, arbeitet auch Windows damit.

Und noch etwas gilt es zu beachten: Die Zeitzonenanpassung wirkt sich auch auf ganztägige Ereignisse aus. Sie werden länger als 24 Stunden angezeigt. Ein gutes Beispiel ist der Nationalfeiertag der USA.

Die Zeitzonen werden parallel angezeigt.

Dieser erstreckt sich standardmäßig von 12.00 Uhr des 4. Juli bis 13.00 Uhr des 5. Juli, wenn die Zeitzone von *Pacific Standard Time* auf *Mountain Standard Time* geändert wird.

Vorsicht bei der Sommerzeit

Ihnen ist sicherlich die Option *Automatisch zw. Sommer- und Winterzeit umschalten* aufgefallen. Sobald eine Zeitzone eingestellt wird, die eine Sommerzeit besitzt, ist dieses Kontrollkästchen automatisch aktiviert. Wird Outlook hingegen auf eine Zeitzone festgelegt, die keine Sommerzeit besitzt, ist das Kontrollkästchen standardmäßig deaktiviert.

6.3 Den Kalender im Internet freigeben

Sie können Ihren Kalender im Internet veröffentlichen und ihn so Ihren Kollegen oder Bekannten zugänglich machen. Ebenso können Sie aber auch externe Kalender einbinden. Interessant ist das zum Beispiel für Jogger, die sich auf einen Marathon vorbereiten wollen. Denn im Internet gibt es an verschiedenen Stellen entsprechende Trainingspläne, die man in sein Outlook importieren kann.

Das Zauberwort hierfür lautet Internetkalender. In Outlook gibt es zwei verschiedene Arten von Internetkalendern:

➢ **Kalender-Snapshots** – ein solcher Kalender wird per E-Mail verschickt und ist nicht mit dem Originalkalender verknüpft, er wird somit auch nicht beim Empfänger aktualisiert.

> **Internetkalenderabonnements** – bei dieser Variante spielt es keine Rolle, ob der Kalender mit Outlook oder einer anderen Software erstellt wurde. (Natürlich gehen wir hier von Outlook aus. Microsoft stellt die Plattform Office Online zur Verfügung, um dort seine Kalender zu veröffentlichen oder die Kalender anderer Personen zu abonnieren.)

Um Office Online nutzen zu können, müssen Sie sich für diesen Dienst registrieren. Das geschieht entweder während der Office-Installation oder direkt aus Outlook heraus. Rufen Sie dazu den zu veröffentlichenden Kalender auf und wählen Sie im *Start*-Register *Online veröffentlichen/Auf Office.com veröffentlichen*. Über die *Anmelden*-Schaltfläche registriert man sich (kostenlos) auf Office.com.

Zunächst geht es darum, wie Sie Ihren Kalender auf Office Online veröffentlichen können. Eines vorweg: Ihre Daten sind dabei natürlich nicht jedem zugänglich. Vielmehr können Sie ganz genau festlegen, wer Einsicht nehmen darf.

1 Klicken Sie im Navigationsbereich mit der rechten Maustaste auf den freizugebenden Kalender und wählen Sie *Freigeben* und *Auf Office Online veröffentlichen*.

2 In dem sich öffnenden Dialogfenster können Sie festlegen, was veröffentlicht werden soll und wem darauf Zugriff gewährt werden darf.

3 Im aktuellen Beispiel werden nur die Informationen zur Verfügbarkeit veröffentlicht. (Das reicht aus, um den entsprechenden Personen zu zeigen, wann man Zeit hat und wann man anderweitig verplant ist.) Klicken Sie dazu auf den Pfeil und markieren Sie *Nur Verfügbarkeit*. Zusätzlich wird bestimmt, dass ausschließlich Benutzer den Kalender sehen dürfen, die von Ihnen dazu eingeladen wurden. Hierfür wird die Option *Nur eingeladene Benutzer können diesen Kalender abonnieren*

aktiviert. Über die hinter *Erweitert* zu findende Option *Uploadmethode* kann man bestimmen, wie die Kalenderinformationen aktualisiert werden sollen. Normalerweise stellt man hier *Automatische Uploads* ein. So wird der Onlinekalender in regelmäßigen Abständen mit dem lokalen Kalender abgeglichen.

4 Mit *OK* werden die Einstellungen übernommen. Outlook baut hieraufhin eine Verbindung zu Office Online auf und legt die Seite dort ab.

Wird diese Kontrollabfrage mit *Ja* bestätigt, können Sie eine Freigabeeinladung verschicken. Empfänger dieser Einladung können dann auf Ihren Kalender zugreifen:

Michael Anders hat Sie zum Hinzufügen des Internetkalenderabonnements "Kalender_von_Michael_Anders" zu Microsoft Office Outlook eingeladen.

Dieser Kalender kann auf jedem Computer mit einem internetkalenderkompatiblen Programm geöffnet werden, z. B. Microsoft Outlook 2007 oder höher. Sie können diesen Kalender anzeigen und abonnieren, indem Sie die folgende Webadresse kopieren und in den Webbrowser einfügen:

webcal://calendars.office.microsoft.com/pubcalstorage/nwbc9f9z15715 03/Kalender_von_Michael_Anders.ics

Wenn ein Anmeldedialogfeld angezeigt wird, verfügt dieser freigegebene Kalender über eingeschränkte Berechtigungen. Sie müssen die E-Mail-Adresse, an die diese E-Mail-Nachricht gesendet wurde, mit einem Windows Live ID(TM)-Konto registrieren, um den Kalender zu abonnieren.

Folgt der Empfänger diesem Link, kann er den Kalender in sein Outlook aufnehmen.

Berechtigungen zurückziehen

Sie können eine Berechtigung auch nachträglich wieder entfernen. Wenn Sie wollen, dass eine bestimmte Person ab sofort nicht mehr auf den Kalender zugreifen darf, gehen Sie folgendermaßen vor:

Klicken Sie den betreffenden Kalender mit der rechten Maustaste an und wählen Sie *Freigeben* und *Berechtigungen für xxx ändern*. Im Dialogfenster markieren Sie die E-Mail-Adresse der Person(en), die keinen Zugriff mehr auf den Kalender haben soll(en), und klicken auf *Entfernen*.

Die Berechtigung wird entzogen.

Mit zweimal *OK* werden die Berechtigungen entzogen.

Wo der Kalender gespeichert wird

Outlook baut nun also eine Verbindung zum Server auf. Aber zu welchem eigentlich? Denn bislang haben Sie noch keine entsprechenden Einstellungen dazu vorgenommen, wo der Kalender eigentlich gespeichert werden soll. In Outlook wird während der Installation automatisch oder später manuell ein Konto bei Office Online erstellt. Die entsprechenden Einstellungen zu diesem Konto sind über *Datei/Kontoeinstellungen/Kontoeinstellungen/Veröffentlichte Kalender* abrufbar.

Hier finden Sie das bereits vorhandene Konto, können über *Neu* aber auch ein neues anlegen.

Den Kalender per E-Mail verschicken

Eine andere Variante besteht darin, Ihren Kalender per E-Mail zu verschicken. Vorteil hierbei: Sie müssen sich weder bei Office Live registrieren, noch müssen besondere Voraussetzungen erfüllt sein. Der Kalender wird einfach per E-Mail verschickt und kann vom Empfänger wie jede andere HTML-E-Mail geöffnet werden.

316

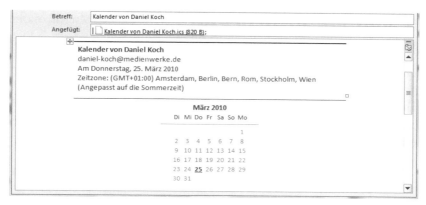

Die Kalenderdaten werden direkt in der E-Mail angezeigt.

Um einen Kalender per E-Mail zu verschicken, klicken Sie ihn mit der rechten Maustaste an und wählen *Freigeben/Kalender per E-Mail senden*. In dem sich öffnenden Dialogfenster kann man festlegen, welche Informationen mitgesendet werden sollen. Die folgenden Optionen stehen zur Verfügung:

➢ *Kalender* – hierüber können Sie nochmals den gewünschten Kalender auswählen.

➢ *Datumsbereich* – geben Sie an, welcher Zeitraum im gesendeten Kalender berücksichtigt werden soll.

➢ *Detail* – über dieses Auswahlfeld können Sie gezielt die Informationen angeben, die dem Empfänger der E-Mail angezeigt werden sollen. Sie können hier zum Beispiel bestimmen, dass ausschließlich die Verfügbarkeit (*Frei*, *Gebucht* und so weiter) erscheinen soll. Ebenso ist aber auch die Anzeige aller Termindetails inklusive Betreff und Inhalt des Notizfeldes möglich.

Mit *OK* wird die Umwandlung des Kalenders in das HTML-Format eingeleitet. Anschließend brauchen Sie nur noch die E-Mail-Adresse des Empfängers einzugeben und können die Nachricht wie üblich versenden.

Beim Empfänger kommt die E-Mail mit dem eingefügten Kalender an. Er kann sich diesen Kalender nun in der E-Mail ansehen oder ihn sogar in sein eigenes Outlook als Kalender importieren. Dafür steht innerhalb der E-Mail die Schaltfläche *Diesen Kalender öffnen* zur Verfügung.

Wird die Kontrollabfrage mit *Ja* bestätigt, importiert Outlook automatisch den Kalender.

6.4 Den Kalender ausdrucken

Outlook bietet Ihnen die Möglichkeit, Ihren Kalender auszudrucken. Im einfachsten Fall öffnen Sie dazu den gewünschten Kalender und rufen im *Datei*-Register *Drucken* auf. Unter *Druckbereich* stehen die verschiedenen Optionen zur Auswahl.

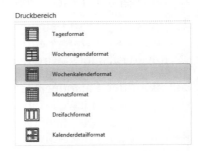

Zahlreiche Varianten werden angeboten.

Im rechten Fensterbereich wird jeweils eine Vorschau des gewählten Druckbereichs angezeigt.

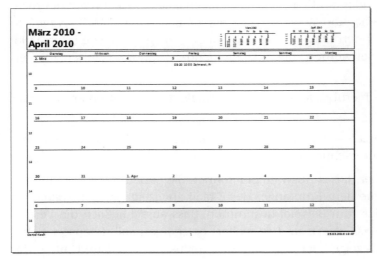

Eine typische Druckansicht.

Nicht alle Termine ausdrucken

Das Ausdrucken des Kalenders ist vor allem immer dann interessant, wenn Sie zu einer Besprechung müssen und dann den Kalender in Papierform dabeihaben wollen. Allerdings hat der normale Ausdruck einen entscheidenden Nachteil: Standardmäßig werden alle Termine ausgedruckt. Was aber, wenn bestimmte Termine nicht mit im Ausdruck erscheinen sollen? Das Löschen der Termine vor dem Ausdrucken ist sicherlich keine Lösung. Denn schließlich brauchen Sie die Termineinträge in Outlook noch. Besser ist es, wenn Sie einen zusätzlichen Kalender anlegen, der speziell für den Ausdruck da ist.

1 Klicken Sie in der Ordnerliste mit der rechten Maustaste auf *Kalender* und wählen Sie *Neuer Kalender*.

2 Weisen Sie dem Kalender den Namen *Drucken* zu und achten Sie darauf, dass bei *Ordner enthält Elemente des Typs* der Wert *Kalender* eingetragen ist. Mit *OK* wird der neue Kalender angelegt.

Soll dann der Kalender ausgedruckt werden, öffnen Sie die Kalenderansicht und setzen jeweils ein Häkchen vor den normalen und vor den *Drucken*-Kalender. Die Kalender werden daraufhin nebeneinander angezeigt. Ziehen Sie nun die Termine, die ausgedruckt werden sollen, einfach mit der linken Maustaste aus dem normalen Kalender auf den *Drucken*-Kalender. Sobald Sie die Maustaste loslassen, wird der Termin in den *Drucken*-Kalender übernommen. Das Besondere dabei: Die Termine können an einem beliebigen Datum und zu einer beliebigen Uhrzeit abgelegt werden. Outlook verschiebt sie automatisch an die richtige Stelle.

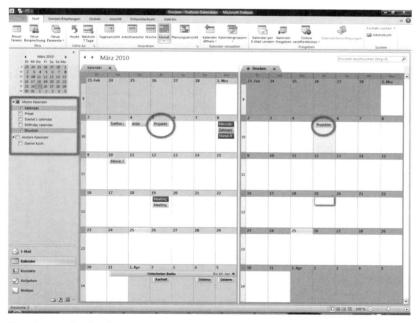

Termine wurden kopiert.

Nachdem alle Termine übernommen wurden, deaktivieren Sie unter *Meine Kalender* alle Kalender bis auf *Drucken*. Über *Datei/Drucken* kann der Kalender dann wie jeder andere Kalender ausgedruckt werden.

7. Termine und gemeinsame Arbeit abstimmen

Ohne Teamarbeit geht es nicht. Outlook bietet daher erstklassige Möglichkeiten, dank derer man komfortabel mit seinen Kollegen zusammenarbeiten kann. Dabei kann man Gruppenzeitpläne erstellen, überprüfen, wann der Konferenzraum frei ist, und ganz bequem Besprechungen planen. Die meisten dieser Funktionen lassen sich allerdings nur in einer Exchange-Umgebung nutzen. Los geht es in diesem Kapitel allerdings mit allen Aspekten rund um das Thema Terminverwaltung.

7.1 Termine eintragen und verwalten

Im Allgemeinen spricht man im Zusammenhang mit dem Outlook-Kalender von Terminen. Aber auch wenn sich das so eingebürgert hat, korrekt ist es nicht. Denn in Outlook wird zwischen verschiedenen Terminarten unterschieden:

> **Termine** – das ist sicherlich der Normalfall. Man hat ein Telefongespräch oder einen Arztbesuch vor sich und trägt diesen Termin in den Kalender ein. Zu einem normalen Termin werden keine anderen Personen eingeladen und es sind keine zusätzlichen Ressourcen wie Konferenzräume und Ähnliches erforderlich.

> **Besprechungen** – im Gegensatz zu Terminen sind bei Besprechungen mehrere Personen anwesend. Zusätzlich benötigt man normalerweise Ressourcen wie einen Overheadprojektor oder einen Konferenzraum. Andere Personen können über eine per E-Mail gesendete Besprechungsanfrage eingeladen werden.

> **Ereignisse** – hier wird zwischen einmaligen und jährlich stattfindenden Ereignissen unterschieden. Ereignisse dauern mindestens einen Tag und werden daher zur Kennzeichnung von Geburtstagen, Urlaub und so weiter verwendet. Ereignisse erscheinen im Kalender nicht in Form von Zeitblöcken, sondern werden als Banner angezeigt.

Für alle drei Varianten gibt es sogenannte Serien. Dank ihnen muss man zum Beispiel eine immer wiederkehrende Besprechung nicht jedes Mal aufs Neue eintragen. Stattdessen legt man sie einmal an, definiert sie als Serie und kann sie so immer wieder verwenden (mehr dazu im Laufe dieses Kapitels).

Um einen Termin einzutragen, ruft man den Outlook-Kalender auf und blättert zu dem Tag, an dem der Termin stattfindet. Mit der linken Maustaste klickt man auf die gewünschte Anfangszeit. Bei gedrückter linker Maustaste wird der Mauszeiger anschließend auf die Endzeit gezogen. Lässt man nun den Mauszeiger los, ist der gewünschte Zeitraum markiert. Den so markierten Bereich klicken Sie mit der rechten Maustaste an und wählen *Neuer Termin*.

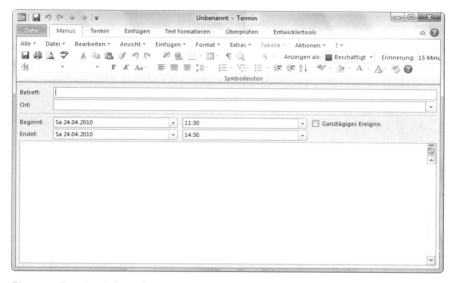

Ein neuer Termin wird angelegt.

In dem sich öffnenden Terminfenster sind bereits das richtige Datum und die korrekte Uhrzeit eingetragen. Über das *Betreff*-Feld gibt man den Anlass für den Termin an. Dieser Betreff findet sich später im Kalender wieder und sollte daher kurz und prägnant sein. Ein guter Betreff ist zum Beispiel:

Meeting Projekt A

Ungeeignet ist hingegen:

Ich habe am Mittwoch ein Meeting zum Projekt A. Das wird aufregend.

Anhand des Betreffs soll man auf einen Blick erkennen, worum es sich bei dem Termin handelt. Benötigt man Detailinformationen, öffnet man das Terminfenster.

In das *Ort*-Feld trägt man den Treffpunkt ein, an dem der Termin stattfindet. Das könnte ein Besprechungsraum oder eine Stadt sein. Der Ort wird im Kalender hinter dem Betreff angezeigt.

Über das *Kategorisieren*-Feld wird bestimmt, in welcher Kategorie der Termin erscheinen soll und in welcher Farbe er im Kalender angezeigt wird.

In das große Textfeld trägt man alles Wichtige rund um den Termin ein. Dort gehören zum Beispiel Dinge hin, die man zum Termin mitbringen muss.

Das Feld *Anzeigen als* dient der Farbgebung innerhalb des Kalenders. So kann man die Termine mit einer der folgenden Bedeutungen versehen:

➢ *Frei*
➢ *Beschäftigt*
➢ *Mit Vorbehalt*
➢ *Abwesend*

Interessant ist diese Funktion natürlich vor allem, wenn Sie den Kalender für Ihre Kollegen freigeben. So sehen diese zum Beispiel auf den ersten Blick, wenn Sie zu einem bestimmten Termin nicht im Hause sind.

Interessant ist auch die Option *Privat*. Denn darüber lassen sich Termine als privat kennzeichnen. Wenn diese Option gewählt wird, sind die Details für diesen Termin für Stellvertreter (d. h. für Kollegen, die ganz oder teilweise Zugriff auf Ihr Postfach haben) nicht sichtbar.

Über die Felder *Beginnt* und *Endet* bestimmt man Start- und Endpunkt des Termins. Dabei kann man die Termine über die Auswahlfelder einstellen. Das ist allerdings nur eine Variante. Denn die meisten Menschen arbeiten mit „sprechenden" Datumsangaben. Was die wenigsten wissen: Outlook versteht solche Angaben. Trägt man in das Datumsfeld zum Beispiel *Übermorgen* ein, wandelt Outlook dies, wenn der Cursor das Feld verlässt, automatisch in das korrekte Datum um. Einige Beispiele für mögliche Einträge:

➢ *Morgen*
➢ *Übermorgen*
➢ *In einer Woche*
➢ *In einem Monat*
➢ *In einem Jahr*
➢ *Mittwoch nächste Woche*
➢ *Donnerstag in drei Wochen*

Abkürzungen sind übrigens auch möglich:

> *In 2 wo*

> *H in 2 t*

Experimentieren Sie einfach ein wenig mit diesen Möglichkeiten. Sie werden feststellen, dass Outlook auf diesem Sektor äußerst flexibel ist.

Hat man alle Einstellungen vorgenommen, wird der Termin mit *Speichern & schließen* in den Kalender eingetragen. Um ihn nachträglich zu ändern, kann er per Doppelklick geöffnet werden.

Ganztägige Termine (auch) für Urlaubstage

Termine dauern auch gern schon mal den ganzen Tag. In diesen Fällen müssen Sie nicht extra Start- und Endzeit angeben. Gleiches gilt für Urlaubstage. Sind Sie die nächsten zwei Wochen im Urlaub, müssen Sie nicht jeden einzelnen Tag als Urlaubstag im Kalender kennzeichnen.

1 Klicken Sie innerhalb des geöffneten Fensters den gewünschten Termin mit der rechten Maustaste an und wählen Sie *Neuer Termin*. Tragen Sie als Betreff zum Beispiel *Urlaub* ein. Über *Beginnt* und *Endet* werden die Urlaubsdaten eingetragen.

2 Aktivieren Sie zusätzlich die Option *Ganztägiges Ereignis* im Register *Ereignis*.

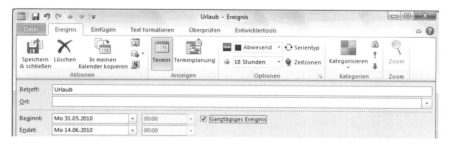

3 Über das Feld *Anzeigen als* sollten Sie zusätzlich *Abwesend* einstellen. So wissen Ihre Kollegen, dass Sie in dieser Zeit nicht erreichbar sind.

4 Gespeichert wird der Urlaubseintrag mit *Speichern & schließen*. Im Kalender sind die beiden Urlaubswochen folgendermaßen gekennzeichnet:

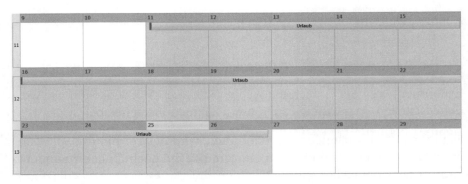

So sieht man den Urlaub auf den ersten Blick.

E-Mails in Termine umwandeln

Wie man Termine per Hand einträgt, haben Sie gesehen. Allerdings bekommt man auch oft E-Mails, in denen Termine angekündigt sind, und überträgt diese dann manuell in den Kalender.

Was die wenigsten wissen: Man kann einen in einer E-Mail angekündigten Termin von Outlook automatisch in den Kalender als Termin übernehmen. Angenommen, Sie erhalten folgende E-Mail:

Liebe Kollegen,
das Meeting findet am 10.5.2010 zwischen 10 und 11 Uhr statt.

Eine solche Nachricht lässt sich ganz einfach umwandeln:

1 Dazu zieht man die E-Mail bei gedrückter linker Maustaste aus dem Posteingang auf die *Kalender*-Schaltfläche in der Outlook-Ordnerleiste und lässt die Maustaste dort los.

2 Hieraufhin wird der E-Mail-Text automatisch in einen Termin umgewandelt.

3 Outlook übernimmt den E-Mail-Betreff als Termin-Betreff. Der Text der Nachricht wird in das Textfeld des Termins eingetragen. Sie müssen lediglich noch die fehlenden Angaben wie *Beginnt* und so weiter ergänzen und können den Termin anschließend speichern.

Das Ganze funktioniert übrigens auch, wenn in der gleichen E-Mail mehrere Absätze stehen, die jeweils einen eigenen Termin darstellen. Die Nachricht könnte zum Beispiel folgendermaßen aussehen:

Liebe Kollegen,

das Meeting findet am 20.5.2010 zwischen 10 und 11 Uhr statt.

Das nächste Mal treffen wir uns dann am 23.5.2010.

Und nicht vergessen: Am 28.6.2010 um 10.30 ist die Präsentation!

In dieser E-Mail stehen drei Termine, die Sie als Einzeltermine übernehmen können.

1 Markieren Sie den Text, der den ersten Termin enthält, und ziehen Sie ihn bei gedrückter linker Maustaste auf die *Kalender*-Schaltfläche in der Outlook-Ordnerliste.

2 Lässt man dort die Maustaste los, wird ein neues Terminfenster geöffnet, in dessen Notizfeld der innerhalb der Nachricht markierte Text steht.

3 Passen Sie die fehlenden Daten an und speichern Sie den Termin anschließend ab.

Für die weiteren Absätze beziehungsweise Termine kann anschließend genauso verfahren werden.

Sie haben gesehen, wie einfach sich E-Mails in Termine umwandeln lassen. Das ist aber nicht die einzige Möglichkeit. Ebenso gut können Sie die Nachricht auch einem Termin als Anhang hinzufügen.

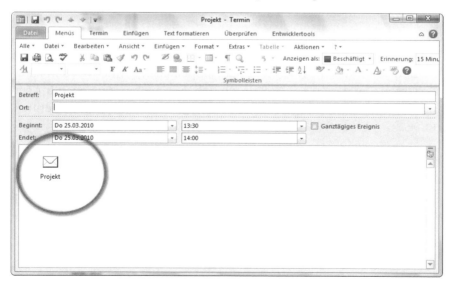

Die E-Mail wurde als Anhang eingefügt.

327

Die E-Mail kann dann per Doppelklick direkt über das Symbol geöffnet werden. So hat man zum Beispiel immer dann, wenn ein Termin ansteht, alle in der Nachricht notierten Informationen parat.

Es gibt verschiedene Varianten. Sichtbar werden die Möglichkeiten, indem man die E-Mail bei gedrückter rechter Maustaste auf die *Kalender*-Schaltfläche innerhalb der Outlook-Ordnerliste zieht und dort loslässt. Die folgenden fünf Optionen stehen zur Verfügung:

➢ *Hierhin kopieren als Termin mit Text* – der Nachrichtentext wird im Notizfeld angezeigt.

➢ *Hierhin kopieren als Termin mit Verknüpfung* – im Notizfeld des Termins wird ein E-Mail-Symbol angezeigt. Hierbei handelt es sich um eine Verknüpfung auf die originale Nachricht, die per Doppelklick auf das Symbol geöffnet werden kann. Nimmt man Änderungen an der Nachricht vor, werden diese sowohl im Termin wie auch in der ursprünglichen Nachricht übernommen. (Kein Wunder, schließlich handelt es sich um die gleiche Nachricht.)

➢ *Hierhin kopieren als Termin mit Anlage* – die E-Mail wird in das Notizfeld des Termins kopiert und ist nun sowohl im ursprünglichen E-Mail-Ordner wie auch im Terminfenster vorhanden. Durch einen Doppelklick auf das Anhang-Symbol wird die Nachricht geöffnet. Änderungen an der originalen oder der kopierten Nachricht wirken sich nicht auf die jeweilige andere E-Mail aus.

➢ *Hierhin verschieben als Termin mit Anlage* – die E-Mail wird dem Termin als Anhang zugewiesen. Innerhalb des Notizfeldes erscheint ein Symbol, über das die Nachricht per Doppelklick geöffnet werden kann. Beachten Sie, dass die E-Mail durch das Verschieben nur noch im Terminfenster, aber nicht mehr im ursprünglichen E-Mail-Ordner enthalten ist.

➢ *Hierin kopieren als Besprechungsanfrage* – der Text der E-Mail wird in das Textfeld der Besprechungsanfrage eingefügt.

Nachdem man sich für die gewünschte Option entschieden hat, öffnet sich ein Terminfenster, das nun wie gewohnt bearbeitet werden kann.

Blitzschnell freie Termine finden

Muss man während eines Telefonats schnell entscheiden, an welchem Tag man einen Termin annehmen kann, artet das schon mal in Stress aus. Dabei muss man nicht hektisch zwischen den Tages-/Wochen- und Monatsansichten wechseln, sondern man kann sich die infrage kommenden Tage blitzschnell anzeigen lassen.

1 Dazu blendet man im Kalender die Tagesansicht ein.

2 Anschließend klickt man bei gedrückter (Strg)-Taste auf die infrage kommenden Tage innerhalb des Datumsnavigators. Outlook stellt hieraufhin die gewählten Tage nebeneinander dar. So sehen Sie auf den ersten Blick, wann Sie Zeit haben und wann es nicht passt.

Monatsübergreifend funktioniert es auch

Sie können sich die freien Termine übrigens auch von verschiedenen Monaten anzeigen lassen. Dazu rufen Sie den gewünschten Monat einfach über das Pfeilsymbol im Datumsnavigator auf und markieren die infrage kommenden Tage.

Termine verschieben und kopieren

Wenn ein Termin kurzfristig auf einen anderen Tag gelegt wurde, muss er nicht in Outlook neu angelegt, sondern kann verschoben werden. Wechseln Sie dazu in die entsprechende Kalenderansicht und ziehen Sie den Termin mit gedrückter linker Maustaste auf den neuen Tag.

Der Termin wird daraufhin an dem gewählten Tag eingefügt. Dabei werden automatisch die folgenden Terminfelder angepasst:

➢ *Beginnt*

➢ *Endet*

Entweder öffnen Sie den Termin und passen die Felder manuell an oder Sie ziehen ihn direkt auf die richtige Uhrzeit.

Kopieren statt Verschieben

Durch die gezeigte Variante wird der Termin vom ursprünglichen auf das neue Datum verschoben. Ebenso können Termine aber auch kopiert werden. Der Unterschied dabei: Der Termin ist anschließend zweimal vorhanden. Klicken Sie ihn dazu mit der rechten Maustaste an, ziehen Sie ihn an die gewünschte Position und wählen Sie *Kopieren*.

Immer wiederkehrende Termine komfortabel eintragen – Serientermine

Sicherlich haben Sie auch Termine, die in schöner Regelmäßigkeit wiederkehren. Das kann das montägliche Meeting ebenso wie die Telefonkonferenz mit dem Projektteam sein.

Diese Termine sind wichtig, allerdings wird es schnell lästig, wenn man sie jedes Mal aufs Neue in den Kalender eintragen muss. Outlook hilft mit einer Serientermin-Funktion dabei, diesen manuellen Weg zu vermeiden.

Die schnellste Art, einen Serientermin anzulegen

Über einen Rechtsklick im Kalender und *Neue Terminserie* lässt sich der neue Serientermin noch schneller anlegen.

Ein Serientermin kann

➢ täglich,

➢ wöchentlich,

➢ monatlich,

➢ jährlich oder

➢ alle x Wochen

stattfinden.

Legen Sie im Kalender wie gewohnt einen Termin an und geben Sie die üblichen Daten wie *Betreff*, *Ort* und so weiter ein. Im oberen Fensterbereich des *Termin*-Registers finden Sie die Schaltfläche *Serientyp*, über die sich die Terminserie konfigurieren lässt. In dem sich öffnenden Dialogfenster legt man zunächst Start- und Endzeit des Termins fest.

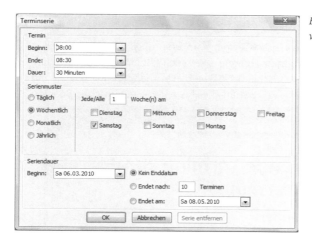

*Eine Terminserie
wird angelegt.*

Interessant ist vor allem der Bereich *Serienmuster*. Hier legt man zunächst fest, in welchem Rhythmus der Termin stattfinden soll. Direkt daneben gibt man den oder die Wochentage an, an denen der Termin stattfindet. Über das Eingabefeld *Jede/Alle* kann man zum Beispiel bestimmen, dass der Termin alle drei Wochen stattfindet. Was in diesem Bereich letztendlich angezeigt wird, hängt von den Einstellungen unter *Serienmuster* ab. Wenn Sie dort probehalber den Wert *Monatlich* einstellen, werden Sie sehen, dass in dem Bereich plötzlich andere Optionen angezeigt werden als bei *Jährlich*.

Im Bereich *Seriendauer* bestimmt man, wie lange der Termin dauert. Ist das montägliche Projektmeeting zum Beispiel auf die Dauer eines Projekts begrenzt, trägt man das Enddatum dort ein. Ansonsten belässt man es bei der Voreinstellung *Kein Enddatum*.

Mit *OK* werden die Einstellungen übernommen. Der Termin kann anschließend mit *Speichern & schließen* angelegt werden.

Aus einer Terminserie wieder einen normalen Termin machen

Öffnen Sie dazu den Termin, aktivieren Sie *Die Serie öffnen*, bestätigen Sie das mit *OK* und klicken Sie im Register *Terminserie* auf *Serientyp*. Über die Schaltfläche *Serie entfernen* wird aus der Terminserie wieder ein ganz normaler Termin.

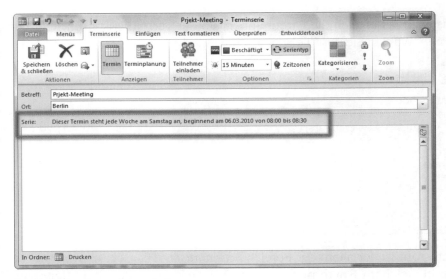

Der Serientermin wurde angelegt.

Auf einen Schlag nur die wichtigsten Termine anzeigen lassen

Wer tagtäglich sehr viele Termine einträgt, verliert schnell mal den Überblick. Denn standardmäßig sehen alle Termineinträge gleich aus. Outlook bietet hierfür die Möglichkeit, Termine farblich zu kennzeichnen.

 *Die perfekte Ansicht für wichtige Termine.*

Die folgenden Farben stehen bei Terminen standardmäßig zur Verfügung:

➢ Weiß – *Frei*

➢ Blau-Weiß – *Mit Vorbehalt*

➢ Blau – *Beschäftigt*

➢ Lila – *Abwesend*

Anhand dieser Farben erkennt man im Kalender auf den ersten Blick, ob man einen Termin wahrnehmen muss oder ob er vielleicht nicht ganz so wichtig ist.

Einstellen lassen sich die Farben innerhalb der Terminfenster im Register *Termin*. Wählen Sie dort die gewünschte Farbe aus.

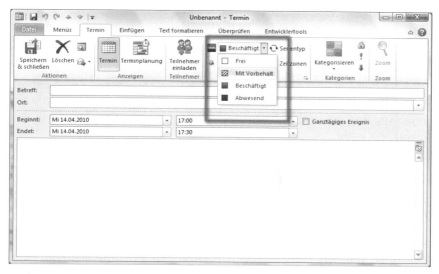

Auch Termine lassen sich einfärben.

Termine in Terminlisten zusammenfassen

Fragen wie „Wann bin ich eigentlich das nächste Mal in Berlin?" haben Sie sich sicherlich auch schon gestellt. Outlook bietet mit den Terminlisten eine Variante, sich solche und ähnliche Fragen elegant beantworten zu lassen.

Alle Berlin-Termine auf einen Blick.

Wichtig bei der Verwendung von Terminlisten ist, dass die relevanten Felder innerhalb der Terminfenster auch tatsächlich ausgefüllt werden. So lässt sich die Berlin-Frage zum Beispiel nur beantworten, wenn innerhalb der Terminfelder das *Ort*-Feld genutzt wird. Dann aber kann man sich ganz einfach eine Ansicht erstellen, in der die Termine nach Städten geordnet werden.

Um eine solche Ansicht nutzen zu können, muss man sie selbst anlegen.

1 Dazu wird innerhalb der Kalenderansicht aus dem *Ansicht*-Register *Ansicht ändern/Ansichten verwalten* gewählt.

2 Klicken Sie auf *Neu* und weisen Sie der neuen Ansicht den Namen *Stadt* zu.

3 Bei *Ansichtentyp* übernimmt man den voreingestellten Wert *Tabelle*. Mit *OK* wird die neue Ansicht erzeugt. In dem sich hieraufhin öffnenden Dialogfenster wählt man *Gruppieren*.

4 Aus dem Listenfeld *Elemente gruppieren nach* wählen Sie den Eintrag *Termin-/Besprechungsort*.

5 Dieses und das nächste Dialogfenster werden über *OK* geschlossen. In dem noch offenen Fenster klickt man auf *Ansicht übernehmen*. Hieraufhin werden die Termine im Outlook-Kalender nach Orten gruppiert. Über die Plus- und Minuszeichen lassen sich die Einträge der jeweiligen Gruppen verkleinern und maximieren.

Termine zur Wiedervorlage einer E-Mail erstellen

Sie wissen es selbst: Manche E-Mails lassen sich nicht sofort beantworten. Damit diese E-Mails aber nicht in Vergessenheit geraten, bietet Outlook die Möglichkeit, sich an E-Mails erinnern zu lassen. Dazu ziehen Sie die betreffende E-Mail mit gedrückter rechter Maustaste aus dem Posteingang auf den Kalender in der Ordnerleiste und wählen die Option *Hierin kopieren als Termin mit Anlage*.

Outlook öffnet daraufhin ein Terminfenster, in dem die E-Mail als Anhang eingefügt ist. Jetzt muss nur noch über *Beginnt* und *Endet* festgelegt werden, wann Sie die E-Mail beantworten müssen. Zusätzlich können Sie die Erinnerungsfunktion konfigurieren.

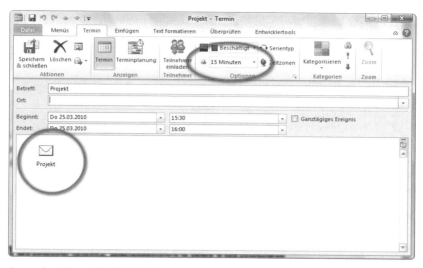

So werden Sie an die E-Mail erinnert.

Der Termin kann wie gewohnt gespeichert werden. Sobald der angegebene Zeitpunkt erreicht ist, werden Sie über die Erinnerungsfunktion auf den Termin aufmerksam gemacht. Durch einen Doppelklick auf das E-Mail-Symbol innerhalb des Terminfensters lässt sich die E-Mail beantworten.

7.2 Feiertage und Schulferien verwalten

So recht weiß wohl niemand warum, aber die Feiertage werden in Outlook standardmäßig nicht angezeigt. Für eine lückenlose Terminplanung sind sie aber enorm wichtig. Um die offiziellen Feiertage einzublenden, gehen Sie folgendermaßen vor:

1 Öffnen Sie aus dem *Datei*-Register *Optionen* und klicken Sie im Register *Kalender* im Bereich *Kalenderoptionen* auf *Feiertage hinzufügen*.

2 Kontrollieren Sie, dass *Deutschland* aktiviert und alle anderen Einträge deaktiviert sind. Über *OK* werden die Feiertage importiert. Die erscheinende Erfolgsmeldung schließen Sie danach genauso wie alle noch offenen Dialogfenster.

Kontrolle der Feiertage ist besser

Um schnell zu überprüfen, ob die Feiertage tatsächlich übernommen wurden, rufen Sie im Kalender den 25. Dezember auf. Im oberen Fensterbereich sehen Sie, dass dieser Tag nun als Feiertag gekennzeichnet ist.

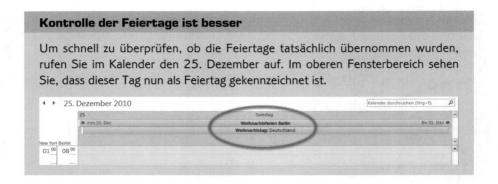

Schulferien eintragen

Durch die im vorherigen Abschnitt gezeigten Schritte werden lediglich die gesetzlichen Feiertage importiert. Für eine vernünftige Planung sind oftmals aber auch die Schulferien wichtig. Diese muss man allerdings gesondert in Outlook einfügen.

Die Ferientermine können Sie sich von der Seite *http://www.schulferien. org/iCal/* herunterladen.

Achtung vor dem Download

Klicken Sie die auf der Seite angebotenen iCal-Dateien mit der rechten Maustaste an und wählen Sie *Ziel speichern unter*. Wenn Sie die Datei nämlich durch einen Doppelklick öffnen, fügt Outlook automatisch einen zusätzlichen Kalender ein, was man üblicherweise verhindern will.

Nach dem Herunterladen ruft man in Outlook *Datei/Öffnen/Importieren* auf. In dem sich öffnenden Fenster markiert man *iCalendar- (ICS) oder vCalendar-Datei (VCS) importieren*.

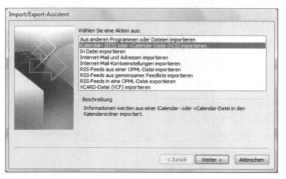

*Der Kalender
wird importiert.*

Mit *Weiter* wird die Auswahl bestätigt. Über das anschließend angezeigte *Durchsuchen*-Fenster wählen Sie die zuvor heruntergeladene ICS-Datei aus. Outlook bietet daraufhin einige Optionen an.

Die Importieren-Funktion sollte gewählt werden.

Sie sollten hier *Importieren* wählen. So werden die Ferientage in den aktuellen Kalender eingefügt. Ein anschließender Blick in den Kalender zeigt, dass die Ferientage eingetragen wurden.

Jetzt stehen auch die Ferien im Kalender.

7.3 Termine (automatisch) löschen

Einen Termin von Hand zu löschen ist natürlich keine große Sache. Dazu markiert man den Termin im Kalender und drückt die (Entf)-Taste. (Aber Achtung: Eine Kontrollabfrage gibt es nicht. Wenn Sie doch mal einen Termin versehentlich gelöscht haben, können Sie ihn über die Tastenkombination (Strg)+(Z) wiederherstellen.)

Viel interessanter ist es, wenn man veraltete Termine automatisch entfernt und archiviert. Bei Bedarf lassen sich veraltete Termine dann wieder ohne Problem zurückspielen. Das Zauberwort lautet hier AutoArchivierung.

Standardmäßig werden in Outlook alle Kalendereinträge gelöscht, die älter als ein halbes Jahr sind. Das mag für den normalen Heimanwender genügen, im beruflichen Alltag ist diese Spanne aber meist zu lang. Denn zu viele Kalendereinträge verlangsamen Outlook und erschweren somit die Arbeit.

Um das Archivierungsintervall des Kalenders zu verkürzen, klicken Sie diesen in der Ordnerliste mit der rechten Maustaste an und wählen *Eigenschaften*. Rufen Sie anschließend das Register *AutoArchivierung* auf.

Aktivieren Sie hier die Option *Für diesen Ordner folgende Einstellungen verwenden*. Über *Elemente löschen, wenn älter als* kann der gewünschte Zeitraum eingestellt werden.

So werden alte Termine automatisch gelöscht.

Vorsicht ist bei der Option *Alte Elemente endgültig löschen* geboten. Sie sorgt dafür, dass in diesem Fall die veralteten Kalendereinträge nicht archiviert, sondern sofort gelöscht werden. Ein nachträglicher Zugriff auf diese Daten ist dann nicht mehr möglich.

Mit *Übernehmen* und *OK* werden die Archivierungseinstellungen übernommen.

Die Kalendereinträge werden nun automatisch archiviert und können bei Bedarf wiederhergestellt werden. Ausführliche Informationen zum Archivieren und Wiederherstellen finden Sie in Kapitel 12.

Alle Kalendereinträge löschen

Das automatische Löschen der Kalendereinträge ist natürlich nur eine Variante. Spätestens wenn man sich verzettelt hat und der Kalender zu unübersichtlich wird, muss man persönlich Hand anlegen. Im einfachsten Fall löscht man dazu alle Einträge und fängt wieder ganz bei null an.

1 Aus dem *Ansicht*-Register wird *Ansicht ändern/Liste* gewählt. Dort wählt man im Bereich *Anordnung* den Punkt *Kategorien*.

2 Im Kalender werden hieraufhin alle Einträge nach Kategorien geordnet angezeigt. Klicken Sie die Kategorien nacheinander bei gleichzeitig gedrückter ⌷Strg⌷-Taste an.

3 Über ⌷Entf⌷ wird ein Warnhinweis geöffnet, der mit *OK* bestätigt wird. Die ausgewählten Einträge werden daraufhin gelöscht.

Der Kalender ist jetzt von allem Ballast befreit und kann neu bestückt werden.

Nicht mehr benötigte Termine löschen

Damit es gar nicht erst so weit kommt, dass man den gesamten Kalender löschen muss, muss man seinen Kalender pflegen. Das heißt in erster Linie, nicht mehr benötigte Termine sollten immer gelöscht werden. Am einfachsten geht das über eine spezielle Ansicht, mit der man sich alle Termine, die vor einem bestimmten Datum liegen, anzeigen lassen und danach löschen kann.

1 Im geöffneten Kalender wird nacheinander *Ansicht/Ansicht ändern/ Ansichten verwalten* gewählt.

2 Markieren Sie *Aktiv* und klicken Sie auf *Kopieren*.

3 Den vorgeschlagenen Namen ändert man in *Veraltete Termine*. Die übrigen Einstellungen können mit *OK* übernommen werden.

4 In dem sich öffnenden Dialogfenster klickt man auf *Filtern*, wechselt in das Register *Erweitert*, markiert *Beginn ... am* und klickt auf *Entfernen*.

5 Anschließend klicken Sie auf *Feld* und wählen unter *Häufig verwendete Felder* den Eintrag *Beginn* aus.

6 Im Feld *Bedingung* stellt man *am oder nach* ein. Besondere Bedeutung ist anschließend dem *Wert*-Feld zu schenken. Dort wird das Datum eingetragen, ab dem der Kalender aufgeräumt werden soll. Wollen Sie zum Beispiel alle Kalendereinträge entfernen, die vor oder am 1.3.2010 stattgefunden haben, tragen Sie dieses Datum in das Feld ein.

7 Mit *Zur Liste hinzufügen* werden die Einstellungen übernommen.

8 Mit *OK, OK, Ansicht übernehmen* werden alle Termine des angegebenen Zeitraums in einer übersichtlichen Tabelle aufgelistet.

9 Die so aufgeführten Termine können nun wie üblich mit der (Entf)-Taste gelöscht werden. (Eine Mehrfachauswahl ist mit gleichzeitig gedrückter (Strg)-Taste möglich.)

Doppelte Kalendereinträge automatisch löschen

Es geht schneller, als man denkt, schon wimmelt der Kalender von doppelten Einträgen. Vermehrt tritt dieses Phänomen auf, wenn man seinen PC mit einem Smartphone oder PDA synchronisiert. Es gibt eine manuelle Variante und eine softwaregesteuerte. Per Hand lassen sich doppelte Einträge folgendermaßen entfernen:

1 Innerhalb des Kalenders wählt man aus dem *Ansicht*-Register im Bereich *Anordnung* den Punkt *Kategorien*.

2 Über die vorangestellten Pluszeichen können die Termine der einzelnen Kategorien in Tabellenform angezeigt werden. Anhand dieser Übersicht sehen Sie, welche Termine doppelt vorkommen, und können diese mit der (Entf)-Taste löschen.

Will man sich diese manuelle Suche nach doppelten Einträgen ersparen, bleibt nur der Einsatz spezieller Software.

An dieser Stelle wird eine der effektivsten und dabei kostengünstigsten Varianten vorgestellt. Der **O**utlook **D**uplicate **I**tems **R**emover (ODIR, *http://www.vaita.com/ODIR.asp*) kann kostenlos heruntergeladen werden.

Nicht nur für doppelte Kalendereinträge

ODIR hilft übrigens nicht nur beim Entfernen doppelter Kalendereinträge, sondern spürt auch alle sonstigen doppelt vorkommenden Outlook-Elemente auf. So hilft er auch dabei, doppelte Notizen, E-Mails, Journaleinträge und Kontakte zu finden. Die Funktionsweise ist bei allen Elementarten die gleiche. Gezeigt wird sie hier anhand doppelter Kalendereinträge.

Schließen Sie vor der Installation Outlook. Durch die Installation führt ein Assistent. Hier ist nichts weiter zu beachten. Wenn Sie nach erfolgreicher Installation Outlook öffnen und in das *Add-Ins*-Register wechseln, finden Sie dort den Eintrag *ODIR*.

Das Add-in wurde erfolgreich installiert.

Rufen Sie *ODIR/Remove duplicate items* auf. In dem sich öffnenden Dialogfenster markieren Sie den Ordner, der auf doppelte Einträge untersucht werden soll. Im aktuellen Beispiel handelt es sich dabei um den Kalender.

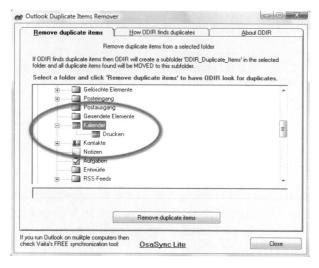

Der zu überprüfende Kalender wird ausgewählt.

Über die Schaltfläche *Remove duplicate items* wird die Suche gestartet.

Keine Angst vorm Löschen

Der Outlook Duplicate Items Remover löscht die doppelten Einträge zwar aus dem angegebenen Ordner, allerdings nicht sofort aus Outlook. Stattdessen werden die entfernten Einträge automatisch in den Unterordner *ODIR_ Duplicate_Items* des aktuellen Ordners verschoben, der von ODIR angelegt wird. Somit können Sie jederzeit versehentlich gelöschte Einträge wiederherstellen.

7.4 Die Erinnerungsfunktion konfigurieren

Damit man auch ja keinen Termin vergisst, ist Outlook mit einer Erinnerungsfunktion ausgestattet. Sobald sich der Zeitpunkt nähert, an dem ein Termin ansteht, wird automatisch ein Hinweisfenster geöffnet. Dabei muss unterschieden werden, ob die Termine neu erstellt oder bereits im Kalender eingetragen wurden.

Outlook ist standardmäßig so konfiguriert, dass man immer 15 Minuten vor Ablauf eines Termins an diesen über ein Hinweisfenster erinnert wird.

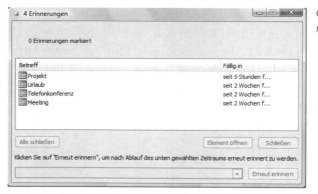

Outlook sorgt dafür, dass man nichts vergisst.

Diese Einstellung lässt sich für jeden Termin individuell anpassen. Dazu wechseln Sie innerhalb des betreffenden Termins in das *Termin*-Register. Im Bereich *Optionen* finden Sie die Einstellungen.

Im Erinnerungsfenster werden standardmäßig alle Termine angezeigt, an die man erinnert wurde. Um den Überblick zu behalten, sollten Sie veraltete Termine aus der Liste löschen. Markieren Sie diese dazu innerhalb des Erinnerungsfensters und klicken Sie auf *Schließen*.

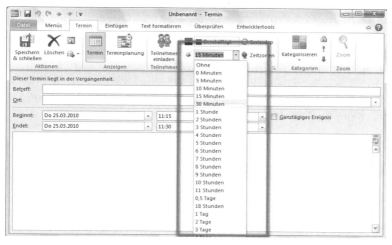

Die Erinnerungsfunktion wird konfiguriert.

Man kann sich übrigens nicht nur per Erinnerungsfenster an einen Termin erinnern lassen. Auch akustische Signale sind möglich. Standardmäßig wird man durch den normalen Reminder-Klang an einen Termin erinnert. Sie haben nun die Wahl, diesen Sound abzuschalten oder einen anderen Klang einzustellen. Die entsprechenden Optionen finden Sie in dem jeweiligen Terminfenster, indem Sie aus dem Erinnerungsfeld den Eintrag *Sound* wählen.

Zusätzlich kann man sich auch noch per Sound erinnern lassen.

Wenn Sie das Kontrollkästchen *Diesen Sound wiedergeben* deaktivieren, wird für diesen Termin kein Klang verwendet. Ebenso kann man aber auch über die *Durchsuchen*-Schaltfläche einen anderen Klang einstellen.

Um den Sound für alle Termine anzupassen bzw. auszuschalten, rufen Sie im *Datei*-Register *Optionen/Erweitert* auf. Im Bereich *Erinnerungen* können Sie den gewünschten Sound einstellen oder ihn komplett ausschalten.

Wenn alte Termine angezeigt werden

Mit wachsender Anzahl an Erinnerungen scheint Outlook mehr und mehr den Überblick zu verlieren und erinnert entweder zu früh oder zu spät oder überhaupt nicht. Das Problem liegt daran, dass Outlook erledigte Erinnerungen nicht löscht, sondern sie lediglich in einer kontinuierlich zu überprüfenden Liste markiert. Das Problem lässt sich beheben, indem man Outlook zwingt, die Erinnerungseinträge komplett neu aufzubauen.

Dazu trägt man in das Feld *Suche starten* des Windows-Startmenüs *outlook /cleanreminders* ein und klickt auf *OK*.

7.5 Der Kalender fürs Team

Es gibt verschiedene Wege, durch die man Teamarbeit mit Outlook realisieren kann. Die zwei aus früheren Outlook-Versionen bekannten Varianten Microsoft Mail und die Freigabe via Internet über sogenannte Netzordner stehen allerdings nicht mehr zur Verfügung. Outlook setzt nun ganz auf die Internetkalender.

Voraussetzungen

Um Internetkalender nutzen zu können, müssen Sie über eine Windows Live ID, Passport, MSN oder Hotmail-Konto verfügen. Das gilt sowohl für Sie, also denjenigen, der den Kalender veröffentlicht, wie auch für die Teammitglieder, die auf den Kalender zugreifen sollen.

An dieser Stelle geht es nicht um die allgemeine Bedienung solcher Kalender, sondern darum, wie man sie für die Teamarbeit verwenden kann. Dabei wird von folgendem Szenario ausgegangen:

➢ Sie sind Teamleiter und wollen Ihren Kalender den Mitgliedern Ihres Teams zukommen lassen. (Im Kalender stehen die wichtigsten Termine des Projekts.)

➢ Auf den Inhalt des Kalenders sollen allerdings ausschließlich die Teammitglieder zugreifen können. Dritten bleibt der Zugriff verwehrt.

Legen Sie sich zunächst den Teamkalender an und tragen Sie dort wie gehabt die Termine ein. Um den Kalender freizugeben, klicken Sie ihn in der Ordnerliste mit der rechten Maustaste an und wählen *Freigeben/Auf Office.com veröffentlichen*. (In Kapitel 6 finden Sie allgemeine Informationen dazu, wie Sie sich bei Office.com registrieren können.)

Legen Sie fest, was veröffentlicht werden soll.

Legen Sie hier fest, welche Informationen veröffentlicht werden sollen. Da die Teammitglieder die Termindetails sehen können sollen, wird die Voreinstellung *Alle Details* im Bereich *Detail* übernommen. Im Bereich *Berechtigungen* legen Sie die Kollegen fest, die auf den Kalender zugreifen können sollen. Aktivieren Sie dazu *Nur eingeladene Benutzer können diesen Kalender abonnieren* und bestätigen Sie die Einstellungen mit *OK*. Outlook stellt jetzt eine Verbindung zum Server her.

Konnte der Kalender erfolgreich veröffentlicht werden, wird nebenstehendes Dialogfenster geöffnet.

Bestätigen Sie dieses Fenster mit *Ja*. In dem sich daraufhin öffnenden E-Mail-Fenster geben Sie die Personen an, die auf den Kalender zugreifen dürfen. Verschickt wird der Kalender wie jede andere E-Mail über *Senden*.

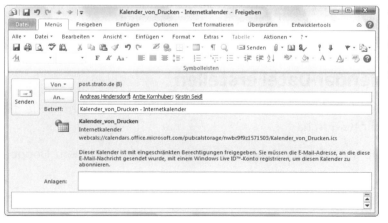

Der Kalender kann per E-Mail verschickt werden.

Sie können in die E-Mail übrigens zusätzlichen Text einfügen. Es ist all das möglich, was bei einer normalen E-Mail auch geht. (Wobei es sich hier tatsächlich um eine normale E-Mail handelt. Die Empfänger brauchen jetzt nur noch die E-Mail zu öffnen und übernehmen den Kalender auf diese Weise in ihr Outlook.)

Sobald Sie Änderungen am Kalender vornehmen, werden diese bei der nächsten Aktualisierung auch in die Kalender der anderen Teammitglieder eingetragen. So arbeiten alle im Team mit dem gleichen Kalender.

7.6 Termine mit anderen austauschen: vCalendar

Sie können Termine ganz bequem mit anderen Personen austauschen. So lassen sich zum Beispiel Termine per E-Mail verschicken und vom Empfänger der Nachricht ganz bequem in seinen Kalender importieren. Typischerweise nutzt man diese Möglichkeit, um seine Termine im Intranet zu veröffentlichen. Mittlerweile nutzen aber auch einige Politiker diese Möglichkeit, um so ihren Wählern die Sitzungswochen im Bundestag zu präsentieren.

Der besondere Clou: Dank der in Outlook verwendeten Formate vCalendar und iCalendar können die Termine nicht nur von Personen importiert werden, die Outlook verwenden, auch andere E-Mail-Clients können diese Formate lesen und in ihre Kalender einfügen.

Welche der beiden Varianten Sie verwenden, spielt letztendlich keine Rolle. Allerdings sind derzeit vCalendar-Dateien weiter verbreitet, weswegen hier alle Funktionen anhand dieses Formats vorgestellt werden. Sie funktionieren aber genauso auch beim iCalendar-Format.

Eine vCalendar-Datei erstellen

Um einen Termin in das vCalendar-Format zu exportieren, führen Sie die folgenden Schritte durch:

1 Öffnen Sie im Kalender den gewünschten Termin mit einem Doppelklick.

2 Über das *Datei*-Register des Terminfensters wird *Speichern unter* gewählt.

3 Während der Dateiname frei gewählt werden kann, muss unter *Datei-typ vCalendar-Format (*.vcs)* eingestellt werden.

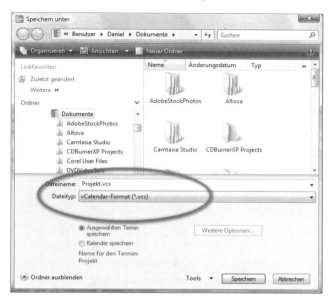

Den ganzen Kalender speichern

Über die Option *Kalender speichern* wird nicht nur der ausgewählte Termin, sondern gleich der gesamte Kalender als vCalendar gespeichert.

---

4 Mit *Speichern* wird die Datei an der angegebenen Stelle abgelegt.

Termine per E-Mail verschicken

Termine können auf unterschiedliche Art und Weise per E-Mail verschickt werden:

➢ als Termin

➢ als vCalendar-Datei

Beide Varianten kann man per E-Mail verschicken oder beispielsweise im Internet zum Download anbieten. Die Downloadfunktion lässt sich allerdings nicht über Outlook realisieren. Dazu muss die Datei manuell auf der Webseite eingefügt werden. Der E-Mail-Versand ist hingegen problemlos möglich. Hier folgt die Terminvariante:

1 Dazu legt man wie gewohnt eine neue E-Mail an.

2 Im *Einfügen*-Register wird im *Einschließen*-Bereich *Element anfügen* aufgerufen.

3 Markieren Sie im oberen Fensterbereich den Kalender, in dem der Termin aufgeführt ist. In der unteren Fensterhälfte muss dann der eigentliche Termin markiert werden.

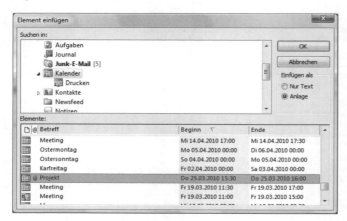

4 Mit *OK* werden die Einstellungen übernommen. Der Termin wird der E-Mail als Anhang hinzugefügt. Alternativ dazu können Sie den Termin auch als Textform einfügen. Dazu aktivieren Sie die Option *Nur Text* im Bereich *Einfügen als*. Die so angelegte E-Mail kann jetzt wie üblich versendet werden.

Termine können übrigens auch noch auf andere Art und Weise verschickt werden. Dazu klickt man sie im Kalender mit der rechten Maustaste an und wählt *Weiterleiten*. Dadurch öffnet sich ein E-Mail-Fenster, in dem der Termin als Anhang enthalten ist.

Wurde der Termin hingegen in einer VCS-Datei gespeichert, können Sie diese der E-Mail ganz normal als Anhang hinzufügen und die E-Mail anschließend verschicken.

Termine in den Kalender importieren

Bekommt man eine E-Mail zugeschickt, in der ein normaler Termin (also kein vCalendar) als Anhang eingefügt wurde, kann man sie ganz bequem in seinen Outlook-Kalender einfügen.

1 Der Termin ist der E-Mail als Anhang beigefügt.

2 Klicken Sie den Anhang doppelt an. Outlook öffnet daraufhin automatisch ein entsprechendes Terminfenster.

3 Dort muss man in das Register *Termin* wechseln. Über die Schaltfläche *In meinen Kalender kopieren* kann der Termin in den eigenen Kalender eingetragen werden.

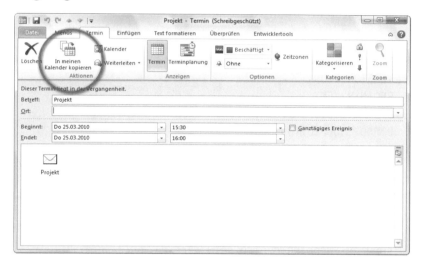

Das geschieht mit doppelten Terminen

Sollte ein zu importierender Termin bereits vorhanden sein, wird er von Outlook trotzdem übernommen. (Und das übrigens ohne Vorwarnung.) Der Termin ist anschließend doppelt in Outlook vorhanden.

vCalendar-Dateien manuell öffnen

vCalendar ist ein lesbares Format. Das hat den Vorteil, dass man sich die Inhalte auch ohne Outlook oder ein anderes vergleichbares Programm anzeigen lassen kann. Haben Sie unterwegs also mal keinen Zugriff auf Outlook, müssen aber eine per Mail zugeschickte vCalendar-Datei lesen, gehen Sie folgendermaßen vor.

1 Öffnen Sie die E-Mail, in der die VCS-Datei enthalten ist, klicken Sie auf das Termin-Symbol mit der rechten Maustaste und wählen Sie *Speichern unter*.

2 Nachdem ein geeigneter Speicherplatz ausgewählt wurde, kann die VCS-Datei dort mit *Speichern* abgelegt werden.

3 Klicken Sie nun die abgespeicherte VCS-Datei mit der rechten Maustaste an und wählen Sie nacheinander *Öffnen mit* und *Programm auswählen*.

4 Hier wird *Editor* markiert und auf *OK* geklickt. Der Inhalt der VCS-Datei wird daraufhin im Editor angezeigt.

- `BEGIN:VCALENDAR`
- `PRODID:-//Microsoft Corporation//Outlook 12.0 MIMEDIR//EN`
- `VERSION:1.0`
- `BEGIN:VEVENT`
- `DTSTART:20060201T090000Z`
- `DTEND:20060201T093000Z`
- `LOCATION;ENCODING=QUOTED-PRINTABLE:Hamburg`
- `UID:040000008200E00074C5B7101A82E008000000001094051F743CC60 1000000000`
- `0000000010000000117787BE1DFF8643BB7C9B8A75F8773F`
- `DESCRIPTION;ENCODING=QUOTED-PRINTABLE:Unterlagen mitbringen=0D=0A`
- `SUMMARY;ENCODING=QUOTED-PRINTABLE:Besprechung`
- `PRIORITY:3`
- `END:VEVENT`
- `END:VCALENDAR`

Auf den ersten Blick wirkt der Inhalt abstrakt, er lässt sich aber leicht entschlüsseln. Die folgende Tabelle enthält nur die tatsächlich relevanten Teile der Datei, die zum Entschlüsseln der Termininformationen benötigt werden.

Text	Beschreibung
DTSTART:20100401T100000Z	Diese Zeile gibt den Beginn des Termins an. Dabei gilt das Schema *JJJJMMTTThhmmssZ*. Wobei *JJJJ* für das Jahr (hier *2010*), *MM* für den Monat (hier *April*), *TT* für den Tag (hier *1.*), *T* für einen Trenner, *hh* für die Stunden (hier *10*), *mm* für die Minuten (hier *00*), *ss* für die Sekunden (hier *00*) und *Z* für das Endzeichen stehen. In diesem Beispiel findet der Termin also am 1.4.2010 um 10 Uhr statt.

Text	Beschreibung
DTEND:20100401T093000Z	Erklärungen finden Sie oben. Der Termin endet am 1.4.2010 um 10.30 Uhr.
LOCATION;ENCODING=QUOTED-PRINTABLE:Hamburg	Hier wird Auskunft über den Ort des Termins gegeben. In diesem Beispiel findet der Termin also in *Hamburg* statt.
DESCRIPTION;ENCODING=QUOTED-PRINTABLE:Unterlagen mitbringen=0D=0A	Hier kann die Beschreibung des Termins eingesehen werden.
SUMMARY;ENCODING=QUOTED-PRINTABLE:Besprechung	Das ist der Betreff. In diesem Beispiel also *Besprechung*.

7.7 Gruppenzeitpläne/Kalendergruppen anlegen

Wenn man im Team arbeitet, ist es natürlich interessant, wenn man die Zeitpläne mehrerer Personen auf einen Blick sieht. Gruppenzeitpläne werden beispielsweise in Verbindung mit der Auslastung der Firmenwagen verwendet. So lässt sich leicht ablesen, wann der Firmenwagen zur freien Verfügung steht. Ebenso ist es aber auch denkbar, dass alle Mitglieder eines Teams in den Gruppenzeitplan eintragen, wann sie beschäftigt sind, um so mögliche Meetings zu arrangieren.

Damit Ressourcen wie der Firmenwagen oder der Konferenzraum einge-plant werden können, müssen sie von einer Person innerhalb des Teams so eingerichtet sein, dass diese auf dem Server über ein eigenes Postfach verfügt. (Informationen zu Ressourcen erhalten Sie übrigens im weiteren Verlauf dieses Kapitels.) Zusätzlich muss man die Berechtigung besitzen, Ressourcen, die die aktuelle Ressource einschließt, mit einzuplanen.

Voraussetzungen

Gruppenzeitpläne können nur verwendet werden, wenn man über ein Exchange-Konto verfügt.

Gruppenzeitpläne ermöglichen binnen kürzester Zeit das Einberufen von Besprechungen oder das Senden von E-Mails an alle Teammitglieder. Ferner kann man sich alle Frei/Gebucht-Informationen und freie Zeiträume aller Gruppenmitglieder suchen, um so die Besprechung zu planen.

Zunächst die grundlegenden Schritte, wie man einen Gruppenzeitplan anlegt und ihn nutzen kann. Anschließend erfahren Sie, wie man seine Kalenderinformationen veröffentlichen und Zeitpläne erstellen kann.

1 Bei geöffnetem Kalender wird im *Start*-Register aus der Gruppe *Kalender verwalten* nacheinander *Kalendergruppen/Neue Kalendergruppe anlegen* aufgerufen.

2 Weisen Sie dem Gruppen-terminplan einen Namen zu. Typische Namen sind Abteilungen (*Einkauf*, *Marketing*, *Export*) oder das betreffende Projekt. Mit *OK* wird die Gruppe angelegt. Anschließend wählen Sie die Personen aus, deren Kalender Sie anzeigen wollen. Auch diese Auswahl übernimmt man abschließend mit *OK*.

3 Outlook zeigt die Kalender der ausgewählten Personen nun parallel an. (Wie die Anzeige genau aussieht, können Sie übrigens selbst über *Datei/Optionen/Kalender* im Bereich *Anzeigeoptionen* festlegen. Bestimmen Sie dort beispielsweise, wann automatisch zur vertikalen Ansicht gewechselt werden soll.)

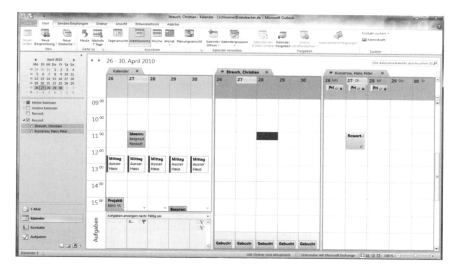

Der Gruppenzeitplan ist nun angelegt und kann beispielsweise zum Einberufen eines Meetings genutzt werden. (Im weiteren Verlauf dieses Kapitels finden Sie noch weiterführende Informationen zum Thema effektive Planung von Meetings. An dieser Stelle zunächst die allgemeinen Schritte.)

1 Bei geöffnetem Kalender wird *Start/Neue Besprechung/Neue Besprechung mit allen* aufgerufen.

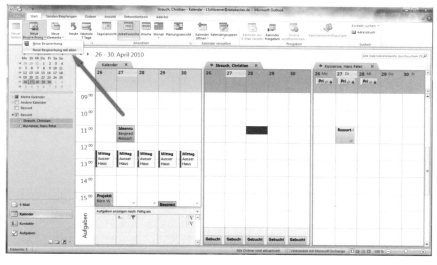

2 In dem sich öffnenden Besprechungsfenster können Sie zunächst detaillierte Angaben zum anstehenden Meeting machen. Dazu gehören u. a. der Betreff und der Ort.

353

3 Weiter geht es mit der Frage, welcher Termin für das geplante Meeting am besten geeignet ist, wann die Kollegen also überhaupt Zeit für die Teilnahme haben. Hier hilft der Terminplanungsassistent weiter, der über die gleichnamige Schaltfläche in der Gruppe *Anzeigen* aufgerufen wird. In diesem Assistenten werden links die Teilnehmer angezeigt, während rechts ein Zeitfenster darüber informiert, wann wer frei/gebucht ist.

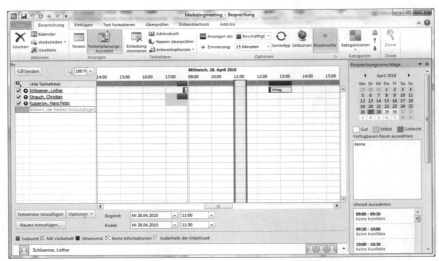

> Blau – in diesem Zeitraum ist der Teilnehmer gebucht, er hat also keine Zeit.

> Blau/schraffiert – die Person ist zwar gebucht, kann sich aber möglicherweise für diesen Termin freimachen.

> Lila – der Teilnehmer ist in diesem Zeitraum nicht anwesend und steht somit für andere Termine nicht zur Verfügung.

> Weiß/schraffiert – es liegen keine Informationen über die Frei/Gebucht-Zeiten der Person vor.

Informationen einholen

Sollten von einem Teilnehmer keine Frei/Gebucht-Informationen vorliegen, der Zeitstrahl ist also weiß/schraffiert, dann versuchen Sie, diese Informationen manuell einzuholen. Klicken Sie dazu auf *Optionen* und *Frei/Gebucht aktualisieren*.

Um Outlook auch weiterhin übersichtlich zu halten, sollten Sie Gruppenzeitpläne löschen, wenn sie nicht mehr benötigt werden.

1 Rufen Sie dazu erneut bei geöffnetem Kalender das *Start*-Register auf.

2 Klicken Sie die nicht mehr benötigte Gruppe mit der rechten Maustaste an und wählen Sie *Gruppe löschen*.

Genauso einfach können Sie übrigens auch nachträglich weitere Kalender in die Gruppe aufnehmen. Dazu klicken Sie die Gruppe mit der rechten Maustaste an.

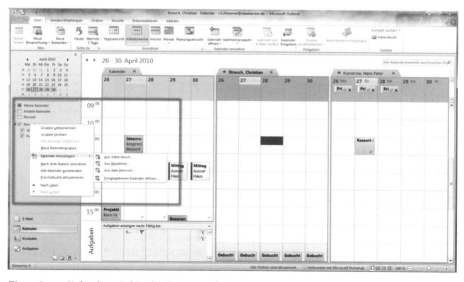

Ein weiterer Kalender wird in die Gruppe aufgenommen.

Über *Kalender hinzufügen* können Sie auswählen, woher der neue Kalender stammt. Üblicherweise wählt man hier *Aus Adressbuch*.

Die eigenen Informationen freigeben

Gruppenzeitpläne können natürlich nur funktionieren, wenn alle Gruppenmitglieder die Zeiten veröffentlichen, an denen sie gebucht bzw. frei sind. Dazu wird (meistens vom Administrator) auf einem Server ein Verzeichnis angelegt, in dem alle Gruppenmitglieder ihre Kalender veröffentlichen.

Bei dem Server muss es sich übrigens nicht um Exchange handeln. Stattdessen kann auch ein alter Rechner verwendet werden, der allerdings immer an sein muss oder als Erster ein- und als Letzter ausgeschaltet wird. Auf diesem Rechner legt man dann beispielsweise das Verzeichnis *freigebucht* an und gibt es im Netzwerk frei.

Der freigegebene Ordner ist anschließend unter dem Pfad *file://\Mein-Server\freigebucht* verfügbar. (Diesen Pfad müssen Sie gegebenenfalls anpassen.) Die Anleitung in diesem Abschnitt funktioniert bei Umgebungen mit und ohne Exchange Server. Dort, wo es Unterschiede in der Konfiguration gibt, wird darauf hingewiesen.

Nachdem der Server konfiguriert ist, können die Einstellungen an Outlook vorgenommen werden. Denn natürlich muss Outlook wissen, an welcher Stelle die Frei/Gebucht-Informationen veröffentlicht werden sollen.

Dazu öffnen Sie *Datei/Optionen/Kalender* und klicken auf *Frei/Gebucht-Optionen*.

Tragen Sie hier bei *Veröffentlichen unter* den Pfad zum zuvor freigegebenen Verzeichnis *file://\\MeinServer\ freigebucht\dkoch.vfb* ein. (Wobei *dkoch.vfb* die Datei ist, in der die Frei/Gebucht-Informationen gespeichert

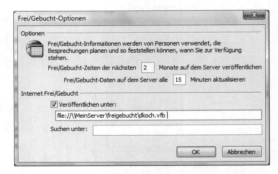

Die Frei/Gebucht-Informationen werden freigegeben.

werden.) Es ist darauf zu achten, dass für jeden Benutzer eine eigene Datei angegeben werden muss.

Namensfindung

Am besten legen Sie eine einheitliche Schreibweise für diese Datei fest. In der Praxis hat sich eine Kombination aus erstem Buchstaben des Vornamens und vollem Nachnamen bewährt. Für *Hans Müller* würde die Datei also *hmueller.vfb* heißen.

In das Feld *Suchen unter* wird der Pfad zum Verzeichnis (nicht zur Datei) eingetragen. Im aktuellen Beispiel also *file://\\MeinServer\freigebucht*.

Zusätzlich legt man den Zeitraum fest, für den die Frei/Gebucht-Informationen veröffentlicht werden sollen. Standardmäßig werden zwei Monate angenommen. Für die meisten Anwendungen ist dieser Wert zu hoch. Ein Monat tut es normalerweise auch. Unter *Frei/Gebucht-Daten auf dem Server alle x Minuten aktualisieren* geben Sie das gewünschte Zeitintervall an. 15 Minuten sind völlig ausreichend. Die offenen Dialogfenster können anschließend mit *OK* geschlossen werden. Was Exchange automatisch übernimmt, muss man bei der Exchange-losen Variante selbst erledigen: Sie müssen dafür sorgen, dass Outlook die Frei/Gebucht-Informationen der Gruppenmitglieder tatsächlich findet. Dazu öffnen Sie den ersten betreffenden Kontakt und rufen in der Registerkarte *Kontakt* den Punkt *Anzeigen/Details* auf.

Tragen Sie hier in das *Adresse*-Feld den Pfad zur VFB-Datei des Kontakts ein. Der Kontakt kann anschließend gespeichert werden. Diese Schritte müssen nun für alle Gruppenmitglieder wiederholt werden.

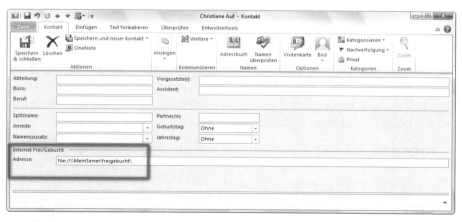

So weiß Outlook, wo die Informationen liegen.

7.8 Besprechungen optimal planen

Meetings einzuberufen ist relativ schwierig. Und je mehr Kollegen daran teilnehmen sollen, umso schwieriger wird es. Outlook hält interessante Funktionen für die Besprechungsplanung bereit. Bevor tiefer in das Thema eingetaucht wird, müssen zum besseren Verständnis aber einige Outlook-Begriffe geklärt werden. (Erfahrungsgemäß werden diese oft durcheinandergebracht oder gleichgesetzt.)

> **Ereignisse** – sie dauern 24 Stunden oder länger. Typische Ereignisse sind Geburtstage und Feiertage. Ereignisse sind keiner bestimmten Uhrzeit zugeordnet. Sobald Sie einen Termin anlegen, der länger als 24 Stunden dauert, macht Outlook daraus ein Ereignis.

> **Termine** – das sind die Dinge des Alltags. Zu Terminen lädt man keine anderen Personen ein. (Natürlich trifft man sich zu Terminen mit anderen Personen. Lädt man sie aber über Outlook ein, ist das eine Besprechung.)

> **Ressourcen** – Firmenwagen, Konferenzraum und Beamer sind typische Vertreter dieser Gattung.

> **Besprechungen** – das sind Termine, an denen mehrere Personen teilnehmen. Outlook ermöglicht eine effektive Besprechungsplanung anhand der Anzeige von Frei/Gebucht-Zeiten und anderen Funktionen.

Die Unterschiede zwischen den einzelnen Outlook-Elementen haben Sie nun kennengelernt. Im Folgenden geht es darum, wie sich diese umsetzen lassen.

Besprechungen optimal planen

Wie Besprechungen mit Outlook angelegt werden, erfahren Sie natürlich auch. Gerade in Bezug auf Besprechungen ist aber auch deren Planung und Durchführung entscheidend. Deswegen zunächst hier die wichtigsten Tipps, wie Sie bessere Meetings durchführen können.

> **Regeln vereinbaren** – ohne Regeln wie „die anderen ausreden lassen" etc. wird die Besprechung nicht funktionieren. Mehr zu diesem Thema erfahren Sie im nächsten Abschnitt.

> **Nicht zu viele Punkte ansprechen** – natürlich will man so viele Punkte wie möglich behandeln. Dennoch sollte man bei der Planung realistisch bleiben.

> **Besprechungen strukturieren** – stecken Sie im Vorfeld den grundlegenden Fahrplan ab, der eingehalten werden soll.

> **Moderator festlegen** – einer muss dafür sorgen, dass alles im normalen Rahmen bleibt und das Meeting der festgelegten Strukturierung folgt. Zudem sollte der Moderator eingreifen, wenn Besprechungsregeln verletzt werden.

> **Inhalte visualisieren** – alle relevanten Elemente der Besprechung sollten für alle Teilnehmer gut sichtbar aufgeschrieben werden. Denkbar sind Flipcharts oder Ähnliches.

> **Sitzungsdauer beschränken** – denken Sie immer daran, dass zu lange Meetings die Teilnehmer ermüden. Zudem lässt zum Ende hin die Konzentration nach. Gute Meetings dauern meist nicht länger als eine halbe, höchstens aber eine Stunde. (Sollte das Meeting doch länger dauern, sollten unbedingt regelmäßige Pausen eingelegt werden.)

> **Ziele definieren** – bereits vor Beginn des Meetings muss jedem Teilnehmer klar sein, was das Ziel ist.

> **Ergebnisse festhalten** – am Ende des Meetings werden die Ergebnisse aufgeschrieben. Dazu gehört beispielsweise, was beschlossen wurde und wer welche Aufgaben übernimmt.

> **Meinungen einholen** – aus Fehlern sollte man bekanntlich lernen. Hören Sie sich nach dem Meeting um, ob das Meeting bei den Teilnehmern einen positiven Eindruck hinterlassen hat und wo Kritikpunkte liegen.

Grundregeln für das Anlegen von Besprechungen

Der Idealfall sieht so aus, dass während der Besprechung alle Teilnehmer hoch konzentriert sind, aufmerksam zuhören und fleißig Input liefern. Bei Ihnen laufen die Meetings genau so ab? Dann brauchen Sie keine weiteren Regeln festzulegen und können direkt mit der technischen Umsetzung von Besprechungen in Outlook beginnen.

Normalerweise sehen Meetings aber anders aus. Um dem idealen Meeting näher zu kommen, ist es daher unverzichtbar, dass man Regeln aufstellt. Diese steuern den Umgang untereinander. Typische Regeln könnten beispielsweise die folgenden sein:

> Es dürfen alle ausreden.

> Alles, was den Diskussionsfluss stoppt, sollte sofort beseitigt werden.

> Kein Teilnehmer sollte länger als eine Minute am Stück reden. Längere Monologe ermüden die übrigen Teilnehmer und führen allzu oft dazu, dass schon genannte Argumente wiederholt werden.

So viel kosten Besprechungen

Bevor man permanent Besprechungen einberuft, sollte man sich darüber im Klaren sein, was sie kosten. Vielen ist gar nicht bewusst, wie teuer eine normale Besprechung ist. Die folgenden Aspekte sind bei der Berechnung der Kosten zu berücksichtigen:

> Oft dauern Besprechungen länger als geplant.

> Geht man zu einem Meeting, muss man die aktuelle Aufgabe unterbrechen. Nach dem Meeting dauert es wieder eine Weile, bis man sich aufs Neue in die Aufgabe eingearbeitet hat.

> Der Weg zum Besprechungsraum muss berücksichtigt werden. Möglicherweise brauchen Sie dafür nur drei bis vier Minuten. Zusätzlich benötigt man natürlich weitere vier Minuten, bis man alle Utensilien zusammenhat. Damit ist man bereits bei acht Minuten und das nur für den Hinweg. So ist schnell über eine Viertelstunde des Arbeitstages weg. Und nun stellen Sie sich vor, wie viel Zeit vergeudet wird, wenn das Meeting in einem anderen Gebäude stattfindet.

Wie kostenintensiv Besprechungen tatsächlich sein können, soll die folgende Kosten-Nutzen-Analyse beantworten. Nehmen Sie sie als Grundlage, um die tatsächlich anfallenden Besprechungskosten in Ihrer Firma zu berechnen.

Kosten zusammenfassen

Stellen Sie zunächst die Kosten zusammen. Dazu erfasst man alle Teilnehmer, die Dauer des Meetings und das jeweilige „Stundengehalt".

Teilnehmer	Dauer	Euro/Stunde	Gesamtkosten
Mayer	1,5	90	135 Euro
Ullrich	1,5	110	165 Euro
Meeder	1,5	85	127,50 Euro

Teilnehmer	Dauer	Euro/Stunde	Gesamtkosten
Kraus	1,5	150	225 Euro
Darnel	1,5	150	225 Euro
Nefzger	1,5	140	210 Euro
			1.087,50 Euro

Für ein kleines Meeting mit gerade einmal sechs Mitarbeitern kommt in diesem Beispiel immerhin die stolze Summe von 1.087,50 Euro zusammen.

Den zu erwartenden Nutzen einschätzen

Überlegen Sie anhand der folgenden beiden Fragen, ob das zu erwartende Ergebnis diese Kosten rechtfertigt:

➢ Welche Entscheidungen sollen getroffen werden?

➢ Haben die Teilnehmer etwas von der Besprechung?

Kosten-Nutzen-Analyse

Wie heißt es so schön? Abgerechnet wird am Schluss. So natürlich auch bei Besprechungen. Beantworten Sie die folgenden Fragen:

➢ Hätte man das Ergebnis auch im Einzelgespräch oder in einer kleineren Gruppe erzielen können?

➢ Rechtfertigt das Ergebnis die entstandenen Kosten?

Sie müssen eine solche Analyse natürlich nicht vor jedem Meeting durchführen. Denn sobald man diesen Selbsttest einmal gemacht hat, verringert sich die Zahl der Meetings ohnehin eklatant.

Besprechungsanfragen anlegen

Besprechungsanfragen lassen sich zunächst einmal ähnlich einfach anlegen wie normale Termine. Allerdings muss man hier die Termine der Kollegen mit einbeziehen. (Was die Angelegenheit dann doch wieder etwas kompliziert werden lässt.)

1 Markieren Sie innerhalb des Kalenders den gewünschten Termin und wählen Sie im *Start*-Register *Neue Besprechung*.

2 Über die Schaltfläche *An* kann man die gewünschten Teilnehmer komfortabel einladen. Zusätzlich bietet sich dabei die Möglichkeit anzugeben, wie wichtig Ihnen die Anwesenheit eines Teilnehmers ist.

> ➢ *Erforderlich* – der Teilnehmer sollte auf jeden Fall bei der Besprechung dabei sein.

> ➢ *Optional* – es wäre zwar „nett", wenn der Eingeladene teilnimmt, es geht aber auch ohne ihn.

> ➢ *Ressourcen* – hierüber kann man beispielsweise festlegen, dass man einen Dienstwagen oder einen Overheadprojektor benötigt.

3 Die Teilnehmer werden mit *OK* übernommen.

4 Klicken Sie anschließend auf *Terminplanung*.

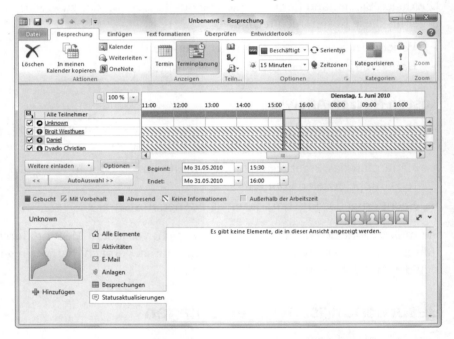

5 Wenn Sie Zugriff auf die Termine Ihrer Kollegen haben, sehen Sie hier die belegten und die freien Zeiten. Dabei signalisiert ein grauer Balken in der Zeile eines Teilnehmers, dass dort noch kein Termin eingetragen wurde. Die Farben (in diesem Beispiel Blau und Lila) zeigen, welche Termine bereits belegt sind.

6 Um einen Termin festzulegen, klicken Sie auf einen freien Bereich. Hieraufhin wird ein weißer Bereich mit einer roten und einer grünen

Umrandung angezeigt. Durch Ziehen mit der Maus an den jeweiligen Rändern kann die Zeit, zu der der Termin stattfinden soll, eingestellt werden. Wem das zu umständlich ist, der kann die Termindaten auch wie üblich über Datum und Uhrzeit im unteren Fensterbereich eintragen.

So finden Sie ganz schnell freie Termine

Sie wollen nicht erst lange durch die Termine Ihrer Kollegen scrollen? Dann klicken Sie im unteren Fensterbereich auf die Schaltfläche *AutoAuswahl*. Hierüber sucht Outlook selbstständig nach dem nächsten freien Termin aller Teilnehmer.

---

7 Nachdem die Terminplanung abgeschlossen ist, klicken Sie auf *Termin*.

8 Nehmen Sie hier falls nötig noch Ergänzungen wie *Anzeigen als*, *Betreff* und *Ort* vor. Über das Notizfeld können (und sollten) Sie den Empfängern mitteilen, worum es bei der Besprechung gehen wird.

Eine Anfahrtsskizze mitschicken

Gerade wenn Sie ortsfremde Personen einladen, ist es hilfreich, eine Anfahrtsskizze mitzuschicken. Dazu wird im *Einfügen*-Menü auf *Datei* geklickt und die Skizze ausgewählt. Genauso lassen sich auch andere Dateien wie Sitzungsabläufe etc. mitsenden.

---

9 Nachdem Sie alle Einstellungen vorgenommen haben, kann die Besprechungsanfrage mit *Senden* verschickt werden.

Alte Besprechungsanfragen weiterleiten

In früheren Outlook-Versionen konnte man veraltete Besprechungsanfragen weiterleiten. Seit Outlook 2007 wird das nicht mehr unterstützt. Versucht man jetzt, eine veraltete Besprechungsanfrage weiterzuleiten, sendet Outlook automatisch die aktuellste Variante.

Besprechungsanfragen aus Gruppenzeitplänen heraus senden

Sie können aus einem Gruppenzeitplan heraus Besprechungsanfragen und E-Mails verschicken. Der Vorteil dabei: Sie können so zum Beispiel alle

Gruppenmitglieder zu einer Besprechung einladen, ohne dass Sie lange nach deren E-Mail-Adressen oder Sonstigem suchen müssten. Öffnen Sie dazu innerhalb des Kalender-Ordners die betreffende Gruppe. Im *Start*-Register klickt man anschließend auf *Neue Besprechung*. Jetzt stehen zwei Optionen zur Auswahl:

➢ *Eine Besprechungsanfrage oder E-Mail an alle Mitglieder senden* – dazu klicken Sie auf *Besprechung einberufen* und wählen *Neue Besprechung mit allen* bzw. *Neue E-Mail-Nachricht mit allen*.

➢ *Eine Besprechungsanfrage oder E-Mail nur an einige Mitglieder senden* – in diesem Fall klicken Sie zwar ebenfalls auf *Besprechung einberufen*, wählen dann aber *Neue Besprechung*. Anschließend müssen Sie nur noch die gewünschten Gruppenmitglieder angeben.

Die übrigen Einstellungen sind wieder die gleichen wie beim normalen Senden von E-Mails und Besprechungsanfragen.

Alternative Termine anbieten

Wenn Sie merken, dass der Termin doch nicht ideal gewählt ist, sollten Sie ihn verlegen. Outlook bietet dafür die Option an, aktualisierte Termine zu verschicken.

1 Dazu wechseln Sie innerhalb der Besprechungsanfrage auf *Terminplanung* bzw. den Terminplanungsassistenten.

2 Sie sehen hier die Kalender der Teilnehmer. Wählen Sie einen anderen Termin und verschicken Sie ihn über *Aktualisierung senden*.

Sie können übrigens auch festlegen, dass Gegenvorschläge für Besprechungszeiten nicht möglich sind. Der Termin ist dann quasi Gesetz. Klicken Sie dazu innerhalb der Besprechungsanfrage im Register *Besprechung* innerhalb der Gruppe *Teilnehmer* auf *Antwortoptionen*. Dort entfernen Sie den Haken bei *Vorschläge für Besprechungszeitänderungen zulassen*.

Alternativvorschläge immer unterbinden

Die Konfiguration kann übrigens auch global eingestellt sein. Wenn Sie als Teamleiter keine alternativen Termine dulden wollen, können Sie festlegen, dass bei jeder Besprechungsanfrage keine anderen Terminvorschläge gemacht werden können. Dazu öffnen Sie *Datei/Optionen/Kalender* und deaktivieren im Bereich *Kalenderoptionen* das Kontrollkästchen *Teilnehmer dürfen andere Besprechungszeiten vorschlagen*.

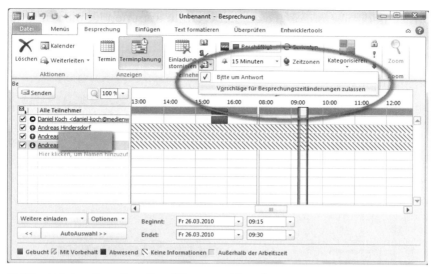

So können keine alternativen Vorschläge gemacht werden.

Auf Besprechungsanfragen reagieren

Erhält man eine Besprechungsanfrage, sollte man natürlich auf sie reagieren. Besprechungsanfragen kommen dabei als E-Mail an.

Eine Besprechungsanfrage ist angekommen.

Und so reagieren Sie richtig auf Besprechungsanfragen:

1 Die Besprechungsanfrage wird wie eine normale E-Mail geöffnet.

2 Im oberen Fensterbereich finden Sie eine Menüleiste, über die Sie zusagen, vielleicht zusagen, ablehnen oder eine andere Zeit vorschlagen können.

3 Um zu kontrollieren, ob Sie zu dem Termin kommen können, klicken Sie auf *Kalender*. Hierin wird der betreffende Tag mit all Ihren Terminen angezeigt. Die vorgeschlagene Besprechungszeit ist blau unterlegt.

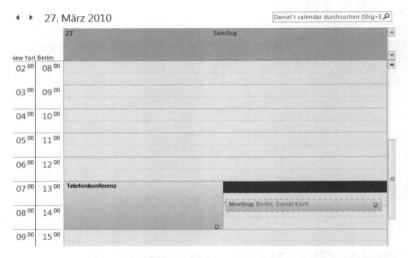

4 Wenn Sie sich einen Überblick darüber verschafft haben, ob Sie zum gewünschten Zeitpunkt können, schließen Sie das Kalenderfenster. Anschließend klicken Sie auf eine der Schaltflächen *Zusagen*, *Mit Vorbehalt*, *Ablehnen* oder *Andere Zeit vorschlagen*. (Wobei die zuletzt genannte Option nicht immer vorhanden ist, da sie vom Absender der Besprechungsanfrage unterdrückt werden kann.)

5 In dem sich öffnenden Fenster wählen Sie die gewünschte Option aus. Normalerweise genügt hier *Antwort jetzt senden*. Nur wenn Sie absagen oder unter Vorbehalt zusagen, sollten Sie die Antwort vor dem Senden bearbeiten und einen entsprechenden Kommentar einfügen.

6 Die Besprechungsanfrage wird jetzt auch automatisch aus dem Ordner *Posteingang* gelöscht. Anschließend wird die Antwort gesendet und der Besprechungstermin automatisch in den Kalender eingetragen (natürlich nicht, wenn Sie abgesagt haben).

Der Termin steht jetzt wie jeder andere im Kalender und wird dort so wie jeder andere angezeigt. Einen Unterschied gibt es allerdings: Im unteren Bereich des Terminfensters steht die Information, wann Sie zugesagt haben.

Mit Vorbehalt antworten

Erfahrungsgemäß fristet die Schaltfläche *Mit Vorbehalt* ein tristes Dasein und wird kaum genutzt. Dabei ist sie durchaus sinnvoll. Denn oft weiß man nicht, ob man zu einem Termin kommen kann.

So kann man durch *Mit Vorbehalt* seinen Kollegen signalisieren, dass der Termin ungünstig liegt, Sie aber wahrscheinlich auch dann zusagen, wenn sich keine alternative Lösung finden lässt.

Sie sollten diese Schaltfläche tatsächlich nur dann verwenden, wenn auch die Chance besteht, dass Sie vielleicht doch noch teilnehmen können. Ansonsten sagen Sie gleich ab.

Wenn Sie unter Vorbehalt zusagen, sollten Sie in die E-Mail noch eine kurze Erläuterung schreiben, warum Sie nicht direkt zusagen können.

Private Besprechungen und sich an Besprechungen erinnern lassen

Im Zusammenhang mit Besprechungsanfragen gibt es noch zahlreiche andere Möglichkeiten, die allerdings seltener benutzt werden. Manchmal benötigt man sie dann aber doch. Hier die wichtigsten Optionen:

Beschreibung	Zu finden unter	Anmerkungen
Besprechung als privat kennzeichnen.	In der Registerkarte *Besprechung* wird in der Gruppe *Kategorie* auf *Privat* geklickt. (Wobei sich dieses *Privat* hinter dem Schlosssymbol verbirgt.)	Mit *Privat* gekennzeichnete Besprechungen können von Dritten nicht gelesen werden. Diese sehen lediglich, dass eine Besprechung einberufen wurde. Details sind für sie nicht einsehbar.
Sich an Besprechungen erinnern lassen.	In der Registerkarte *Besprechung* stellt man die Minuten/Stunden ein.	Sobald der eingestellte Zeitraum verstrichen ist, wird ein Erinnerungsfenster angezeigt.

Wer nimmt eigentlich teil? Den Status einsehen

Natürlich will man wissen, wie die Eingeladenen reagiert haben.

Deadline setzen

Damit sich die Eingeladenen nicht allzu lange mit der Beantwortung Zeit lassen, sollte man eine Deadline setzen. Denn schließlich muss man wissen, wie viele Leute nun letztendlich am Meeting teilnehmen werden.

Nachdem die gesetzte Antwortfrist verstrichen ist, können Sie folgendermaßen kontrollieren, wer an der Besprechung teilnehmen wird:

1 Dazu öffnen Sie innerhalb des Kalenders den betreffenden Termin mit
einem Doppelklick und rufen im *Besprechung*-Register *Status* auf.

2 Sie sehen hier, welche Teilnehmer wie reagiert haben.

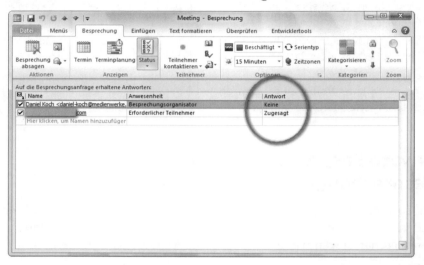

Nach einer telefonischen Zusage selbst Hand an den Status legen

Sie haben die Zusage eines Teilnehmers nur telefonisch erhalten? Dann können
Sie den Status auch manuell ändern. Klicken Sie dazu den betreffenden Eintrag
in der *Antwort*-Spalte an und wählen Sie den gewünschten Status aus.

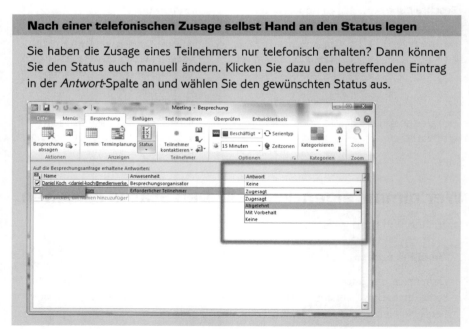

Eine Anfahrtsskizze mitschicken: Dateien einfügen

Wenn an der Besprechung ortsunkundige Personen teilnehmen, ist es ein netter Zug, wenn man eine Anfahrtsskizze in die Besprechungsanfrage einfügt. Leider wird die Möglichkeit, Dateien an Besprechungsanfragen anzuhängen, viel zu selten genutzt. Dabei kann man nicht nur besagte Skizze mitschicken, sondern auch schon einmal die wichtigsten Themen oder den Geschäftsbericht, um den sich die Besprechung letztendlich drehen wird.

Dazu wechseln Sie innerhalb des Besprechungsanfrage-Fensters in das Register *Einfügen*.

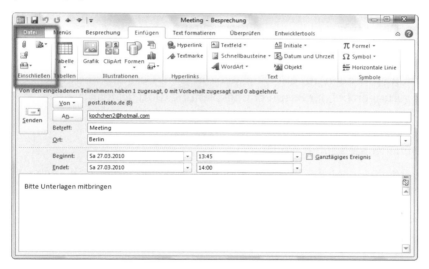

So können Dateien und Elemente eingefügt werden.

Dort können Sie eine Datei oder beispielsweise auch ein anderes Outlook-Element einfügen. (Vielleicht wollen Sie an die Besprechungsanfrage Ihre Kontaktdaten als Visitenkarte anfügen.)

Den Kalender für Besprechungsanfragen optimieren

Besprechungsanfragen lassen sich nur effektiv stellen, wenn alle Teammitglieder ihre Kalender pflegen. Grundvoraussetzung ist natürlich, dass tatsächlich alle relevanten Termine und Zeiten eingetragen werden. Wer den Kalender nur sporadisch führt, der gibt seinen Kollegen zu verstehen, dass er eigentlich immer verfügbar ist. Und die werden dann zu den augenscheinlich freien Zeiten Besprechungen anberaumen.

Kernzeiten verwenden

Es gibt Zeiten, die sich von „Natur" aus besser für Meetings eignen als andere. Diese sollten Sie für Ihr Team herausfinden und als Kernzeiten verwenden. Als Ergebnis sollte etwa Folgendes herauskommen: Besprechungen werden nur zwischen 9.00 Uhr und 11.00 Uhr oder zwischen 15.00 und 17.00 Uhr abgehalten. Das grenzt die Zeit möglicher Fehlplanungen schon einmal gehörig ein.

Kalender, in denen kaum Termine eingetragen werden, sind das eine Übel. Ebenso ungeeignet für die Teamarbeit sind aber auch zu penibel geführte Kalender. Denn wer wirklich jede Kleinigkeit als Termin einträgt und so den ganzen Tag verplant, macht eine gute Besprechungsplanung ebenso unmöglich. Den Kollegen bleibt dann meistens nichts anderes übrig, als Besprechungsanfragen auf gut Glück einzutragen. Dass das immer wieder zu Verzögerungen bei der Besprechungsplanung führt, ist klar.

Es gilt daher, den goldenen Mittelweg zu finden:

➢ Termine werden sofort eingetragen.

➢ Es werden nur solche Termine eingetragen, bei denen es sich auch tatsächlich um Termine handelt. Aufgaben sind keine Termine.

Wer diese Empfehlungen beachtet, erleichtert sich und seinen Kollegen die Besprechungsanfragen.

1 Öffnen Sie den Kalender und deaktivieren Sie am besten gleich noch – wenn zuvor eingeblendet – die Aufgabenleiste über *Ansicht/Aufgabenleiste/Aus*. So haben Sie mehr Platz zur Verfügung.

2 Innerhalb des Navigationsbereichs werden die Kontrollkästchen der Kalender aktiviert, die gleichzeitig angezeigt werden sollen.

Neuen Kalender hinzufügen

Sollte der Kalender eines Kollegen nicht aufgeführt sein, klicken Sie im *Ordner-Register* auf *Kalender öffnen/Freigegebenen Kalender öffnen*.

In das sich öffnende Dialogfenster wird entweder der Name des Kollegen eingetragen oder man wählt ihn über *Name* im Adressbuch aus. Anschließend wird das Fenster mit *OK* geschlossen.

3 Rufen Sie nun die Tagesansicht auf und klicken Sie im Datumsnavigator auf den ersten anzuzeigenden Tag.

4 Halten Sie nun die [Strg]-Taste gedrückt und klicken Sie auf die weiteren Tage. Alle so ausgewählten Tage werden innerhalb der eingeblendeten Kalender angezeigt. Zusätzlich werden sie innerhalb des Datumsnavigators grau hinterlegt.

5 Klicken Sie nun mit der rechten Maustaste auf den gewünschten Termin innerhalb des Kalenders. Aus dem sich öffnenden Kontextmenü wird, um alle Personen einzuladen, deren Kalender eingeblendet sind, der Befehl *Neue Besprechungsanfrage* gewählt.

6 Der Besprechungstermin kann nun ganz normal – wie zuvor beschrieben – geplant werden.

7 Der Übersichtlichkeit halber sollten Sie anschließend alle überflüssigen Kalender wieder ausblenden. Dazu deaktivieren Sie die betreffenden Kontrollkästchen im linken Fensterbereich.

Übersichtlichkeit durch Farbe: mit dem Feld Anzeigen als arbeiten

Sie sollten Ihre Termine so eintragen, dass man sofort sieht, um welche Art von Termin es sich handelt. Denn bekanntermaßen ist Termin nicht gleich Termin. So hat man manchmal eine Telefonkonferenz, ein anderes Mal ist man beim Kunden, und wieder ein anderer Termin ist zwar eingetragen, man könnte aber doch kurzfristig an einer Besprechung teilnehmen.

Outlook bietet über das Feld *Anzeigen als* die Möglichkeit, Termine detailliert zu kennzeichnen.

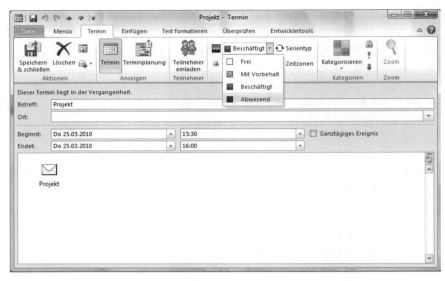

Unterschiedliche Farben helfen bei der Orientierung.

Standardmäßig werden Termine mit blauer Hintergrundfarbe unterlegt, was mit *Beschäftigt* gleichgesetzt ist. Will ein Kollege eine Besprechung einberufen und greift er dazu auf Ihren Kalender zu, sieht er einen blauen Balken und weiß, dass Sie während dieser Zeit beschäftigt sind. Allerdings wissen Sie sicherlich aus eigener Erfahrung, dass nicht jeder eingetragene Termin bedeutet, dass man während dieser Zeit tatsächlich beschäftigt ist. So trägt man zum Beispiel auch solche Termine ein, von denen man nicht genau weiß, ob man sie wahrnehmen wird. Stehen solche Termine aber als *Beschäftigt* im Kalender, wird der Besprechungsplaner einen anderen Termin suchen.

Solche Probleme lassen sich ganz einfach über das Feld *Anzeigen als* beheben.

➢ *Frei* – wenn Sie von einem Termin schon vorher wissen, dass Sie ihn mit großer Wahrscheinlichkeit nicht wahrnehmen werden, kennzeichnen Sie ihn hiermit. Der Termin steht dann zwar im Kalender, die Besprechung kann aber theoretisch doch zu diesem Zeitpunkt stattfinden.

➢ *Mit Vorbehalt* – kennzeichnen Sie damit solche Termine, die Sie möglicherweise absagen würden. (Die Besprechung muss dafür aber einen triftigen Grund liefern. Für ein normales Meeting sagen Sie den Termin jedenfalls nicht ab.)

> *Beschäftigt* – hier ist absolut nichts zu machen. Der Termin steht und wird von Ihnen definitiv wahrgenommen. Der Besprechungsplaner muss sich wohl oder übel eine Alternative suchen.

> *Abwesend* – zu dieser Zeit sind Sie nicht im Haus. Was das tatsächlich bedeutet, müssen Sie mit Ihren Kollegen klären. Normalerweise bedeutet *Abwesend*, dass man beschäftigt ist. Möglicherweise findet der so gekennzeichnete Termin aber auch nur in der nächsten Querstraße statt und Sie können blitzschnell zur Besprechung hinzustoßen.

Vor allem die beiden Punkte *Mit Vorbehalt* und *Abwesend* führen immer wieder zu Problemen. Daher sollte im Team für so gekennzeichnete Termine eine einheitliche Sprachregelung festgelegt werden. In dieser könnte man zum Beispiel bestimmen, dass man alle *Mit Vorbehalt* gekennzeichneten Termine eigentlich wahrnehmen möchte und besser nach Alternativen gesucht werden sollte. *Abwesend* wiederum könnte bedeuten, dass Sie zwar einen Termin haben, aber trotzdem an der Besprechung teilnehmen können.

So nützlich sind Ganztagstermine wirklich

Ist man länger außer Haus und steht währenddessen definitiv nicht für Besprechungen zur Verfügung, sollte man Ganztagstermine verwenden. Im Gegensatz zu normalen Terminen haben sie nämlich einen entscheidenden Vorteil: Es wird zwar die gesamte Zeit als abwesend gekennzeichnet. Man kann aber zusätzlich ganz normale Termine eintragen. Eine interessante Option ist das zum Beispiel für Geschäftsreisen. Kennzeichnet man sie als Ganztagstermin, weiß zwar jeder, dass man nicht im Hause ist, Sie können aber den Kalender dazu nutzen, die während der Reise anstehenden Termine einzutragen.

Am Donnerstag ist man auf Geschäftsreise.

Ganztagstermine werden immer im oberen Bereich des Tages angezeigt und bewegen sich beim Scrollen des Kalenders nicht mit.

Um aus einem normalen Termin einen Ganztagstermin zu machen, gehen Sie folgendermaßen vor:

Öffnen Sie das Terminfenster und stellen Sie unter *Anzeigen als* den Wert *Abwesend* ein. Zusätzlich aktivieren Sie das Kontrollkästchen *Ganztägiges Ereignis*.

So erkennt man den Ganztagstermin noch besser.

Nachdem die Einstellungen gespeichert wurden, wird der Termin im Kalender als ganztägig angezeigt. Sie können übrigens auch auf anderem Weg einen Ganztagstermin anlegen. Dazu klicken Sie im Kalender mit der rechten Maustaste auf den betreffenden Tag und wählen *Neues ganztägiges Ereignis*. Outlook öffnet hieraufhin ein Terminfenster, in dem das genannte Kontrollkästchen bereits aktiviert ist.

Ansichten für Besprechungsanfragen optimieren

Outlook bietet die Möglichkeit, sich mehrere Kalender parallel anzeigen zu lassen. So kann man die freigegebenen Kalender der Kollegen nebeneinanderstellen und direkt miteinander vergleichen. So sieht man auf den ersten Blick, zu welchem Zeitpunkt eine Besprechung überhaupt machbar ist.

Um den Anzeigenplatz im Kalender zu vergrößern, sollte für diesen Zweck die Aufgabenleiste ausgeblendet werden. Wählen Sie dazu aus dem *Ansicht*-Register *Aufgabenleiste/Aus*. Jetzt haben Sie schon einmal mehr Platz zur Verfügung.

Aktivieren Sie nun im Navigationsbereich die Kontrollkästchen der Kalender, die angezeigt werden sollen. Sie sollten übrigens unbedingt die Möglichkeit zur überlappenden Anzeige von Kalendern nutzen. Dazu klicken Sie einen der markierten Kalender im Navigationsbereich mit der rechten Maustaste an und wählen *Überlagert anzeigen*. So sieht man viel schneller mögliche freie Termine.

Die Termine aller Kalender werden angezeigt.

Mehrere Tage anzeigen

Sie können ganz einfach zusätzliche Tage einblenden. Dazu halten Sie die ⟨Strg⟩-Taste gedrückt und klicken auf die gewünschten Tage im Datumsnavigator. Die so ausgewählten Tage werden innerhalb der eingeblendeten Kalender angezeigt.

Und noch etwas ermöglicht die parallele Anzeige der Kalender. Man kann jetzt ganz bequem an alle Mitglieder, deren Kalender man eingeblendet hat, eine Besprechungsanfrage schicken. Dazu klickt man den gewünschten Termin mit der rechten Maustaste an und wählt *Besprechungsanfrage senden*.

7.9 Besprechungsraum frei? Ressourcen mit Outlook verwalten

Spricht man in Outlook von Ressourcen, ist nicht etwa Öl oder Erdgas gemeint, sondern Konferenzräume, Firmenwagen und Beamer. Je größer eine Firma ist, umso schwieriger wird es zum Beispiel, einen freien Konferenzraum zu finden. Mit Outlook können Sie zum Beispiel einen Konferenzraum zu einer Ressource machen und sich so anzeigen lassen, wann der Raum frei und wann er belegt ist.

Die Ressourcenverwaltung wird in diesem Abschnitt anhand eines eben solchen Konferenzraums gezeigt. Sie können stattdessen natürlich jede andere Ressource angeben.

Automatisches Beantworten von Besprechungsanfragen

Wenn Sie ein Konto unter Exchange in Verbindung mit dem Exchange-Kalender-Assistenten betreiben, kann die Funktion zum automatischen Beantworten von Besprechungsanfragen nicht genutzt werden. Grund hierfür: Der Assistent verarbeitet sämtliche Besprechungsanfragen ohnehin automatisch.

Zunächst muss die Ressource angelegt werden:

1 Aus dem *Datei*-Register wird *Optionen* gewählt und anschließend auf *Kalender* geklickt.

2 Klicken Sie auf *Ressourcenplanung* und aktivieren Sie die Optionen *Automatisch Besprechungsanfragen annehmen und abgesagte Besprechungen entfernen* und *Besprechungsanfragen, die sich mit vorhandenen Terminen oder Besprechungen überschneiden, automatisch ablehnen*.

3 Über die gleichnamige Schaltfläche werden anschließend die Berechtigungen festgelegt. Innerhalb der *Berechtigungen*-Registerkarte klicken Sie auf *Hinzufügen*. In das Feld *Namen eingeben oder auswählen* tragen Sie die Namen Ihrer Kollegen ein, die für die Verwaltung der Ressource relevant sind. Bestätigt werden die Angaben mit *Hinzufügen* und *OK*.

4 Als Berechtigungsstufe wird *4* eingestellt. Dank dieser Stufe können die angegebenen Personen aktiv an der Ressourcenplanung teilnehmen.

Um nun zum Beispiel den Besprechungsraum für ein geplantes Meeting zu reservieren, gehen Sie folgendermaßen vor:

1 Markieren Sie innerhalb des geöffneten Kalenders den betreffenden Termin und wählen Sie im *Start*-Register aus der Gruppe *Neu* den Eintrag *Neue Besprechung*.

2 Klicken Sie im Register *Besprechung* auf *Adressbuch*.

3 In das Suchen-Feld wird *Besprechungsraum* eingetragen. Klicken Sie anschließend auf *Ressourcen*, um die Ressource der Einladung hinzuzufügen.

4 Bestätigt werden die Einstellungen mit *OK*. Anschließend kann die Besprechungsanfrage wie gewohnt verschickt werden.

7.10 Umfragen und Abstimmungen übers Netz

Sie wollen herausfinden, wie die letzte Feier ankam, oder die Kollegen fragen, wer das nächste Meeting leiten soll? Das alles lässt sich mit der Abstimmungsfunktion von Outlook problemlos ermitteln. Dabei werden in E-Mails Abstimmungsschaltflächen eingefügt, über die die Empfänger ganz bequem an der Umfrage teilnehmen können.

Bis wann Umfragen sinnvoll sind

Theoretisch kann man in Outlook Umfragen mit beliebig vielen Teilnehmern durchführen. Mag dies von der technischen Seite her funktionieren, stößt man mit der Verwaltung schnell an seine Grenzen. Sobald Sie eine Umfrage mit mehr als 50 Teilnehmern planen, sollten Sie die Abstimmungsfunktion von Outlook vergessen und lieber auf eine webbasierte Lösung mit einer Datenbank oder Ähnlichem zurückgreifen.

Eine einfache Genehmigt/Abgelehnt-Umfrage wird folgendermaßen erstellt:

1 Zunächst wird wie üblich eine ganz normale E-Mail angelegt, in der man als Empfänger all die Namen eingibt, die an der Umfrage teilnehmen sollen.

2 Um die Umfrage zu erstellen, wird in der neuen E-Mail in das Register *Optionen* gewechselt und *Weitere Optionen* aufgerufen.

3 Rufen Sie im Bereich *Verlauf* den Eintrag *Abstimmungsschaltflächen verwenden* auf und wählen Sie im aktuellen Beispiel *Genehmigt/Abgelehnt*. (Wie Sie eigene Abstimmungsvarianten anlegen, wird im nächsten Abschnitt gezeigt.)

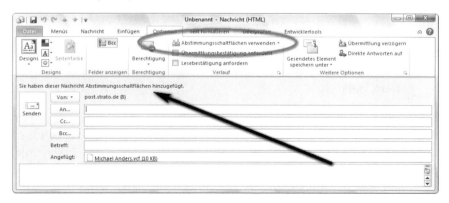

4 Dass die Abstimmungsschaltflächen hinzugefügt wurden, ist an dem Hinweistext zu erkennen. Anschließend wird die E-Mail gesendet.

Die Umfrage landet bei den Empfängern als normale E-Mail im Ordner *Posteingang*.

1 Nach dem Öffnen werden die Abstimmungsschaltflächen im Register *Nachricht* angezeigt.

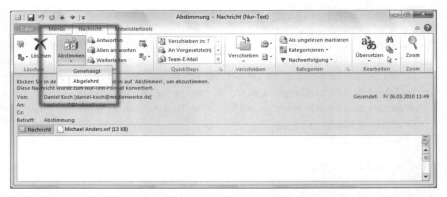

2 Nach dem Anklicken der gewünschten Option wird die Antwortnachricht erstellt. Anschließend folgt die Kontrollabfrage, ob die E-Mail vor dem Versenden noch einmal bearbeitet werden soll. Wenn man sich hier für *Antwort vor dem Senden bearbeiten* entscheidet, kann der Antwort wie jeder anderen E-Mail Text hinzugefügt werden. Mit *OK* wird die Antwort an den Absender gesendet.

Eigene und mehrere Optionen verwenden

Standardmäßig können die folgenden Abstimmungen durchgeführt werden:

> *Ja;Nein*
> *Genehmigt;Abgelehnt*
> *Ja;Nein;Vielleicht*

Das mag für viele Zwecke reichen, oftmals aber eben auch nicht. Für solche Fälle können Sie eigene Optionen anlegen. Vielleicht wollen Sie herausfinden, an welchem Tag der kommenden Woche das Essen mit den Kollegen stattfinden soll. In diesem Fall rufen Sie innerhalb der E-Mail *Optionen/Abstimmungsschaltflächen verwenden/Benutzerdefiniert* auf. Dort

aktivieren Sie *Abstimmungsschaltflächen verwenden* und löschen die voreingestellten Werte. Anschließend können die gewünschten Schaltflächen
eingetragen werden.

*Eigene Optionen
werden eingetragen.*

Dabei ist darauf zu achten, dass die einzelnen Schaltflächen jeweils durch
ein Semikolon getrennt notiert werden. Mit *Schließen* übernimmt man die
Einstellungen. Danach kann die E-Mail wie gewohnt verschickt werden.

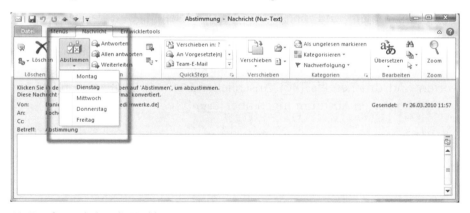

Die Empfänger haben die Wahl.

Die Ergebnisse auswerten

Eine Umfrage anzulegen hat natürlich nur einen Sinn, wenn man die Ergebnisse auswertet. Hier bieten sich zwei Varianten an: Entweder verwendet man Outlook oder Excel. Zunächst die Outlook-Variante:

379

Öffnen Sie die Originalnachricht mit den Abstimmungsschaltflächen. Normalerweise dürfte sie im Ordner *Gesendete Elemente* liegen. In der Registerkarte *Nachricht* klicken Sie in der Gruppe *Anzeigen* auf *Status*.

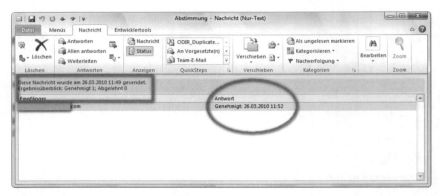

So sieht man, wer wie abgestimmt hat.

Sollte *Status* nicht angezeigt werden, hat noch kein Empfänger an der Umfrage teilgenommen. Gedulden Sie sich in diesem Fall einfach noch ein wenig.

Vielleicht wollen Sie die Abstimmungsergebnisse in Excel weiterverarbeiten. So können Sie zum Beispiel über einen längeren Zeitraum Abstimmungen sammeln und die Ergebnisse vergleichen. Und das alles, ohne dass Sie erst die Originalnachricht im Ordner *Gesendete Objekte* suchen müssten. Auch das ist ohne Probleme möglich. Dazu öffnen Sie wie zuvor beschrieben den Bereich *Status*. Dort markieren Sie die gewünschten Antworten und drücken [Strg]+[C]. Anschließend öffnen Sie Excel und fügen dort die kopierten Abstimmungen über [Strg]+[V] ein.

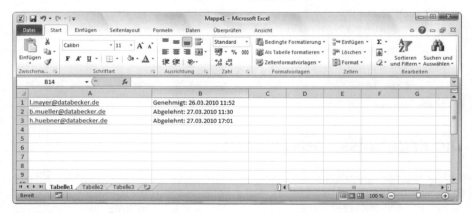

So behalten Sie den Überblick.

7.11 Informationen durch das Rechtemanagement schützen

Ohne Informationen läuft im Geschäftsalltag nichts mehr. Umso wichtiger ist es da, dass Informationen schnell und unkompliziert bereitgestellt und verschickt werden können. E-Mail, Instant Messaging & Co. machen genau das möglich. Allerdings haben diese mittlerweile klassischen Übermittlungswege einen entscheidenden Nachteil: Sie sind weder sonderlich sicher, noch kann man exakt festlegen, wer auf die übermittelten Daten zugreifen darf. Stellen Sie sich vor, Geschäftsgeheimnisse gelangen in die falschen Hände oder Bilanzen werden versehentlich an den falschen Empfänger gesendet. Zwei Anforderungen an mögliche Lösungsansätze gibt es:

➢ Die Mitarbeiter (gegebenenfalls auch externe) müssen mit den sensiblen Daten ohne größeren Aufwand arbeiten können.

➢ Gleichzeitig müssen die Daten so geschützt sein, dass nicht etwa ein Mitarbeiter sie per E-Mail an einen Konkurrenten schickt.

Microsoft hat hier mit dem **I**nformation **R**ights **M**anagement (IRM) eine interessante Funktion in Office beziehungsweise Windows integriert, die folgende Features bietet:

➢ Inhalte können beschränkt werden.

➢ Man kann festlegen, dass E-Mails vom Empfänger nicht weitergeleitet, gedruckt oder kopiert werden.

➢ E-Mails können so angelegt werden, dass sie nach einer bestimmten Zeit ablaufen und der Inhalt dann nicht mehr angezeigt werden kann.

Durch IRM geschützte E-Mails und Dokumente behalten die ihnen zugewiesenen Zugriffs- und Benutzungskontrollen unabhängig vom Bestimmungsort. Denn die Rechte werden direkt in der Datei oder innerhalb der E-Mail gespeichert.

IRM kann also einiges leisten, muss aber in einigen Bereich auch die Segel streichen. So verhindert IRM Folgendes nicht:

➢ Viren, trojanische Pferde etc. können Daten stehlen und an einen Angreifer senden.

➢ Es wird/gibt Programme von Drittanbietern, durch die IRM-geschützte Daten ausgelesen werden können.

IRM bietet also einen gewissen Schutz, absolute Sicherheit gibt es aber auch hier nicht. (Das sollten Sie vor allem im Umgang mit sensiblen Daten berücksichtigen.)

Um IRM nutzen zu können, muss es zunächst installiert werden. Das kann über Windows oder direkt in Outlook erfolgen. Sobald Sie in Outlook versuchen, eine E-Mail zu öffnen, deren Rechte mithilfe von IRM verwaltet werden, werden Sie zur Installation des Windows Rights Management Services-Clients aufgefordert.

Um Berechtigungen verwalten zu können, muss in Ihrem Unternehmen ein entsprechender Server vorhanden sein. (Fragen Sie am besten Ihren Administrator, ob diese Möglichkeit besteht.) Allerdings stellt Microsoft einen entsprechenden Dienst auch kostenlos zur Verfügung. Für diesen müssen Sie sich allerdings zunächst anmelden. Klicken Sie dazu innerhalb einer E-Mail im *Optionen*-Register auf *Berechtigungen*.

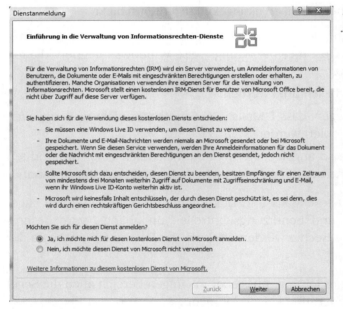

Durch die Installation führt ein Assistent.

Aktivieren Sie die *Ja*-Option und bestätigen Sie diese Auswahl mit *Weiter*. Im nächsten Schritt geben Sie an, ob Sie bereits über ein .NET Passport-Konto verfügen, oder legen ein neues an. Durch die weiteren Schritte führt ein entsprechender Assistent.

E-Mails mit Zugriffsbeschränkungen verschicken

Damit ist IRM einsatzbereit. Wie es sich einsetzen lässt, wird hier anhand eines typischen Beispiels gezeigt. Dabei senden Sie an einen Kollegen eine E-Mail, die er zwar lesen, die er aber weder weiterleiten noch drucken noch kopieren darf.

Anhänge schützen

Wenn Sie einer geschützten E-Mail eine Word-Datei, eine PowerPoint-Präsentation oder eine Excel-Datei hinzufügen, werden die festgelegten Zugriffsbeschränkungen der E-Mail auf den Anhang übertragen. Beachten Sie, dass die Rechte nur übernommen werden, wenn es sich um eine Microsoft Office-Datei handelt. Eine angehängte Textdatei übernimmt die Zugriffsbeschränkungen zum Beispiel nicht.

Sollten für die angehängte Datei bereits Zugriffsbeschränkungen definiert worden sein, bleiben diese erhalten.

Und so wird die E-Mail geschützt:

1 Legen Sie dazu eine neue E-Mail an und wählen Sie im *Optionen*-Register *Berechtigungen*. Markieren Sie das gewünschte Benutzerkonto und bestätigen Sie die Auswahl mit *OK*.

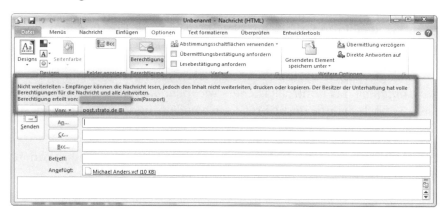

2 In der Infoleiste der neu angelegten Nachricht erscheint die zugewiesene Berechtigung *Nicht weiterleiten*. Die weitere Prozedur unterscheidet sich nicht von der im Zusammenhang mit normalen E-Mails. Tragen Sie den oder die Empfänger ein, und schon kann die Nachricht gesendet werden.

Versucht der Empfänger, die Nachricht zu öffnen, ohne zunächst die Anmeldeinformationen zu aktualisieren und die Berechtigungen herunterzuladen, wird ein entsprechender Hinweis angezeigt.

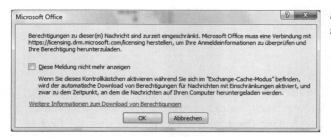

Noch gelingt der Zugriff nicht.

Erst wenn das Zertifikat installiert wurde, kann er auf die Nachricht zugreifen. Allerdings kann er die Nachricht nicht im Lesebereich anzeigen, sondern muss sie über einen Doppelklick öffnen.

Zu lange gewartet? E-Mails ablaufen lassen

Sie können E-Mails verschicken, deren Inhalt nach einem festgelegten
Zeitraum beim Empfänger als ungültig angezeigt wird.

Die E-Mail wird als nicht mehr gültig gekennzeichnet.

Dazu klickt man innerhalb der Nachricht auf der Registerkarte *Optionen*
auf den Abwärtspfeil bei *Berechtigungen* und wählt *Ablaufdatum festlegen*.

Im Dialogfenster *Nachrichtenoptionen* aktivieren Sie im Bereich *Übermitt-
lungsoptionen* das Kontrollkästchen *Nachricht läuft ab nach*. Jetzt brauchen
Sie nur noch Datum und Uhrzeit einzustellen und schon können Sie die
E-Mail versenden.

Die Nachricht wird nach Ablauf der Frist im Posteingang automatisch
durchgestrichen. Gelöscht wird sie allerdings nicht.

7.12 Abwesenheit und Urlaubsvertretung organisieren

In einem guten Team übernimmt man auch mal die Arbeit eines Kollegen.
Ist ein Kollege im Urlaub, übernimmt man seine Telefonate und erledigt

einen Teil seiner Aufgaben. Mit Outlook kann man aber noch einen Schritt weiter gehen. Denn hier gibt es die Funktion der Stellvertretungen.

Exchange wird vorausgesetzt

Die Stellvertreter-Funktion setzt zwingend den Einsatz eines Exchange Servers voraus.

Ein Stellvertreter kann folgende Dinge machen:

> Besprechungsanfragen in Ihrem Namen empfangen und beantworten
> E-Mails in Ihrem Namen versenden
> andere Elemente Ihres Exchange-Postfachs (Aufgaben, Notizen) verwalten

Wie sich die Stellvertreter-Funktion nutzen lässt, wird hier anhand eines typischen Szenarios gezeigt. Dabei fahren Sie in Urlaub und richten für diese Zeit einen Stellvertreter in Outlook ein. Der soll folgende Rechte besitzen:

> Besprechungsanfragen annehmen und beantworten
> E-Mails in Ihrem Namen verfassen
> Kontakte anlegen und lesen, aber nicht ändern
> Ihre Aufgaben lesen und ändern sowie neue Aufgaben anlegen

Was aus privaten Einträgen wird

Standardmäßig kann die Stellvertretung als privat gekennzeichnete Elemente nicht lesen. Es gibt allerdings die Option, ihr auch solche Elemente zugänglich zu machen.

Stellvertretung einrichten

Die Einrichtung eines Stellvertreters funktioniert folgendermaßen:

1 Öffnen Sie *Datei/Informationen/Zugriffsrechte für Stellvertretung*. Über *Hinzufügen* wählt man den Stellvertreter aus. (Man kann übrigens auch mehrere Stellvertreter einrichten. So ist es durchaus denkbar, dass einer Ihren *Aufgaben*-Ordner verwaltet, während ein anderer für die E-Mails zuständig ist.)

2 Über die Schaltfläche *Berechtigungen* wird festgelegt, was der Stellvertreter in Ihrem Postfach alles anstellen darf. Die Stufen 1 bis 3 und „keine Rechte" stehen zur Auswahl:

> ➤ Stufe 1 – Elemente lesen
> ➤ Stufe 2 – Elemente lesen und erstellen
> ➤ Stufe 3 – Elemente lesen, erstellen und ändern

3 Wobei es sich bei Elementen um E-Mails, Termine, Besprechungen, Notizen etc. handelt. Was üblicherweise nicht beachtet wird: Erhält der Stellvertreter das Recht, E-Mails zu erstellen, geschieht das in Ihrem Namen. Der Empfänger denkt also, dass Sie die Nachricht verschickt haben. Im aktuellen Beispiel werden die folgenden Berechtigungen gesetzt:

Element	Berechtigung
Kalender	3
Aufgaben	3
Posteingang	3
Kontakte	2
Notizen	Keine
Journal	Keine

4 Interessant sind zudem die beiden Optionen im unteren Fensterbereich. Normalerweise sollte man den Stellvertreter über die ihm zugewiesenen Rechte unterrichten. Dazu aktiviert man das obere der beiden Kontrollkästchen. Dem Stellvertreter wird dadurch eine E-Mail mit den Rechten zugeschickt. Vorsicht ist bei der Option *Stellvertretung kann private Elemente sehen* geboten. Wird sie aktiviert, kann der Stellvertreter auf sämtliche als privat gekennzeichneten Elemente zugreifen. In 99 % der Fälle lässt man die Finger von dieser Option. Erschwerend kommt hinzu, dass sich diese Einstellung auf alle Ordner Ihres Exchange-Postfachs auswirkt. Sie können also nicht etwa nur die privaten Kalenderelemente freigeben.

5 Mit *OK* werden die Einstellungen übernommen.

Es stellt sich zum Schluss natürlich noch die Frage, wie der Stellvertreter auf die freigeschalteten Optionen zugreifen kann. Dazu wählt er *Datei/ Öffnen/Ordner* eines anderen Benutzers. Als Namen trägt er Ihren Namen ein oder wählt ihn über die Namensliste aus. Hieraufhin wird eine Liste der möglichen Ordner angezeigt.

Will der Stellvertreter nun in Ihrem Namen eine E-Mail verschicken, geht er folgendermaßen vor: Innerhalb des geöffneten Nachrichtenfensters trägt er in das *Von*-Feld Ihren Namen ein. Die übrigen Einstellungen entsprechen dann wieder denen von normalen E-Mails.

8. Den Rücken freihalten mit der Aufgabenplanung

Aufgaben sind eines der zentralen Outlook-Elemente. Sie sind denkbar schnell angelegt, man kann sich an die wichtigsten erinnern lassen, und selbst stetig wiederkehrende Aufgaben können als solche gekennzeichnet werden. Dieses Kapitel zeigt, wie Aufgaben angelegt und delegiert werden. Dabei liegt der Fokus aber nicht allein auf der rein technischen Outlook-Seite, auch Aspekte aus dem Zeitmanagement werden Sie kennenlernen.

8.1 Neue Aufgaben anlegen

Zentrale Anlaufstelle für die Aufgabenverwaltung ist der *Aufgaben*-Ordner, der über den Navigationsbereich aufgerufen wird.

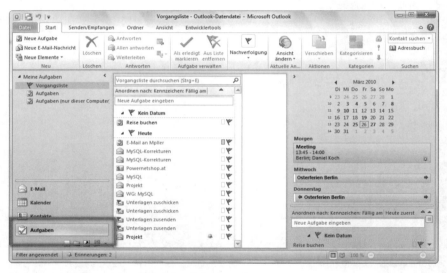

So verpasst man normalerweise keine Aufgabe mehr.

In der Aufgabenansicht haben Sie alle anstehenden Aufgaben übersichtlich im Blick. Outlook bietet noch zahlreiche andere Aufgabenansichten, die dann im weiteren Verlauf dieses Kapitels noch ausführlich vorgestellt werden.

Wann ist ein Ereignis eine Aufgabe und wann ein Termin?

Bevor gezeigt wird, wie man Aufgaben anlegt, müssen zwei typische Outlook-Begriffe untersucht werden. Aufgaben und Termine werden oft verwechselt oder gleichgesetzt. Dabei gibt es zwischen beiden deutliche Unterschiede:

➤ Termine sind immer an einen festen Zeitpunkt gebunden.

➤ Aufgaben können völlig von der Zeit losgelöst sein. Ebenso ist es auch möglich, dass eine Aufgabe bis zu einem bestimmten Termin erledigt sein muss.

Im Zusammenhang mit Terminen ist man also kaum flexibel. Und will man einen Termin doch einmal ändern, gelingt das oft nur in Absprache mit anderen Personen. Ganz im Gegensatz zu Aufgaben. Denn diese können normalerweise erledigt werden, wann es am besten passt. (Auch wenn es hier natürlich Einschränkungen gibt. Denn muss der Geschäftsbericht zum montäglichen Meeting fertig sein, dann muss man ihn eben bis dann erstellt haben.)

Aufgaben anlegen

Aufgaben werden im *Aufgaben*-Ordner über die Schaltfläche *Neue Aufgabe* angelegt. (Noch schneller geht es übrigens im geöffneten *Aufgaben*-Ordner über die Tastenkombination [Strg]+[N].)

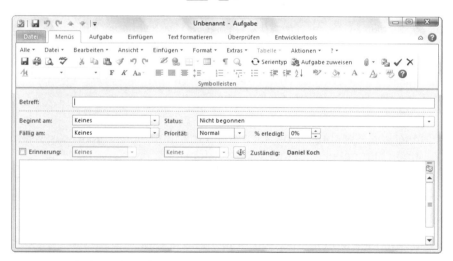

Eine neue Aufgabe wird angelegt.

Das Aufgabenfenster erinnert an das Anlegen von Terminen, hat allerdings eine Vielzahl anderer Elemente zu bieten. Die wichtigsten Elemente in der Schnellübersicht:

> *Betreff* – hier trägt man kurz und bündig den Titel der Aufgabe ein. Genutzt wird der Betreff später zur Anzeige im *Aufgaben*-Ordner. Er sollte daher so gewählt werden, dass man auf den ersten Blick weiß, worum es sich bei der Aufgabe handelt. Anstelle von *Eine E-Mail schreiben* notieren Sie besser *Projektstands-E-Mail an Team A inkl. Excel-Sheet*.

> *Beginnt am* – hier kann man einstellen, wann man mit der Bearbeitung der Aufgabe beginnen soll. In der Praxis wird dieses Feld allerdings nicht allzu oft verwendet. Interessant ist es aber zum Beispiel, wenn eine wichtige Aufgabe erst nächste Woche angegangen werden soll.

> *Fällig am* – tragen Sie in dieses Feld ein, bis wann die Aufgabe erledigt sein soll.

> *% erledigt* – dieses Feld ist vor allem für sehr umfangreiche Aufgaben interessant, die man nicht am Stück erledigen kann. In solchen Fällen stellt man hierüber ein, wie viel Prozent der Aufgabe man bereits erledigt hat.

Nachteile des Feldes % erledigt

Das Feld *% erledigt* verleitet erfahrungsgemäß dazu, kompliziert werdende Aufgaben aufzuschieben. So wird man im Laufe der Zeit zum Besitzer zahlloser Aufgaben, die man zu 25, 50 oder 75 % erledigt hat. Das wird schnell frustrierend, da man alles angefangen, aber nichts wirklich zu Ende gebracht hat.

Interessant ist dieses Feld vor allem, wenn Sie Aufgaben delegieren, also von jemand anderem erledigen lassen. So können Sie sich über dieses Feld regelmäßig über den aktuellen Projektstand informieren lassen.

> *Erinnerung* – wichtige Aufgaben sollte man möglichst nicht vergessen. Outlook hilft dabei mit einem Hinweisfenster.

> Textfeld – in das Textfeld trägt man notwendige Notizen ein. Typischerweise steht dort, welche Unterlagen für ein Meeting benötigt werden oder einfach um was es sich bei der Aufgabe genau handelt.

Weitere Optionen sind im Register *Aufgabe* zu finden.

> *Priorität* – hierüber können Sie angeben, wie wichtig die Aufgabe ist. Zur Wahl stehen *Niedrig*, *Normal* und *Hoch*. Interessant ist diese Einteilung vor allem im Zusammenhang mit dem Eisenhower-Prinzip.

> *Status* – um einzustellen, wie weit man mit der Bearbeitung der aktuellen Aufgabe ist, greift man auf dieses Feld zurück. Zur Auswahl stehen hier *Nicht begonnen*, *In Bearbeitung*, *Erledigt*, *Wartet auf jemand anderen* und *Zurückgestellt*.

> *Kategorien* – Aufgaben können ebenso wie Termine kategorisiert werden. So kann man später – die entsprechende Ansicht vorausgesetzt – Aufgaben anhand dieser Kategorien gruppieren.

> *Details* – über diese Schaltfläche werden andere Eingabefelder angezeigt. Dort kann man die Angaben zum Istaufwand, den Gesamtaufwand und den Reisekilometern notieren. Interessant sind diese Felder vor allem, wenn man kontrollieren will, welchen Aufwand man zum Erledigen einer Aufgabe tatsächlich betreiben musste.

> *Privat* – hiermit gekennzeichnete Aufgaben können von anderen Personen/Stellvertretern nicht eingesehen werden. Aber Achtung: Dieser Schutz funktioniert nur in Outlook. Das Objekt selbst ist nicht mit einem Schutz belegt. Mit anderen Clients oder per MAPI ist ein Zugriff auf die privaten Aufgaben möglich.

> *Aufgabe zuweisen* – wenn die Aufgabe von jemand anders erledigt werden soll, können Sie ihm diese per E-Mail zuschicken.

> *Serientyp* – eine so ausgestattete Aufgabe fällt in regelmäßigen Abständen an.

Sämtliche Zeitangaben lassen sich über Auswahlfelder einstellen. Allerdings denkt man im normalen Leben nicht „die Aufgabe muss am 25.4.2010 fertig sein", sondern „die Aufgabe muss übermorgen fertig sein". Und was viele überrascht: Outlook kann tatsächlich mit solchen „sprechenden" Datumsangaben umgehen. So kann man zum Beispiel die folgenden Werte in die Datumsfelder eintragen:

> *morgen*

> *übermorgen*

> *Mittwoch* (auch die anderen Wochentage)

> *Erster Dienstag im Januar*

> *mo in 3 wo* (Montag in drei Wochen)

> *5t* (in fünf Tagen)

Zeitvarianten funktionieren auch

Was bei den Datumsangaben geht, funktioniert so auch im *Uhrzeit*-Feld. Dort wird aus Mittag automatisch 12.00 Uhr, und aus elf macht Outlook 11.00 Uhr.

Sobald man mit dem Cursor das Feld verlässt, werden die „sprechenden" in „richtige" Datumsangaben umgewandelt. Übrigens: Die gezeigten Varianten stellen nur eine kleine Auswahl aller Möglichkeiten dar. Experimentieren Sie hier einfach ein bisschen. Sie werden überrascht sein, wie „verständlich" Outlook auf Ihre Eingaben reagiert.

Nachdem alle Angaben vollständig sind, legt man die Aufgabe mit *Speichern & schließen* im *Aufgaben*-Ordner ab.

Aufgaben in verschiedenen Ordnern ablegen

Im Zusammenhang mit der Verwaltung von E-Mails haben Sie erfahren, wie man seine ganz persönliche Ordnerstruktur aufbauen kann. Dieses Wissen können Sie dazu nutzen, auch Ihre Aufgaben in verschiedene Ordner einzusortieren. Um neue Aufgaben-Ordner anzulegen, rufen Sie die Ordnerliste auf, klicken den Ordner *Aufgaben* mit der rechten Maustaste an und wählen *Neuer Ordner*.

Dem Ordner muss nur noch ein Name zugewiesen werden, bevor man ihn mit *OK* anlegt.

Ein neuer Aufgaben-Ordner wird angelegt.

Termine in Aufgaben umwandeln (und umgekehrt)

Aus Terminen kann man Aufgaben, aus Aufgaben kann man Termine machen. Vielleicht fragen Sie sich, wofür das gut sein soll. Um das zu beantworten, muss zunächst geklärt werden, wo eigentlich die Unterschiede zwischen einem Termin und einer Aufgabe liegen. Denn allzu oft werden beide Begriffe miteinander gleichgesetzt oder vermischt.

➢ Termine sind immer an einen bestimmten Zeitpunkt gebunden. Beispiel: Nächste Woche Montag um 10 Uhr haben Sie einen Termin mit einem Geschäftspartner.

➢ Aufgaben können zeitlich völlig losgelöst sein. Ebenso kann es aber auch sein, dass sie bis zu einem bestimmten Termin fertiggestellt sein müssen.

Bei Terminen ist man zeitlich also meistens nicht flexibel. Steht ein Termin erst einmal, kann man ihn meistens nur in enger Absprache mit anderen beteiligten Personen verschieben.

Anders sieht es bei Aufgaben aus. Die kann man oft erledigen, wann man es selbst für richtig hält. (Lediglich wenn es für eine Aufgabe eine Deadline gibt, ist man an einen vorgegebenen Zeitplan gebunden.)

Trotz dieser Unterschiede sind Termine und Aufgaben in Outlook eng miteinander verzahnt beziehungsweise lassen sich hervorragend untereinander kombinieren. Wie sinnvoll eine solche Kombination sein kann, zeigt folgendes Beispiel: Angenommen, Sie müssen eine Präsentation beim Kunden durchführen. Dabei handelt es sich einerseits um einen Termin. Andererseits ist es aber auch eine Aufgabe, denn schließlich muss die Präsentation vorbereitet werden. Nun könnte man erst einen Termin anlegen, dann in den *Aufgaben*-Ordner wechseln und die ganze Prozedur dort wiederholen.

Outlook bietet aber die elegante Möglichkeit, Aufgaben in Termine und Termine in Aufgaben umzuwandeln. So braucht man die Daten nur einmal einzutragen. Zunächst die Schritte zum Umwandeln eines Termins in eine Aufgabe:

Legen Sie dazu einfach den Termin wie gewohnt im Kalender an und speichern Sie ihn. Anschließend ziehen Sie ihn bei gedrückter linker Maustaste auf den *Aufgaben*-Ordner und lassen dort die Maustaste los.

Outlook öffnet hieraufhin ein Aufgabenfenster, in dem bereits die wichtigsten Informationen eingetragen sind.

Im Einzelnen sind dies:

- ➢ der Betreff,
- ➢ die Uhrzeit,
- ➢ die Kategorien,
- ➢ der Inhalt des Textfeldes,
- ➢ wurde der Termin als privat gekennzeichnet, gilt das auch für die Aufgabe.

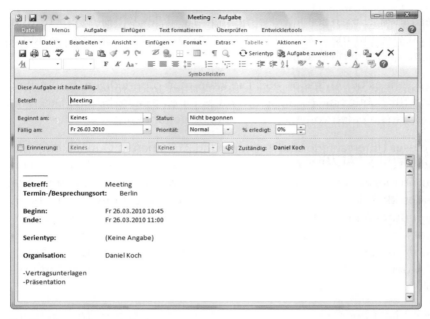

Der Termin wurde zur Aufgabe.

Auf diese Weise kann man sich eine Menge Arbeit sparen. Unter Umständen wollen Sie aber nicht den Termin und die Aufgabe parallel vorliegen haben. Auch dafür gibt es eine Lösung. Dazu ziehen Sie den Termin mit gedrückter rechter Maustaste auf den *Aufgaben*-Ordner und lassen die Maustaste los.

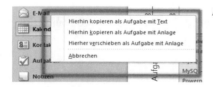

Diese Optionen stehen zur Wahl.

Outlook bietet hieraufhin verschiedene Optionen an.

➢ *Hierhin kopieren als Aufgabe mit Text* – der Termin ist als Kalendereintrag und als Aufgabe vorhanden. Das ist die gleiche Einstellung, die man auch durch das Ziehen mit der linken Maustaste erreicht.

➢ *Hierhin kopieren als Aufgabe mit Anlage* – im Notizfeld der neuen Aufgabe erscheint ein Termin-Symbol. Ein Doppelklick darauf öffnet das Terminfenster. Der Termin ist nach wie vor im Kalender vorhanden.

➢ *Hierhin verschieben als Aufgabe mit Anlage* – auch bei dieser Variante wird im Textfeld der neuen Aufgabe ein Termin-Symbol angelegt.

Allerdings wird der Termin in diesem Fall aus dem Kalender entfernt und steht tatsächlich nur noch als Symbol innerhalb der Aufgabe zur Verfügung.

Normalerweise sorgt man dafür, dass Termin und Aufgabe parallel in Outlook vorhanden sind. Denn so hat man kaum Gelegenheit, einen wichtigen Termin/Aufgabe zu verpassen.

Aufgaben in Termine umwandeln

Der andere Weg funktioniert übrigens auch. Wollen Sie eine Aufgabe in einen Termin umwandeln, gehen Sie folgendermaßen vor:

Ziehen Sie die Aufgabe mit gedrückter linker Maustaste auf den Kalender und lassen Sie die Maustaste los.

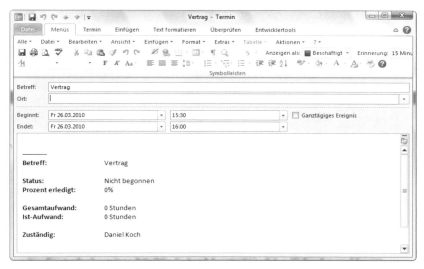

Aus der Aufgabe wurde ein Termin.

Outlook hat bereits die wichtigsten Informationen der Aufgabe in den Termin übernommen. Passen Sie ggf. noch *Beginnt* und *Endet* an. Der neue Termin kann anschließend wie gewohnt gespeichert werden.

Aufgaben an andere Personen delegieren und nachverfolgen

Sie müssen angelegte Aufgaben nicht selbst erledigen. Outlook bietet die Möglichkeit, Aufgaben anderen Personen zuzuweisen. So kann man die

Aufgaben delegieren und permanent verfolgen, wie sie erledigt werden. Zunächst ein ganz typischer Ablauf:

➤ Die Aufgabe wird angelegt.

➤ Der Empfänger erhält die Aufgabe und entscheidet, ob er sie annimmt oder ablehnt.

➤ Der Empfänger sendet einen Statusbericht, um den Absender über den Fortschritt an der Aufgabe zu informieren.

Ein solches, für die Arbeitswelt ganz typisches Szenario wird folgendermaßen realisiert:

1 Legen Sie die Aufgabe wie üblich an, tragen Sie also Betreff, Fälligkeit und eine Aufgabenbeschreibung ein.

2 Anschließend klicken Sie im *Aufgabe*-Register auf *Aufgabe zuweisen*.

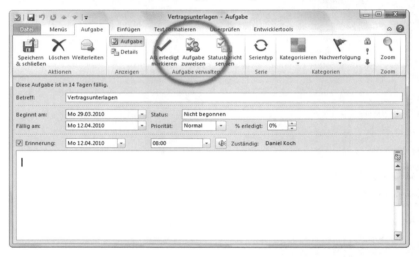

3 In das *An*-Feld wird der Empfänger (die Aufgabe kann natürlich auch mehreren Empfängern zugewiesen werden) eingetragen.

4 Nachdem alle Einstellungen vorgenommen wurden, wird die Aufgabe über die *Senden*-Schaltfläche verschickt.

Keine Erinnerung mehr

Da Sie ab sofort nicht mehr für die Aufgabe zuständig sind, wird für diese auch keine Erinnerung mehr angelegt. Outlook weist in einem Warnhinweis auf diesen Aspekt vor dem Absenden der Aufgabe noch einmal explizit hin.

Damit sind Sie die Aufgabe zunächst einmal los. In den nächsten Schritten schlüpfen Sie in die Rolle des Aufgabenempfängers.

1 Sie finden im Ordner *Posteingang* eine E-Mail. Wenn Sie sie öffnen, sehen Sie die Aufgabe vor sich.

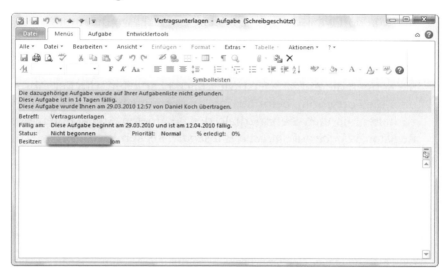

2 Neben dem eigentlichen Aufgabentext erkennt man hier den Status, die Priorität und wie viel Prozent der Aufgabe bereits erledigt sind.

3 Im Lesebereich des Posteingangs sehen Sie die Optionen *Zusagen* und *Ablehnen*.

4 Durch *Ablehnen* wird die E-Mail bzw. die Aufgabe in den Ordner *Gelöschte Elemente* verschoben. Nach dem Anklicken dieser Schaltfläche können Sie bestimmen, ob die ablehnende Antwort sofort gesendet werden soll oder Sie diese erst bearbeiten wollen. Die Standardablehnung einer Aufgabe landet beim Aufgabensteller als E-Mail und enthält den Betreff *Aufgabe abgelehnt*.

5 Im Normalfall wird die Aufgabe aber sicherlich von Ihnen übernommen. In diesem Fall klicken Sie auf *Zusagen*.

6 Auch hier können Sie dann entscheiden, ob Sie eine Standardantwort senden oder eine eigene erstellen wollen. Schneller geht es mit der Standardantwort, die mit *OK* in den Ordner *Postausgang* verschoben und von dort wie jede andere E-Mail verschickt werden muss.

7 Durch das Annehmen der Aufgabe wird diese automatisch in Ihren *Aufgaben*-Ordner eingefügt.

8 Sie können die Aufgabe jetzt wie üblich bearbeiten. Um den Absender über die Fortschritte beim Abarbeiten der Aufgabe auf dem Laufenden zu halten, können Sie innerhalb des geöffneten Aufgabenfensters im Register *Aufgabe* auf *Statusbericht senden* klicken.

9 Hierdurch wird ein E-Mail-Fenster geöffnet, in dem der Statusbericht enthalten ist. Durch *Senden* wird der Bericht verschickt. Der Empfänger erhält den Statusbericht in Form einer normalen E-Mail.

Aufgaben nach Ablehnung erneut zuordnen

Wenn ein Empfänger eine ihm zugewiesene Aufgabe ablehnt, können Sie diese einer anderen Person zuordnen.

Dazu öffnen Sie die betreffende Aufgabe im *Aufgaben*-Ordner und wählen *Aufgaben zuweisen*. Jetzt brauchen Sie nur noch den neuen Empfänger anzugeben und können die Aufgabe noch einmal verschicken.

Delegierte Aufgaben nachverfolgen

Delegierte Aufgaben sollte man im Blick haben, um zu kontrollieren, wie und ob sie erledigt werden. Outlook bietet dafür zwei verschiedene Möglichkeiten:

➢ Automatisches Behalten von Kopien der von Ihnen zugeordneten Aufgaben und Empfangen automatischer Statusberichte.

➢ Anzeigen von Aufgaben, die Sie anderen Personen zugewiesen haben.

Interessant ist vor allem die erste Option. Dadurch bleiben Sie tatsächlich immer auf dem neusten Stand und werden mittels Statusberichten über den Fortschritt der Arbeiten unterrichtet. Um diese Funktion zu aktivieren, öffnen Sie *Datei/Optionen/Aufgaben* und aktivieren *Meine Aufgabenliste mit Kopien von Aufgaben, die ich anderen Personen zuweise, aktualisieren*.

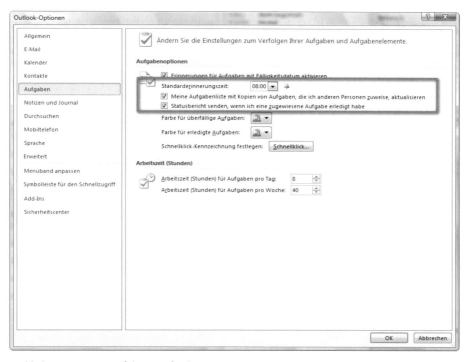

So bleibt man immer auf dem Laufenden.

Wer sehr viele Aufgaben delegiert, kann sich alle mittels einer speziellen Ansicht anzeigen lassen. Aufgerufen wird sie im *Aufgaben*-Ordner über *Ansicht/Ansicht ändern*. Jetzt werden im *Aufgaben*-Ordner nur noch die von Ihnen delegierten Aufgaben angezeigt.

Zuständigkeiten für Aufgaben definieren

Outlook macht es Ihnen nicht leicht, wenn Sie Zuständigkeiten für Aufgaben eindeutig zuweisen wollen. Denn der Wert des *Zuständig*-Feldes enthält nicht den Namen des Erstellers der Aufgabe, sondern orientiert sich an dem im Standard-E-Mail-Konto stehenden Namen oder der Bezeichnung des Exchange-Profils. Wurde kein E-Mail-Konto eingerichtet, lautet der Name *Unbekannt*. Durch die folgenden Schritte können Sie eine Aufgabenliste erstellen, aus der die Zuständigkeiten eindeutig hervorgehen.

1 Klicken Sie innerhalb des *Aufgaben*-Ordners mit der rechten Maustaste auf den Spaltenkopf und wählen Sie *Feldauswahl*.

2 Über *Neu* wird eine zusätzliche Spalte angelegt.

3 Als Name können Sie z. B. *Verantwortlich* angeben. Die übrigen Einstellungen werden mit *OK* übernommen. Dieses neue Feld wird aus dem Fenster *Feldauswahl* mit gedrückter linker Maustaste auf eine beliebige Position innerhalb des Spaltenkopfs gezogen.

4 Klicken Sie den Spaltenkopf mit der rechten Maustaste an und wählen Sie *Ansichteneinstellungen*.

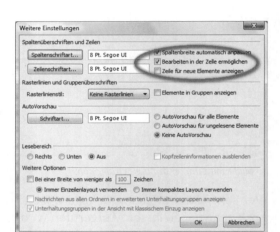

5 In dem sich öffnenden Dialogfenster ruft man *Weitere Einstellungen* auf und aktiviert das Kontrollkästchen *Bearbeiten in der Zeile ermöglichen*.

6 Nachdem die offenen Dialogfenster mit *OK* geschlossen wurden, können Sie in das Feld *Verantwortlich* den bzw. die gewünschten Namen eintragen.

Aufgaben in öffentlichen Ordnern ablegen

Aufgaben können weder an ein Team noch an eine Kontaktgruppe delegiert werden. Somit ist es also scheinbar unmöglich, dass mehrere Personen gleichzeitig an einer Aufgabe arbeiten. Die klassische Aufgabenzuweisung bietet keinen Ausweg aus diesem Dilemma. Des Problems Lösung ist der Exchange Server und dort speziell die öffentlichen Ordner. In denen können Aufgaben zentral abgelegt und gespeichert werden.

Ein öffentlicher Ordner wird innerhalb der Ordnerliste durch einen Rechtsklick auf *Aufgabe/Neuer Ordner* angelegt.

Der Name kann beliebig gewählt werden. Typischerweise trägt man *Unsere Aufgaben* oder Ähnliches ein. Entscheidend ist, dass unter *Ordner enthält Elemente des Typs* der Wert *Aufgabe* eingestellt wird. Über *OK* wird der Ordner erzeugt.

Damit ist es aber noch nicht getan. Im nächsten Schritt müssen die Berechtigungen festgelegt und die betreffenden Aufgaben freigegeben werden.

Normalerweise sollten auf den öffentlichen Ordner ausschließlich die Kollegen zugreifen, die tatsächlich an den darin

Ein neuer Ordner wird angelegt.

enthaltenen Aufgaben mitarbeiten. Um die Berechtigungen einzustellen, klicken Sie den Ordner in der Ordnerliste mit der rechten Maustaste an und wählen *Eigenschaften*. Wechseln Sie dort in das Register *Berechtigungen* und fügen Sie die Mitglieder des Projektteams mit *Hinzufügen* und *OK* ein. Anschließend können Sie (zumindest theoretisch) anhand der Berechtigungen festlegen, wer was in dem angelegten öffentlichen Ordner machen darf – „theoretisch" aber deshalb, weil in den meisten Unternehmen diese Berechtigungen serverseitig vorgenommen werden.

Vorteile der serverseitigen Variante

Sollten die Berechtigungen nicht zentral über die Rechte am Exchange Server-Postfach geregelt werden, hat das einen entscheidenden Nachteil: Da die Berechtigungen in diesem Fall nicht auf die untergeordneten Ordner vererbt werden, müssen sie für jeden Ordner einzeln angelegt werden. Sie sollten in diesem Fall den Administrator bitten, die Berechtigungen zentral zu bestimmen.

Um die betreffende Aufgabe in den öffentlichen Ordner zu stellen, öffnen Sie den Ordner und legen diese wie gewohnt an. Anschließend sollten Sie die Personen, denen Sie eine Berechtigung zugewiesen haben, darüber informieren, dass Aufgaben im öffentlichen Ordner bereitstehen. Dazu klicken Sie den Ordner in der Ordnerliste mit der rechten Maustaste an und wählen *Verknüpfung für diesen Ordner senden*.

Outlook-Aufgaben mit Dokumenten ergänzen

Oftmals ist die Erledigung einer Aufgabe an ein bestimmtes Dokument gekoppelt. Vielleicht haben Sie die Aufgabe bekommen, eine PowerPoint-Präsentation zu erstellen. Will man sich dann dieser Aufgabe widmen, passiert es sehr oft, dass man erst lange nach der entsprechenden Datei suchen muss. Solche aufwendigen Suchzeiten kann man verhindern, indem man die Aufgabe mit der Datei verknüpft.

Prinzipiell gibt es dafür verschiedene Möglichkeiten. Typischerweise ruft man innerhalb der Aufgabe das *Einfügen*-Register auf. Über das Symbol *Datei einfügen* lässt sich die gewünschte Datei auswählen.

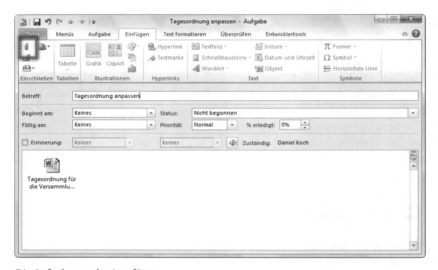

Die Aufgabe wurde eingefügt.

Outlook fügt in das Textfeld ein Symbol ein. Klickt man dieses doppelt an, wird die verknüpfte Datei geöffnet. Eine Aufgabe, die mit einer Datei verknüpft ist, erkennen Sie in der Aufgabenliste an einem vorangestellten Klammer-Symbol.

Das Klammer-Symbol kennzeichnet eine eingefügte Datei.

Aber Achtung: Die eingefügte Datei wird von Outlook kopiert. Wird die Originaldatei also nach dem Einfügen verändert, entspricht die Datei der Aufgabe nicht dem aktuellen Stand.

Um immer mit der aktuellen Datei zu arbeiten, fügen Sie in die Aufgabe einen Verweis auf die Originaldatei ein. Dabei wird ein einfacher Hyperlink in das Textfeld der Aufgabe eingefügt.

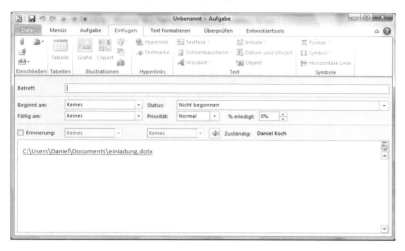

Klickt man diesen Hyperlink später an, wird das damit verknüpfte Originaldokument geöffnet. Um einen solchen Link einzufügen, gehen Sie genauso vor, wie beim Einfügen einer Datei. Nachdem Sie die Datei ausgewählt haben, klicken Sie auf den kleinen Abwärtspfeil neben dem *Einfügen*-Feld.

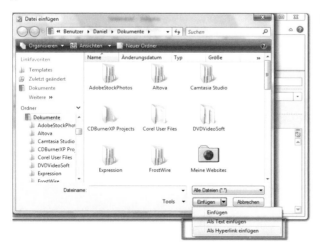

So wird der Link angelegt.

Dort wird *Als Hyperlink einfügen* eingestellt. Der Hyperlink wird daraufhin angelegt.

Große Aufgaben aufteilen und beherrschen: die alamitaktik

Besonders umfangreiche Aufgaben sind oft nur schwer zu handhaben und wirken nicht selten erdrückend. Diese Probleme lassen sich mit der sogenannten Salamitaktik umgehen. Dabei wird davon ausgegangen, große Aufgaben und Projekte in kleine Scheibchen beziehungsweise Zwischenziele aufzuteilen. Diese Taktik ist übrigens nicht neu. René Descartes, französischer Wissenschaftler, hat sie bereits im Jahr 1637 beschrieben. Kernpunkte der Salamitaktik sind:

1. Schreibe die Aufgabe auf. (Oder besser: Trage sie in Outlook ein.)

2. Zerlege die Gesamtaufgabe in einzelne kleine Teile.

3. Ordne die Teilaufgaben nach Prioritäten und Terminen.

4. Erledige alle Aufgaben und kontrolliere das Ergebnis.

Diese Punkte klingen logisch, wirken so aber vielleicht etwas abstrakt. Besser lässt sich die Salamitaktik anhand eines konkreten Beispiels veranschaulichen. Stellen Sie sich vor, Sie erhalten folgende Aufgabe: Kontrollieren Sie, an welcher Stelle das Kundenmanagement verbessert werden kann. Diese Aufgabe klingt nicht nur komplex, sie ist es auch tatsächlich. Umso wichtiger ist es daher, wenn man die große Gesamtaufgabe in kleine handliche Teilaufgaben zerlegt.

Typische Einzelaufgaben sind:

1. Mitarbeitergespräche führen

2. Kundenbefragungen

3. Istanalyse

4. Qualifizierungsmaßnahmen für Mitarbeiter planen und durchführen

5. Nachkontrolle

Diese fünf Aufgaben einzeln betrachtet wirken nun bereits deutlich weniger bedrohlich als die Gesamtaufgabe.

Effektive Aufgabenplanung mit der ALPEN-Methode

Seinen Tag sinnvoll und strukturiert durchzuplanen ist alles andere als einfach. Oft stehen zu viele Aufgaben und Termine an, als dass man sie alle erledigen kann. Da stellt sich natürlich die Frage, wie sich wichtige von unwichtigen Aufgaben unterscheiden lassen. Dieser und anderen Fragen des Zeitmanagements hat sich der Zeitmanagement-Guru Prof. Dr. Seiwert (*http://www.seiwert.de/*) gewidmet.

Für die effektive Aufgabenplanung hat er die ALPEN-Methode entwickelt, die sich folgendermaßen zusammensetzt:

➢ **Aufgaben notieren** – Tagesplan oder To-do-Liste anlegen, in der Aufgaben, Termine etc. stehen.

➢ **Länge einschätzen** – einschätzen, die lange die einzelnen Aufgaben dauern werden.

➢ **Pufferzeiten einplanen** – es sollte die 60-40-Regel berücksichtigt werden. Das heißt: 60 % der Zeit verplanen und 40 % freihalten.

➢ **Entscheidungen treffen** – Aufgaben Prioritäten zuweisen.

➢ **Nachkontrolle** – den Tagesverlauf abschließend überprüfen.

Die Grundzüge der ALPEN-Methode haben Sie nun kennengelernt. Im Folgenden wird ein detaillierterer Blick auf die einzelnen Punkte geworfen.

Aufgaben notieren

Legen Sie sich eine To-do-Liste an, auf der Sie die anstehenden Aufgaben der kommenden Tage festhalten. Bei dieser Liste spielen weder Gewichtung noch Reihenfolge der Aufgaben eine Rolle.

Am besten legt man die To-do-Liste am Vortag an. So kann man auch gleich die Aufgaben mit aufschreiben, die man am Tag nicht geschafft hat (um sie so am nächsten Tag erledigen zu können). Drei Punkte sind beim Anlegen der To-do-Liste entscheidend:

1. Welche Aufgaben stehen an?

2. Welche Termine müssen wahrgenommen werden?

3. Welche E-Mails, Telefonate etc. müssen unbedingt erledigt werden?

Diese Elemente müssen auf der Liste auftauchen. Damit man nichts vergisst aufzuschreiben, hält man nach dem Anlegen der Liste fünf Minuten inne und wirft dann erneut einen Blick darauf. Oft fallen einem dann Dinge auf, die man vergessen hat.

Länge (richtig) einschätzen

Mit dem Aufschreiben der Aufgaben ist es nicht getan. Der oftmals schwierigere Teil besteht darin abzuschätzen, wie viel Zeit wohl für die einzelnen Aufgaben benötigt wird. Auch hier spielen wieder mehrere Faktoren eine Rolle:

1. Achten Sie darauf, dass Sie den Zeitaufwand realistisch einschätzen.

2. Im „Eifer des Gefechts" neigt man dazu, den Zeitaufwand für Aufgaben zu gering einzuschätzen. Problematisch ist daran: Spätestens wenn man zwei Aufgaben am Tag nicht in der vorgegebenen Zeit schafft, ist der Tagesplan hinfällig und man wird beim nächsten Mal vor lauter Frust sicherlich keinen mehr anlegen.

3. Sie sollten alle anstehenden Termine zeitlich exakt festhalten.

4. Für die anstehenden Aufgaben sollten Zeitlimits gesetzt werden. Ist eine Aufgabe bis spätestens zu diesem Zeitpunkt nicht erledigt, widmet man sich einer anderen.

Den Aufwand für die einzelnen Aufgaben richtig abschätzen zu können, ist anfangs erfahrungsgemäß der schwierigste Schritt. Am besten nimmt man Erfahrungswerte als Grundlage. Versuchen Sie sich zu erinnern, wie lange gleich angelegte Aufgaben in der Vergangenheit gedauert haben. Im besten Fall haben Sie sogar Aufzeichnungen darüber oder können es anhand Ihres Terminkalenders nachvollziehen.

Pufferzeiten einplanen

Da plant man für eine Aufgabe zwei Stunden ein, es kommt ein unerwarteter Telefonanruf und schon ist der Zeitplan nicht mehr zu halten. Deswegen ist es wichtig, realistische Zeitpläne zu erstellen und sogenannte Pufferzeiten einzuplanen. Dabei handelt es sich um Zeiträume, in denen keinerlei Aktivitäten geplant sind und die man für spontan anfallende Tätigkeiten reserviert. Folgendes Rechenbeispiel zeigt eine entsprechende Zeitplanung:

➤ 60 % der Zeit sind für geplante Aktivitäten reserviert.

➤ 40 % werden als Pufferzeit eingeplant.

408

Die 40 % Pufferzeit mögen auf den ersten Blick viel erscheinen, Sie werden aber schnell merken, dass diese Zeit tatsächlich benötigt wird. Denn schneller, als man glaubt, führt man ein langes Telefonat oder sitzt in einem Meeting und beide Tätigkeiten hatte man nicht im Zeitplan vorgesehen.

Entscheidungen treffen

Geben Sie sich nicht der Illusion hin, dass Sie immer alle geplanten Aufgaben schaffen. Da hilft auch der beste Zeitplan nichts. Sie sollten anhand einer Prioritätensetzung festlegen, welche Aufgaben die wichtigsten sind, und sich dann auf diese konzentrieren.

Nachkontrolle

Die Tagesplanung muss einer permanenten Kontrolle unterliegen. Überprüfen Sie, ob der Zeitplan aufgegangen ist und wo es Probleme gab. Dazu nimmt man den Zeitplan am Ende eines jeden Tages unter die Lupe. (Das dauert übrigens nicht länger als zwei, drei Minuten, ist andererseits aber enorm wichtig.) Dabei sollten die folgenden Kriterien angelegt werden:

➢ Wo haben die Fehlzeiten gelegen?

➢ Wurden die Zeiten für die Aufgaben zu großzügig oder zu knapp bemessen?

➢ An welchen Stellen kann der Zeitplan optimiert werden?

Den Arbeitstag mit der ALPEN-Methode planen

Sie haben gesehen, aus welchen Bestandteilen sich die ALPEN-Methode zusammensetzt. Allerdings wurden bisher eher theoretische Aspekte beleuchtet. Hat man diese aber erst einmal verstanden, will man sie natürlich praktisch umsetzen. Allerdings gehört das Anlegen eines (wirklich guten) Tagesplans zu den schwierigsten Dingen, die einem im Zusammenhang mit dem Zeitmanagement begegnen. Denn was auf dem Papier gut klingt, scheitert in der Praxis allzu oft an unvorhergesehenen Ereignissen. Besonders störend wirken sich dabei die folgenden Punkte aus:

➢ Die Dauer der geplanten Aktivitäten wurde zu kurz oder zu lang geschätzt.

➢ Plötzlich auftretende Ereignisse stören den eingeplanten Rhythmus. Egal ob ein kurzfristig angesetztes Meeting oder ein wichtiges (aber ungeplantes) Telefonat, es gibt einfach Dinge, die man nicht voraussehen kann.

➢ Leichte sogenannte D-Aufgaben sollten geplanten A-Aufgaben vorgezogen werden. Erfahrungsgemäß gehen leichtere Aufgaben nun mal schneller von der Hand.

➢ Es treten unvorhersehbare Ereignisse ein. Der Computer stürzt ab oder die Bahn hat mal wieder Verspätung.

Lassen Sie sich von diesen Punkten nicht verrückt machen. Diese sind ganz normal und werden Ihre Tagespläne ab und zu durcheinanderbringen. Wichtig ist vielmehr, dass die Fehleranfälligkeit der Tagespläne reduziert wird.

Bei der Tagesplanung tauchen verschiedene Fragen auf:

➢ Wie lautet das Tagesziel?

➢ Welches sind die wichtigsten Termine?

➢ Welche (Teil-)Aufgaben müssen erledigt werden?

➢ Welche Prioritäten sind gesetzt?

➢ Wie ist der Zeitaufwand der einzelnen Aufgaben?

Leider haftet Tagesplänen oft ein negatives Image an. Das hat allerdings meistens nichts mit den Tagesplänen an sich zu tun, sondern beruht eher darauf, dass oft ausschließlich Pflichten aufgeschrieben werden. Wer sich an die folgenden drei Positivregeln hält, wird Tagesplänen zukünftig offener begegnen:

➢ Machen Sie jeden Tag etwas, was einen Ausgleich zur Arbeit schafft.

➢ Machen Sie jeden Tag etwas, das Ihnen Freude bereitet.

➢ Machen Sie jeden Tag etwas, was Sie Ihren persönlichen Zielen näher bringt.

Die Erfahrung zeigt, dass das Anlegen von Tagesplänen in der Praxis oft schwerfällt. Nachfolgend erhalten Sie daher eine Schablone für einen Tagesplan, die Sie als Ausgangspunkt für Ihre eigenen Tagespläne verwenden können. Zunächst ein typischer Tagesplan:

Mein Tagesablauf	
8.00 bis 9.30 Uhr	A-Aufgaben
9.30 bis 10.30 Uhr	Meeting Pufferzeit
10.30 bis 11.30 Uhr	A-Aufgaben
11.30 bis 12.30 Uhr	Besprechung Pufferzeit
12.30 bis 13.30 Uhr	Mittagspause
13.30 bis 14.30 Uhr	B-Aufgaben Pufferzeit
14.30 bis 16.00 Uhr	C-Aufgaben Pufferzeit
16.00 bis 16.30 Uhr	Vorbereitung auf den nächsten Tag

Dieser Entwurf zeigt, dass immer wieder großzügig Pufferzeiten eingeplant werden. Diese mögen auf den ersten Blick sehr großzügig bemessen wirken, Sie werden aber sehen, dass dieser Wert durchaus praktikabel ist.

Ein für die Tagesplanung eigentlich unverzichtbares Hilfsmittel stellen To-do-Listen dar, in denen alle wichtigen Aktivitäten des Tages festgehalten werden. Auch dazu wieder eine Vorlage:

Datum	....
Telefonate	....
Organisieren	....
Delegieren	....
Besorgungen	....
Nicht vergessen!	....
Sonstiges	....

Am besten legen Sie sich vor jedem Arbeitstag eine solche Liste an. So haben Sie immer im Blick, was erledigt werden muss. Auch hier gilt wieder: Das Anlegen der Liste dauert höchstens zwei, drei Minuten, dafür helfen To-do-Listen aber tatsächlich dabei, den Tag zu strukturieren.

Zur Nachkontrolle

Frustrierend wird es, wenn man fast täglich die selbst gesteckten Ziele/ Aufgaben nicht schafft. Daher ist es wichtig, dass man jeden Tag analysiert und so Erfahrungswerte bekommt, die bei den nächsten Tagesplanungen einbezogen werden können.

Am Ende jeden (Arbeits-)Tages sollte man den Tag kurz Revue passieren lassen. (Auch dafür sind übrigens nicht mehr als ein bis zwei Minuten nötig, der Nutzen ist aber umso größer.)

➢ Welche Aufgaben habe ich geschafft?

➢ Was musste liegen bleiben?

➢ Wo lauerten die Zeitfallen?

➢ War meine Zeitplanung realistisch?

➢ Welche Aufgaben muss ich auf den nächsten Tag übertragen?

8.2 Die perfekten Aufgabenansichten

Aufgaben anzulegen ist ein Aspekt. Ebenso wichtig es aber auch, dass man bei der Fülle an Aufgaben nicht den Überblick verliert. Dafür hält Outlook verschiedene Ansichten parat, mit denen Sie sich alle Aufgaben übersichtlich anzeigen lassen können. Dieser Abschnitt stellt die besten Ansichten und Verwaltungsmethoden für Aufgaben in Outlook vor.

Aufgaben im Kalender anzeigen

Wäre es nicht praktisch, wenn man bei geöffnetem Kalender auch gleich die anstehenden Aufgaben sehen würde? Outlook stellt dafür die Funktion *Tägliche Aufgabenliste* zur Verfügung. Nutzbar ist diese allerdings nur in der Tages- und Wochenansicht.

Um die Liste zu aktivieren, rufen Sie bei geöffnetem Kalender *Ansicht/Tägliche Aufgabenliste* auf und wählen die gewünschte Variante. (Üblicherweise verwendet man *Normal*.)

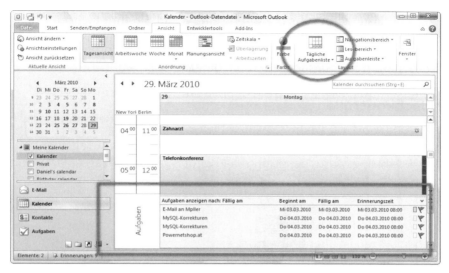

Die tägliche Aufgabenliste wird angezeigt.

Die in der Aufgabenliste enthaltenen Elemente können wie gewohnt durch einen Doppelklick geöffnet werden.

Die tägliche Aufgabenliste drucken

Was es mit der täglichen Aufgabenliste auf sich hat, wurde im vorherigen Abschnitt gezeigt. Manchmal kann es hilfreich sein, wenn man diese Liste ausdruckt.

So sieht die gedruckte Liste aus.

Eine solche Liste kann sehr praktisch sein. Wenn Sie Ihre tägliche Aufgabenliste ausdrucken wollen, gehen Sie folgendermaßen vor:

1 Öffnen Sie den Kalender und rufen Sie *Datei/Drucken* auf.

2 Unter *Druckbereich* klicken Sie doppelt auf *Tagesformat*.

3 In dem sich öffnenden Dialogfenster stellt man im Bereich *Optionen* unter *Aufgaben* den Wert *Tägliche Aufgabenliste* ein.

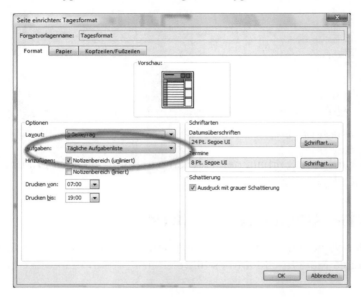

4 Mit *OK* werden die Einstellungen übernommen.

Jetzt muss nur noch der Zeitrahmen eingestellt werden, der beim Ausdrucken berücksichtigt werden soll.

Alle anstehenden Aufgaben ausdrucken

Es kann durchaus sinnvoll sein, wenn man sich alle anstehenden Aufgaben ausdruckt. Eine solche Druckansicht lässt sich mit Outlook sehr einfach umsetzen.

1 Dazu öffnen Sie den *Aufgaben*-Ordner und rufen *Ansicht/Ansicht ändern/Aktiv* auf.

2 Markieren Sie all die Aufgaben, die mit ausgedruckt werden sollen. (Eine Mehrfachauswahl ist über die [Strg]-Taste möglich.)

3 Unter *Datei/Drucken* wird unter *Einstellungen* der Wert *Tabellenformat* eingestellt. Klicken Sie anschließend auf *Druckoptionen* und aktivieren Sie im *Druckbereich* die Option *Nur markierte Zeilen*.

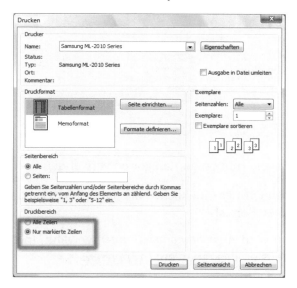

4 Mit *Drucken* werden die ausgewählten Aufgaben ausgedruckt.

Gleichartige Aufgaben in Blöcke zusammenfassen

Gleich gelagerte Aufgaben sollten gebündelt und dann am Stück abgearbeitet werden. Nehmen Sie sich zum Beispiel eine Stunde pro Tag zur Beantwortung von E-Mails und eine weitere halbe Stunde, um wichtige Telefonate zu führen. Diese Blockbildung bringt mehrere Vorteile:

> ➢ Es kommt zu einem Routine-Effekt, was ein effektiveres Abarbeiten der Aufgaben ermöglicht.

> ➢ Man kommt mit der Bearbeitung der Aufgaben schneller voran, da man sich nicht jedes Mal in die entsprechende Tätigkeit einfinden muss.

> ➢ Kleine Aufgaben lenken vom großen Ganzen ab. Besser ist es, wenn man sie am Stück abarbeitet und sich dann wieder völlig seinen A-Aufgaben widmet.

Outlook stellt für solch eine Blockbildung das ideale Werkzeug dar. Denn definiert man dort eine entsprechende Ansicht, sieht man alle zusammengefassten Aufgaben auf einen Blick.

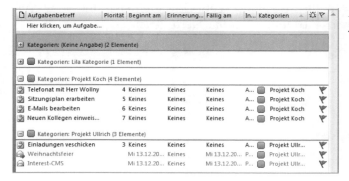

Das ist eine effektive Ansicht für Aufgaben.

Um ein solches Bild zu erhalten, muss man Kategorien verwenden.

1 Öffnen Sie den *Aufgaben*-Ordner und klicken Sie darin mit der rechten Maustaste auf einen freien Bereich.

2 Aus dem Kontextmenü wird *Ansichteneinstellungen* gewählt. In dem sich öffnenden Dialogfenster klickt man auf *Gruppieren*.

3 Deaktivieren Sie *Automatisch nach Anordnung gruppieren*. Im dem oberen Listenfeld wählt man *Kategorien*. Zusätzlich sollte man das Kontrollkästchen *Feld in Ansicht anzeigen* aktivieren. Dadurch wird das *Kategorien*-Feld angezeigt und man kann durch einen Klick darauf die Sortierreihenfolge ändern.

4 Wem die alleinige Sortierung nach Kategorien nicht genügt, der kann zusätzlich bis zu drei weitere Sortierkriterien angeben.

So bietet es sich beispielsweise an, dass man sich
innerhalb der jeweiligen Kategorien als Erstes die Aufgaben anzeigen lässt, die
die höchste Priorität besitzen. Eine typische Sortierreihenfolge könnte also wie
nebenstehend aussehen:

5 Mit *OK* werden die Einstellungen übernommen.

Mit der Aufgabenleiste arbeiten

Um sich in früheren Versionen schnell einen Überblick über die anstehenden Aufgaben zu verschaffen, stand das statische Outlook Heute zur Verfügung. Mit der Aufgabenleiste hat Outlook einen entscheidenden Schritt
nach vorn gemacht. Denn anders als Outlook Heute ist die Aufgabenleiste
interaktiv. So lassen sich neue Aufgaben anlegen und bestehende direkt
bearbeiten.

Anders als es der Name vermuten lässt, werden in der Aufgabenleiste allerdings nicht nur Aufgaben angezeigt. Zusätzlich erscheint im oberen Bereich der Kalendernavigator und darunter werden die Termine des im Na-
vigator gewählten Datums angezeigt. Insgesamt besteht die Aufgabenleiste
aus vier Elementen:

- ➢ Aufgabenliste
- ➢ Aufgabeneingabe
- ➢ Datumsnavigator
- ➢ Termine

Teile der Aufgabenleiste können ausgeblendet oder die gesamte Aufgabenleiste minimiert werden. Wenn Sie solche veränderten Ansichten einstellen, gelten sie jeweils nur für die aktuelle Ansicht. Haben Sie die Aufgabenleiste also beispielsweise im E-Mail-Ordner minimiert, wird sie immer
minimiert angezeigt, wenn Sie in den E-Mail-Ordner wechseln, auch wenn
Outlook neu gestartet wird. In den anderen Ansichten *Kalender*, *Notizen*
etc. wird sie hingegen nicht minimiert angezeigt. (Außer Sie haben sie dort
ebenfalls minimiert.)

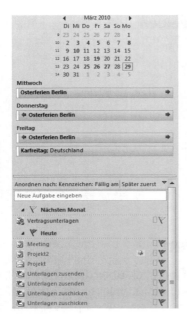

Die Aufgabenleiste.

Die Aufgabenleiste ein- und ausblenden

Aktivieren beziehungsweise deaktivieren lässt sich die Aufgabenleiste jeweils über *Ansicht/Aufgabenleiste*. Dort stehen die drei Optionen *Normal*, *Minimiert* und *Aus* zur Verfügung.

Während bei *Normal* und *Aus* klar ist, welche Funktionen sich dahinter verbergen, ist *Minimiert* auf den ersten Blick etwas rätselhaft.

Entscheiden Sie selbst, ob die Aufgabenliste angezeigt werden soll.

Allerdings bewirkt diese Option nichts anderes, als dass die Aufgabenleiste am rechten Bildschirmrand zusammengeklappt wird. So hat man mehr Platz für die eigentliche Ansicht des gerade geöffneten Outlook-Ordners. Will man die Aufgabenleiste anschließend wieder in ihrem Normalzustand anzeigen, klickt man die minimierte Leiste an.

Zusätzliche Termine und Kalender anzeigen

Standardmäßig werden in der Aufgabenleiste ein Monat und drei Termine angezeigt. Wer will, kann diese Einstellungen anpassen. Die entsprechenden Optionen sind unter *Ansicht/Aufgabenleiste/Optionen* zu finden.

Entscheiden Sie hier, was im Kalender angezeigt werden soll.

Es lassen sich untereinander maximal neun Kalender anzeigen. Wie viele Kalender nebeneinanderstehen, wird über die Breite der Aufgabenleiste

Zusätzliche Optionen für die Aufgabenleiste.

bestimmt. Um mehr Kalender einzublenden, zeigt man auf die Kante der Aufgabenliste, bis sich der Mauszeiger verändert, und zieht die Leiste auf die gewünschte Breite. Sobald Sie die Maustaste loslassen, verringert oder erhöht sich die Zahl der Kalender, je nach zur Verfügung stehendem Platz.

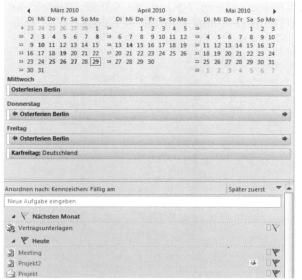

Je breiter die Aufgabenleiste, umso mehr Kalender werden angezeigt.

Mit eigenen Ansichten mehr Übersichtlichkeit erreichen

Wie Aufgaben angelegt werden, haben Sie gesehen. Eine echte Arbeitshilfe wird Outlook aber erst, wenn man die Ansichten im *Aufgaben*-Ordner optimiert. Erst dadurch kann man sich von Outlook Antworten zu Fragen wie „Welche Aufgaben muss ich bei der nächsten Geschäftsreise erledigen?" beantworten lassen. Das Zauberwort hierfür heißt Kategorien.

Anstehende Aufgaben sollte man immer in Kategorien einteilen. Solche Kategorien sorgen dafür, Aufgaben nach Themen oder anhand anderer Kriterien zu sortieren.

Auch mit Terminen möglich

Beachten Sie, dass Kategorien auch im Zusammenhang mit Terminen verwendet werden können und sollten. Die Funktionsweise ist dabei die gleiche wie im Zusammenhang mit Aufgaben. Einziger Unterschied: Die Einstellungen werden dann natürlich innerhalb des Terminfensters vorgenommen.

Am einfachsten funktioniert das, wenn man auf die Kategorienliste zurückgreift.

1 Dazu klicken Sie die Aufgabe mit der rechten Maustaste an und wählen aus dem Kontextmenü *Kategorisieren*. (Wenn die Aufgabe bereits geöffnet ist, klicken Sie im Register *Aufgabe* auf die Schaltfläche *Kategorisieren*.)

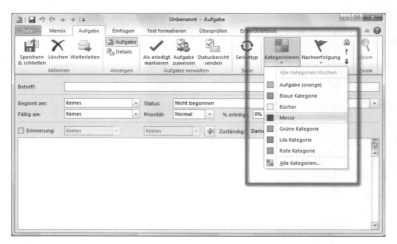

2 Markieren Sie die gewünschte Kategorie und klicken Sie auf *OK*.

Eigene Kategorien anlegen

Die von Outlook standardmäßig angebotenen Kategorien sind für eine effektive Aufgabenplanung ungeeignet. Denn Blau, Weiß und Grün mögen zwar schöne Farben sein, im Zusammenhang mit der Aufgabenverwaltung sollten sie als Kategoriennamen nicht verwendet werden. Bei dieser Kritik stellt sich natürlich die berechtigte Frage, wie denn ein Kategoriensystem aussehen kann.

Das hängt letztendlich von dem entsprechenden Einsatzgebiet beziehungsweise Aufgabenspektrum ab. Wer beispielsweise als Dozent in unterschiedlichen Städten unterwegs ist, der könnte sich die Aufgaben anhand des jeweiligen Standorts anzeigen lassen:

➢ *Alle Orte*
➢ *Aachen*
➢ *Berlin*
➢ *Düsseldorf*
➢ *Hamburg*

So erkennt man, die entsprechende Ansicht vorausgesetzt, auf einen Blick, welche Aufgaben in Berlin anstehen. (Wie Sie eine solche Ansicht definieren, erfahren Sie im weiteren Verlauf dieses Kapitels.) Alle Aufgaben, die nicht an einen bestimmten Ort gebunden sind, trägt man in die Kategorie *Alle Orte* ein.

Eine andere Kategorisierung könnte man für Aufgaben innerhalb des Unternehmens vornehmen. Dort bietet sich in vielen Fällen eine Aufteilung nach Abteilungen und/oder Mitarbeitern an:

➢ *Alle*
➢ *Teamleiter*
➢ *Buchhaltung*
➢ *Design*
➢ *Michel*

Auch hier gilt wieder, dass alle nicht einer bestimmten Abteilung zuzuweisenden Aufgaben in die Kategorie *Alle* aufgenommen werden.

Eine andere Möglichkeit stellt die zeitliche Kategorisierung dar. Auch hierzu wieder eine typische Variante:

➢ *Alle Zeiten*
➢ *Morgens*
➢ *Vormittags*
➢ *Mittags*

➢ *Nachmittags*

➢ *Abends*

➢ *Nachts*

Eine Mischung der verschiedenen Kategorisierungstypen ist auch möglich und oft sogar nötig. Dabei kommt es allerdings zu einem Problem. Denn standardmäßig erfolgt die Kategorisierung in Outlook alphabetisch. So verliert man schnell den Überblick. Denn wenn beispielsweise *Morgens* direkt auf *Michel* folgt, weiß man nicht immer gleich, um was es sich bei der Kategorie eigentlich handelt. Um Kategorien mischen zu können und trotzdem den Überblick zu behalten, kann man sich eines einfachen Tricks bedienen: Stellen Sie jeder Kategorie ein eigenes globales Kategorienzeichen voran. Für die zuvor gezeigten Kategorien könnte das dann folgendermaßen aussehen:

➢ *M: Alle*

➢ *M: Teamleiter*

➢ *M: Buchhaltung*

➢ *M: Design*

➢ *M: Michel*

➢ *S: Alle Orte*

➢ *S: Aachen*

➢ *S: Berlin*

➢ *S: Düsseldorf*

➢ *S: Hamburg*

➢ *Z: Alle Zeiten*

➢ *Z: Morgens*

➢ *Z: Vormittags*

➢ *Z: Mittags*

➢ *Z: Nachmittags*

➢ *Z: Abends*

➢ *Z: Nachts*

So bleiben die Kategorien einer Oberkategorie immer zusammen und man kann sie gut auf einen Blick zuordnen.

Kategorien zuweisen

Um Aufgaben in ein eigenes Kategoriensystem einzufügen, müssen die standardmäßigen Outlook-Kategorien erweitert werden. Klicken Sie dazu innerhalb des *Aufgaben*-Ordners eine beliebige Aufgabe mit der rechten Maustaste an und wählen Sie *Kategorisieren* und *Alle Kategorien*.

Die bislang vorhandenen Kategorien.

In dem Fenster werden alle vorhandenen Kategorien aufgeführt. Zunächst sollten Sie die Standardkategorien umbenennen. Markieren Sie dazu zum Beispiel *Blaue Kategorie* und klicken Sie auf *Umbenennen*. Nachdem Sie den neuen Kategorienamen eingetragen haben, klicken Sie auf eine andere Kategorie. Der neue Name wird dadurch übernommen. Verfahren Sie so lange auf diese Weise, bis alle Standardkategorien belegt sind.

Sollten Sie zusätzliche Kategorien benötigen, legen Sie sie über die *Neu*-Schaltfläche an.

Eine neue Kategorie wird angelegt.

Hier trägt man den Namen ein, wählt eine Farbe und gibt bei Bedarf eine Tastenkombination an. Über diese Kombination kann man die Kategorie dann innerhalb des *Aufgaben*-Ordners einer Aufgabe zuweisen. Dazu muss man die Aufgabe markieren und die Tastenkombination drücken.

Über *OK* wird die neue Kategorie angelegt.

Alle Aufgaben einer Kategorie einblenden

Interessant sind Kategorien auch und vor allem in Verbindung mit der Filterfunktion von Outlook. So kann man sich zum Beispiel alle Aufgaben anzeigen lassen, die zu einer oder mehreren Kategorien gehören. Einen solchen sogenannten Positivfilter kann man denkbar einfach anlegen. Wie das funktioniert, wird anhand des folgenden Beispiels gezeigt: Ein Dozent will sich alle Aufgaben anzeigen lassen, die er in Düsseldorf und Hannover zu erledigen hat.

1 Innerhalb des *Aufgaben*-Ordners wird *Ansicht/Ansichteneinstellungen* aufgerufen.

2 Klicken Sie auf *Filtern* und wechseln Sie in das Register *Weitere Optionen*.

3 Hier wird auf *Kategorien* geklickt. Anschließend markiert man die Kategorien, die angezeigt werden sollen. Im aktuellen Beispiel sind das also *O:Düsseldorf* und *O:Hannover*.

4 Zur Bestätigung der Angaben werden alle Dialogfenster mit *OK* geschlossen

Die daraus generierte Ansicht blendet alle Aufgaben aus, die nicht zu einer der beiden Kategorien gehören.

Alle Aufgaben einer Kategorie ausblenden

Der Begriff Positivfilter im vorherigen Abschnitt signalisierte es bereits: Es gibt auch einen Negativfilter. Diese Filter lassen sich genauso einfach wie ihre positiven Gegenparts erstellen, allerdings blenden sie alle Aufgaben ein, die bestimmte Kategorien nicht erfüllen. Um bei dem Dozentenbeispiel zu bleiben, werden durch die folgenden Einstellungen nur solche Aufgaben angezeigt, die nicht in Berlin stattfinden.

1 Dazu wird innerhalb des *Aufgaben*-Ordners *Ansicht/Ansichteneinstellungen* gewählt.

2 Klicken Sie auf *Filtern* und wechseln Sie in die Registerkarte *Erweitert*.

3 Über *Feld* und *Häufig verwendete Felder* wird die Option *Kategorien* ausgewählt.

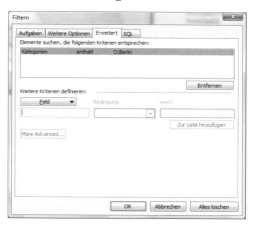

4 Bei *Bedingung* stellt man *enthält nicht* ein. In das *Wert*-Feld wird *O: Berlin* eingetragen. Insgesamt sieht das *Filtern*-Dialogfenster also folgendermaßen aus:

5 Klicken Sie auf *Hinzufügen* und schließen Sie alle Dialogfenster mit *OK*.

Interessant ist eine solche Ansicht immer dort, wo man Ausschlusskriterien definieren muss. Ob Sie nun Positiv- oder Negativfilter verwenden, bleibt letztendlich Ihnen überlassen. Eine Faustregel, wann welche Variante eingesetzt wird, gibt es hier nicht.

8.3 Wichtige Aufgaben garantiert nicht vergessen

Aufgaben sollte man grundsätzlich nicht zu bearbeiten vergessen – und wichtige schon mal gar nicht. Nur weiß jeder, dass im Wust zahlloser Aufgaben doch hin und wieder eine unerledigt hindurchschlüpft. Outlook ist zwar kein Garant dafür, dass man nie wieder Aufgaben vergisst, es werden aber einige Funktionen zur Verfügung gestellt, die das Vergessen zumindest massiv erschweren.

Die Erinnerungsfunktion zweckmäßig einschalten

Die Erinnerungsfunktion haben Sie bereits im Zusammenhang mit dem Kalender kennengelernt.

Das Fenster öffnet sich aber nicht nur bei nahenden Terminen, sondern kann auch in Verbindung mit Aufgaben genutzt werden. Dazu aktiviert man innerhalb des Aufgabenfensters im Register *Aufgabe* die *Erinnerung*-Option.

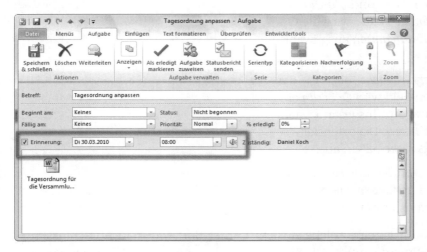

Stellen Sie nun noch Datum und Uhrzeit ein, zu denen die Erinnerungsfunktion aktiviert werden soll. Mit *Speichern & schließen* werden die Einstellungen übernommen.

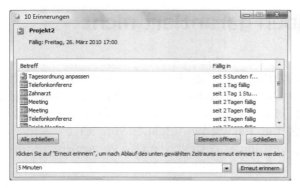

Outlook erinnert an anstehende (oder überfällige) Aufgaben.

Die Nachverfolgung effektiv einsetzen

Es gibt Aufgaben, deren Bearbeitung man keinesfalls aus den Augen verlieren möchte. Outlook bietet dafür die Möglichkeit, solche Aufgaben mit der Funktion *Zur Nachverfolgung* zu kennzeichnen. Das hat mehrere Vorteile:

➢ Solche Aufgaben werden im *Aufgaben*-Ordner mit einem Flaggen-Symbol gekennzeichnet.

➢ Sie erscheinen in der Aufgabenliste und im Kalender.

Um eine Aufgabe mit *Zur Nachverfolgung* zu kennzeichnen, klickt man sie mit der rechten Maustaste an, wählt *Zur Nachverfolgung* und die gewünschte Option aus. Die folgende Tabelle zeigt, welche Auswirkungen die jeweiligen Einstellungen haben.

Kennzeichnung	Beginnt am	Fälligkeit	Erinnerung
Heute	Aktuelles Datum	Aktuelles Datum	Eine Stunde vor Ende des aktuellen Arbeitstages
Morgen	Aktuelles Datum + 1 Tag	Aktuelles Datum + 1 Tag	Beginn des aktuellen Tages + 1 Arbeitstag
Diese Woche	Aktuelles Datum + 2 Tage (allerdings nicht später als der letzte Arbeitstag der Woche)	Letzter Arbeitstag der Woche	Beginn des aktuellen Tages + 2 Arbeitstage
Nächste Woche	Erster Arbeitstag der Woche	Letzter Arbeitstag der nächsten Woche	Beginn des ersten Arbeitstages der nächsten Woche
Kein Datum	Kein Datum	Kein Datum	Aktuelles Datum
Benutzerdefiniert	Aktuelles Datum wird angezeigt, wählen Sie ggf. ein anderes.	Aktuelles Datum wird angezeigt, wählen Sie ggf. ein anderes.	Aktuelles Datum wird angezeigt, wählen Sie ggf. ein anderes.

So ausgestattete Aufgaben kann man sich nun zum Beispiel im geöffneten *Aufgaben*-Ordner über die Vorgangsliste anzeigen lassen.

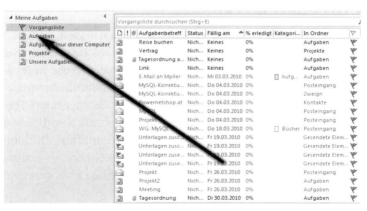

Die aktuellen Vorgänge werden übersichtlich präsentiert.

427

Ein Blick in den Ordner zeigt, dass da nicht nur Aufgaben, sondern möglicherweise auch E-Mails und Kontakte aufgeführt sind.

Neben der normalen Kennzeichnung können Sie eine Kennzeichnung mit Erinnerung zuweisen. Dadurch können Sie sich an die Nachverfolgung einer besonders wichtigen Aufgabe erinnern lassen. Die entsprechenden Optionen finden Sie in der geöffneten Aufgabe im *Aufgabe*-Register unter *Nachverfolgung/Erinnerung hinzufügen*.

Eine Aufgabe wird zur Nachverfolgung gekennzeichnet.

Legen Sie das Datum fest, an dem die Erinnerung erscheinen soll. In das Feld *Kennzeichnung* trägt man den Text ein, der deutlich machen soll, warum man sich erinnern lassen will. Typische Einträge könnten *Zur Nachkontrolle* oder *Bitte um Rückruf* sein. Die übrigen Einstellungen sind die gleichen, die auch bei der normalen Outlook-Erinnerung angewendet werden müssen.

Nachdem man das Fenster mit *OK* geschlossen hat, wird, sobald die angegebene Uhrzeit erreicht ist, ein Erinnerungsfenster geöffnet.

Wiederkehrende Aufgaben automatisch in den Kalender eintragen lassen

Es gibt Aufgaben, die nicht nur einmalig erledigt werden müssen, sondern die in schöner Regelmäßigkeit auf einen zukommen. Vielleicht müssen Sie auch jeden Montag einen Statusbericht über das aktuelle Projekt anfertigen, oder einmal im Monat steht ein Meeting mit den Außendienstmitarbeitern an. Für solche Fälle könnte man nun jedes Mal einen neuen Termin in den Kalender eintragen. Das ist allerdings zeitlich aufwendig und fehleranfällig. Besser ist es, wenn man sich auch hier ganz auf Outlook verlässt. Denn Outlook besitzt die Fähigkeit, mit wiederkehrenden Aufgaben umzugehen. Solche sogenannten Aufgabenserien lassen sich genauso einfach wie normale Aufgaben anlegen. Dabei stehen übrigens die unterschiedlichsten Zeitintervalle zur Verfügung:

➢ Täglich
➢ Wöchentlich
➢ Monatlich
➢ Jährlich
➢ Alle x Wochen am {Wochentag}
➢ x Woche(n) nach Abschluss einer anderen Aufgabe

Wie Sie sehen, hat Outlook für alle Eventualitäten vorgesorgt. Um aus einer Aufgabe eine Serienaufgabe zu machen, legen Sie diese zunächst wie gewohnt an. Hinsichtlich der Serienaufgabe ist die Schaltfläche *Serientyp* im *Aufgabe*-Register interessant.

So wird aus einer einfachen Aufgabe ein Serientyp.

Hinter dieser Schaltfläche verbergen sich die Optionen, über die man das Serienmuster festlegen kann. Mit *OK* werden die Einstellungen übernommen.

Aufgaben überspringen

Man kann Aufgaben einer Aufgabenserie überspringen. Sinnvoll ist das zum Beispiel, wenn das wöchentliche Meeting doch einmal ausfallen sollte. Sobald man davon erfährt, öffnet man die betreffende Aufgabenserie. Im Register *Aufgabe* findet man die Schaltfläche *Aufgabe dieser Serie überspringen*.

429

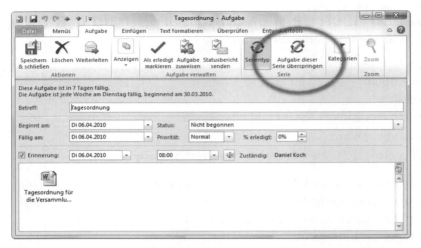

Diese Aufgabe wird nun doch nicht bearbeitet. Dafür aber (vielleicht) die nächste wieder.

Je nach eingestelltem Intervall stellt Outlook automatisch das Fälligkeitsdatum auf den Termin, an dem die Aufgabe das nächste Mal fällig ist. Netter Nebeneffekt: Man bleibt von „falschen" Erinnerungsfenstern verschont.

Aufgabenserien stoppen

Normalerweise kann man für eine Aufgabenserie ein Enddatum angeben. Ebenso lassen sich aber auch Aufgabenserien anlegen, die endlos laufen. Sie können manuell eingreifen und Aufgabenserien jederzeit manuell stoppen.

Dazu ruft man die betreffende Aufgabe auf und öffnet *Serientyp*. In dem sich öffnenden Fenster wählt man *Serie entfernen*, und schon wird aus einer Serien- eine normale einmalige Aufgabe.

8.4 Wissen, was wirklich wichtig ist

Geht es Ihnen auch so: Jeden Tag stapeln sich unzählige Aufgaben auf Ihrem Schreibtisch und Sie wissen nicht so recht, mit welcher Sie anfangen sollen? Vielleicht zuerst die dringenden und dann die wichtigsten Aufgaben abarbeiten? Auf den folgenden Seiten erhalten Sie eine Hilfestellung, wie Sie Ihre Aufgaben so einteilen, dass Sie tatsächlich das erledigen, worauf es ankommt.

Aufgaben nach dem Eisenhower-Prinzip ordnen

Eines der zentralen Elemente des modernen Zeitmanagements ist das Eisenhower-Prinzip. Dass das immer noch so ist, mag verwundern, schließlich stammt das Prinzip vom 34. Präsidenten der USA, Dwight David Eisenhower. Das moderne Element des Zeitmanagements wurde bereits vor über 50 Jahren entwickelt, hat aber bis heute nichts an Aktualität eingebüßt.

Eisenhower stellte sich die Frage, wie er die zahllosen Aufgaben, denen er sich jeden Tag ausgesetzt sah, erledigen könnte. Die Lösung war so simpel wie genial: Er ordnete die Aufgaben nach Prioritäten.

Sicherlich haben Sie Ihre ganz eigene Methode, Aufgaben in Angriff zu nehmen. Es gibt zahlreiche Varianten, in welcher Reihenfolge anstehende Aufgaben abgearbeitet werden. Hier eine kleine Auswahl:

➢ Zuerst das Einfachste.
➢ Zuerst das Unangenehme.
➢ Das Wichtigste zuerst.
➢ Was gerade so anfällt, das zuerst.

Im Einzelfall erscheinen solche Sortierungen sicherlich logisch, auf Dauer ist so allerdings kein effektives Arbeiten möglich. Denn früher oder später wird man eine wichtige Aufgabe vergessen. Besser ist es daher, wenn man seine Aufgaben in zwei Kategorien aufteilt:

➢ Sind sie wichtig oder unwichtig?
➢ Müssen sie dringend erledigt werden oder können sie noch liegen bleiben?

Es stellt sich zunächst natürlich die Frage, was vorgeht. Sollen nun dringende oder wichtige Aufgaben zuerst erledigt werden? Als Faustregel gilt: Wichtige gehen immer dringenden Aufgaben vor. So gibt es zum Beispiel Aufgaben, die man bis zum nächsten Tag erledigt haben sollte, die aber nicht wichtig sind. Wenn Sie sich zwischen einer solchen aufschiebbaren Aufgabe und einer akuten entscheiden müssen, dann wählen Sie immer die akute.

Ausgehend von der Grobeinteilung kann man seine Aufgaben in vier Gruppen aufteilen:

> **Aufgabentyp A** – das sind wichtige und dringende Aufgaben. Alle Aufgaben dieses Typs müssen sofort erledigt werden und genießen oberste Priorität.

> **Aufgabentyp B** – das sind wichtige Aufgaben, die allerdings nicht sofort erledigt werden müssen. Für solche Aufgaben legt man einen Termin an. Entweder erledigt man sie selbst oder delegiert sie weiter. Sobald der Endtermin kurz bevorsteht, werden aus B-Aufgaben A-Aufgaben.

> **Aufgabentyp C** – das sind normale Aufgaben aus dem Alltagsgeschäft. Dazu gehört alles, was zwar nicht besonders wichtig ist, dafür aber trotzdem erledigt werden muss, da es dringend ist.

> **Aufgabentyp D** – zu dieser Gruppe gehören alle Aufgaben, die weder wichtig noch dringend sind. Diese Aufgaben sollten nur dann erledigt werden, wenn man gerade einmal etwas Luft hat. Im Normalfall gehören sie aber in den Papierkorb.

Auch bei dieser Aufgabeneinteilung gilt wieder: Die Theorie bildet lediglich die Grundlage, ein Beispiel hilft aber, das Beschriebene anschaulicher zu machen:

> **A-Aufgaben** – Meeting mit wichtigem Kunden, Präsentation vor wichtigem Kunden.

> **B-Aufgaben** – Unterlagen für ein Mitarbeiter-Meeting zusammentragen, Termine vereinbaren.

> **C-Aufgaben** – Schreibtisch organisieren, Telefonate führen, E-Mails beantworten.

> **D-Aufgaben** – auf unverlangt zugesendete E-Mails antworten (kein Spam!).

Nehmen Sie diese Liste als Ausgangsbasis für Ihre ganz persönliche Aufgabeneinteilung nach dem Eisenhower-Prinzip.

Die Prioritäten in Outlook umsetzen

Selbstverständlich müssen Sie die Aufgaben nicht auf einen Zettel schreiben und von Hand die Prioritäten eintragen. Denn auch bei der Prioritätensetzung ist Outlook ein ideales Werkzeug. Lediglich einen kleinen Schönheitsfehler besitzt das Programm: Im Gegensatz zur Eisenhower-

Methode kennt Outlook lediglich die drei Prioritäts- bzw. Wichtigkeitsstufen

➢ *Normal*,

➢ *Niedrig* und

➢ *Hoch*.

Eigene Prioritätsstufen lassen sich leider nicht anlegen. Es gibt aber dennoch Auswege, bei denen man nur etwas tricksen muss. Hier einige Lösungsvorschläge:

➢ Im einfachsten Fall führt man D-Aufgaben überhaupt nicht in Outlook auf. *Niedrig* = C-Aufgaben, *Normal* = B-Aufgaben und *Hoch* = A-Aufgaben.

➢ Man kann C- und D-Aufgaben die Priorität *Niedrig* zuweisen. Allerdings fällt in diesem Fall die Unterscheidung schwer. Um diesen Missstand zu beheben, kann man den Betreff der Aufgabe verwenden, indem man dort die tatsächliche Prioritätsstufe notiert. Ein Beispiel: *Vertreter-Mail beantworten (D)*.

➢ Anstelle des *Wichtigkeit*-Feldes kann man Kategorien verwenden.

Um einer Aufgabe eine Priorität zuzuordnen, stehen innerhalb des Aufgabenfensters im Register *Aufgabe* die beiden *Wichtigkeit*-Symbole zur Verfügung.

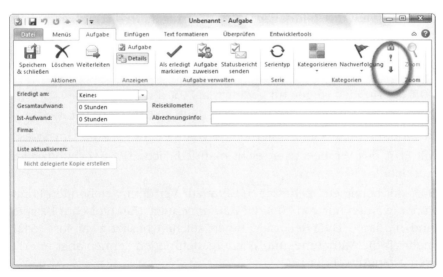

Wählen Sie hier die gewünschte Priorität aus.

Nachdem man die Aufgabe gespeichert hat, sieht man in der Listenansicht sofort die zugewiesene Wichtigkeit. Dabei bedeutet ein Ausrufezeichen die höchste Wichtigkeit. Der Abwärtspfeil kennzeichnet Aufgaben mit einer niedrigen Wichtigkeit. Bei normalen Aufgaben bleibt die Spalte leer.

Anhand der neu angelegten Ansicht erkennt man auf den ersten Blick, welche Aufgaben wichtig sind. Bearbeiten Sie zuerst diejenigen mit dem Ausrufezeichen. Anschließend widmet man sich den Aufgaben ohne Kennzeichnung, bevor zum Schluss diejenigen Aufgaben bearbeitet werden, die einen Abwärtspfeil besitzen.

Warum wir nur 20 % unserer Kleidung aus dem Kleiderschrank anziehen

Vilfredo Pareto, 1848–1923, italienischer Wissenschaftler und Soziologe, untersuchte die Verteilung des Volksvermögens im Italien des 19. Jahrhunderts. Dabei stellte er Erstaunliches fest: 80 % des Vermögens befand sich im Besitz von etwa 20 % der italienischen Familien. Er leitete daraus die Empfehlung an die Banken ab, dass sich diese hauptsächlich um diese 20 % kümmern sollten.

Aus diesem Aspekt leitet sich der Name 80/20-Prinzip ab, für den heute auch oft die Begriffe 80/20-Regel und Pareto-Prinzip verwendet werden. Das auf den ersten Blick rein ökonomisch wirkende Prinzip lässt sich ohne Problem auch auf das Zeitmanagement übertragen. In diesem Fall bedeuten die beiden Werte 80 und 20 die Antwort auf die Frage: Wie viel Prozent des Ergebnisses kann man mit wie viel Prozent des Einsatzes erreichen? Hier einige typische Beispiele:

➤ 80 % der Kunden sorgen für gerade mal 20 % des Umsatzes.

➤ 20 % unserer Kleidung tragen wir innerhalb 80 % unserer Zeit.

➤ 20 % der Produkte eines Unternehmens sorgen für 80 % des Umsatzes.

➤ Mit 80 % des Werbeetats erreicht man lediglich 20 % der potenziellen Kunden.

➤ 80 % der bei einem technischen Gerät zur Verfügung stehenden Funktionen werden nur von 20 % der Käufer genutzt. (Ein typisches Beispiel sind moderne DVD-Rekorder. Einen solchen besitzt zwar fast jeder, mehr als die Aufnahme- und Wiedergabefunktion kennen aber nur die wenigsten Anwender.)

Das Pareto-Prinzip lässt sich auch auf einen Großteil der täglich anfallenden Arbeit anwenden. Auch hierzu folgt wieder ein typisches Beispiel (auch wenn es in diesem Fall „schmerzhaft" klingen mag):

➢ In 20 % der Zeit schafft man 80 % einer Aufgabe.
➢ 80 % der Zeit werden benötigt, um die fehlenden 20 % der Aufgabe zu erledigen.

Finden Sie, dass das unglaubwürdig klingt? Ein typisches Beispiel soll Sie vom Gegenteil überzeugen. Angenommen, Sie sollen für ein neues Produkt eine Dokumentation verfassen. Die eigentlichen Produktinformationen sind schnell zusammengetragen und aufgeschrieben. Informationsbeschaffung und Schreiben der Dokumentation machen 80 % der Gesamtaufgabe aus. Und das Beste daran: Gedauert haben die beiden Etappenziele gerade einmal 20 % der Gesamtzeit.

Nun müssen allerdings noch die übrigen 20 % der Aufgabe erledigt werden. Die dabei anfallenden Tätigkeiten sind:

➢ Korrekturlesen
➢ Formatieren
➢ Aussuchen und Einfügen von Produktfotos
➢ Layoutanpassungen

Hinterfragen Sie, ob diese Tätigkeiten tatsächlich den zeitlichen Aufwand wert sind. Fahnden Sie nach den Tätigkeiten, die die genannten 80 % Ihrer Zeit in Anspruch nehmen, und delegieren Sie sie nach Möglichkeit weiter. So könnte man das Korrekturlesen einem Redaktionsbüro überlassen, während die Formatierungen durchaus von einem Praktikanten erledigt werden können.

Es gibt auch 100 %-Aufgaben

Sicherlich werden Ihnen auch Aufgaben unterkommen, für die man 100 % investieren muss. Allerdings werden Sie feststellen, dass es sich dabei tatsächlich um eine schwindend kleine Zahl handelt.

Die Prioritäten mit der 25.000-Dollar-Methode verfeinern

Die Prioritätensetzung ist wichtig. Neu ist das Prinzip, seine Aufgaben nach Kategorien zu ordnen, allerdings nicht. Seine Ursprünge reichen bis zum Beginn des 20. Jahrhunderts zurück. Charles Michael Schwab, Manager des Unternehmens Bethlehem Steel, versuchte permanent, die Abläufe in seinem Unternehmen zu optimieren. Zu diesem Zweck engagierte er den Berater Irving Lee, den er mit der Entwicklung eines Zeitmanagementsystems beauftragte. Anstelle eines festen Honorars wurde vereinbart, dass Schwab, sollte das System tatsächlich funktionieren, einen angemessenen Betrag zahlen sollte.

Lees System sah folgendermaßen aus:

1 Nehmen Sie sich ein Blatt Papier und schreiben Sie dort jeden Tag die Aufgaben auf, die am nächsten Tag erledigt werden müssen.

2 Legen Sie für die Aufgaben eine Reihenfolge fest. Nummerieren Sie die Aufgaben dabei nach ihrer Wichtigkeit, wobei die wichtigste Aufgabe die Nummer 1 zugewiesen bekommt.

Schnelle Nummerierung

Halten Sie sich nicht zu lange mit der Nummerierung auf. Es spielt letztendlich keine große Rolle, ob eine Aufgabe an vierter oder fünfter Stelle steht. Halten Sie sich nicht zu lange mit dem Durchnummerieren auf, sondern verlassen Sie sich hier ganz auf Ihren Instinkt.

3 Am nächsten Tag werden die Aufgaben abgearbeitet. Dabei beginnt man stets mit der durch die 1 gekennzeichnete Aufgabe.

4 Sobald die Aufgabe erledigt ist, kontrolliert man, ob die Prioritäten noch stimmen. Denn nicht selten verschieben sich die Prioritäten von einem auf den anderen Tag. Passen Sie in einem solchen Fall die Aufgabenliste an.

5 Egal wie eifrig Sie arbeiten, es wird immer wieder Tage geben, an denen Sie nicht alle auf der Liste stehenden Aufgaben schaffen. Übernehmen Sie in diesen Fällen die Aufgaben in die Aufgabenliste des nächsten Tages.

Dabei müssen Sie aber unbedingt daran denken, dass wichtige immer vor dringenden Aufgaben gehen. Eine heute liegen gebliebene Aufgabe muss also am nächsten Tag nicht unbedingt zuerst erledigt werden.

Bleibt abschließend natürlich noch die überaus interessante Frage, was Charles Michael Schwab dieses neuartige Zeitmanagementsystem wert gewesen ist. Irving Lee erhielt einige Wochen später einen Scheck über die stolze Summe von 25.000 Dollar. Und auch Jahre später noch sagte Schwab, dass dies die gewinnbringendste Lektion seines Lebens gewesen sei.

Bethlehem Steel half es übrigens nicht

Schwabs Unternehmen gibt es heute übrigens nicht mehr. Das lag allerdings weder an ihm noch an der 25.000-Dollar-Methode. Nach der Pleite im Jahr 2001 wurden die Überreste des Unternehmens von der International Steel Group übernommen.

Grundregeln für die Prioritätensetzung

Um es vorwegzunehmen: Die Prioritätensetzung ist gerade anfangs alles andere als leicht. Hat man aber erst einmal gelernt, sich anhand der Prioritäten seinen Tagesablauf zu strukturieren, wird man darauf nicht mehr verzichten wollen. Die folgenden Tipps sollen Ihnen den Einstieg erleichtern:

> **Konzentrieren Sie sich auf Ihre Ziele** – widmen Sie sich jeweils nur einer Sache (Pareto-Prinzip).

> **Weisen Sie den anstehenden Aufgaben Prioritäten zu** – verwenden Sie die Wichtigkeitsstufen A, B, C und D, um die Aufgaben nach ihrer Relevanz zu sortieren.

> **Halten Sie sich den Unterschied zwischen wichtig und dringend vor Augen** – es gilt ein einfacher Leitsatz: Dringendes ist selten wichtig, und das Wichtige ist in den wenigsten Fällen dringend.

> **Wichtige Aufgaben werden vor dringenden Aufgaben erledigt** – Ihnen werden tagtäglich dringende Aufgaben begegnen. Allerdings ist nicht alles, was eilig erledigt werden muss, automatisch wichtig. Lernen Sie, Aufgaben zu delegieren.

> ➤ **Arbeiten Sie jeden Tag an einer langfristigen A-Aufgabe** – oft muss man A-Aufgaben erledigen, die erst in Wochen oder Monaten fertig sein müssen. Arbeiten Sie diese jeden Tag ein bisschen ab.

Eine eigene 25.000-Dollar-Ansicht anlegen

Was es mit der 25.000-Dollar-Methode auf sich hat, wissen Sie nun. Allerdings hat sie einen Haken. Denn als sie vom guten Herrn Lee entwickelt wurde, war an Outlook nicht mal im Entferntesten zu denken. Es muss also ein Weg gefunden werden, die 25.000-Dollar-Methode mit Outlook umzusetzen.

Des Problems Lösung stellt eine eigene Spalte dar, über die man den *Aufgaben*-Ordner entsprechend sortieren kann.

1 Öffnen Sie den *Aufgaben*-Ordner, klicken Sie mit der rechten Maustaste auf einen Spaltentitel (z. B. *Aufgabenbetreff*) und wählen Sie aus dem Kontextmenü *Feldauswahl*.

2 Mit *Neu* wird ein neues Feld angelegt. Weisen Sie diesem einen Namen (z. B. *Wichtigkeit*) zu und stellen Sie unter *Typ* den Wert *Nummer* ein. Insgesamt sieht das Dialogfenster dann wie abgebildet aus.

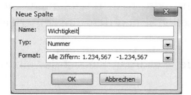

3 Angelegt wird das neue Feld über *OK*.

4 Dieses Feld wird nun mit gedrückter linker Maustaste aus dem Fenster *Feldauswahl* neben das *Betreff*-Feld gezogen.

5 Das Dialogfenster *Feldauswahl* kann über das Schließen-Symbol geschlossen werden.

Die neue Spalte nutzen

Klicken Sie innerhalb der Aufgabe, die am wichtigsten ist, auf die *Wichtigkeit*-Spalte und tragen Sie *1* ein. Nummerieren Sie so alle Aufgaben durch. (Der zweitwichtigsten Aufgabe wird *2*, der drittwichtigsten *3* etc. zugewiesen.)

Damit auch tatsächlich anhand der Wichtigkeitsziffer sortiert wird, klicken Sie einmal auf die *Wichtigkeit*-Spalte.

So erkennen Sie auf den ersten Blick, welche Aufgaben in welcher Reihenfolge abgearbeitet werden müssen.

Aufgaben im Blick halten

Jeder kennt das Gefühl, dass der Tag eigentlich viel zu wenige Stunden hat, um das zu schaffen, was man sich eigentlich vorgenommen hat. Die folgende Checkliste soll Ihnen behilflich sein, wenn Sie mal wieder das Gefühl haben, dass Ihnen die Aufgaben über den Kopf wachsen.

> ➢ Alle bereits erledigten Aufgaben müssen konsequent von der To-do-Liste gestrichen werden. So sieht man, dass man tatsächlich schon etwas geschafft hat, und senkt den Frustfaktor.

> ➢ Planen Sie Termine mit sich selbst.

> ➢ Größere Aufgaben sollten in mehrere Teilaufgaben unterteilt werden.

> ➢ Ordnen Sie Aufgaben nach Prioritäten.

> ➢ Sorgen Sie für die nötige Ruhe, um Aufgaben konzentriert abarbeiten zu können. Bestes Mittel dafür stellt die sogenannte stille Stunde dar.

Dem Zeitdruck keine Chance

Bei der stillen Stunde handelt es sich – und hier ist der Name zugegebenermaßen etwas irreführend – nicht um die Gelegenheit, endlich mal ein Nickerchen einzulegen. Vielmehr geht es darum, dass man sich die Zeit nimmt, in der man wirklich wichtige Dinge persönlich erledigen kann. Man sollte die stille Stunde dazu nutzen, an Aufgaben ohne Unterbrechung zu arbeiten. Während dieser Zeit sind Sie für niemanden erreichbar. Behandeln Sie die stille Stunde wie einen wichtigen Termin, der täglich stattfindet. Als Zeitpunkt ist sicherlich „High Noon", also 12.00 Uhr, am besten geeignet, da in dieser Zeit in den meisten Büros die Vorbereitungen auf die Mittagspause laufen.

> ➢ Unerledigte Aufgaben werden mit in die Aufgabenliste des nächsten Tages übernommen.

> ➢ Schätzen Sie realistisch ein, wie lange Sie für einzelne Aufgaben brauchen werden. Nichts ist frustrierender, als permanent an den selbst

gesteckten Zielen zu scheitern. Denken Sie dabei auch an die Pufferzeiten!

➤ Tragen Sie Termine sofort in den Kalender ein. So behalten Sie immer den Überblick und vor allem werden Doppelbuchungen vermieden.

8.5 Erledigte Aufgaben abhaken und löschen

Um den Überblick darüber zu behalten, welche wichtigen Aufgaben noch anstehen, sollte man alle bereits erledigten Aufgaben ausblenden. Voraussetzung dafür ist, dass man jedes Mal, wenn man mit einer Aufgabe fertig ist, innerhalb des *Aufgabe*-Registers auf *Als erledigt markieren* klickt.

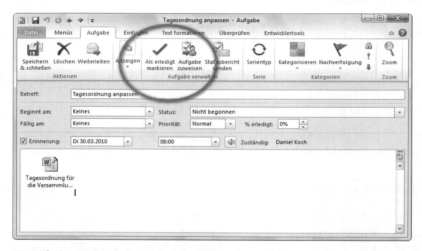

Die Aufgabe wurde erledigt und wird auch so gekennzeichnet.

Hält man diese Kennzeichnung konsequent durch, kann man ganz einfach eine entsprechende *Erledigt*-Ansicht anlegen:

1 Innerhalb des *Aufgaben*-Ordners wird im *Ansicht*-Menü auf *Ansichteneinstellungen* geklickt.

2 In dem sich öffnenden Dialogfenster wählt man *Filtern*.

3 Wechseln Sie in das Register *Erweitert*, klicken Sie auf *Feld* und wählen Sie nacheinander *Häufig verwendete Felder* und *Status*.

4 Als Bedingung wird *ungleich* und als Wert der Eintrag *Erledigt* ausgewählt.

5 Über *Hinzufügen* nimmt man das Kriterium in die Liste auf.

6 Bestätigt werden die Angaben mit *OK*.

9. Mit Outlook die mobile Freiheit genießen

Nicht erst durch das iPhone ist das mobile Internet längst Wirklichkeit geworden. Wie aber kann man wirklich effektiv von unterwegs arbeiten?

Dieses Kapitel zeigt zunächst, wie Sie Ihr Notebook mit Ihrem Heim- oder Arbeitsplatzcomputer synchron halten. Weiter geht es mit dem Zugriff via iPhone & Co., bevor dann letztendlich der Zugriff auf Outlook Web Access beschrieben wird.

9.1 Note- und Netbook mit dem Büro-PC auf dem gleichen Stand halten

Sie arbeiten im Büro und zu Hause mit Outlook? In diesem Fall ist es wünschenswert, dass Sie auf die gleichen Datenbestände zugreifen können. Zwar gibt es hierfür verschiedene Wege, der effizienteste ist allerdings die Synchronisation via Exchange Server.

Dabei spielt es dann auch keine Rolle, welche Daten Sie im Büro neu in Outlook eingegeben haben. Sobald Sie sich zu Hause am Exchange Server anmelden, können Sie auf diese Daten zugreifen. Ein aufwendiges Kopieren der PST-Datei usw. entfällt hierdurch. Nachfolgend wird beschrieben, wie Sie eine solche Synchronisation vornehmen können.

Für den Zugriff von außerhalb des Firmennetzwerks auf den Exchange Server gibt es unterschiedliche Varianten:

➢ RPC over HTTPS
➢ VPN-Tunnel

Bei beiden Varianten muss Ihnen der Administrator die entsprechenden Zugangsdaten mitteilen, die Folgendes umfassen sollten:

➢ Benutzername
➢ Passwort
➢ URL des Exchange Servers

Diese Informationen reichen, um eine Verbindung zum Exchange Server herstellen zu können.

Die Verbindung mit RPC over HTTPS herstellen

Bei RPC over HTTPS wird die Verbindung zum Exchange Server über HTTP/HTTPS hergestellt. Wenn Ihnen Ihr Administrator bestätigt, dass Sie mittels RPC over HTTPS auf den Exchange Server zugreifen können, gehen Sie folgendermaßen vor:

1 Schließen Sie Outlook und rufen Sie in der Systemsteuerung *Mail* auf. Sollte noch kein Profil vorhanden sein, legen Sie zunächst eines an.

2 Existiert bereits ein Profil, klicken Sie auf *E-Mail-Konten* und anschließend auf *Neu*. Die Voreinstellung *Microsoft Exchange, POP3 oder IMAP* übernimmt man mit *Weiter*.

3 Aktivieren Sie *Servereinstellungen oder zusätzliche Servertypen manuell konfigurieren* und bestätigen Sie dies ebenfalls mit *Weiter*. Im nächsten Dialog markieren Sie *Microsoft Exchange* und klicken auf *Weiter*. Geben Sie dort die URL des Exchange Servers an und rufen Sie anschließend *Weitere Einstellungen* auf.

4 Im Register *Verbindung* muss *Verbindung mit Microsoft Exchange über HTTP herstellen* aktiviert werden.

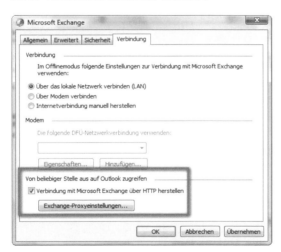

5 Klicken Sie nun auf die Schaltfläche *Exchange-Proxyeinstellungen*. In das Feld *https://* tragen Sie die URL des Exchange Servers ein. Über das Auswahlfeld im unteren Fensterbereich wird die Authentifizierungsmethode angegeben.

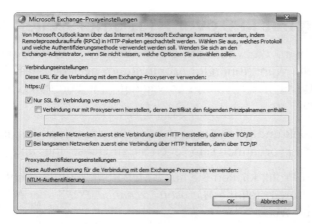

6 Üblicherweise wird dort *NTLM-Authentifizierung* eingestellt. Fragen Sie im Zweifelsfall aber noch einmal bei Ihrem Administrator nach. (Sollten Sie ihn nicht kurzfristig kontaktieren können, probieren Sie einfach die verschiedenen Methoden aus. Es sind ja nur drei ;)

7 Mit *OK* und *OK* werden die Einstellungen übernommen. Geben Sie nun noch Ihren Benutzernamen ein und bestätigen Sie die Auswahl mit *Weiter*. Die restlichen Schritte entsprechen denen, die auch beim Anlegen eines normalen E-Mail-Kontos folgen.

Zugriffsprobleme lösen

Sollte keine Verbindung zum Server hergestellt werden können, überprüfen Sie zunächst die eingegebenen Zugangsdaten. Stimmen diese, liegt das Problem mit ziemlicher Sicherheit am Zertifikat. Denn der Zugriff über RPC over HTTPS funktioniert nur, wenn das Zertifikat des Webservers als vertrauenswürdig eingestuft wurde. Ihr Administrator sollte Ihnen zu diesem Zweck das Root-Zertifikat der Domäne geben bzw. Ihnen die URL zu diesem Zertifikat nennen. Dabei handelt es sich um eine CER-Datei. Diese Datei öffnen Sie wie üblicher per Doppelklick.

Das Zertifikat wird installiert.

Über *Zertifikat installieren* wird der Zertifikatimport-Assistent gestartet. Bestätigen Sie dessen erstes Fenster mit *Weiter*. Aktivieren Sie im nächsten Schritt *Alle Zertifikate in folgendem Speicher speichern* und rufen Sie *Durchsuchen* auf.

Markieren Sie *Vertrauenswürdige Stammzertifizierungsstellen* und bestätigen Sie diese Auswahl mit *OK* und *Weiter*. Der Assistent wird abschließend mit *Fertig stellen* been-

Der Speicher wird ausgewählt.

det. (Der ggf. angezeigte Sicherheitshinweis kann mit *Ja* bestätigt werden.) Die noch offenen Dialogfenster können Sie jeweils mit *OK* schließen.

Ab sofort sollte der Zugriff auf den Exchange Server funktionieren. Übrigens können Sie ganz einfach herausfinden, ob es Probleme mit dem Zertifikat gibt. Rufen Sie dazu die Adresse des Exchange Servers, die Sie von Ihrem Administrator bekommen haben, im Internet Explorer auf.

Der Internet Explorer warnt bei Zertifikatfehlern.

Folgen Sie hier dem Link *Laden dieser Website fortsetzen (nicht empfohlen)* und klicken Sie im nächsten Dialogfenster in der Adresszeile auf *Zertifikatfehler*.

Das Zertifikat ist ungültig.

447

Dort erhalten Sie ausführliche Informationen über das Zertifikat. Solange ein solcher Fehler angezeigt wird, werden Sie via Outlook nicht mittels RPC over HTTPS auf den Exchange Server zugreifen können.

Eine VPN-Verbindung einrichten

An dieser Stelle geht es darum, wie Sie an Ihrem heimischen PC eine VPN-Verbindung zu einem Exchange Server aufbauen können. Eine solche VPN-Verbindung wird immer dann nötig, wenn Sie sich von außen in das Firmennetzwerk einloggen wollen. Ein **V**irtual **P**rivate **N**etwork (VPN) lässt sich – natürlich immer vorausgesetzt, Ihre Firma ermöglicht diese Art des Zugriffs – vergleichsweise einfach einrichten.

1 Rufen Sie im Windows-Startmenü *Verbindung herstellen* auf.

2 In dem sich öffnenden Dialogfenster folgen Sie dem Link *Eine Verbindung oder ein Netzwerk einrichten*.

3 Markieren Sie *Verbindung mit dem Arbeitsplatz herstellen* und bestätigen Sie diese Auswahl mit *Weiter*. Im nächsten Schritt wird bestimmt, wie die Verbindung hergestellt werden soll. Üblicherweise markiert man *Die Internetverbindung (VPN) verwenden*.

4 Hier muss die entsprechende Internetadresse angegeben werden, auf die Sie via VPN zugreifen wollen. Der Zielname ist frei wählbar. Mit *Weiter* geht es zum nächsten Dialogfenster. Dort müssen Sie Ihren Benutzernamen und das Passwort eintragen. Mit *Verbinden* wird abschließend die Verbindung aufgebaut.

Nachdem die Verbindung hergestellt wurde, können Sie mit Outlook ganz normal auf den Exchange Server zugreifen.

Synchronisation ohne Exchange Server

Nachfolgend wird davon ausgegangen, dass Sie ein Notebook und einen Desktop-PC besitzen und dass auf beiden Outlook installiert ist. In einem solchen Fall wäre es wünschenswert, dass die Outlook-Daten auf beiden Systemen synchron sind. Hierfür gibt es verschiedene Möglichkeiten. Die einfachste ist sicherlich die Synchronisation über einen Exchange Server. Leider steht aber dieser nicht jedem Anwender zur Verfügung. Eine Alternative hierzu könnte das Kopieren der PST-Datei sein. Dabei kopiert man beispielsweise die PST-Datei vom Desktop-PC und fügt sie auf dem Notebook wieder ein. Dies setzt allerdings voraus, dass dies in regelmäßigen Abständen gemacht wird. Eine weitere Möglichkeit besteht darin, für beide Systeme lediglich eine PST-Datei zu verwenden.

Nachteile

Diese Lösung ist sicherlich effizient, birgt aber dennoch Nachteile in sich. So können Sie z. B. immer nur mit einem Outlook auf die PST-Datei zugreifen. Arbeiten Sie also am Desktop-PC mit Outlook, muss Outlook auf dem Notebook geschlossen sein. Zudem muss der Computer immer eingeschaltet sein, auf dem die PST-Datei liegt.

Das Grundprinzip besteht darin, dass sowohl die Daten vom Laptop wie auch die von dem Desktop-PC zentral gespeichert sind. Beide Systeme greifen dann auf diese Datei zu. Eine manuelle Synchronisation entfällt somit. Wie sich diese Möglichkeit nutzen lässt, wird nachfolgend beschrieben.

Vorbereitungen für die Synchronisation

Damit beide Systeme auf eine PST-Datei zugreifen können, müssen diese über ein LAN miteinander verbunden sein. Zusätzlich sollte auf beiden Systemen die gleiche Outlook-Version installiert sein.

Durch die folgenden Schritte wird der Ordner, in dem die PST-Datei liegt, im Netzwerk freigegeben. Dabei wird davon ausgegangen, dass ausschließlich Sie auf diese PST-Datei zugreifen können. Voraussetzung dafür ist, dass Sie sich auf dem Desktop-PC und dem Notebook jeweils mit der gleichen Kombination aus Benutzername und Passwort einloggen.

Auf dem Notebook

1 Legen Sie einen neuen Ordner an, in dem später die PST-Datei gespeichert wird.

2 Aktivieren Sie für diesen Ordner die Netzwerkfreigabe. Navigieren Sie dazu im Windows-Explorer zu diesem Ordner und rufen Sie über die Symbolleiste im oberen Fensterbereich *Freigeben für/Bestimmte Personen* auf. In dem sich öffnenden Fenster können Sie festlegen, wer welche Zugriffsrechte auf den Ordner haben soll. Mit *Freigaben* wird der Ordner freigegeben. Auf diesen Ordner können ausschließlich Sie selbst zugreifen. Wollen Sie den Zugriff auch anderen Benutzern ermöglichen, stellen Sie diese entsprechend über *Hinzufügen* ein.

3 Öffnen Sie Outlook, klicken Sie in der Ordnerliste die Datendatei (z. B. *Meine Outlook-Datendatei*), die auf beiden Rechnern verwendet werden soll, mit der rechten Maustaste an, zeigen Sie auf *Datendateieigenschaften* und *Erweitert*. Dem Feld *Datei* können Sie den Pfad und den Namen der von Outlook verwendeten PST-Datei entnehmen.

4 Merken Sie sich diesen Pfad und schließen Sie Outlook. Wechseln Sie im Windows-Explorer in den Ordner, in dem sich die PST-Datei befindet, und verschieben (nicht kopieren!) Sie diese in den zuvor neu angelegten und freigegebenen Ordner.

5 Wenn Sie jetzt Outlook öffnen, werden Sie darauf hingewiesen, dass die PST-Datei nicht gefunden werden kann. Bestätigen Sie die Fehlermeldung über *OK* und geben Sie den Pfad zu der verschobenen PST-Datei an. Fortan arbeitet Outlook mit dieser PST-Datei.

Auf dem Desktop-PC

1 Öffnen Sie Outlook, klicken Sie in der Ordnerliste die Datendatei (z. B. *Meine Outlook-Datendatei*), die auf beiden Rechnern verwendet werden soll, mit der rechten Maustaste an, zeigen Sie auf *Datendateieigenschaften* und *Erweitert*.

2 Wählen Sie anschließend *Erweitert* und merken Sie sich den Pfad, der innerhalb des Feldes *Datei* angegeben ist. Schließen Sie Outlook.

3 Wechseln Sie mit dem Windows-Explorer in das Verzeichnis, in dem die PST-Datei liegt, und verschieben Sie sie in ein beliebiges Verzeichnis. Hierbei spielt es keine Rolle, wohin die PST-Datei verschoben wird. Es geht lediglich darum, dass Outlook hierauf nicht mehr zugreifen kann.

4 Öffnen Sie Outlook und geben Sie den Pfad zu der auf dem Notebook abgelegten und freigegebenen PST-Datei an.

Beide Outlook-Versionen greifen jetzt auf die gleiche PST-Datei zu und arbeiten mit völlig synchronen Daten.

9.2 Termine, Kontakte und Daten mit Smartphone und Handy synchronisieren

Voraussetzung für eine Synchronisation zwischen zwei Geräten ist das Einrichten einer sogenannten Partnerschaft. Dabei lernen sich die beteiligten Geräte kennen und tauschen die notwendigen Parameter miteinander aus. Eingerichtet werden muss eine solche Partnerschaft lediglich beim ersten Kontakt der Geräte. Beim nächsten Mal erkennen sich die Geräte dann vollautomatisch.

Lange Zeit wurde für die Synchronisation unter Windows ActiveSync eingesetzt. Seit Windows Vista wurde diese Software durch das Mobile-Gerätecenter ersetzt.

Nicht mit allen Handys

Beachten Sie, dass die Synchronisation über das Mobile-Gerätecenter nur mit solchen Handys/Smartphones funktioniert, die den entsprechenden Kommunikationsstandard unterstützen. Das ist bei vielen, aber längst nicht bei allen Herstellern der Fall. Diese Hersteller bieten dann eine eigene Software an.

Wenn Sie Windows Vista nutzen, müssen Sie das Mobile-Gerätecenter zunächst herunterladen und installieren. Zu finden ist das Mobile-Gerätecenter beispielsweise auf der Seite *http://www.chip.de/downloads/Windows-Mobile-Geraetecenter_24058310.html*. Bei Windows 7 gehört es hingegen zum Funktionsumfang, kann dort also direkt genutzt werden.

1 Um eine Partnerschaft einzurichten, schließen Sie das Smartphone per USB an den Windows-PC an oder stellen eine Bluetooth-Verbindung her.

2 Das Mobile-Gerätecenter startet daraufhin automatisch.

3 Will man lediglich auf die Daten des Smartphones zugreifen, ruft man *Ohne Einrichten des Geräts verbinden* auf. Über den Explorer können Sie dann das Smartphone durchsuchen. An dieser Stelle geht es aber um das Einrichten einer Partnerschaft. Rufen Sie dafür *Gerät einrichten* auf.

4 Im nächsten Schritt legen Sie fest, ob die Partnerschaft nur mit diesem oder auch mit einem anderen PC hergestellt werden soll. Üblicherweise verwendet man hier die Option *Ja, nur mit diesem Computer synchronisieren*. Mit *Weiter* geht es zum nächsten Schritt.

5 Hier bestimmt man, was synchronisiert werden soll. Dazu aktivieren Sie die Kontrollkästchen vor den zu synchronisierenden Elementen. Mit *Weiter* wird die Auswahl bestätigt.

6 Jetzt können Sie einen Gerätenamen angeben. Über *Einrichten* wird die Partnerschaft fertiggestellt. Sie werden automatisch zum Mobile-Geräte-center umgeleitet. Dort taucht jetzt das Smartphone mit dem Hinweis *Verbunden* auf.

Wenn Sie Smartphone und PC das nächste Mal miteinander verbinden, öffnet sich das Mobile-Gerätecenter und Sie können direkt auf die Daten zugreifen.

E-Mails, Termine, Kontakte und Aufgaben synchronisieren

Eigentlich ist es ganz einfach, die Termine, Aufgaben, Kontakte und E-Mails zwischen dem Smartphone und dem PC synchron zu halten. Denn das erledigt das Mobile-Gerätecenter praktisch automatisch, sobald die Geräte Kontakt miteinander aufgenommen haben. Man muss nur noch warten, bis die Synchronisation abgeschlossen ist, und trennt die Verbindung wieder.

Wer mit den Standardeinstellungen für die Synchronisation zufrieden ist, braucht keine weiteren Einstellungen vorzunehmen. Allerdings kann man explizit für die einzelnen Elemente (Kalender, E-Mails usw.) die Synchronisationseigenschaften festlegen. So synchronisiert das Mobile-Gerätecenter beispielsweise E-Mails der vergangenen drei Tage standardmäßig im HTML-Format. Diese und andere Einstellungen lassen sich anpassen.

1 Sobald Sie das Smartphone mit dem PC verbinden, wird das Mobile-Gerätecenter geöffnet. Dort rufen Sie die Einstellungen des Mobilgeräts auf.

2 Daraufhin werden Unterpunkte angezeigt. Klicken Sie auf *Einstellungen für Inhaltssynchronisation ändern*. Das Mobile-Gerätecenter zeigt die momentan festgelegten Optionen. Durch Setzen bzw. Entfernen der Häkchen können Sie festlegen, was synchronisiert werden soll.

3 Zu jedem einzelnen Element lassen sich noch detailliertere Einstellungen vornehmen. Dazu klicken Sie unterhalb der betreffenden Kategorie auf den Link *Synchronisierungseinstellungen*.

4 Passen Sie die Einstellungen für die gewünschten Elemente an. So können Sie im Bereich *E-Mail* beispielsweise die Ordner und das Zeitlimit auswählen.

5 Nachdem Sie die Optionen entsprechend angepasst haben, übernehmen Sie die Einstellungen mit *Speichern*.

Die Daten manuell synchronisieren

Smartphone und PC werden nach den im Mobile-Gerätecenter angegebenen Optionen synchronisiert. Üblicherweise geschieht dies, nachdem Smartphone und PC verbunden wurden. Haben sich allerdings wichtige Daten geändert, während eine Verbindung bereits bestand, kann die Synchronisation jederzeit manuell durchgeführt werden.

Ist auf dem Smartphone das Programm ActiveSync vorhanden, rufen Sie darin den Punkt *Synchronisieren* auf. Darüber wird die Synchronisation ausgelöst.

Ebenso finden Sie im Mobile-Gerätecenter ein entsprechendes Symbol.

Die Synchronisation wird ausgelöst.

Ein Klick darauf genügt, um die Synchronisation zu starten. Über den Verlauf der Synchronisation werden Sie mittels Fortschrittsbalken unterrichtet. Nach erfolgreicher Synchronisation verschwindet dieser Balken, an dessen Stelle dann wieder *Verbunden* steht.

Probleme bei der Synchronisation beheben

Eigentlich ist es ganz einfach: Die Daten des Smartphones werden mit denen des PCs verglichen. Hat sich seit der letzten Synchronisierung auf einer Seite etwas geändert, werden diese Änderungen auf die andere Seite übertragen. Beide Seiten sind anschließend wieder auf dem gleichen Stand. Bei der Synchronisation kann es aber trotz dieses scheinbar logischen Vorgangs immer mal wieder zu Problem kommen. Stellen Sie sich beispielsweise vor, dass Sie auf dem PC einen vorhandenen Notizzettel um einige zusätzliche Informationen ergänzt haben. Auf dem Smartphone haben Sie diesen Zettel hingegen gelöscht, weil Sie ihn dort nicht brauchen. Das Mobile-Gerätecenter weiß in diesem Fall nicht, ob die Notiz nun auf dem PC ebenfalls gelöscht oder auf dem Smartphone mit den Zusatzinformationen ergänzt werden soll. Für solche Fälle können Sie explizit festlegen, welches der Geräte immer Vorrang haben soll. Dieses Gerät sollte üblicherweise das sein, das Sie am häufigsten nutzen bzw. auf dem die Daten regelmäßig gepflegt werden.

1 Rufen Sie dazu bei bestehender PC-Smartphone-Verbindung im Mobile-Gerätecenter *Einstellungen des Mobilgeräts/Partnerschaft verwalten* auf.

2 Aus dem Auswahlfeld *Bei Konflikten* wird das Gerät ausgewählt, das Vorrang haben soll. Sollen im Konfliktfall die Daten auf dem PC verwendet werden, stellen Sie *Elemente auf dem Gerät ersetzen* ein. Sind für gewöhnlich die Daten auf dem

Smartphone aktueller, wählen Sie die Option *Elemente auf dem Desktop ersetzen*.

3 Mit *Speichern* werden die Einstellungen übernommen.

Verbindung mit einem Exchange Server herstellen

Sehr oft werden Sie mittels Smartphone – vor allem wenn es von Ihrer Firma gestellt wurde – auf einen Exchange Server zugreifen wollen bzw. müssen. Dafür gibt es zwei Möglichkeiten: Entweder verwenden Sie die entsprechenden Optionen des Smartphones oder Sie nutzen das Mobile-Gerätecenter. Da im nächsten Abschnitt anhand des iPhones gezeigt wird, wie die Smartphone-Variante funktioniert, werden hier zunächst die Einstellungen im Mobile-Gerätecenter vorgestellt:

1   Stellen Sie eine Verbindung zwischen Smartphone und PC her.

2   Rufen Sie *Einstellungen des Mobilgeräts* auf und klicken Sie auf *Drahtlos mit Exchange Server synchronisieren*. Sollte diese Option nicht sichtbar sein, öffnen Sie *Weitere*, um so alle Optionen des Menüs *Einstellungen des Mobilgeräts* sichtbar zu machen.

3   In das Feld *Serveradresse* muss die URL des Exchange Servers angegeben werden. Zusätzlich werden Benutzername und Passwort verlangt.

4   Mit *Weiter* gelangen Sie zu dem Schritt, in dem festgelegt werden kann, was alles synchronisiert werden soll. Mit *Einrichten* werden die Einstellungen letztendlich übernommen.

9.3 Outlook und das iPhone

Natürlich darf das iPhone, wenn es um das mobile Internet geht, nicht fehlen. Auf den folgenden Seiten wird der Fokus auf der Kombination aus iPhone und Outlook liegen. Erfahren Sie hier, wie Sie E-Mail-Konten einrichten und den Kalender und die Aufgaben zwischen Outlook und dem iPhone synchron halten können.

E-Mail-Konto einrichten

Ein E-Mail-Konto im iPhone einzurichten, ist sehr einfach. Rufen Sie – wenn Sie das erste Mal ein E-Mail-Konto im iPhone anlegen – auf dem Home-Bildschirm *Mail* auf.

Voraussetzung für den Exchange-Zugriff

Um sich via iPhone mit einem Exchange Server verbinden zu können, muss mindestens das iPhone Operating System in der Version 2.0 installiert sein. Aktualisieren Sie das System ggf. über iTunes.

Wollen Sie hingegen einen zusätzlichen Account anlegen, tippen Sie auf dem Home-Bildschirm auf *Einstellungen*, wählen *Mail, Kontakte und Kalender* und dann *Account hinzufügen*. Auf der folgenden Seite können Sie zwischen verschiedenen vordefinierten Diensten auswählen.

Einige Dienste werden bereits angeboten.

Mail wird aufgerufen.

Im Folgenden wird das Einrichten eines Exchange-Kontos beschrieben. Halten Sie dazu die folgenden Informationen bereit:

➢ Ihre E-Mail-Adresse

➢ Benutzername

➢ Passwort

Rufen Sie unter *Account hinzufügen* den Punkt *Microsoft Exchange* auf und tragen Sie dort die Anmeldedaten ein. Outlook versucht daraufhin, die Serverkonfiguration automatisch zu ermitteln. Mit dem AutoDiscover von Microsoft Exchange 2007 funktioniert das in aller Regel. Wenn die Konfiguration nicht ermittelt werden kann, tragen Sie diese manuell ein.

Sollte die Fehlermeldung *Zertifikat konnte nicht überprüft werden* angezeigt werden, muss man diese unbedingt akzeptieren. Das iPhone baut nun eine Verbindung zum Exchange Server auf. Anschließend können Sie selbst festlegen, was wie synchronisiert werden soll. Ausführliche Informationen dazu erhalten Sie im weiteren Verlauf dieses Kapitels.

Eine VPN-Verbindung mit dem iPhone einrichten

Es wurde bereits beschrieben, dass unter Umständen eine VPN-Verbindung hergestellt werden muss, um auf den Exchange Server zugreifen zu können. Um die VPN-Daten – die Sie von Ihrem Administrator bekommen haben – einzugeben, rufen Sie auf dem iPhone *Einstellungen/Allgemein/ Netzwerk/VPN* und anschließend *VPN-Konfiguration hinzufügen* auf. Hier können Sie dann die Zugangsdaten eintragen. Die Option zum Ein- und Ausschalten des VPN ist anschließend auf dem Hauptbildschirm für die Einstellungen zu sehen.

Dass Sie per VPN verbunden sind, können Sie an dem entsprechenden Symbol in der Statusleiste erkennen.

VPN wurde eingerichtet.

Das iPhone und Outlook auf dem gleichen Stand halten

Wirklich sinnvoll ist die Verbindung zwischen Outlook und dem iPhone natürlich nur, wenn die Daten synchron gehalten werden. Genau das ist beim iPhone allerdings gar nicht so einfach. Denn bekanntermaßen stammt das iPhone aus dem Hause Apple, während Outlook von Microsoft entwickelt wird. Dass sich die Daten aber dennoch synchronisieren lassen, zeigen die folgenden Seiten.

Kalender

Für die Synchronisation des Outlook-Kalenders mit dem iPhone müssen Sie iTunes verwenden.

1 Wenn Sie PC und iPhone miteinander verbinden, öffnet sich auf dem PC automatisch iTunes.

2 Klicken Sie innerhalb von iTunes in der Quellliste unter *Geräte* auf den Eintrag für das iPhone.

3 Wechseln Sie in das Register *Info*. Klicken Sie unter *Kalender* auf *Kalender synchronisieren von* und anschließend auf *Outlook*. Jetzt haben Sie die Wahl zwischen *Alle Kalender* und *Ausgewählte Kalender*. Um

mehrere Kalender unter *Ausgewählte Kalender* einzustellen, halten Sie die [Strg]-Taste gedrückt.

Wenn Sie Termine in Ihren iPhone-Kalender eintragen, werden diese bei der nächsten Synchronisation in Outlook übernommen. (Gleiches gilt natürlich auch für den umgekehrten Weg.)

Aufgaben

Das ist einer der größten Schwachpunkte des iPhones in Sachen Synchronisation. Denn Outlook-Aufgaben lassen sich leider nicht direkt an das iPhone übertragen. Über einen Umweg geht es aber dennoch. Dazu muss auf dem iPhone ein zusätzliches Tool installiert werden. Allerdings kann dieses Tool weder direkt mit einem Exchange Server noch mit Outlook kommunizieren. Daher wird noch ein Onlinedienst zwischengeschaltet. Anschließend funktioniert die Synchronisation folgendermaßen:

1   Der Onlinedienst bezieht seine Daten direkt aus Outlook.

2   Das iPhone greift auf den Onlinedienst zu und holt sich von dort die Daten.

Legen Sie sich zunächst einen kostenlosen Account bei Toodledo (*http://www.toodledo.com/*) an. Bei diesem Toodledo handelt es sich um einen Onlinedienst zum Organisieren von Aufgaben. (Keine Bange: Sie müssen Ihre Aufgaben dort nicht manuell eintragen. Toodledo bezieht sie automatisch aus Outlook.)

Um die Daten zwischen Outlook und Toodledo abzugleichen, empfiehlt sich der Einsatz von ToodledoSync. Dieses kostenlose Tool kann von der Seite *http://www.chromadrake.com/ChromaticDragon/software/ToodledoSyncDownload.aspx* heruntergeladen werden. Nach erfolgreicher Installation auf Ihrem PC legt sich ToodledoSync in den Autostart-Ordner von Windows. Somit ist es immer verfügbar, wenn man es für die Synchronisation braucht.

Beim ersten Aufruf des Tools müssen die Zugangsdaten für Ihren Toodledo-Account eingetragen werden. Neben dem Passwort muss man auch die sogenannte Toodledo Account Unique ID angeben. Zu finden ist sie im Toodledo-Account unter dem Punkt *Account Settings*.

Innerhalb von ToodledoSync kann nun unter *Toodledo Sync Application Options* festgelegt werden, wie die Synchronisierung ablaufen soll.

Die Synchronisation wurde aktiviert.

Sie sollten die Option *Enable Automatic Synchronization* aktivieren. Dadurch werden die Aufgaben zwischen Outlook und ToodledoSync regelmäßig automatisch synchronisiert. Die Zeitspanne kann über das Feld daneben eingestellt werden.

Über den Eintrag *Manual Sync* im *Files*-Menü wird anschließend erstmals synchronisiert. Die Aufgaben werden nun zwischen Outlook und Ihrem Toodledo-Account abgeglichen.

Was jetzt noch fehlt, ist die Konfiguration des iPhones. Installieren Sie sich hier die App Todo von Appigo. Diese App kostet 9,99 US-Dollar. Nach der App-Installation rufen Sie Todo auf und tippen auf das Symbol mit den Zahnrädern. Unter *Synchronization/Service/Account Information* tragen Sie die Zugangsdaten Ihres Toodledo-Accounts ein.

Nachdem Sie anschließend noch unter *Synchronization* den Punkt *Sync at Startup* aktiviert haben, wird die Synchronisation gestartet.

Die Synchronisation wurde eingerichtet.

Ab sofort werden Ihre in Outlook eingetragenen Aufgaben über Toodledo-Sync an Toodledo übergeben. Das iPhone wiederum holt sich die Aufgaben von Toodledo. Legt man Aufgaben auf dem iPhone an, werden diese an Toodledo und von dort nach ToodledoSync übertragen und von dort in Outlook übernommen.

Kontakte

Eine der wichtigsten Optionen beim Synchronisieren sind zweifellos die Kontakte. Denn die hat man in Outlook normalerweise über einen langen Zeitraum gepflegt und möchte sie nun auch auf dem iPhone verfügbar machen.

1   Auch hier muss zunächst eine Verbindung zwischen dem iPhone und dem PC hergestellt werden.

2   Nachdem iTunes automatisch geöffnet wurde, wählen Sie das iPhone aus der Geräteliste aus und wechseln in das Register *Infos*.

3   Rufen Sie nacheinander *Adressbuchkontakte synchronisieren von* und *Outlook* auf. Mit *Anwenden* werden die Einstellungen übernommen.

Bei der Synchronisation werden übrigens vom iPhone nicht alle Kontaktfelder berücksichtigt. Das gilt allerdings ausschließlich für exotische Felder wie beispielsweise *Telex* o. Ä. Die normalen Kontaktdaten werden hingegen in aller Regel problemlos synchronisiert. Sollte es dennoch einmal zu Problem kommen, kann es hilfreich sein, den Sync-Verlauf zurückzusetzen. Rufen Sie dazu innerhalb von iTunes *Bearbeiten/Einstellungen/Geräte* auf und wählen Sie dort die Option *Sync-Verlauf zurücksetzen*.

9.4 Den Google Kalender mit Outlook abgleichen

Wie Sie mit dem Outlook-Kalender arbeiten, wurde in diesem Buch bereits ausführlich gezeigt. Allerdings ist dieser Kalender längst nicht das einzige Planungsinstrument. So bietet beispielsweise Google mit dem Google Kalender eine durchaus interessante Alternative.

Google Calendar Sync und Outlook 2010

Offiziell funktionierte das Tool bei Drucklegung dieses Buches noch nicht mit Outlook 2010. Mittlerweile dürfte Google aber nachgebessert haben. Sollte das nicht der Fall sein, hilft der unter *http://www.venukb.com/2009/12/15/google-calendar-sync-with-outlook-2010/* beschriebene Trick weiter.

Mit dem unter *http://www.google.com/intl/de/googlecalendar/* angebotenen kostenlosen Google-Webdienst stehen Ihnen u. a. die folgenden Funktionen zur Verfügung:

> ➢ Termine eintragen und verwalten

> ➢ Erinnerungsfunktion

> ➢ Einladungen verschicken

> ➢ parallele Nutzung mehrerer Kalender

> ➢ Freigabe des Kalenders für andere Personen

Diese Liste zeigt, dass der Kalender von Google durchaus leistungsfähig ist. Kein Wunder also, dass zahlreiche Anwender den Google Kalender nutzen.

Der Kalender ist durchaus hilfreich.

Einer der größten Vorteile des Google Kalenders ist dabei sicherlich, dass man von überall auf ihn zugreifen kann. Ein Internetcafé oder der Computer in der Hotellobby genügen. (Bei Outlook sieht das bekanntermaßen anders aus.)

Ideal wäre es, wenn man den Outlook-Kalender und den Google Kalender parallel betreiben könnte, sich beide Kalender also synchronisieren ließen. So könnte man am Arbeitsplatz oder zu Hause wie gewohnt mit dem Outlook-Kalender arbeiten, während man von unterwegs auf den Google Kalender zugreift. Mit dem von Google kostenlos zur Verfügung gestellten Google Calendar Sync (*http://dl.google.com/googlecalendarsync/Google CalendarSync_Installer.exe*) ist genau das möglich.

Nach der Installation müssen Sie die Zugangsdaten für Ihren Google Kalender angeben.

Über die Optionen im unteren Fensterbereich legt man die Art der Synchronisation fest. Üblicherweise verwendet man *2-way*. So werden die Kalender in beiden Richtungen synchronisiert. Trägt man also eine Änderung im Outlook-Kalender ein, wird diese auch bei Google übernommen. Ändert man etwas im Google Kalender, trägt das Tool das auch in den Outlook-Kalender ein.

Die Zugangsdaten werden erwartet.

Über das Feld *Sync every xxx minutes* legt man das Synchronisierungsintervall in Minuten fest. Mit *Save* werden die Einstellungen übernommen.

Anschließend wird ein Symbol von Google Calendar Sync im Windows-Systemtray angezeigt. Ob gerade synchronisiert wird, erkennen Sie anhand zweier grüner Pfeile.

9.5 Outlook im Browser nutzen und über das Internet synchronisieren – OWA

Mit **O**utlook **W**eb **A**ccess (OWA) hat Microsoft quasi eine Onlineversion von Outlook entwickelt. Somit haben Sie die Möglichkeit zur ortsunabhängigen Nutzung und Verwaltung von E-Mails und persönlichen Daten. OWA wird mittlerweile von vielen Providern angeboten.

Durch Outlook Web Access können Sie von überall auf Ihre Daten zugreifen. Dabei ist AWO nicht nur für all diejenigen interessant, die sich erst einmal mit Outlook vertraut machen wollen. Auch für diejenigen, die tagtäglich mit Outlook arbeiten, ist AWO eine feine Sache. Schließlich können Sie all die Funktionalitäten über einen WWW-Browser nutzen, die Sie von Outlook gewohnt sind. Unter anderem können die folgenden Möglichkeiten in Outlook Web Access genutzt werden:

> Nachrichten senden, empfangen und organisieren
> Termine verwalten
> Aufgaben anlegen
> eigene Ordner anlegen und verwalten
> Kontakte und Adressbuch
> Regeln anlegen

Wie Sie sehen, ist Outlook Web Access die ideale Schaltzentrale für unterwegs. Um OWA nutzen zu können, benötigen Sie nichts weiter als einen Onlinezugang und einen geeigneten Internetbrowser. Den vollen Funktionsumfang können Sie dabei üblicherweise nur mit dem Internet Explorer nutzen.

Mit OWA arbeiten Sie direkt auf dem Exchange Server. So können Sie beispielsweise sämtliche Termine und Aufgaben sehen, die Sie in Ihrem „normalen" Outlook eingetragen haben. Legen Sie Elemente in OWA an, sind diese anschließend auch im „normalen" Outlook sichtbar.

OWA in der Praxis

Um OWA zu nutzen, benötigen Sie einen Benutzernamen und ein Passwort.

Beide Informationen werden Ihnen von Ihrem Provider zugestellt. Zusätzlich erfahren Sie die URL, mit der Sie auf Ihren persönlichen Account zugreifen können. Das Login-Fenster für OWA könnte beispielsweise wie nebenstehend aussehen.

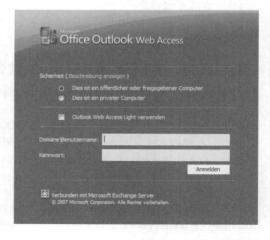

Login für
Outlook Web Access.

Geben Sie hier den Benutzernamen und das Passwort ein. Zusätzlich können Sie im Bereich *Sicherheit* die Art des Zugriffs festlegen.

> *Dies ist ein öffentlicher oder freigegebener Computer* – das verwendete Cookie läuft automatisch nach zehn Minuten ab, wenn man OWA nicht verwendet. Diese Option sollten Sie verwenden, wenn Sie z. B. in

der Hotellobby auf Ihren Account zugreifen. Achten Sie in diesem Fall dennoch unbedingt darauf, dass Sie sich in OWA abmelden und alle Browserfenster schließen.

➢ *Dies ist ein privater Computer* – hier wird man standardmäßig erst nach acht Stunden Inaktivität automatisch abgemeldet. Sinnvoll ist das z. B. am Arbeitsplatz (wenn Sie Ihren Kollegen vertrauen) oder zu Hause.

➢ *Outlook Web Access Light verwenden* – bei dieser Version stehen zahlreiche Optionen wie z. B. die Rechtschreibprüfung und die Erinnerungsfunktion nicht zur Verfügung. Sinnvoll ist die Light-Version, wenn Sie mit einer langsamen Onlineverbindung zu kämpfen haben.

Nach dem Login können Sie über den vollen Funktionsumfang von OWA verfügen.

Die Onlinevariante von Outlook in Aktion.

Anhand der Abbildung wird auch die optische Nähe zwischen Outlook und Outlook Web Access deutlich. Sie können hier genauso wie in Outlook arbeiten. Beachten Sie aber, dass die Funktionsweise sehr stark mit dem verwendeten Browser und der Geschwindigkeit Ihres Onlinezugangs zusammenhängt. Am besten verwenden Sie den aktuellen Internet Explorer oder Mozilla Firefox.

10. Halten Sie Verbindung zu Ihrem sozialen und Businessnetzwerk

An Facebook, MySpace, XING & Co. kommt heute kaum noch jemand vorbei. Das hat längst auch Microsoft erkannt und mit dem Outlook Connector für soziale Netzwerke ein Add-in entwickelt, mit dem man die Statusupdates und Aktivitäten von Freunden und Kollegen in Outlook verfolgen und die Kontaktlisten seiner sozialen Netzwerke mit denen von Outlook synchronisieren kann.

10.1 Facebook & Co.: soziale Netzwerke im Blick behalten

Längst sind die sozialen Netzwerke ein fester Bestandteil des WWW geworden. Facebook, MySpace, XING & Co. verzeichnen nach wie vor wachsende Userzahlen. So hat Facebook in den vergangenen Monaten das geschafft, was wohl niemand für möglich hielt: Google als meistgenutzte Website abzulösen.

Dem Erfolg der sozialen Netzwerke kann sich auch Microsoft nicht entziehen und reagiert mit einer durchaus interessanten Outlook-Funktionalität. Mit dem Outlook Social Connector (OSC) bzw. dem Outlook Connector für soziale Netzwerke lässt sich Outlook mit diversen sozialen Netzwerken verknüpfen. So werden zu Outlook-Kontakten beispielsweise Zusatzinformationen wie Profilbild, Aktivitäten oder Position im Unternehmen von der jeweiligen Webseite direkt in Outlook abgerufen.

Dabei stellt der Microsoft Outlook Connector für soziale Netzwerke lediglich die Grundfunktionalität bereit. Ob man tatsächlich Zugriff auf sein

Netzwerk hat, hängt von den jeweiligen Betreibern ab. Denn die müssen ein entsprechendes Tool zur Verfügung stellen. Erst dadurch kann man den Microsoft Outlook Connector für soziale Netzwerke effektiv nutzen.

Bevor der Connector in Aktion gezeigt wird, stellt sich natürlich noch die Frage, welche sozialen Netzwerke unterstützt werden. Bei Drucklegung dieses Buches konnten zwei Netzwerke genutzt werden:

- ➤ MySpace
- ➤ LinkedIn

Sicherlich werden im Laufe der Zeit weitere Netzwerke hinzukommen. Sieht man sich auf der entsprechenden Microsoft-Webseite (*http://www. microsoft.com/office/2010/en/socialconnector/default.aspx*) um, kann man sehen, dass bereits Facebook und Windows Live in Planung sind. Überprüfen Sie einfach auf dieser Seite, ob Ihr favorisiertes Netzwerk verfügbar ist.

Den Assistenten installieren

Um den Outlook Connector für soziale Netzwerke verwenden zu können, muss man ihn zunächst aktivieren. Das geht am einfachsten, indem man in Outlook eine neue E-Mail anlegt. Interessant ist dort der untere Fensterbereich.

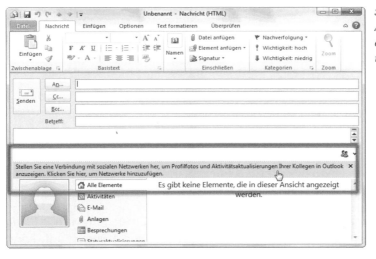

So lässt sich der Assistent am einfachsten installieren.

Klickt man auf diese Leiste, wird automatisch der Assistent zum Einrichten der sozialen Netzwerke gestartet.

Mit *Weiter* wird der Willkommensdialog bestätigt. Im nächsten Fenster wählt man das entsprechende soziale Netzwerk aus. Standardmäßig vorhanden ist bereits SharePoint von Microsoft. Zusätzlich werden alle bereits installierten Netzwerke angezeigt. (Wie sich weitere Netzwerke installieren lassen, wird im nächsten Abschnitt beschrieben.) Markieren Sie das gewünschte Netzwerk und geben Sie die Zugangsdaten ein.

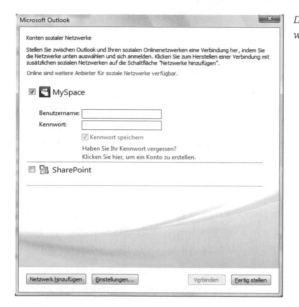

Die Anmeldeinformationen werden eingetragen.

Über die *Verbinden*-Schaltfläche wird der Kontakt zum entsprechenden Netzwerk hergestellt.

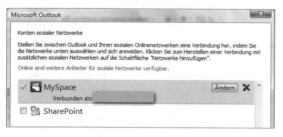

Das Netzwerk wurde erfolgreich aufgerufen.

Um den Assistenten zu beenden, bestätigen Sie die Einstellungen mit *Fertig stellen*.Ruft man jetzt in Outlook den entsprechenden Kontakt auf, kann man sich die zu ihm gehörenden Informationen abrufen. Aber Achtung: Das funktioniert ausschließlich bei solchen Personen, mit denen Sie per E-Mail in Kontakt stehen.

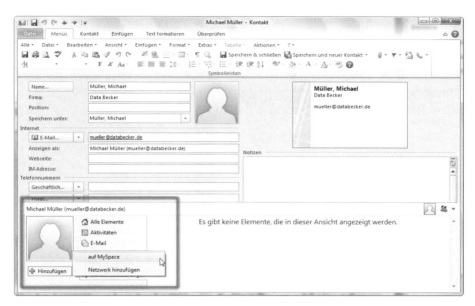

Das Netzwerk kann nun genutzt werden.

Sollte sich nun zum Beispiel das Foto oder die Firma des Kontakts ändern, synchronisiert der Assistent diese Neuerungen automatisch mit Outlook.

10.2 Weitere soziale Netzwerke hinzufügen

Im Laufe der Zeit werden immer mehr Netzwerke verfügbar sein, die man an Outlook anbinden kann. Ob Ihr favorisiertes Netzwerk bereits nutzbar ist, können Sie zunächst einmal direkt in Outlook überprüfen. Dazu öffnen Sie einen Ihrer Kontakte, klicken auf das Plussymbol im unteren Fensterbereich und wählen *Netzwerk hinzufügen*. In dem sich öffnenden Dialogfenster gibt es zwei interessante Optionen.

Überprüfen Sie zunächst über die im unteren Fensterbereich angebotene Schaltfläche *Netzwerk hinzufügen*, ob Ihr Netzwerk dort dabei ist. Sollte es nicht verfügbar sein, klicken Sie auf den Link *Online sind weitere Anbieter für soziale Netzwerke verfügbar*. Daraufhin wird die Webseite zum Outlook Social Connector im Standardbrowser angezeigt.

Zwei Möglichkeiten zum Hinzufügen von Netzwerken.

Im oberen Fensterbereich sehen Sie, welche Netzwerke bereits nutzbar sind. Unter *Coming Soon* ist all das aufgeführt, was in naher Zukunft verfügbar sein wird.

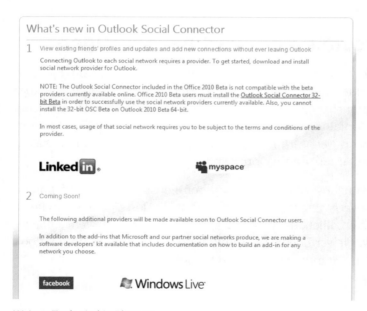

Weitere Tools sind in Planung.

Alternativ dazu können Sie auch auf den Webseiten Ihres Netzwerks überprüfen, ob dort entsprechende Informationen zu finden sind. So zeigt beispielsweise XING unter *http://outlook.xing.com/index_de.html* sehr ausführlich, welche Funktionen der sogenannte XING Connector bieten wird.

XING plant schon ein entsprechendes Tool.

Wie schnell die einzelnen Netzwerkbetreiber eigene Entwicklungen he-
rausbringen, lässt sich momentan noch nicht abschätzen. Allerdings werden sich vor allem Businessnetzwerke die Chancen, die durch die neue
Outlook-Funktionalität geboten werden, nicht entgehen lassen.

MySpace installieren

Um zum Beispiel MySpace nutzen zu können, laden Sie sich MySpace for
Outlook von der Seite *http://www.myspace.com/msoutlook* herunter. Vor
der Installation des Tools muss Outlook geschlossen werden, da die Instal-
lation ansonsten mit einer Fehlermeldung abgebrochen wird. Durch die
Installation selbst führt ein Assistent. Nach erfolgreicher Installation kann
Outlook wieder geöffnet und das neue soziale Netzwerk genutzt werden.

Wenn Sie Ihren Outlook-*Kontakte*-Ordner öffnen, finden Sie jetzt einen
speziellen MySpace-Ordner.

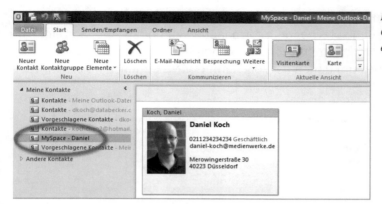

Ein zusätzlicher Ordner wurde eingefügt.

In diesem Ordner sind die entsprechenden Kontakte enthalten. Wenn Sie einen dieser Kontakte öffnen, können Sie in dessen *Statusaktualisierungen*-Bereich exakt verfolgen, ob sich in seinem Profil etwas verändert hat. Über das Plussymbol und *auf MySpace* haben Sie zudem direkten Zugriff auf das Profil Ihres Kontakts bei MySpace.

LinkedIn

LinkedIn gehört neben MySpace zu den Netzwerken, die am schnellsten auf den neuen Outlook-Trend reagiert haben. Mit LinkedIn für Outlook, das von der Seite *http://www.linkedin.com/outlook* heruntergeladen werden kann, stehen Ihnen u. a. die folgenden Funktionen zur Verfügung:

➢ Alle Aktivitäten der Kontakte auf LinkedIn können verfolgt werden.

➢ An die Kontakte können komfortabel E-Mails geschickt werden. (Übrigens inklusive einer Eingabehilfe. Sobald man mit dem Eintippen eines Namens beginnt, wird dieser von LinkedIn für Outlook vervollständigt.)

➢ Einladungen lassen sich an die Kontakte senden.

Für die Installation sollten Sie Outlook schließen. Durch die Installation führt ein Assistent. Nach erfolgreicher Installation und dem Öffnen von Outlook rufen Sie einen Ihrer Kontakte auf. Über das Plussymbol und *Netzwerk hinzufügen* wird das bereits bekannte Dialogfenster geöffnet. In diesem ist nun als weitere Option *LinkedIn* hinzugekommen.

Geben Sie die Kontodaten ein und nehmen Sie über *Verbinden* Kontakt zu Ihrem LinkedIn-Konto auf.

Das Netzwerk wurde in die Liste aufgenommen.

10.3 Die Einstellungen nachträglich ändern

Für die jeweiligen Netzwerke müssen die Zugangsdaten angegeben werden. Diese können sich jederzeit ändern. Um sie in Outlook anzupassen, rufen Sie einen Ihrer Kontakte auf, klicken im unteren Fensterbereich auf das Pluszeichen und wählen *Netzwerk hinzufügen*. In dem sich öffnenden Dialogfenster sind die momentan installierten Netzwerke aufgeführt. Markieren Sie den betreffenden Eintrag und klicken Sie auf *Ändern*.

Die Einstellungen werden angepasst.

Hier können Sie zunächst einmal das Kennwort ändern. Über die Optionen im unteren Fensterbereich lässt sich zudem festlegen, in welcher Richtung die Kontaktdaten synchronisiert werden sollen. Üblicherweise akzeptiert man beide Optionen. So bleiben die Daten in Outlook und im sozialen Netzwerk immer auf dem gleichen Stand.

11. Arbeitsabläufe dokumentiert: Journal, Notizen und OneNote

Denkt man an Outlook, fallen einem meistens zwei Dinge nicht ein: das Journal und die Notizzettel. Dabei sind beide durchaus sinnvolle Werkzeuge, die dabei helfen, den Arbeitsalltag zu dokumentieren. Und mit etwas Zusatzkonfiguration wird Outlook im Handumdrehen zu einem vollwertigen CRM-Tool.

11.1 Die Grundkonfiguration des Journals

Das Outlook-Journal wird oft gar nicht oder nur unzureichend genutzt. Dabei kann das Journal tatsächlich eine Arbeitserleichterung darstellen und sogar bei der Kalkulation von Projektkosten und Ähnlichem ein hilfreicher Begleiter sein. Outlook-Elemente wie E-Mails oder andere Office-Dokumente wie Word-Dateien können nachverfolgt werden. Wollen Sie zum Beispiel wissen, wann Sie welchen Brief in Word geschrieben haben, funktioniert das über das Journal. Aber auch wenn Sie herausfinden wollen, wie lange Sie mit einem Kontakt telefoniert haben, hilft das Journal.

Sie wissen, an welchem Tag Sie eine Datei bearbeitet haben, können sich aber nicht mehr an den Dateinamen erinnern? Das Journal ermöglicht es, Informationen anhand des Zeitpunkts, an dem sie bearbeitet wurden, zu erstellen. Wenn Sie beispielsweise Excel-Dateien automatisch in das Journal eintragen lassen, können Sie ein Excel-Sheet, das Sie letzten Mittwoch bearbeitet haben, ganz leicht wiederfinden.

Die folgenden Outlook-Elemente können in das Journal eingetragen werden:

➢ Aufgaben
➢ E-Mails
➢ Termine
➢ Kontakte
➢ Notizen

Diese Elemente lassen sich in unterschiedlichen Varianten ins Journal aufnehmen. Die folgenden Typen werden dabei angeboten:

➢ Antwort auf Aufgabenanfrage
➢ Antwort auf Besprechungsanfrage
➢ Aufgabe
➢ Aufgabenanfrage
➢ Besprechung

- ➢ Besprechungsabsage
- ➢ Besprechungsanfrage
- ➢ Brief
- ➢ Dokument
- ➢ E-Mail-Nachricht
- ➢ Fax
- ➢ Microsoft Access
- ➢ Microsoft Excel
- ➢ Microsoft PowerPoint
- ➢ Microsoft Word
- ➢ Notiz
- ➢ Remotesitzung
- ➢ Telefonanruf
- ➢ Unterhaltung

Damit das Journal überhaupt genutzt werden kann, muss es zugänglich gemacht werden. Überprüfen Sie zunächst, ob im Navigationsbereich das Journal-Symbol angezeigt wird.

Darüber wird das Journal aufgerufen.

Sollte dieses Symbol nicht angezeigt werden, klicken Sie mit der rechten Maustaste auf den Outlook-Navigationsbereich und wählen Sie *Navigationsbereichsoptionen*.

Das Journal-Symbol wird eingeblendet.

In dem sich öffnenden Fenster aktivieren Sie *Journal*. Über *OK* wird das neue Symbol im Navigationsbereich angelegt, über das nun das Journal aufgerufen werden kann. Beim ersten Aufruf des Journals fragt Outlook noch einmal nach, ob es tatsächlich aktiviert werden soll.

Erst wenn diese Abfrage mit *Ja* bestätigt wird, wird das Journal angeschaltet.

479

Festlegen, was im Journal aufgezeichnet werden soll

Einträge im Journal werden anhand ihres Zeitpunkts vorgenommen, an dem die entsprechende Aktion durchgeführt wurde. So wird zum Beispiel ein Word-Dokument auf der Zeitskala eingetragen, wenn es angelegt oder bearbeitet wird.

Was letztendlich alles in das Journal eingetragen wird, kann man selbst bestimmen, und man sollte das auch tun. Denn lässt man das Journal alles aufzeichnen, beansprucht es zu viel Speicherplatz.

Um festzulegen, was automatisch in das Journal eingetragen wird, rufen Sie *Datei/Optionen/Notizen und Journal/Journaloptionen* auf.

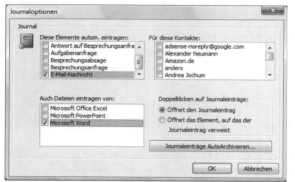

Hier legt man fest, was protokolliert werden soll.

Aktivieren Sie in dem Feld *Diese Elemente autom. eintragen* die Outlook-Elemente, die vom Journal immer protokolliert werden sollen. Standardmäßig sind hier alle Optionen deaktiviert. Aktivieren Sie die gewünschten.

Unter *Für diese Kontakte* markieren Sie die Kontakte, für die Elemente automatisch eingetragen werden sollen. Um zum Beispiel alle E-Mails, die Sie mit Herrn Müller austauschen, automatisch in das Journal einzutragen, aktivieren Sie dessen Namen. Zusätzlich müssen Sie darauf achten, dass unter *Diese Elemente autom. eintragen* die Option *E-Mail-Nachricht* aktiviert ist.

Über das Feld *Auch Dateien eintragen von* können Sie festlegen, dass zum Beispiel auch Word- und Excel-Dateien automatisch eingetragen werden.

Interessant ist der Bereich *Doppelklicken auf Journaleinträge*.

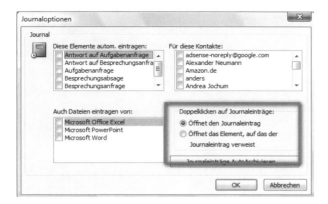

Dort können Sie festlegen, was geschehen soll, wenn Sie im Journal auf einen Eintrag doppelklicken. Sie können entweder den Journaleintrag öffnen oder das Element selbst. Angenommen, Sie protokollieren Word-Dateien:

➤ *Öffnet den Journaleintrag* – nicht die Word-Datei, sondern der Journaleintrag wird geöffnet. Im Journaleintrag wird als Betreff der Speicherort angezeigt. Die Word-Datei selbst ist als Symbol eingefügt. Ein Doppelklick auf dieses Symbol öffnet die Datei in Word.

➤ *Öffnet das Element, auf das der Journaleintrag verweist* – die protokollierte Datei wird direkt in Word geöffnet.

Übrigens: Auch wenn Sie die Option *Öffnet das Element, auf das der Journaleintrag verweist* wählen, können Sie direkt den Journaleintrag öffnen. Klicken Sie diesen dazu im Journal mit der rechten Maustaste an und wählen Sie *Journaleintrag öffnen*.

Elemente manuell eintragen

Das automatische Eintragen hat einen entscheidenden Nachteil: Es werden möglicherweise auch solche Elemente protokolliert, die uninteressant sind. Und gerade bei Computern mit wenig Speicherausbau (RAM) führt das zu einer verminderten Rechenleistung. Kein Wunder also, dass viele Anwender das Journal deaktivieren.

In diesem Fall können Sie Journaleinträge manuell anlegen.

Rufen Sie das Journal auf und klicken Sie in der Ribbon-Leiste auf *Neuer Journaleintrag*. Hieraufhin öffnet sich folgendes Dialogfenster:

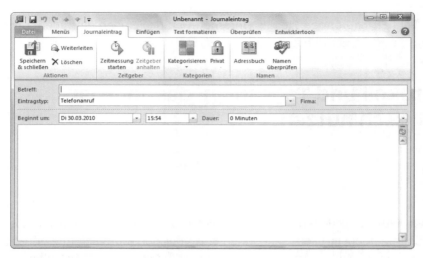

Ein Journaleintrag wird per Hand eingetragen.

Wählen Sie – ähnlich wie bei E-Mails – einen aussagekräftigen Betreff, von dem Sie auch in ein paar Wochen noch wissen, was damit gemeint war.

Über das *Eintragstyp*-Feld bestimmen Sie, um welche Art von Eintrag es sich handelt. Die Anzahl der möglichen Optionen ist schon recht beeindruckend. Dennoch sind nicht alle Fälle abgedeckt. Was ist beispielsweise mit dem beliebten Eintragstyp *Geschäftsessen*?

Im Feld *Beginnt* stellen Sie Datum und Uhrzeit ein, an dem das Ereignis, das Sie protokollieren wollen, beginnt. Über *Dauer* können Sie den Zeitraum auswählen, den das Ereignis gedauert hat. Wer es genau wissen will, kann die Zeit von Outlook mitstoppen lassen. Dazu klickt man zu Beginn des Ereignisses auf *Zeitmessung starten*. Ist das Ereignis beendet, kann man die Zeitnahme über *Zeitgeber anhalten* stoppen. Die von Outlook ermittelte Zeit wird automatisch in das Feld *Dauer* eingetragen. Beachten Sie, dass Outlook hier nur einen Wert übernimmt, wenn die Zeit länger als eine Minute gemessen wurde.

Worum es bei dem Ereignis ging, tragen Sie in das große Textfeld ein.

Sollen andere Personen, die Zugriff auf Ihre Outlook-Daten haben, den Inhalt dieses Journaleintrags nicht sehen dürfen, klicken Sie auf das Symbol *Privat*. So gekennzeichnete Journaleinträge werden von dritten Personen zwar im Journal als Eintrag gesehen, Details (zum Beispiel den Inhalt des Textfeldes) können sie sich aber nicht anzeigen lassen.

In das Feld *Firma* können Sie das Unternehmen desjenigen eintragen, mit dem das Ereignis zu tun hatte.

11.2 Protokoll und Tagesplan: das Journal praktisch nutzen

Auch wenn das Journal oftmals ein Schattendasein fristet: Setzt man es richtig ein, ist es durchaus ein sehr hilfreiches Werkzeug für die Organisation des Arbeitsalltags.

Wann habe ich welche Word-Datei geöffnet? – Elemente verknüpfen

Stellen Sie sich vor, auf Ihrem Desktop liegt ein Word-Dokument, von dem Sie genau wissen wollen, wann Sie es bearbeitet haben. Das Journal bietet durch seine integrierte Verknüpfungsfunktion genau diese Möglichkeit.

Verkleinern Sie dazu das Outlook-Fenster so weit, dass Sie Zugriff auf das Symbol der entsprechenden Datei haben. Ziehen Sie anschließend die Datei mit gedrückter linker Maustaste auf die *Journal*-Schaltfläche.

Eine Verknüpfung auf ein Word-Dokument.

Das Dokument wird als Verknüpfung in den Journaleintrag übernommen. Wenn Sie das Word-Dokument nun öffnen, klicken Sie im *Journaleintrag-*

Register auf *Zeitmessung starten*. Sobald Sie mit der Bearbeitung fertig sind, beenden Sie die Messung über *Zeitgeber anhalten*. Auf diese Weise können Sie ganz genau erkennen, wie lange Sie an dem Dokument gearbeitet haben.

Einen Tagesplan mit dem Outlook-Journal anlegen

Outlook bringt eine geniale Funktion für das Anlegen von Zeitprotokollen mit. Denn das Journal hat nicht nur eine Stoppuhr an Bord, Sie können auch sämtliche Aktivitäten übersichtlich eintragen und sich später wieder anzeigen lassen.

Und so wird das Journal zum Anlegen eines Tagesplans genutzt:

1 Sobald Sie mit einer Tätigkeit beginnen, drücken Sie die Tastenkombination [Strg]+[J]. Daraufhin wird ein Formular für einen neuen Journaleintrag geöffnet.

2 Hier sind bereits das aktuelle Datum und die aktuelle Uhrzeit eingetragen. Sie müssen nun nur noch einen passenden Betreff wählen, den Eintragstyp bestimmen und anschließend im Register *Journaleintrag* auf die Schaltfläche *Zeitmessung starten* klicken. (Mit den Eintragstypen gibt es leider immer wieder Probleme, da nur einige wenige standardmäßig angeboten werden. Auswege aus diesem Dilemma werden im Laufe dieses Kapitels gezeigt.)

3 Sie können sich nun ganz der anstehenden Aufgabe widmen. Sobald sie abgeschlossen ist, wechseln Sie wieder zu dem Journalfenster ([Alt]+[Tab]) und klicken auf die Schaltfläche *Zeitgeber anhalten*.

4 Tragen Sie nun kurz in das Notizfeld ein, welche Aufgabe Sie erledigt haben, und speichern Sie anschließend den Journaleintrag.

Die so erstellten Zeitprotokolle können Sie sich dann im Outlook-Journal übersichtlich anzeigen lassen.

11.3 So wird Outlook zum (kleinen) CRM-Tool

Unter **C**ustomer **R**elationship **M**anagement, kurz CRM, versteht man nichts anderes als das Kundenbeziehungsmanagement bzw. die Kundenpflege. Nun gibt es freilich ausgeklügelte CRM-Software. Allerdings genügt manchmal auch Outlook. So kann man nämlich mit dem Outlook-Journal beispielsweise Telefonprotokolle anlegen und Aufwandserfassung betreiben.

Das Journal als Telefonprotokoll

Angenommen, bei Ihnen steht in Kürze ein Telefonanruf an, den Sie in das Journal eintragen wollen. Das ist zum Beispiel sinnvoll, wenn Sie die Telefonzeit später dem Kunden in Rechnung stellen müssen.

Rufen Sie das Journal auf und klicken Sie auf *Neuer Journaleintrag*. Hieraufhin öffnet sich folgendes Dialogfenster:

Ein Journaleintrag wird per Hand eingetragen.

In das Feld *Betreff* tragen Sie den Zweck des Telefonanrufs ein. Wählen Sie – ähnlich wie bei E-Mails – einen aussagekräftigen Titel, von dem Sie auch in ein paar Wochen noch wissen, was damit gemeint war.

Aus dem *Eintragstyp*-Feld wählen Sie *Telefonanruf*.

Im Feld *Beginnt um* stellen Sie Datum und Uhrzeit ein, an dem das Telefonat beginnt. Zu Beginn des Telefonats klicken Sie auf *Zeitmessung starten*. Ist der Telefonanruf beendet, kann man die Zeitnahme über *Zeitgeber anhalten* stoppen. Die von Outlook ermittelte Zeit wird automatisch in das Feld *Dauer* eingetragen. Worum es bei dem Telefonat ging, tragen Sie in das große Textfeld ein.

In das Feld *Firma* können Sie das Unternehmen desjenigen eintragen, mit dem Sie telefoniert haben. So können Sie später zum Beispiel im Handumdrehen herausfinden, wie lange Sie mit Personen aus dem Unternehmen XY telefoniert haben, und dann eine entsprechend detaillierte Rechnung stellen.

Aufwandserfassung mithilfe des Journals

Sie können gezielt verfolgen, wann Sie mit einem Ihrer Kontakte telefoniert und zu welchem Zeitpunkt Sie ihm eine Besprechungsanfrage oder eine E-Mail zugeschickt haben. Outlook erlaubt das automatische Eintragen der folgenden Outlook-Elemente:

> *Antwort auf Aufgabenanfrage*
> *Antwort auf Besprechungsanfrage*
> *Aufgabenanfrage*
> *Besprechungsanfrage*
> *Besprechungsabsage*
> *E-Mail-Nachricht*

Zusätzlich können Sie explizit festlegen, für welche Ihrer Kontakte diese Elemente eingetragen werden sollen.

1 Dazu öffnen Sie im *Datei*-Register *Optionen*, klicken auf *Notizen und Journal* und öffnen *Journaloptionen*.

2 Unter *Diese Elemente autom. eintragen* aktivieren Sie die gewünschten Optionen. Hier werden die Kontrollkästchen der Einträge markiert, die im Journal berücksichtigt werden sollen.

3 Der Kontakt, für den die Aufwandserfassung gelten soll, wird im Bereich *Für diese Kontakte* aktiviert. (Sie können natürlich auch mehrere Kontakte aktivieren.)

4 Zusätzlich kann dann unter *Auch Dateien eintragen von* bestimmt werden, dass das Bearbeiten von Word- oder Excel-Dateien ebenfalls in das Journal eingetragen wird. Dadurch kann beispielsweise nachvollzogen werden, wann welche Word-Datei geöffnet und bearbeitet wurde.

5 Mit zweimal *OK* werden die Einstellungen übernommen.

Um sich nun die Aktivitäten anzeigen zu lassen, die im Zusammenhang mit einem Kontakt angefallen sind, geht man folgendermaßen vor:

Im *Ansicht*-Menü des Journals wird im Bereich *Anordnung* der Eintrag *Kontakt* gewählt.

Die Aufwandserfassung für alle Kontakte aktivieren

Jeden Kontakt auf die gezeigte Variante für das Journal vorzubereiten ist eindeutig zu aufwendig. Einfacher und vollautomatisch geht es über ein Makro. Sie müssen das Makro hier übrigens nicht abtippen, sondern können es sich ganz bequem von der Seite *http://www.medienwerke.de/download/journal.txt* herunterladen.

1 Wählen Sie im *Entwicklertools*-Register *Makros* und *Makros*.

2 In das *Makroname*-Feld wird *JournalKontakt* eingetragen.

3 Über *Erstellen* wird der Microsoft Visual Basic Editor gestartet, in dessen rechter Fensterhälfte Sie die folgende Passage finden:

- `Sub JournalKontakt()`
- `End Sub`

4 Ersetzen Sie diesen Teil durch folgenden Code:

```
■   Sub JournalKontakt()
■   Dim Ordner As Outlook.MAPIFolder
■   Dim Kontakte As Outlook.Items
■   Dim Kontakt As Object
5   Dim Gesamt As Integer
■   Set Ordner = Session.GetDefaultFolder(olFolderContacts)
■   Set Kontakte = Ordner.Items
■   Gesamt = 0
■   For Each Kontakt In Kontakte
10  If TypeName(Kontakt) = "ContactItem" Then
■   If Kontakt.Journal = False Then
■   Kontakt.Journal = True
■   Kontakt.Save
■   Gesamt = Gesamt + 1
15  End If
■   End If
■   Next
■   MsgBox "Insgesamt aktualisiert:" & Str$(Gesamt)
■   Set Kontakt = Nothing
20  Set Kontakte = Nothing
■   Set Ordner = Nothing
■   End Sub
```

5 Speichern Sie das Makro über das Disketten-Symbol, schließen Sie den Visual Basic Editor und kehren Sie zu Outlook zurück.

Nachdem das Makro angelegt ist, muss es nur noch auf die Kontakte angewendet werden.

1 Dazu wird in Outlook aus dem *Entwicklertools*-Register *Makros* und *Makros* gewählt.

2 Markieren Sie hier *JournalKontakt* und klicken Sie auf *Ausführen*.

3 Je nach Anzahl der Kontakte dauert das Aktualisieren der Kontaktdaten eine Weile.

4 Nach erfolgreicher Arbeit meldet sich das Makro mit einem Hinweisfenster.

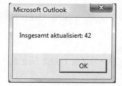

Jeder neu hinzukommende Kontakt wird automatisch für das Aufzeichnen im Journal aktiviert.

Optimal wäre es natürlich, wenn jeder neu angelegte Kontakt automatisch auch für Journaleinträge aktiviert wird. Auch das ist machbar.

1 Öffnen Sie den *Kontakte*-Ordner und rufen Sie *Neuer Kontakt* auf.

2 Wechseln Sie in das Register *Kontakt*, rufen Sie *Anzeigen/Alle Felder* auf. Aktivieren Sie unter *Auswählen aus* den Eintrag *Alle Kontaktfelder*.

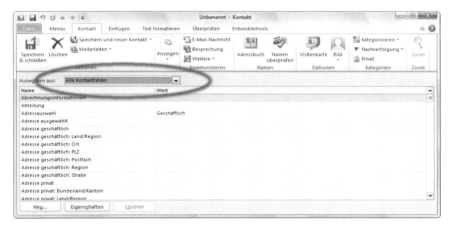

3 Suchen Sie in der *Name*-Spalte nach *Journal* und markieren Sie diesen Eintrag.

4 In der rechten Fensterhälfte wird in der Journalzeile auf *Nein* geklickt, dieser Wert gelöscht und anschließend *Ja* eingetragen. Klicken Sie nun im *Entwicklertools*-Register auf *Formulare* und *Formular veröffentlichen unter*.

5 Aus dem Feld *Suchen in* wird *Bibliothek für persönliche Formulare* ausgewählt. Weisen Sie dem Formular als *Angezeigter Name* und *Formularname* jeweils *journal* zu und klicken Sie auf *Veröffentlichen*.

6 Das geöffnete Formular wird über das Schließen-Symbol und (wichtig!) ohne Speichern geschlossen. Öffnen Sie im Outlook-Hauptfenster die Ordnerliste, klicken Sie den *Kontakte*-Ordner mit der rechten Maustaste an und wählen Sie *Eigenschaften*.

7 Im Bereich *Bereitstellen in diesem Ordner mit* wird *Formulare* eingestellt. Wählen Sie aus dem Feld *Suchen in* den Eintrag *Bibliothek für persönliche Formulare*, markieren Sie *journal* und klicken Sie auf *Öffnen*.

8 Mit *OK* werden die neuen Einstellungen angewendet.

Zum Testen legen Sie einen neuen Kontakt an und speichern diesen ab. Anschließend kontrollieren Sie im Outlook-Hauptfenster im *Datei*-Register unter *Optionen/Notizen und Journal*, ob der neue Kontakt im Bereich *Für diese Kontakte* aktiviert ist.

So gut ist eine Aufgabe tatsächlich gelaufen

Oftmals wird das *Firma*-Feld leer gelassen. Warum eigentlich? Mit den richtigen Handgriffen kann man über dieses Feld z. B. festhalten, wie gut eine Aufgabe abgearbeitet wurde.

So können Sie in das Firmenfeld die folgenden Werte eintragen:

➢ *Erledigt*

➢ *Nachhaken*

➢ *In Warteschleifen*

➢ *Unzufrieden*

➢ *Sehr zufrieden*

➢ *Nachbessern*

Mit einer auf diese Einträge abgestimmten Ansicht erkennen Sie auf den ersten Blick, welche Aufgaben sehr gut oder schlecht erfüllt wurden bzw. mit welchen Sie überhaupt nicht zufrieden sind.

1 Legen Sie sich dazu für die betreffende Aufgabe einen Journaleintrag an.

2 Über *Betreff* wird die Aufgabe (zum Beispiel *Datenbank*) angegeben. Bei *Eintragstyp* steht *Aufgabe*. Entscheidende Bedeutung kommt hier dem *Firma*-Feld zu. In dieses Feld wird eingetragen, wie gut die Aufgabe erledigt wurde.

3 Der Journaleintrag wird anschließend über *Speichern & schließen* angelegt.

4 Legen Sie auf diese Weise die weiteren Aufgaben an. Wichtig ist hierbei vor allem, dass im *Firma*-Feld jeweils der „Zufriedenheitsstatus" eingetragen wird.

Durch die nächsten Schritte wird die Journalansicht auf eben jenen „Zufriedenheitsstatus" angepasst.

1 Öffnen Sie das Journal und klicken Sie im *Ansicht*-Menü auf *Ansichteneinstellungen*.

2 Über *Gruppieren* wird das Dialogfenster auf der nächsten Seite geöffnet.

3 Wählen Sie aus dem oberen Listenfeld *Elemente gruppieren nach* den Wert *Firma*. Zusätzlich aktivieren Sie *Feld in Ansicht anzeigen*.

4 Mit *OK* und *OK* wird die Ansicht übernommen.

Fortan erkennen Sie sofort, mit welcher Aufgabe Sie noch nicht zufrieden sind, und können bei dem zuständigen Bearbeiter nachhaken. Sobald sich der Status einer Aufgabe beispielsweise von *Unzufrieden* auf *Sehr zufrieden* ändert, öffnen Sie den betreffenden Journaleintrag und passen den Wert des *Firma*-Feldes dahin gehend an.

Zeit und Kosten immer im Blick: Projektkalkulation

Oft muss man über eine Stundenabrechnung nachweisen, wie lange man an einem bestimmten Projekt gearbeitet hat. Auch hier hilft das Journal. Denn damit können Sie exakt aufzeichnen, welche Aktivitäten im Zusammenhang mit einem Ihrer Kontakte bzw. einem Projekt nötig waren und wie lange sie gedauert haben.

1 Im *Datei*-Register wird *Optionen/Notizen und Journal* geöffnet und auf *Journaloptionen* geklickt.

2 Unter *Diese Elemente autom. eintragen* werden alle Aktivitäten aktiviert, die man vom Journal aufzeichnen lassen will. Normalerweise aktiviert man hier alle Kontrollkästchen.

3 Im Bereich *Für diese Kontakte* wird der Kontakt markiert, dessen Aktivitäten aufgezeichnet werden sollen.

4 Im unteren Fensterbereich kann man dann noch angeben, ob Word- oder Excel-Dateien ebenfalls aufgezeichnet werden sollen.

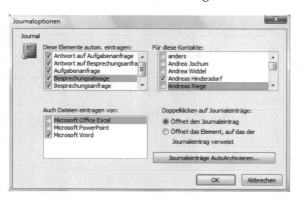

5 Übernommen werden diese Einstellungen mit *OK* und *OK*.

Um nun zu überprüfen, welcher Kunde wie viel Aufwand verursacht hat, muss die Journalansicht angepasst werden.

1 Dazu wird innerhalb des Journals im *Ansicht*-Menü im Bereich *Anordnung* der Punkt *Kontakt* aufgerufen.

2 Suchen Sie hier nach dem gewünschten Kontakt. Über das Pluszeichen können alle Aktivitäten eingeblendet werden.

11.4 Das Journal ganz einfach anpassen

Das Problem mit den Eintragstypen wurde bereits erwähnt. In der Praxis konkurrieren zwei Lösungsansätze. Im einfachsten Fall ignorieren Sie das Listenfeld *Eintragstyp* und bedienen sich stattdessen der Kategorien. Klicken Sie dazu innerhalb des geöffneten Journaleintrag-Fensters im *Journaleintrag*-Register auf *Kategorisieren* und wählen Sie die gewünschte Kategorie aus.

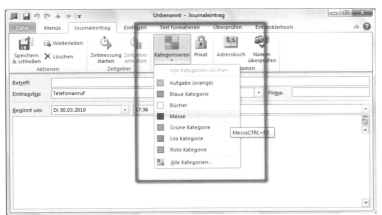

Der Eintrag wird kategorisiert.

Eleganter ist es natürlich, wenn Sie die Liste der Eintragstypen erweitern. Das geht einfacher, als man denkt, und gibt einem die größtmögliche Freiheit. Wie das funktioniert, wird hier anhand des neuen Eintragstyps *Geschäftsessen* gezeigt.

Vorsicht

Mit dem Registrierungs-Editor greift man tief in das Windows-System ein. Löschen Sie dort keine Schlüssel, denn sonst lässt sich Windows möglicherweise nicht mehr starten.

Schließen Sie zuvor am besten Outlook, da die Änderungen erst nach einem Programmneustart sichtbar werden.

1 Tragen Sie in das *Suche-starten*-Feld im Windows-Startmenü *regedit* ein und klicken Sie auf *OK*. Hieraufhin öffnet sich der Registrierungs-Editor.

2 In diesem hangeln Sie sich zu dem Schlüssel *HKEY_CURRENT_USER\ Software\Microsoft\Shared Tools\Outlook* und klicken auf *Journaling*.

3 Klicken Sie mit der rechten Maustaste in die rechte Fensterhälfte und wählen Sie *Neu/Schlüssel*.

4 Der Schlüssel erscheint daraufhin in der linken Seite in Form eines Ordners. Weisen Sie ihm als Namen *Geschäftsessen* zu. (Normalerweise brauchen Sie den Namen nach dem Anlegen nur einzutippen und er wird auf den Schlüssel angewendet. Sollte das nicht funktionieren, klicken Sie den Schlüssel mit der rechten Maustaste an und wählen *Umbenennen*.)

5 Für diesen Schlüssel müssen nun diverse Werte angelegt werden. Die Vorgehensweise ist dabei immer gleich: Klicken Sie mit der rechten Maustaste in die rechte Fensterhälfte, wählen Sie *Neu* und den Datentyp (z. B. DWORD). Anschließend wird dem Datentyp ein Name (z. B. *AutoJournaled*) zugewiesen. Zum Schluss klicken Sie den neu angelegten Datentyp doppelt an und tragen den entsprechenden Wert ein. Die folgende Tabelle zeigt alle Namen, Datentypen und Werte, die zum Erstellen eines neuen Eintragstyps nötig sind:

Name	Datentyp	Wert
AutoJournaled	DWORD	*0*
Description	Zeichenfolge	*Geschäftsessen*
JournalByContact	DWORD	*0*
Large Icon	Zeichenfolge	*[2]*
Small Icon	Zeichenfolge	*[4]*

6 Die Werte bei den beiden Zeichenfolgen *Large Icon* und *Small Icon* bestimmen die Symbole, mit denen die Einträge im Journal angezeigt werden. Experimentieren Sie dort mit Zahlenwerten zwischen *[1]* und *[20]*.

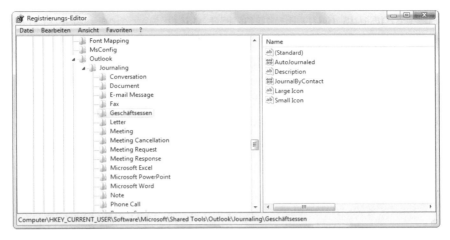

7 Wenn Sie wollen, können Sie auf die gleiche Art weitere Einträge anlegen.

8 Nachdem alle Einträge erzeugt sind, kann der Registrierungs-Editor über das Schließen-Symbol beendet werden. Wenn Sie jetzt einen neuen Journaleintrag anlegen, können Sie auf den neuen Eintragstyp zugreifen.

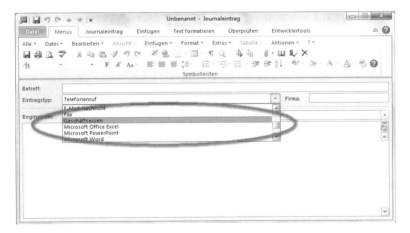

Ressourcen im Umgang mit dem Journal sparen

Sie haben gesehen, wie effektiv man mit dem Journal arbeiten kann. Besonders ressourcenschonend ist es allerdings nicht. Zwei Dinge kann man dagegen unternehmen: Entweder löscht man die Anhänge aus den Journaleinträgen und gibt so Speicherplatz frei oder man deaktiviert das Journal.

Anhänge aus Journaleinträgen löschen

Bekanntermaßen kann man in Journaleinträge Dateianhänge einfügen. Egal ob Gesprächsprotokolle oder Anfahrtsskizzen, mit der Zeit verschwendet das Journal auf diese Weise enormen Speicherplatz. Von Zeit zu Zeit sollte man daher die Anhänge aus den Journaleinträgen löschen.

Um die Anhänge aus einzelnen Einträgen zu löschen, öffnet man den betreffenden Eintrag, markiert den Anhang und drückt ⎡Entf⎤.

Wer die Anhänge aus allen Journaleinträgen löschen will, sollte sich allerdings lieber eines Tools bedienen.

1   Outlook Journal Attachment kann von der Seite *http://software.bertels. org/de/mkb_outlook_journal_attachment* heruntergeladen werden. (Das Tool arbeitet tatsächlich mit Outlook 2010 zusammen, obwohl es seit dem Jahr 2003 nicht mehr aktualisiert wurde.)

2   Nach der Installation, durch die man wie üblich mittels eines Assistenten gelotst wird, kann das Programm über das Startmenü oder ein Desktopsymbol gestartet werden.

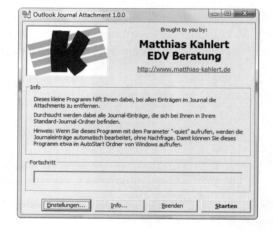

3   Um die Anhänge aus den Journaleinträgen zu löschen, wird auf *Starten* geklickt. Sollten Sie mehrere Journal-Ordner angelegt haben, können Sie über *Einstellungen/Ordner auswählen* den gewünschten Ordner einstellen.

4   Das sich hieraufhin öffnende Dialogfenster weist darauf hin, dass diese Aktion nicht rückgängig gemacht werden kann. Gelöscht ist also gelöscht! Mit *OK* wird mit dem Löschen begonnen.

Andere Anhänge können auch gelöscht werden

Auch wenn es der Name Outlook Journal Attachment vermuten lässt, mit diesem Tool kann man nicht nur Anhänge aus Journaleinträgen löschen. Man kann genauso gut jeden anderen Outlook-Ordner von seinen Anhängen befreien.

Wollen Sie beispielsweise alle Anhänge aus dem *Aufgaben*-Ordner löschen, gehen Sie folgendermaßen vor:

1 Starten Sie Outlook Journal Attachment und klicken Sie auf *Einstellungen*.

2 Über *Ordner auswählen* wird die Outlook-Ordnerliste geöffnet.

3 Markieren Sie hier den *Aufgaben*-Ordner und bestätigen Sie die Auswahl mit *OK*.

4 Über *Speichern* und *Starten* werden alle Anhänge aus dem *Aufgaben*-Ordner gelöscht.

Einzelne Optionen des Journals deaktivieren

So gut das Journal auch ist, wenn Sie merken, dass Ihr Computer regelmäßig auf Ihre Festplatte zugreift (zu erkennen ist das an einem „ratternden" Geräusch), liegt das möglicherweise am Journal. Gerade wer einen altersschwachen Rechner sein Eigen nennt, sollte dann besser auf einige Journalfunktionen verzichten. Durch die folgenden Schritte können Sie explizit einzelne Journaloptionen (z. B. das Aufzeichnen von Word-Dateien) entfernen.

1 Dazu wird der Registrierungs-Editor durch die Eingabe von *regedit* in das Suche-starten-Feld des Windows-Startmenüs aufgerufen. (Wobei die Eingabe mit (Enter) bestätigt werden muss.)

2 Hier hangeln Sie sich zu dem Schlüssel *HKEY_CURRENT_USER\Software\Microsoft\Shared Tools\Outlook* und klicken auf *Journaling*.

3 Unter *Journaling* sehen Sie die Ordner *Microsoft Excel*, *Microsoft Word*, *Microsoft PowerPoint* und – falls installiert – *Microsoft Access*.

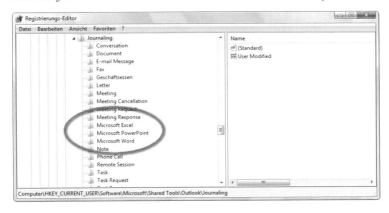

4 Klicken Sie den ersten dieser Ordner (z. B. *Microsoft Word*) an und führen Sie in der rechten Fensterhälfte auf *AutoJournaled* einen Doppelklick aus.

5 Anstelle des vorhandenen Eintrags *1* im Wertefeld wird dort *0* angegeben.

6 Führen Sie diese Schritte für alle genannten Ordner bzw. Office-Anwendungen durch.

7 Anschließend beenden Sie den Registrierungs-Editor und starten Windows neu.

Das Journal leeren

Im Laufe der Zeit sammeln sich im Journal immer mehr Einträge an. Um Ressourcen zu sparen und die Übersicht zu behalten, können Sie das Journal leeren. Dazu öffnen Sie es und rufen *Ansicht/Ansicht ändern/Eintragsliste* auf. Outlook zeigt daraufhin eine Ansicht, in der alle Einträge tabellarisch aufgeführt sind. Um einen einzelnen Eintrag zu entfernen, markieren Sie ihn und drücken die (Entf)-Taste. Aber Achtung: Der Journaleintrag wird daraufhin gelöscht, ohne dass Outlook noch einmal nachfragt.

Ebenso einfach können Sie übrigens auch alle Journaleinträge löschen. Dazu markieren Sie innerhalb des Journals einen Eintrag und drücken (Strg)+(A). Outlook markiert daraufhin alle Journaleinträge.

Die Einträge wurden markiert.

Über (Entf) können Sie alle Einträge löschen.

Das Journal deaktivieren

In Outlook gibt es keine spezielle Option, um das Journal auszuschalten. Stattdessen müssen mehrere Kontrollkästchen deaktiviert werden. Rufen Sie dazu *Datei/Optionen* und *Notizen und Journal* auf. Über *Journaloptio-*

nen wird das altbekannte Dialogfenster geöffnet. Deaktivieren Sie dort alle Einträge unter *Diese Elemente autom. eintragen* und *Auch Dateien eintragen von*.

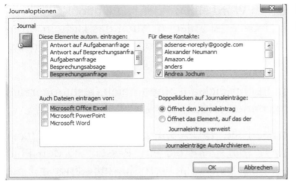

Die Optionen wurden deaktiviert.

Die Kontrollkästchen unter *Für diese Kontakte* können aktiviert bleiben. Mit *OK* und *OK* werden die Einstellungen übernommen.

11.5 Schluss mit den Post-its auf dem Monitor: die Notizzettel im Praxiseinsatz

Kurze wichtige Infos wie Telefonnummern etc. schreibt man auf Notizzettel. Was im richtigen Leben gut funktioniert, klappt auch in Outlook. Denn dort steht ebenfalls eine Notizzettel-Funktion zur Verfügung.

Notizzettel erstellen und bearbeiten

Um einen Notizzettel anzulegen, ruft man den *Notizen*-Ordner auf und wählt *Neue Notiz*. (Schneller geht es übrigens mit der Tastenkombination Strg+Umschalt+N.) Tragen Sie dort die gewünschte Notiz ein. Outlook fügt automatisch im unteren Zettelbereich Datum und Uhrzeit ein.

Ein neuer Notizzettel wurde angelegt.

Um den Notizzettel zu speichern, klicken Sie entweder auf das Schließen-Symbol oder drücken die (Esc)-Taste.

Diese Variante des Anlegens funktioniert allerdings nur bei geöffnetem Outlook. Oft schreibt man aber in Word einen Brief, hat Outlook geschlossen und will trotzdem einen Notizzettel anlegen. Auch das ist kein Problem. Durch die folgenden Schritte können Sie Notizzettel mittels einer Tastenkombination anlegen, ohne dass Outlook dabei geöffnet sein muss.

1 Legen Sie dazu über einen Rechtsklick auf einen freien Desktopbereich und *Neu/Verknüpfung* eine neue Verknüpfung an.

2 In das *Speicherort*-Feld tragen Sie *"C:\Program Files\Microsoft Office\ OFFICE14\OUTLOOK.EXE" /c ipm.stickynote* ein. Passen Sie den Pfad zur *Outlook.exe* gegebenenfalls an und achten Sie unbedingt auf die Anführungszeichen. Nach *Weiter* weist man der Verknüpfung einen Namen (zum Beispiel *Notizen*) zu und legt die Verknüpfung mit *Fertig stellen* an.

Über einen Doppelklick auf das neue Desktopsymbol wird ein neuer Notizzettel geöffnet. Schritt 1 ist damit erledigt. So richtig elegant wird es aber erst, wenn der Notizzettel auch gleich noch über eine Tastenkombination erzeugt werden kann.

1 Dazu klickt man die zuvor erzeugte Verknüpfung mit der rechten Maustaste an und wählt *Eigenschaften*.

2 Setzen Sie den Cursor in das *Tastenkombinationen*-Feld und drücken Sie die gewünschte Tastenkombination. Eine oft verwendete Tastenkombination ist zum Beispiel (Strg)+(Umschalt)+(N). (Das ist die gleiche Kombination, die auch zum Anlegen eines neuen Notizzettels in Outlook verwendet wird.)

Nachdem man die Einstellungen mit *Übernehmen* und *OK* bestätigt hat, kann man von jeder beliebigen Stelle aus neue Notizzettel über die betreffende Tastenkombination anlegen.

Lange Notizzettel in Word bearbeiten

Angenommen, Sie haben einen etwas umfangreicheren Notizzettel erstellt und wollen die Daten in Word weiterverwenden. Dazu müssen Sie den Notizzettel nur im richtigen Format abspeichern.

Öffnen Sie den betreffenden Notizzettel und klicken Sie auf das Symbol in der linken oberen Ecke. Aus dem sich öffnenden Menü wird *Speichern unter* gewählt. Als Dateityp stellt man *Rich-Text-Format (rtf)* ein. Weisen Sie der Datei einen Namen zu und klicken Sie auf *Speichern*. Die RTF-Datei kann jetzt ganz normal über einen Doppelklick bzw. in Word über die Office-Schaltfläche und *Öffnen* zum Bearbeiten aufgerufen werden.

Mehr Details anzeigen

Der normale Notizzettel verrät nur relativ wenig. Denn wirft man einen Blick in den *Notizen*-Ordner, bekommt man neben dem Zettel-Symbol lediglich einen kurzen Text und nichts weiter angezeigt. Informationen wie das Erstellungsdatum und der Großteil des eigentlichen Inhalts bleiben hingegen verborgen. Besser ist doch die folgende Ansicht:

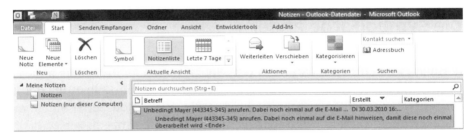

Es werden mehr Details angezeigt.

Um eine solche Ansicht zu erhalten, öffnet man den *Notizen*-Ordner und klickt im *Ansicht*-Menü nacheinander auf *Aktuelle Ansicht* und *Notizenliste*.

Farben und Schriftstil der Notizen anpassen

Die Kombination aus Schriftgröße, Stil und Farbe mag oft ausreichend sein, ideal ist sie sicherlich nicht. Wem die Schriftart zu klein oder nicht fett genug ist, der kann nachhelfen.

Unbedingt Mayer (443345-345) anrufen. Dabei noch einmal auf die E-Mail hinweisen, damit diese noch einmal überarbeitet wird.

31.03.2010 15:25

So ist die Schrift gut lesbar.

Das Schriftbild kann folgendermaßen angepasst werden.

1 Im Outlook-Hauptfenster wählt man aus dem *Datei*-Register *Optionen* und ruft *Notizen und Journal* auf. In dem sich öffnenden Fenster wählt man *Schriftart*.

2 Passen Sie hier die Einstellungen zu Schriftart, Farbe, Größe und Schriftschnitt an. Mit *OK* übernimmt man abschließend die vorgenommenen Einstellungen.

Wofür die Änderungen gelten

Beachten Sie, dass die Einstellungen nicht nur auf alle zukünftigen, sondern auch auf alle bereits vorhandenen Notizzettel angewandt werden. Hier verhalten sich die Notizzettel also anders als beim Ändern der Zettelfarbe.

Die Symbolfarbe ändern

Die Standardfarbe der Notizzettel ist Gelb. Nun ist Gelb sicherlich nicht jedermanns Geschmack. Man kann den Notizzetteln aber auch eine andere Hintergrundfarbe zuweisen. Zur Auswahl stehen neben Gelb Blau, Rosa, Grün und Weiß. Will man standardmäßig alle neuen Notizzettel mit einer blauen Hintergrundfarbe versehen, geht man folgendermaßen vor:

Individuelle Farbgestaltung

Die Farbgebung wird oft als optische Spielerei wahrgenommen, sie kann aber auch einen echten Mehrwert bieten. Denn anhand unterschiedlicher Farbgebungen kann man auf den ersten Blick zum Beispiel zwischen privaten und beruflichen Notizzetteln unterscheiden.

1 Im *Datei*-Menü wird *Optionen* geöffnet. In dem sich daraufhin öffnenden Fenster rufen Sie *Notizen und Journal* auf.

2 Aus dem entsprechenden Farbefeld wählt man Blau (bzw. die gewünschte Farbe) aus und bestätigt diese Auswahl mit *OK*.

Legt man ab sofort einen neuen Notizzettel an, geschieht das mit der Standardfarbe. Die bereits vorhandenen Notizzettel verändern ihre Farbe dabei dann nicht.

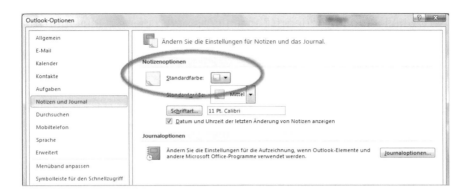

Notizen mit Farben verwalten und organisieren

Ihnen ist der *Notizen*-Ordner zu unübersichtlich? Dann sortieren Sie ihn doch nach privaten, terminlichen und telefonischen Notizen. Und das Beste daran: Alles lässt sich mit Farben schön übersichtlich gestalten. So kann man beispielsweise Notizzettel für Telefonanrufe gelb, projektbezogene Zettel blau und anstehende Aufgaben grün einfärben.

Um die Farbe eines neuen Notizzettels anzupassen, wird innerhalb des geöffneten Notizzettels auf das Symbol in der linken oberen Ecke geklickt, auf *Kategorisieren* gezeigt und die gewünschte Farbe eingestellt.

Es besteht zudem die Möglichkeit, die Farbe eines Notizzettels nachträglich zu ändern. Dazu klicken Sie ihn mit der rechten Maustaste an, wählen *Kategorisieren* und stellen die Farbe ein.

Die Ansicht auf die Farbvielfalt abstimmen

So richtig effektiv lassen sich Farben freilich erst im Zusammenhang mit einer passenden Ansicht nutzen. Um die Notizzettel nach Farben zu ordnen (wie es die vorherige Abbildung zeigt), gehen Sie folgendermaßen vor:

1 Im *Ansicht*-Menü des geöffneten *Notizen*-Ordners wird *Ansicht ändern/Notizenliste* aufgerufen.

2 Anschließend klickt man im Bereich *Anordnung* auf *Kategorien*.

Die Notizzettel werden jetzt nach Farben gruppiert. Über die Plus- und Minuszeichen lassen sich die Farbgruppen minimieren und maximieren.

So werden Notizen einem Kontakt hinzugefügt

Angenommen, Sie haben mit einem Ihrer Kunden ein Telefonat geführt und nebenbei einen Notizzettel angelegt, auf dem vermerkt ist, dass Sie ihn nächsten Montag erneut anrufen sollen. Diesen Notizzettel können Sie nun dem Kontakt hinzufügen.

1 Öffnen Sie im *Kontakte*-Ordner den betreffenden Kontakt mit einem Doppelklick.

2 Im *Einfügen*-Register des Kontaktfensters wird *Outlook-Element* aufgerufen.

3 Im oberen Fensterbereich wird auf *Notizen* geklickt. Hieraufhin werden alle im *Notizen*-Ordner liegenden Notizen angezeigt.

4 Markieren Sie die Notiz, die eingefügt werden soll, und bestätigen Sie diese Auswahl mit *OK*.

Wenn Sie später den Notizzettel einsehen wollen, öffnen Sie den Kontakt wie gewohnt.

Im Bereich *Notizen* werden alle mit dem Kontakt verknüpften Notizzettel angezeigt.

Durch einen Doppelklick können die Notizzettel geöffnet werden. Anschließend kann man sie wie gewohnt ändern. Beachten Sie, dass Änderungen nicht im „originalen" Zettel, der im *Notizen*-Ordner liegt, übernommen werden.

Notizen in Kalendereinträge umwandeln

Wenn Sie während eines Telefonats einen Termin auf einem Outlook-Notizzettel notiert haben, können Sie diesen Zettel anschließend in einen Kalendereintrag umwandeln.

1 Dazu wird die Notiz mit gedrückter linker Maustaste auf den *Kalender*-Ordner gezogen.

2 Nach dem Loslassen der Maustaste erscheint ein Terminfenster, in dem der Inhalt des Notizzettels eingefügt ist.

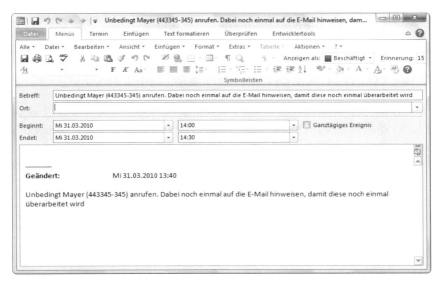

3 Man braucht jetzt nur noch die fehlenden Angaben zu ergänzen und kann den Termin dann über *Speichern & schließen* anlegen.

Notizen per E-Mail verschicken

Sie können Notizzettel ganz einfach per E-Mail verschicken. Dazu klicken Sie den betreffenden Notizzettel mit der rechten Maustaste an und wählen *Weiterleiten*.

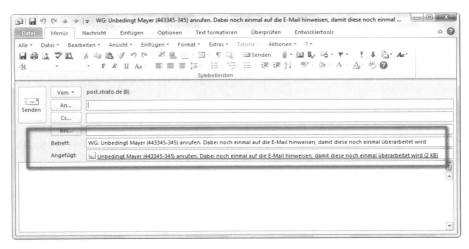

Der Zettel wird per E-Mail verschickt.

Outlook erstellt daraufhin ein neues E-Mail-Fenster, das zwei Besonderheiten aufweist:

➢ In der Betreffzeile ist der Text des Notizzettels enthalten.

➢ Der Notizzettel wird der E-Mail als Anhang hinzugefügt.

Verwendet der Empfänger einer solchen E-Mail Outlook, kann er den Notizzettel durch einen Doppelklick öffnen und ihn bei Bedarf abspeichern. Um den Notizzettel direkt in den *Notizen*-Ordner zu übernehmen, öffnet man die E-Mail und zieht den als Anhang eingefügten Notizzettel bei gedrückter linker Maustaste auf den *Notizen*-Ordner.

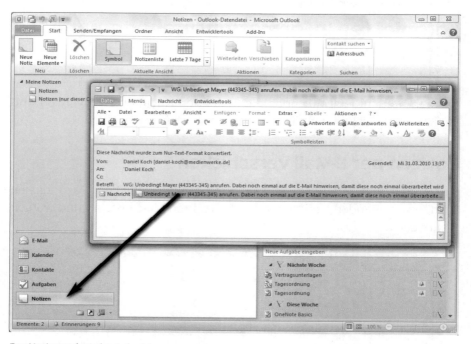

Der Notizzettel wird mit der Maus gezogen.

Sobald der Mauszeiger losgelassen wird, fügt Outlook den Zettel automatisch in den *Notizen*-Ordner ein.

Problematischer sieht die Sache aus, wenn die Empfänger nicht mit Outlook arbeiten. Denn diese können mit dem Notizzettel an sich nichts anfangen. Dadurch, dass der Text des Notizzettels aber im Betreff steht – zumindest dann, wenn man ihn nicht selbst gelöscht hat –, können sie zumindest lesen, was auf dem Notizzettel steht.

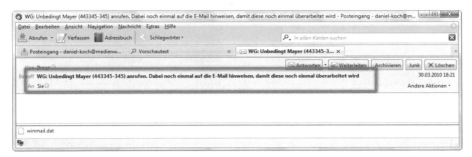

Der Notizzettel in Mozilla Thunderbird.

11.6 Komplettes Informationsmanagement mit OneNote

Mit Microsoft OneNote können Sie Ihre gesamten Notizen zentral an einer Stelle verwalten. Stellen Sie sich OneNote als riesigen Notizblock vor, auf dem Sie Ihre Ideen verwirklichen können.

> **Ein Ausflug in die OneNote-Welt**
>
> In diesem Buch können nur einige Funktionen von OneNote vorgestellt werden. Aufgrund der Funktionsvielfalt, die OneNote zu bieten hat, können hier aber nicht alle Features gezeigt werden. Der Fokus liegt in diesem Buch daher auf dem Zusammenspiel zwischen Outlook und OneNote.

OneNote ist ein eigenständiges Programm, das allerdings sehr eng mit Outlook verbunden ist. Wenn Sie bislang noch nicht mit diesem Programm gearbeitet haben, können Sie sich unter *http://office.microsoft.com/de-de/onenote/default.aspx* einen ersten Eindruck von OneNote verschaffen.

Aufgaben in OneNote anlegen und mit Outlook synchronisieren

Sie können mit einem Mausklick dafür sorgen, dass aus einem OneNote-Projekt gleichzeitig eine Outlook-Aufgabe wird. Damit das funktioniert, müssen Sie Outlook geöffnet haben, bevor Sie in OneNote eine Outlook-Aufgabe anlegen. Anschließend können Sie in OneNote innerhalb des *Start*-Registers die aus Outlook bekannten Aufgabenoptionen aufrufen.

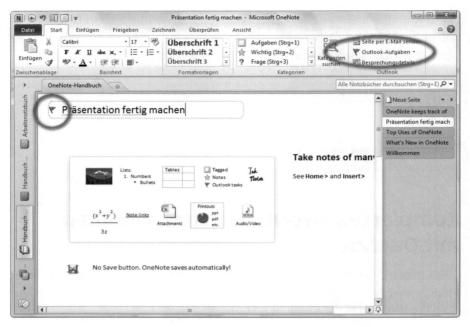

Eine Outlook-Aufgabe wird angelegt.

Die so gekennzeichnete Aufgabe wird automatisch in Outlook übernommen. Öffnet man diese Aufgabe in Outlook, ist darin eine Verknüpfung auf das entsprechende OneNote-Projekt enthalten.

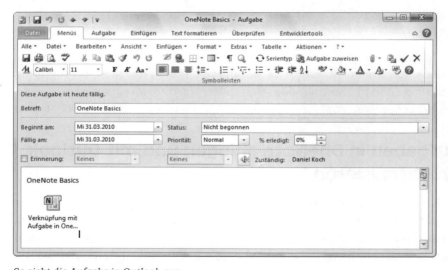

So sieht die Aufgabe in Outlook aus.

Diese Aufgabe kann nun so behandelt werden, wie Sie es von Outlook her gewohnt sind. Klickt man die in die Aufgabe eingefügte Verknüpfung doppelt an, wird das entsprechende Projekt in OneNote geöffnet.

Um sich in OneNote zusätzliche Informationen über die Aufgabe – wie zum Beispiel Beginn und Fälligkeit – anzeigen zu lassen, fahren Sie mit dem Mauszeiger auf das Aufgabenfähnchen.

▼ **Präsentation fertig machen**
Heute
Beginnt am: Mittwoch, 31. März 2010
Fällig am: Freitag, 2. April 2010

Zusatzinformationen sind zu sehen.

Durch Anklicken des Fähnchens wird die Aufgabe als erledigt markiert. (Diese Einstellung wird übrigens auch gleich in Outlook übernommen.)

12. Archivierung, Spam und Sicherheit

E-Mail ist heutzutage das zentrale Kommunikationsinstrument. Immer mehr Unternehmen und Privatanwender fühlen sich mittlerweile aber von Spammails und virenverseuchten Nachrichten überfordert. Denn aktuelle Studien belegen, dass 90 % aller E-Mails im Unternehmen Spam oder Viren enthalten. Diese Quote gilt es einzudämmen. Nachdem in diesem Kapitel zunächst gezeigt wird, wie sich das Spamaufkommen verringern lässt, widmet sich der zweite Teil ganz der E-Mail-Sicherheit. Aber zunächst geht es um die Frage der Archivierung.

12.1 Outlook-Datendateien archivieren

Fast alle Outlook-Daten werden in einer sogenannten Datendatei gespeichert. Dabei wird zwischen zwei unterschiedlichen Arten von Datendateien unterschieden:

➢ OST – diese Datei wird nur verwendet, wenn Sie über ein Exchange-E-Mail-Konto verfügen und im Offlinemodus arbeiten. Außerdem kommt sie zum Einsatz, wenn der Exchange-Cache-Modus eingesetzt wird.

➢ PST – dieser Dateityp wird für Konten vom Typ POP3, HTTP und IMAP verwendet.

Wie wichtig der richtige Umgang mit Datendateien ist, wird deutlich, wenn es einmal zu einem Rechner-Crash kommt und alle Outlook-Daten verloren sind. Auf den folgenden Seiten wird daher der Fokus auf dem richtigen Umgang mit Datendateien liegen.

PST-Dateien archivieren

Innerhalb von PST-Dateien sind zahlreiche Outlook-Elemente gespeichert. Hier eine Liste dieser Elemente:

➢ Aufgaben
➢ E-Mails
➢ Termine
➢ Journaleinträge
➢ Notizen
➢ alle selbst angelegten Ordner, in denen sich eines der zuvor aufgeführten Elemente befindet

Allerdings werden PST-Dateien nicht dazu verwendet, alles zu speichern. So werden beispielsweise die folgenden Informationen nicht in PST-Dateien abgelegt:

➢ Kategorien

➢ Druckereinstellungen

➢ Regeln

➢ Signaturen

➢ Seiteneinstellungen

➢ Adressen aus dem persönlichen Adressbuch

Wer die PST-Datei zur Datensicherung nutzen will, der muss die genannten Daten zusätzlich sichern. Ausführliche Informationen dazu finden Sie im weiteren Verlauf dieses Kapitels.

Die meisten Anwender arbeiten mit einer einzigen PST-Datei. Dass diese im Laufe der Zeit immer größer wird, ist klar. Mit zunehmender Größe wird allerdings Outlook immer langsamer. Verhindern lässt sich das, indem man mehrere PST-Dateien anlegt.

Größenbeschränkungen

In den Versionen vor Outlook 2003 durften PST-Dateien maximal 2 GByte groß werden. Diese Einschränkung gibt es nicht mehr. Die maximale Größe beträgt jetzt stolze 20 GByte. Allerdings können Sie selbst festlegen, welche Größe die PST-Datei nicht überschreiten darf. Das ist zum Beispiel eine gute Möglichkeit, um den Mitbenutzer dazu zu nötigen, seine Outlook-Dateien aufzuräumen und Überflüssiges zu löschen.

Dazu müssen Sie allerdings in die Windows-Registry eingreifen. Eine ausführliche Anleitung aus erster Hand – nämlich vom Microsoft-Support-Center – finden Sie unter *http://support.microsoft.com/kb/832925/de.*

Mehrere PST-Dateien können dann dazu genutzt werden, in ihnen jeweils unterschiedliche Elemente oder Strukturen abzulegen. Typische Einsatzgebiete für mehrere PST-Dateien sind:

➢ Mehrere Benutzer teilen sich ein Outlook. Dabei verwendet jeder Benutzer ein eigenes Profil und eine eigene PST-Datei.

➢ Man legt sich zwei PST-Dateien an. Während man in der einen die wirklich wichtigen Elemente speichert, verwendet man die zweite als eine Art Zwischenspeicher. Für die kann man dann entsprechende

AutoArchivierungs-Intervalle definieren oder Inhalte nach einer bestimmten Zeit löschen.

Um eine neue PST-Datei anzulegen, wählen Sie *Datei/Kontoeinstellungen* und klicken im Register *Datendateien* auf *Hinzufügen*. Markieren Sie *Persönliche Ordner (.pst) für Office Outlook*. Anschließend muss der Speicherort angegeben werden. Standardmäßig legt Outlook die PST-Dateien unter *C:\Users\<Benutzer>\Documents\Outlook-Dateien* ab. Diese Einstellung kann normalerweise mit *Speichern* übernommen werden.

PST-Dateien netzwerkübergreifend nutzen

Die PST-Datei kann auch netzwerkübergreifend genutzt werden. Dazu muss man allerdings über Lese- und Schreibberechtigungen für die verwendete Netzwerkadresse verfügen. Außerdem ist zu berücksichtigen, dass die PST-Datei nicht parallel von einer anderen Person oder einem anderen Programm genutzt wird.

Den Speicherort der PST-Datei individuell festlegen

PST-Dateien werden standardmäßig auf dem Systemlaufwerk (meistens C:) gespeichert. Das ist so in der Vielzahl der Fälle auch völlig in Ordnung. Es gibt aber auch Bereiche, in denen über eine Verlegung der PST-Datei nachgedacht werden sollte. Angenommen, im Firmennetzwerk fährt der Administrator regelmäßig ein Backup von einem Netzlaufwerk.

Befindet sich Ihre PST-Datei auf Laufwerk C: und das Backup wird von Laufwerk Z: durchgeführt, müssten Sie jedes Mal kurz vor dem Backup die PST-Datei auf Laufwerk Z: kopieren. Nur so können Sie sicherstellen, dass die Datei mitgesichert wird. Komfortabel ist diese Lösung freilich nicht. Besser ist es, wenn sich die PST-Datei permanent auf Laufwerk Z: befindet und Outlook darauf zugreift.

Um den Speicherort festzulegen, muss man zunächst herausfinden, mit welcher PST-Datei Outlook arbeitet. Standardmäßig ist das die *outlook.pst*, möglicherweise haben Sie oder der Administrator aber eine andere PST-Datei als Standard festgelegt.

Der tatsächliche Speicherort lässt sich herausfinden, indem man innerhalb der Ordnerliste mit der rechten Maustaste auf *Persönlicher Ordner* klickt und *Datendateieigenschaften* wählt. Über die *Erweitert*-Schaltfläche wird folgendes Dialogfenster geöffnet:

Im Bereich *Datei* können Speicherort und Name der PST-Datei abgelesen werden. Schließen Sie die offenen Dialogfenster sowie Outlook und kopieren Sie die PST-Datei an den gewünschten neuen Speicherort. Nach dem Outlook-Neustart „mokiert sich" das Programm wegen fehlender PST-Datei.

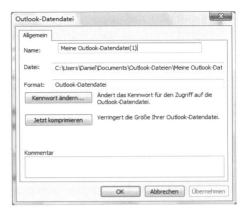

Bestätigen Sie die Fehlermeldung mit *OK*, geben Sie die neue PST-Datei an und bestätigen Sie die

Dort liegt die PST-Datei.

Auswahl mit *Öffnen*. Outlook merkt sich den angegebenen Pfad und arbeitet ab sofort mit der neuen PST-Datei.

PST-Datei sichern und wiederherstellen

Da in der PST-Datei wichtige Outlook-Daten gespeichert werden, sollte man diese Datei natürlich regelmäßig sichern. So kann man sie zum Beispiel nach einem Rechner-Crash wiederherstellen und auf seine E-Mails, Kontakte etc. so zugreifen, wie wenn nichts gewesen wäre.

1 Gesichert wird die PST-Datei über den Import/Export-Assistenten, der über *Datei/Öffnen/Importieren* aufgerufen wird.

2 Markieren Sie dort *In Datei exportieren* und wählen Sie *Weiter*.

3 In dem sich öffnenden Dialogfenster wird *Outlook-Datendatei (.pst)* markiert.

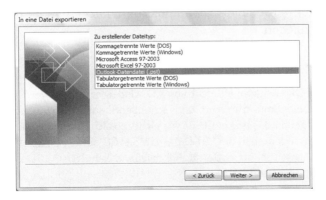

4 Bestätigen Sie auch diese Einstellungen mit *Weiter*. Nun werden aus dem Listenfeld die Ordner markiert, die exportiert werden sollen. Um alle Outlook-Daten zu sichern, markieren Sie die entsprechende Datendatei und aktivieren das Kontrollkästchen *Unterordner einbeziehen*. Mit *Weiter* wird das nächste Dialogfenster aufgerufen.

5 Über *Durchsuchen* legt man den Speicherort für die PST-Datei fest. Jetzt braucht man ihr nur noch einen Namen zuzuweisen und kann sie per *Fertig stellen* abspeichern.

Die so gespeicherte Datei sollte nun auf einem Netzlaufwerk, USB-Stick oder einer CD-ROM gesichert werden.

Sie können die PST-Datei übrigens auch direkt auf CD brennen. Gezeigt wird das hier anhand einer „übergroßen" PST-Datei von über 700 MByte. Zum Brennen wird Nero verwendet, Sie können aber natürlich Ihr bevorzugtes Brenntool einsetzen.

1 Starten Sie Nero und wählen Sie *Nero BackItUp*. Dort aktiviert man *Neue Sicherung erstellen* und bestätigt das offene Dialogfenster mit *Weiter*.

2 Über *Dateien und Ordner auswählen* stellt man die zu sichernde PST-Datei ein. Als Sicherungsziel geben Sie den entsprechenden CD/DVD-Brenner an.

3 Weisen Sie der Datei einen eindeutigen Sicherungsnamen zu. (Der Dateiname sollte das aktuelle Datum enthalten. So weiß man auch später noch, wann man die Datei gesichert hat. Ein guter Sicherungsname ist zum Beispiel *outlook_10_2_2010_pst*.) Anschließend zeigt der Nero-Sicherungs-Assistent noch einmal eine Übersicht über alle vorgenommenen Einstellungen.

4 Anschließend kann die CD wie gewohnt gebrannt werden. Je nach Größe der PST-Datei werden Sie dazu aufgefordert, nacheinander mehrere CD-ROMs einzulegen.

Vorsicht beim Importieren

Auf CD gesicherte PST-Dateien können nicht von CD wiederhergestellt werden. Denn Outlook muss beim Import lesend und schreibend auf die PST-Datei zugreifen können. Und genau das ist bei CD-ROMs nicht möglich. Vermeiden lassen sich diese Probleme, indem man die PST-Datei von der CD auf die Festplatte kopiert und dort den Schreibschutz entfernt. Anschließend kann die PST-Datei wie jede andere auch importiert werden.

Sollte es tatsächlich einmal zu einem Rechner-Crash gekommen sein (oder Sie müssen die Outlook-Daten aus einem anderen Grund wiederherstellen), muss die gesicherte PST-Datei wieder in Outlook importiert werden.

1 Öffnen Sie über *Datei/Öffnen/Importieren* den Import/Export-Assistenten. Mit *Aus anderen Dateien oder Programmen importieren* wird folgendes Dialogfenster aufgerufen:

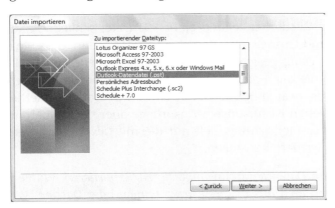

2 Markieren Sie hier *Outlook-Datendatei (.pst)* und wählen Sie *Weiter*. Über *Durchsuchen* wird die zu importierende PST-Datei ausgewählt. Im unteren Fensterbereich stehen die folgenden drei Optionen zur Auswahl:

> ➢ *Duplikate durch importierte Elemente ersetzen* – möglicherweise bereits vorhandene Daten werden mit den Informationen aus der importierten Datendatei überschrieben. Diese Option wählt man normalerweise nicht.

> ➢ *Erstellen von Duplikaten zulassen* – die möglicherweise bereits vorhandenen Daten werden nicht überschrieben, sondern parallel eingefügt. Als Ergebnis hat man dadurch unter Umständen einige doppelte Datensätze. Vorteil: Es gehen keine Daten verloren. Mögliche Dopplungen kann man manuell entfernen.

> ➢ *Keine Duplikate importieren* – vorhandene Datensätze bleiben erhalten.

3 Normalerweise wählt man *Erstellen von Duplikaten zulassen* und bestätigt die Auswahl mit *Weiter*.

4 In dem sich nun öffnenden Dialogfenster bekommt man die Ordner angezeigt, die sich in der ausgewählten PST-Datei befinden. Wählen Sie die zu importierenden Ordner aus. Um alle Daten in Outlook einzufügen, markieren Sie den obersten Ordner und aktivieren das Kontrollkästchen *Unterordner einbeziehen*. Nachdem man über das untere Listenfeld den Zielordner eingestellt hat, startet man das Importieren mit *Fertig stellen*.

Gezielt einzelne Informationen extrahieren

Die Sicherung und Wiederherstellung einer PST-Datei schließt standardmäßig alle Daten und Ordner mit ein. Nehmen wir jetzt an, dass Sie eine 1 GByte große PST-Datei gesichert haben, hieraus aber lediglich all die E-Mails benötigen, die der Kategorie *Geschäftlich* zugeordnet wurden. In diesem Fall wäre es zwar möglich, die gesamte PST-Datei wiederherzustellen, dieses Vorgehen ist für unsere Ansprüche aber völlig überdimensioniert. Besser ist es hier, ganz gezielt nur die mit *Geschäftlich* gekennzeichneten E-Mails wiederherzustellen.

Zeigen Sie hierzu im *Datei*-Menü auf *Importieren/Exportieren*. Wählen Sie nacheinander *Importieren aus anderen Programmen oder Dateien*, *Weiter*, *Persönliche Ordner-Datei (.pst)* und *Weiter*. Über *Durchsuchen* selektieren Sie die zu importierende PST-Datei, markieren *Erstellen von Duplikaten zulassen* und wählen *Weiter*. Markieren Sie den zu importierenden Ordner und wählen Sie die Schaltfläche *Filter*. Da wir lediglich die E-Mails importieren wollen, die mit der Kategorie *Geschäftlich* versehen wurden, wechseln Sie in die Registerkarte *Weitere Optionen*, wählen *Kategorien* und markieren *Geschäftlich*. Bestätigen Sie die Auswahl über *OK* und *Fertig stellen*. Jetzt werden nur die E-Mails importiert, die auch tatsächlich benötigt werden.

Wenn Sicherungskopien nicht importiert werden können

Beim Importieren von PST-Dateien kann es in Outlook zu der Fehlermeldung *Sie haben nicht die erforderlichen Rechte, auf diese Dateien zuzugreifen* kommen. Diese Meldung wird immer dann angezeigt, wenn die PST-Datei auf eine CD-ROM gebrannt wurde. Da die Daten auf der CD-ROM schreibgeschützt sind, Outlook aber während des Importierens schreiben können muss, kommt es zu dieser Fehlermeldung. Kopieren Sie die Daten vor dem Importieren von der CD-ROM auf die Festplatte. Die Fehlermeldung wird fortan nicht mehr angezeigt.

Die PST-Datei komprimieren und Outlook schneller machen

Sie sollten versuchen, die PST-Datei so klein wie möglich zu halten. Denn zu große PST-Dateien bremsen Outlook aus. Sie sollten daher regelmäßig den Posteingang nach überflüssigen E-Mails durchforsten und diese löschen. Dabei reicht es übrigens nicht, dass man die E-Mails erst aus dem Posteingang und dann aus dem Ordner *Gesendete Objekte* entfernt. Kleiner wird die PST-Datei davon nicht. Zusätzlich muss sie komprimiert werden.

Wählen Sie dazu aus dem *Datei*-Register *Kontoeinstellungen*, markieren Sie im Register *Datendateien* die entsprechende PST-Datei und klicken Sie auf *Einstellungen*.

Über die Schaltfläche *Jetzt komprimieren* wird die PST-Datei tatsächlich verkleinert. (Anders als sonst üblich muss Outlook danach nicht beendet werden. Die Komprimierung wird auch so angewendet.)

Die Datei kann jetzt komprimiert werden.

Tipps zur Outlook-Datendatei

Sie haben gesehen, wie wichtig PST-Dateien sind. Viele Anwender gehen trotzdem allzu sorglos mit diesem zentralen Outlook-Element um. Die folgenden Tipps helfen dabei, Probleme mit PST-Dateien zu vermeiden beziehungsweise ihnen gleich vorzubeugen:

➢ **Elemente auslagern** – regelmäßige Datensicherung ist Pflicht. Als Faustregel gilt, dass man mindestens einmal pro Woche seine Daten über das Exportieren einer PST-Datei in Sicherheit bringen sollte. Beachten Sie dazu auch den nächsten Punkt.

➢ **Outlook-Add-in verwenden** – unter *http://www.microsoft.com/downloads/search.aspx?displaylang=de* kann das kostenlose Tool „Sicherung für Persönliche Ordner" heruntergeladen werden. (Die direkte Downloadadresse ist zu lang und kompliziert. Geben Sie deswegen einfach in das Suchfeld den Namen des Tools ein.) Nach der Installation finden Sie das Tool im *Datei*-Menü. Sie können anschließend ganz bequem angeben, welche PST-Datei in welchem Rhythmus gesichert werden soll.

> **Mehrere PST-Dateien verwenden** – es wurde bereits darauf hingewiesen, dass man durchaus mehrere PST-Dateien einsetzen kann. So können Sie zum Beispiel eine zusätzliche PST-Datei einrichten, in die Sie all die Nachrichten verschieben, die Sie nach einer Woche löschen. Die „richtige" PST-Datei bleibt so schön klein und übersichtlich.

> **Anhänge löschen** – normale E-Mails sind nicht das Problem, sondern die oftmals überflüssigen Anhänge. Sie können die Größe der PST-Datei ganz einfach verringern, indem Sie solche E-Mail-Anhänge löschen.

> **Papierkorb leeren** – das alleinige Löschen der Elemente aus dem Posteingang beziehungsweise aus einem Unterordner hilft nicht. Zusätzlich muss der Papierkorb geleert werden. (Damit die PST-Datei wirklich kleiner wird, muss man sie wie auf den vorherigen Seiten beschrieben zusätzlich komprimieren.)

> **Gesendete Objekte** – allzu gern wird der Ordner *Gesendete Objekte* übersehen. In ihm werden aber schließlich sämtliche von Ihnen verschickten E-Mails inklusive möglicherweise großer Anhänge gespeichert. So gut dieser Ordner auch für eine Verlaufskontrolle sein mag, Sie sollten ihn regelmäßig leeren beziehungsweise ältere Elemente löschen.

12.2 Outlook-Datendateien im Netzwerk

Offlineordner ermöglichen das Arbeiten mit den Inhalten eines Exchange-Postfachs, während man offline ist, man also nicht mit dem Netzwerk verbunden ist. Interessant ist diese Funktion zum Beispiel, wenn Sie mit dem Notebook unterwegs sind und keine Verbindung zum Exchange Server der Firma haben. Denn dann können Sie trotzdem mit den Inhalten Ihres Kontos arbeiten. Beim nächsten Onlinekontakt mit dem Exchange Server werden die Offlineordner mit den Inhalten auf dem Exchange Server synchronisiert.

Offlineordner werden in einer Offlineordnerdatei gespeichert, die die Erweiterung *.ost* besitzt.

Das 2-GByte-Limit

Bis Outlook XP besaßen OST-Dateien ein 2-GByte-Limit. Erst mit Outlook 2003 wurde diese Größenbeschränkung aufgehoben. Will man allerdings in Outlook 2003/2007/2010 eine aus einer älteren Outlook-Version stammende OST-Datei konvertieren, bekommt man folgende Meldung:

Die Datei [Pfad].OST hat die maximale Größe erreicht. Reduzieren Sie die Datenmenge in dieser Datei, indem Sie Elemente auswählen, die Sie nicht mehr brauchen, und diese mit den Tasten Umschalt+Entf endgültig löschen. Oder wechseln Sie in den Unicodemodus und verwenden Sie eine neue Offlineordnerdatei von Outlook 2003 (.ost). Das neue Format bietet eine erhöhte Speicherkapazität für Elemente und Ordner.

In diesem Fall muss man die OST-Datei löschen, neu anlegen und die Inhalte müssen neu gespiegelt werden.

Die OST-Datei kann entweder direkt während der Outlook-Installation angelegt werden, oder man erzeugt sie, wenn man einen Ordner zum ersten Mal offline verfügbar macht.

Keine Datensicherung durch OST-Dateien

Beachten Sie, dass es sich bei der OST-Datei keinesfalls um eine Backupvariante handelt – auch wenn das oft angenommen wird. Muss jedoch wirklich einmal eine Information aus der OST-Datei wiederhergestellt werden, dann muss Outlook unbedingt im Offlinemodus gestartet und die Inhalte in eine PST-Datei exportiert werden.

Beim ersten Anlegen handelt es sich bei der OST-Datei um das Spiegelbild der Ordner auf dem Exchange Server. Sämtliche Änderungen an der OST-Datei, auf dem Server oder am lokalen Rechner werden synchronisiert, sobald man online geht. Hier liegt der Unterschied zur normalen PST-Datei, die bekanntermaßen nicht synchronisiert wird.

Im Gegensatz zu PST-Dateien sind OST-Dateien übrigens immer verschlüsselt. Der dazugehörende Schlüssel befindet sich im Postfach des Exchange Servers sowie im MAPI-Profil.

Tipps zum besseren Umgang mit OST-Dateien

Gerade im Zusammenhang mit OST-Dateien kommt es immer wieder zu Fehlern, die bis zum Datenverlust führen können. Dabei gibt es einfache Regeln, durch die man ein „Fehlverhalten" der OST-Datei verhindern kann:

➢ **Kombination von PST-Datei und Remotemail verhindern** – bringt man diese beiden Varianten in Verbindung, wird es schnell unübersichtlich. Oftmals kopiert man dann zum Beispiel E-Mails in die lokale

PST-Datei und entfernt sie somit aus einem möglichen Backup. Stellvertreter können auf solche Nachrichten ebenfalls nicht zugreifen.

➢ **Posteingangsregeln für große Nachrichten** – wenn man unterwegs ist, sorgen E-Mails mit großen Anhängen dafür, dass der Datenabgleich sehr lange dauert und dadurch möglicherweise viel Geld kostet (zumindest aber teurer als normal ist). Sie sollten eine Regel anlegen, die E-Mails mit großen Anhängen in einen eigenen Ordner verschieben und diesen Ordner dann explizit vom Datenaustausch ausschließen.

➢ **Ordner gezielt auswählen** – Sie sollten exakt festlegen, was in die Sicherung mit aufgenommen werden soll. Zwar ist es am bequemsten, alle Ordner zu sichern, doch sinnvoller ist es, nur diejenigen zu sichern, die tatsächlich benötigt werden. So werden die Backups übersichtlicher und lassen sich besser handhaben.

12.3 Spam schnell in den Griff bekommen

Spam macht in vielen Unternehmen über 90 % des gesamten Mailaufkommens aus. Am Wochenende liegt diese Quote sogar bei 99 %. Dass dies ein enormer finanzieller und zeitlicher Schaden für ein Unternehmen darstellt, liegt auf der Hand. Zunächst muss in aller Kürze geklärt werden, wann aus einer E-Mail eigentlich eine Spam-E-Mail wird:

➢ Die E-Mail wurde unverlangt zugesendet.

➢ Unverlangt ist eine E-Mail dann, wenn Sie weder Ihr Einverständnis für den Empfang gegeben haben noch dieses zu erwarten ist.

➢ Sie sind nur ein Empfänger von vielen.

Damit eine Nachricht als Spam bezeichnet werden kann, genügt es allerdings nicht, dass sie unverlangt oder als Massenmail verschickt wurde. Beides muss zutreffen: So gibt es durchaus unverlangte, dafür aber persönliche Nachrichten. Das könnte der Fall sein, wenn man auf der letzten Messe einem Geschäftskontakt seine E-Mail-Adresse gegeben hat. Ebenso müssen Massenmails nicht unbedingt Spam sein. Denken Sie bloß an Newsletter.

Spam und der Namensursprung

Spam hat sich längst als „Marke" etabliert, dabei hatte der Begriff ursprünglich rein gar nichts mit E-Mails zu tun. Denn SPAM in Großbuchstaben geschrieben ist eine Wortmarke der US-amerikanischen Firma Hormel Foods und die Abkürzung für Spiced Pork and Ham. Dabei handelt es sich um leuchtend rotes Dosenfleisch.

Den Zusammenhang zwischen E-Mails und SPAM stellten indirekt die britischen Komiker von Monty Python her. In einer Folge vom Flying Circus wollte ein Gast in einem Restaurant, dessen Speisekarte ausschließlich aus Gerichten bestand, die irgendwie auf SPAM basierten, etwas ohne Fleisch bestellen. Bei dem Versuch, den Kellner nach einem entsprechenden Gericht zu fragen, wurde die Kommunikation durch einen Wikingerchor unterbunden, der lauthals „Spam, Spam, Spam ..." sang.

In einem Newsgroup-Posting wurde dann erstmals der Begriff Spam verwendet, um unerwünschte Werbemails zu bezeichnen. Denn – so der Autor – durch Spam wird die normale Kommunikation erschwert.

Tipps, die gegen Spam helfen

Bevor Sie erfahren, wie Sie Outlook fit gegen Spam machen, folgen nun einige Tipps, die nur indirekt mit Outlook zu tun haben. Vielmehr sind es allgemeine Hinweise dazu, wie Sie ohne technischen Aufwand Ihr ganz persönliches Spamaufkommen verringern können.

> **Umgang mit Mailadressen** – der beste und effektivste Spamschutz ist immer noch, wenn man kritisch überprüft, wem man seine E-Mail-Adresse anvertraut. So ist es prinzipiell nicht empfehlenswert, seine E-Mail-Adresse auf Webseiten, Foren, Gästebüchern etc. anzugeben. Hier empfehlen sich dann sogenannte Wegwerfadressen (siehe dazu auch den nächsten Punkt). Ebenso sorgsam wie mit der eigenen sollte man auch mit E-Mail-Adressen Dritter umgehen.

> **Wegwerfadressen** – wenn Sie öfter an Gewinnspielen o. Ä. teilnehmen, sollten Sie dort niemals Ihre „richtige" E-Mail-Adresse angeben. Stattdessen verwenden Sie dort Wegwerfadressen. Es gibt mittlerweile zahlreiche Anbieter, bei denen man sich E-Mail-Adressen generieren kann, die nur für kurze Zeit gültig sind. Interessant sind hier zum Beispiel MyTrashMail (*http://www.mytrashmail.com/*) und Wegwerf-E-Mail (*http://www.wegwerfemail.de/*).

> **Kettenbriefe** – leiten Sie niemals Kettenbriefe weiter! Die lösen nicht nur einen höheren E-Mail-Traffic aus, ebenso verlieren Sie die Kontrolle darüber, wer auf diesem Weg alles an Ihre E-Mail-Adresse kommt.

➤ **Lesebestätigungen** – manchmal werden von Spammern Anfragen für Lese- und Übermittlungsbestätigungen verschickt. Sobald Sie so eine Anfrage beantworten, weiß der Spammer, dass Ihre E-Mail-Adresse gültig ist. Mehr Informationen zum Abschalten der Lesebestätigungen finden Sie im Laufe dieses Kapitels.

➤ **Bilder in Mails blockieren** – Spammer fügen in E-Mails unsichtbare Bilder ein. Diese sogenannten Webbugs sind mit einem Server verbunden. Öffnen Sie eine solche E-Mail, erfährt das der Spammer und weiß, dass die Adresse aktiv ist. Er wird Sie zukünftig mit noch mehr E-Mails „beglücken". Outlook ist standardmäßig so konfiguriert, dass externe Bilder nicht mit heruntergeladen werden. Mehr zu dieser Funktion erfahren Sie im weiteren Verlauf dieses Kapitels.

➤ **Webtelefonbücher** – es gibt zahllose E-Mail-Sammelstellen im Internet. Das sind zum Beispiel sogenannte E-Mail-Telefonbücher und Personensuchdienste. Sinnvoll sind diese Suchdienste zum Beispiel, wenn man auf der Suche nach verschollenen Klassenkameraden oder einer verblichenen Liebe ist. Allerdings stellen solche Seiten ein Paradies für Spammer dar. Sie sollten sich daher nicht auf solchen Seiten registrieren.

E-Mail-Adressen auf Webseiten schützen

Betreibt man seine eigene Webseite, hat man es ungleich schwerer, seine E-Mail-Adresse vor Spammern zu schützen. Denn Spammer durchforsten mit sogenannten Spambots und E-Mail-Harvestern Webseiten nach E-Mail-Adressen und sammeln sie automatisch ein.

Spam direkt nach der Domain-Registrierung

Vielleicht kennen Sie das Problem: Kaum hat man eine Domain registriert, wird der dazugehörende E-Mail-Account mit Spam überhäuft. Das kann verschiedene Ursachen haben. Meistens wird aber die sogenannte Catch-all-Funktion ausgenutzt. Catch all bedeutet, dass man grundsätzlich alle E-Mails seines Accounts zugestellt bekommt, unabhängig davon, was vor dem @-Zeichen steht. Angenommen, Sie haben die Domain *www.ichkriegniespam.de* registriert. Ist die Catch-all-Funktion aktiviert, bekommen Sie sämtliche E-Mails zugeschickt, die an diese Domain geschickt werden. Egal ob an *hallo@ichkriegniespam.de*, *hallo2@ichkriegniespam.de* oder *keinname@ichkriegniespam.de*, alle Nachrichten werden zugestellt.

Gerade im privaten Bereich sollte man die Catch-all-Funktion deswegen deaktivieren. Im professionellen Umfeld ist das meistens nicht ratsam, weil man da doch immer alle E-Mails empfangen und erst dann filtern will.

Um den Spammern das Leben so schwer wie möglich zu machen, sollte man seine E-Mail-Adresse niemals im Klartext auf der Webseite unterbringen. Es gibt verschiedene Alternativen. Welche die beste Variante ist, lässt sich leider nicht eindeutig sagen. Denn alle haben Vor- und Nachteile.

E-Mail-Adressen als Bild

Spambots suchen die Seite nach E-Mail-Adressen ab. Dabei können sie nur Texte lesen. Ein wirkungsvolles Mittel ist es also, wenn man seine E-Mail-Adresse als Grafik einfügt. Allerdings müssen Sie bei dieser Variante Ihre Besucher darauf hinweisen, dass sie die E-Mail-Adresse per Hand abschreiben müssen. Denn auf keinen Fall darf die Grafik mit einem *mailto* versehen werden. Denn die darin enthaltene E-Mail-Adresse würde natürlich vom Spambot ausgelesen werden. Die Verwendung von E-Mail-Grafiken ergibt also nur einen Sinn, wenn die Bilder nicht verlinkt werden.

Eine einfache Möglichkeit, sich eine solche Grafik zu erstellen, finden Sie unter *http://www.hbtronix.de/mailpic.php*.

E-Mail-Adresse per JavaScript ausgeben

Spambots und Harvester können derzeit JavaScript noch nicht ausführen. (Theoretisch wäre das zwar möglich, der technische Aufwand ist aber einfach zu hoch.) JavaScript ist daher ein sehr effektives Mittel, seine E-Mail-Adresse zu verschleiern. Bevor Sie allerdings auf diese Variante setzen, müssen Sie sich darüber im Klaren sein, dass es Anwender gibt, die in ihrem Browser aus Sicherheitsgründen JavaScript deaktiviert haben.

Wenn Sie sich dessen bewusst sind – und es Ihnen dann auch noch egal ist ;-) –, können Sie Ihre E-Mail-Adresse folgendermaßen schützen:

- `<script type="text/javascript">`
- `/* <![CDATA[ */`
- `document.write("<a`
  `href=mailto:"+"kontakt"+"@"+"databecker.de>"+"ich</a>");`
- `/* ]]> */`
- `</script>`

Der technische Aufwand wäre einfach zu hoch, eine so getarnte E-Mail-Adresse auszulesen.

Kontaktformular verwenden

Als äußerst effektiv hat sich die Verwendung von serverseitigen Kontakt-formularen anstelle von *mailto*-E-Mail-Links gezeigt. Diese auf PHP oder CGI basierenden Formulare haben den Vorteil, dass in der HTML-Seite lediglich ein Link auf das verarbeitende Skript enthalten ist. Die E-Mail-Adresse ist hingegen verborgen.

Einen interessanten Artikel dazu, wie man seine Formulare absichern kann, hat die c't auf der Seite *http://www.heise.de/security/artikel/66815* veröffentlicht.

Elemente ergänzen

Eine andere Möglichkeit besteht darin, die E-Mail-Adresse durch eigene Zeichen zu erweitern und sie so für den Spammer unbrauchbar zu machen. Wollen Sie beispielsweise die E-Mail-Adresse *kontakt@databecker. de* schützen, verwenden Sie im Quellcode folgenden Text:

- kontakt<keinspam>@</keinspam>databecker.de

Während der Spambot die falsche Adresse einsammelt, bekommen die Besucher die richtige E-Mail-Adresse angezeigt. Das liegt daran, dass Browser ihnen unbekannte Tags ignorieren. Die Besucher können diese Adresse kopieren und Ihnen so eine E-Mail schicken. Auch bei dieser Variante gilt, dass die korrekte E-Mail-Adresse keinesfalls als Wert des *mailto*-Attributs auftauchen darf.

Den Junk-E-Mail-Filter von Outlook konfigurieren

Nach den grundsätzlichen Hinweisen zum Spamschutz geht es nun um den Junk-E-Mail-Filter in Outlook. Bis zur Version 2003 besaß Outlook keinen Mechanismus gegen Spam. Der Filter arbeitet durchaus effektiv und stellt einen guten Schutz vor allem für den Einzel- bzw. Privatanwender dar. Dabei kontrolliert der Filter ankommende E-Mails und klassifiziert sie in Spam, Phishing oder normale Post.

Weniger geeignet ist er allerdings für Unternehmen mit eigenem Mailserver, die neben Outlook auch den Zugriff über mobile Geräte und OWA erlauben. Denn hier ist es dann wichtig, dass Spammails erst gar nicht übertragen werden.

Der Junk-E-Mail-Filter kann bei den folgenden Kontoarten verwendet werden:

➢ Microsoft Exchange-E-Mail-Konto im Exchange-Cache-Modus

➢ Exchange-Konto, das an eine Persönliche-Ordner-Datei (PST) sendet

➢ Microsoft Office Outlook Connector (Lotus Domino)

➢ Outlook Connector (MSN)

➢ HTTP-Konten

➢ POP3-Konten

➢ IMAP-Konten

Unbrauchbar ist er hingegen, wenn

➢ MAPI-Transportdienste anderer Hersteller oder

➢ Outlook im Onlinemodus

verwendet wird.

Der Junk-E-Mail-Filter analysiert ankommende Nachrichten unter anderem anhand der Sendezeit und ihres Inhalts. Konfigurieren lässt sich der Filter bei geöffnetem E-Mail-Ordner über *Junk-E-Mail/Junk-E-Mail-Optionen*.

Der Junk-E-Mail-Filter ist standardmäßig aktiviert. Allerdings ist der Filter von Hause aus auf die Stufe *Niedrig* gestellt, sodass nur die offensichtlichsten Spammails gefiltert werden. Ein wirklich effektiver Schutz ist das freilich nicht. Zusätzlich werden alle verdächtigen E-Mails automatisch in den Ordner *Junk-E-Mail* verschoben. Beide Einstellungen lassen sich anpassen, um so einen effizienteren Spamschutz umzusetzen.

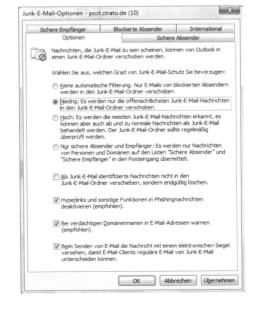

Der Filter wird angepasst.

> ➤ *Keine automatische Filterung* – auch wenn der Name des Menüpunkts anderes vermuten lässt: Selbst hier wird der Junk-E-Mail-Filter nicht vollständig deaktiviert. Nach wie vor werden Nachrichten anhand ihrer Domain-Namen und der Liste der blockierten Absender ausgewertet. Sämtliche E-Mails von Personen, die auf der Liste der blockierten Absender stehen, werden trotz vermeintlicher Junk-E-Mail-Filter-Deaktivierung in den *Junk-E-Mail*-Ordner verschoben. Diese Option sollte man normalerweise nicht wählen, da hierdurch kein effizienter Schutz vor Spammails gewährleistet werden kann.

> ➤ *Niedrig* – das ist die Standardeinstellung. Hierdurch werden ausschließlich die offensichtlichsten Spammails gefiltert. Der Schutz vor Spammails ist schon recht gut, allerdings arbeitet der Filter sehr tolerant. Immer wieder landen Spammails im Ordner *Posteingang*. Allerdings hat diese Stufe einen entscheidenden Vorteil: Es werden kaum Nichtspammails als Spam eingestuft.

> ➤ *Hoch* – bei dieser Stufe arbeitet der Filter nach sehr strengen Kriterien und es scheint das Motto zu gelten: „lieber eine E-Mail zu viel als eine zu wenig filtern". In der Tat bleibt man in dieser Stufe weitestgehend von Spammails verschont. Allerdings werden auch sehr viele eigentlich erwünschte E-Mails als Spam gekennzeichnet, sodass ein regelmäßiger kontrollierender Blick in den *Junk-E-Mail*-Ordner Pflicht ist.

> ➤ *Nur sichere Absender und Empfänger* – das ist der bestmögliche Spamschutz. Sie bekommen nur E-Mails von Personen, die auf Ihrer Liste mit sicheren Absendern oder auf der Liste der sicheren Empfänger stehen. Trotz des guten Spamschutzes sollte man diese Option nicht wählen, da hierdurch zum Beispiel Nachrichten von neuen Geschäftspartnern, die noch nicht auf einer der genannten Listen stehen, im *Junk-E-Mail*-Ordner landen.

Sie sollten eine der beiden Optionen *Niedrig* oder *Hoch* wählen. Sie bieten die beste Balance zwischen Spamschutz und normalem E-Mail-Verkehr.

Der Junk-E-Mail-Filter im Exchange-Umfeld

Der Junk-E-Mail-Filter in Outlook empfängt E-Mails und sortiert sie dann in den *Junk-E-Mail*-Ordner ein. In Ihrem Unternehmen arbeiten Sie aber wahrscheinlich in einer Exchange-Umgebung, bei der die Nachrichten zunächst auf dem Server gefiltert werden. Dabei können Sie die Liste der blockierten und sicheren Absender auf den Exchange Server laden und sie bereits dort verarbeiten lassen. Das hat den Vorteil, dass unerwünschte

Nachrichten erst gar nicht in Ihrem Posteingang landen. Stattdessen werden sie sofort in den *Junk-E-Mail*-Ordner des Servers verschoben. Das funktioniert allerdings nur, wenn Sie den Exchange-Cache-Modus verwenden oder in eine Persönliche-Ordner-Datei (PST) herunterladen.

Mit Spamlisten arbeiten

Der Junk-E-Mail-Filter kontrolliert ankommende E-Mails automatisch nach Spam. Zusätzlich kann man über Listen steuern, was als Spam gekennzeichnet werden soll und welche E-Mails auf keinen Fall im Spamordner landen dürfen.

Um die Listen zu konfigurieren, ruft man bei geöffnetem E-Mail-Ordner *Junk-E-Mail/Junk-E-Mail-Optionen* auf.

Die verschiedenen Spamlisten.

Insgesamt kennt der Junk-E-Mail-Filter die folgenden Listen:

> **Sichere Absender** – Nachrichten von Absendern, die sich in dieser Liste befinden, werden niemals in den *Junk-E-Mail*-Ordner verschoben. Sinnvoll ist vor allem die Option *Meine Kontakte sind auch vertrauenswürdige Absender*. Dadurch werden E-Mails von Personen des *Kontakte*-Ordners nicht als Spam behandelt. (Die Adressen werden dabei in der Liste übrigens nicht angezeigt.) Vorsicht ist bei der Option *Personen, an die ich E-Mails schicke, automatisch der Liste sicherer Absender hinzufügen* geboten. Hierdurch wird die Adresse eines Absenders dann in die Liste aufgenommen, wenn Sie ihm über Outlook eine E-Mail senden. Haben Sie beispielsweise einem Spammer eine E-Mail mit der Aufforderung geschickt, dass Sie von ihm keine Nachrichten mehr wünschen, landet er so in der Liste der sicheren Absender. Daher sollte man diese Option nicht aktivieren. Bei Verwendung des Exchange Servers werden alle E-Mail-Adressen der globalen Adressliste automatisch als sichere Absender eingestuft.

> **Sichere Empfänger** – gehören Sie zu einer Adressen- oder Verteilerliste, können Sie die Namen in diese Liste aufnehmen. Dadurch werden Nachrichten, die Sie an diese Empfänger senden – unabhängig von ihrem Inhalt – nicht als Spam gekennzeichnet.

> **Blockierte Absender** – alle E-Mails, die von Personen kommen, die auf dieser Liste stehen, werden automatisch in den *Junk-E-Mail*-Ordner verschoben. Dabei spielt der tatsächliche Inhalt der Nachricht keine Rolle.

> **Liste blockierter Domänen auf oberster Ebene (International)** – Sie können festlegen, dass E-Mails aus bestimmten Ländern automatisch als Spam klassifiziert werden. Wenn Sie beispielsweise *US[Vereinigte Staaten]* aktivieren, werden E-Mails blockiert, die auf das Kürzel *.us* enden.

> **Liste blockierter Kodierungen (International)** – bei dieser Variante können E-Mails anhand der verwendeten Sprachkodierung blockiert werden. Die meisten Spammails werden beispielsweise mit dem Zeichensatz US-ASCII versendet. Wenn Sie diesen angeben, werden alle E-Mails, die diesen Zeichensatz verwenden, automatisch in den *Junk-E-Mail*-Ordner verschoben.

Einen Absender als Spammer kennzeichnen

Am häufigsten werden Sie es wahrscheinlich mit der Liste der blockierten Absender zu tun haben.

Gleiches für alle

Auf den folgenden Seiten wird der Umgang mit den Junk-E-Mail-Listen hauptsächlich anhand der Liste der blockierten Absender gezeigt. Die nötigen Schritte zur Konfiguration lassen sich so aber auch auf alle anderen Listen anwenden.

Wollen Sie einer Liste eine E-Mail-Adresse hinzufügen, rufen Sie bei geöffnetem E-Mail-Ordner *Junk-E-Mail/Junk-E-Mail-Optionen* auf und wechseln in das betreffende Register. Um zum Beispiel einen Absender in die Liste der blockierten Absender aufzunehmen, rufen Sie *Blockierte Absender* auf und wählen dort *Hinzufügen*.

Hier wird die Adresse eingetragen.

Tragen Sie in das sich öffnende Dialogfenster die E-Mail-Adresse oder die Domäne ein. Mit *OK* wird die Adresse übernommen. Sollten Sie sich vertippt haben, markieren Sie den Eintrag und wählen *Bearbeiten*. Um einen Absender wieder aus der Liste zu entfernen, markieren Sie ihn und klicken auf *Entfernen*.

Domänen aufnehmen

Interessant – da zeitsparend – ist die Verwendung von Domänen. Angenommen, Sie erhalten permanent E-Mails von der Domäne *@ichderspammer.com*. Die E-Mail-Adressen variieren dabei allerdings. So bekommen Sie E-Mails einmal von *webmaster@ichderspammer.com* und ein anderes Mal von *postman@ichder spammer.com*. Nun können Sie jedes Mal die neue Adresse in die Liste der blockierten Absender eintragen, es geht aber auch einfacher. Geben Sie anstelle einzelner E-Mail-Adressen die Domäne *@ichderspammer.com* ein. Dadurch werden alle E-Mails des Absenders erkannt, die über diese Domäne geschickt werden.

Interessant ist die Frage, was eigentlich passiert, wenn Absender auf mehreren Listen auftauchen. Die in der Liste *Sichere Absender* stehenden Adressen haben Vorrang vor denen in der Liste *Blockierte Absender*. Die Nachrichten dieser Absender werden nicht in den *Junk-E-Mail*-Ordner verschoben.

Adressen importieren und exportieren

Die in die Listen einzufügenden Adressen müssen nicht unbedingt per Hand eingetragen werden. Möglicherweise verfügen Sie oder einer Ihrer Kollegen bereits über eine Sammlung von Adressen. Vorausgesetzt, sie liegen im richtigen Format vor, können sie ganz bequem importiert werden. Richtige Formate sind dabei das Textformat und tabulatorgetrennte Werte. Die folgende Abbildung zeigt eine typische TXT-Datei mit Adressen:

Mehrere Spammer auf einen Streich in die Liste aufnehmen.

Um eine Adressenliste zu importieren, führt man die folgenden Schritte durch:

1 Rufen Sie bei geöffnetem E-Mail-Ordner *Junk-E-Mail/Junk-E-Mail-Optionen* auf.

531

2 Wechseln Sie in die Liste, in die die Adressliste eingefügt werden soll, und klicken Sie dort auf *Importieren*.

3 Suchen Sie nach der entsprechenden Datei und fügen Sie sie mit *OK* ein.

Das Anlegen von Listen ist sehr aufwendig, umso wichtiger ist es da natürlich, dass man sie bei einem Rechnerwechsel mitnehmen oder auch im Bekannten- oder Kollegenkreis zur Verfügung stellen kann. In wenigen Schritten lassen sich die Adresslisten exportieren:

1 Rufen Sie bei geöffnetem E-Mail-Ordner *Junk-E-Mail/Junk-E-Mail-Optionen* auf.

2 Hier wird in das Register der betreffenden Liste gewechselt und auf *Exportieren* geklickt.

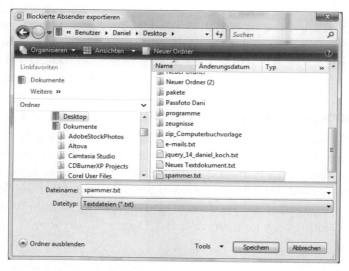

3 Wählen Sie den Speicherort der Datei, weisen Sie ihr einen Namen zu und wählen Sie *Speichern*.

E-Mails direkt löschen

Sie müssen übrigens nicht den Umweg über den *Junk-E-Mail*-Ordner gehen, sondern können Junk-E-Mails auch direkt löschen.

1 Rufen Sie bei geöffnetem E-Mail-Ordner *Junk-E-Mail/Junk-E-Mail-Optionen* auf.

2 Aktivieren Sie im Register *Optionen* das Kontrollkästchen *Als Junk-E-Mail identifizierte Nachrichten nicht in den Junk-E-Mail-Ordner verschieben, sondern endgültig löschen.*

3 Mit *Übernehmen* und *OK* werden die Einstellungen übernommen.

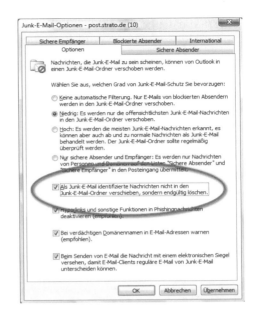

Aber Achtung: Dadurch haben Sie keine Möglichkeit mehr, vom Junk-E-Mail-Filter fälschlicherweise falsch eingestufte E-Mails wiederherzustellen.

Den Junk-E-Mail-Ordner leeren

Um den *Junk-E-Mail*-Ordner zu leeren, klicken Sie den *Junk-E-Mail*-Ordner mit der rechten Maustaste an und wählen *Ordner leeren.*

Nachrichten manuell als Spam kennzeichnen

Um Adressen in die Listen aufzunehmen, muss man übrigens nicht immer den gezeigten Weg über die Junk-E-Mail-Optionen gehen. Haben Sie eine E-Mail erhalten, können Sie den Absender direkt in eine der Listen aufnehmen. Dazu klicken Sie die betreffende E-Mail mit der rechten Maustaste an und wählen *Junk-E-Mail*. Hieraufhin werden die folgenden Optionen angezeigt (alternativ dazu können Sie die E-Mail auch markieren und aus dem *Start*-Register in der Gruppe *Löschen Junk-E-Mail* aufrufen; dort stehen die gleichen Optionen zur Verfügung):

➢ *Absender sperren*

➢ *Absender nie sperren*

➢ *Domäne des Absenders nie sperren*

➢ *Diese Gruppe oder Verteilerliste nie sperren*

Durch die Option *Absender sperren* wird die E-Mail in den *Junk-E-Mail-*Ordner verschoben. Dazu müssen Sie lediglich die erscheinende Kontroll-abfrage mit *OK* bestätigen.

Um eine versehentlich im *Junk-E-Mail-*Ordner gelandete Nachricht wieder in den normalen Posteingang zu verschieben, klicken Sie die E-Mail mit der rechten Maustaste an und wählen *Junk-E-Mail/Keine Junk-E-Mail.* In dem hieraufhin erscheinenden Dialogfenster können Sie zusätzlich ange-ben, dass E-Mails von diesem Absender nie als Junk-E-Mail behandelt wer-den sollen. Dadurch wird der Absender in die Liste der sicheren Absender aufgenommen.

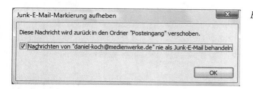 *Es war doch kein Spam.*

Eigene Filterregeln anlegen

Der Junk-E-Mail-Filter arbeitet ziemlich gut, er kann durch die Definition eigener Filterregeln aber entlastet werden. Zwei wichtige Regeln sind:

➢ E-Mails nach bestimmten Wörtern filtern.
➢ E-Mails von unbekannten Absendern filtern.

Wie sich diese anlegen lassen, wird auf den folgenden Seiten gezeigt.

Wörter filtern

Zunächst wird ein Wortfilter angelegt, durch den alle Nachrichten in den *Junk-E-Mail-*Ordner verschoben werden, in denen die Wörter *request*, *free*, *Lotto* und *Gratis* enthalten sind. Selbstverständlich können Sie andere Wörter definieren oder die Liste erweitern, das Prinzip ist dann aber das gleiche.

1 Öffnen Sie bei geöffnetem E-Mail-Ordner über *Start/Regeln/Regeln und Warnungen verwalten* den Regel-Assistenten.

2 Klicken Sie auf *Neue Regel*, markieren Sie *Regel auf von mir empfange-ne Nachrichten anwenden* und rufen Sie mit *Weiter* das nächste Dialog-fenster auf.

3 Hier markieren Sie *mit bestimmten Wörtern im Betreff oder Text* und klicken im unteren Fensterbereich auf den unterstrichenen Ausdruck *bestimmten Wörtern*. Tragen Sie *request* ein und fügen Sie dieses Wort mit *Hinzufügen* in die Suchliste ein.

4 Diese Schritte wiederholt man anschließend für alle weiteren Wörter. Nachdem die Liste vollständig ist, bestätigt man das Dialogfenster mit *OK* und ruft mit *Weiter* das nächste Fenster auf.

5 Dort aktiviert man *diese in den Ordner Zielordner verschieben* und klickt im unteren Fensterbereich auf *Zielordner*. Wählen Sie dort den *Junk-E-Mail*-Ordner und bestätigen Sie die Auswahl mit *OK*. Die Regeldefinition sollte jetzt wie abgebildet aussehen.

> 2. Schritt: Regelbeschreibung bearbeiten (auf unterstrichene Werte klicken)
>
> Nach Erhalt einer Nachricht
> mit 'request' oder 'Lotto' im Betreff oder Text
> diese in den Ordner Junk-E-Mail verschieben

6 Mit *Weiter* geht es zum nächsten Schritt. Hier besteht noch die Möglichkeit, Ausnahmen zu definieren. Denkbar wäre zum Beispiel, dass Sie Personen angeben, von denen Sie wissen, dass diese hin und wieder eines der eigentlich blockierten Wörter benutzen, deren E-Mails Sie aber trotzdem bekommen wollen.

7 Mit *Weiter*, dem Zuweisen eines Namens, der Kontrolle, ob das Kontrollkästchen *Diese Regel aktivieren* aktiviert ist, und *Fertig stellen* wird die Regel fortan verwendet.

E-Mails von unbekannten Absendern filtern

Spammails bekommt man normalerweise nicht von einem guten Freund oder Kollegen, sondern von unbekannten Absendern zugeschickt. Was liegt also näher, als alle Nachrichten zu löschen, die von einem unbekannten Absender stammen? Aus Outlook-Sicht sind all die Absender unbekannt, die nicht im Adressbuch stehen. Eine solche Regel lässt sich folgendermaßen anlegen:

1 Öffnen Sie bei geöffnetem E-Mail-Ordner über *Start/Regeln/Regeln und Warnungen verwalten* den Regel-Assistenten.

2 Klicken Sie auf *Neue Regel*, markieren Sie *Regel auf von mir empfangene Nachrichten anwenden* und rufen Sie mit *Weiter* das nächste Dialogfenster auf.

3 Zunächst muss die Bedingung definiert werden, die erfüllt werden muss. Meistens wählt man hier *über Konto Kontoname*. Im unteren

Fensterbereich klickt man dann auf *Kontoname* und wählt das gewünschte Konto aus und bestätigt die Auswahl mit *OK*. Durch diese Einstellung wird die Regel auf alle E-Mails angewendet, die über dieses Konto ankommen.

4 Mit *Weiter* geht es zum nächsten Fenster. Dort aktivieren Sie *diese in den Ordner Zielordner verschieben* und klicken im unteren Fensterbereich auf *Zielordner*. Wählen Sie den *Junk-E-Mail*-Ordner und bestätigen Sie die Auswahl mit *OK*. Insgesamt sollte das Dialogfenster jetzt wie abgebildet aussehen.

> 2. Schritt: Regelbeschreibung bearbeiten (auf unterstrichene Werte klicken)
>
> Nach Erhalt einer Nachricht
> über Konto post.strato.de (10)
>   und nur auf diesem Computer
> diese in den Ordner Junk-E-Mail verschieben

5 Mit *Weiter* geht es zum nächsten Schritt, in dem man Ausnahmen definieren kann. Markieren Sie *außer diese ist von einer Person/öffentlichen Gruppe* und klicken Sie im unteren Fensterbereich auf *einer Person/öffentlichen Gruppe*.

6 Aus dem Listenfeld *Adressbuch anzeigen* wählen Sie das betreffende Adressbuch (normalerweise *Kontakte*) aus. Markieren Sie alle Adressbucheinträge, fügen Sie diese über die *Von*-Schaltfläche ein und übernehmen Sie sie mit *OK*. Durch diesen Schritt werden automatisch solche E-Mails nicht gefiltert, die von Absendern stammen, die in Ihrem Adressbuch stehen.

7 Über *Weiter*, dem Zuweisen eines Namens, das Aktivieren des Kontrollkästchens *Diese Regel aktivieren* und *Fertig stellen* wird die Regeldefinition abgeschlossen.

Diese Regel bewirkt, dass ab sofort alle E-Mails von Absendern, die nicht im angegebenen Adressbuch (hier *Kontakte*-Ordner) stehen, automatisch in den *Junk-E-Mail*-Ordner verschoben werden.

12.4 E-Mail-Sicherheit gewährleisten

Neben Spam ist die Sicherheit eines der zentralen Themen, wenn es um E-Mails geht. Da heutzutage Viren und Würmer fast ausschließlich per E-Mail verbreitet werden, muss dem Sicherheitsaspekt natürlich auch besondere Aufmerksamkeit gewidmet werden.

Der Schnellcheck: Outlook sicher in fünf Minuten

Es gibt Outlook-Einstellungen, durch die man die Chance, Opfer eines Virus zu werden, stark verringern kann. Diese Einstellungen sind schnell erledigt, haben aber eine große Wirkung.

Den Lesebereich ausschalten

Praktisch ist der Lesebereich für E-Mails natürlich schon. Schließlich kann man so den Inhalt der E-Mail lesen, ohne dass man die Nachricht manuell öffnen muss. So schön diese Funktion auch ist, sie sollte trotzdem deaktiviert werden. Denn unter Umständen genügt dieser Lesebereich bereits, um ein Virus freizusetzen. Zwar wird in Outlook 2010 nur noch ein auf Word basierender Editor für die Anzeige von E-Mails verwendet, durch den Skripte, Makros und ActiveX-Steuerelemente nicht mehr ausgeführt werden können. Ausführen lassen sich aber zum Beispiel benutzerdefinierte Formulare und SmartTags. Zudem kann natürlich nicht ausgeschlossen werden, dass findige Hacker Schwachstellen in Outlook ausfindig machen und so doch in der AutoVorschau bösartigen Code ausführen können.

Um auf Nummer sicher zu gehen, sollte man den Lesebereich ausschalten. Vorgenommen wird diese Einstellung im *Ansicht*-Register.

Deaktivieren Sie den Lesebereich.

Webbugs verhindern

Spammer und einige Webseitenbetreiber lassen sich immer wieder etwas Neues einfallen, um Sie auszuspionieren. Ein besonders beliebtes Spionagemittel stellen dabei die sogenannten Webbugs bzw. Webbeacons dar. Das sind kleine Grafiken, die in E-Mails eingefügt werden, aber mit einem Server im Internet verbunden sind.

Vorteil des Nur-Text-Formats

Übrigens: Wenn Sie unter *Datei/Optionen/Sicherheitscenter/Einstellungen für das Sicherheitscenter/E-Mail-Sicherheit* die Option *Standardnachrichten im Nur-Text-Format lesen* aktivieren, bleiben Sie von Webbugs immer unbehelligt. Denn Webbugs können nur in HTML- und in Rich-Text-E-Mails ihr Unwesen treiben.

Sobald Sie eine E-Mail öffnen, in der eine solche Grafik enthalten ist, kann der Absender die folgenden Informationen ermitteln:

➢ ob eine E-Mail-Adresse gültig ist;

➢ ob die E-Mail gelesen wurde;

➢ welcher Browser verwendet wurde;

➢ welches Betriebssystem eingesetzt wird;

➢ wie die IP-Adresse lautet (darüber kann man dann den Internet Service Provider und über ihn ggf. den Wohnort ermitteln).

Im Normalfall wird der Absender Ihre E-Mail-Adresse für die nächsten Spamattacken nutzen und/oder sie an andere Spammer weiterverkaufen.

„Seriöse" Bugs

Nicht überall, wo Webbugs eingesetzt werden, will man Sie ausspionieren. So verwenden zum Beispiel viele Seitenbetreiber Webbugs für Besucherzähler auf ihren Seiten.

Outlook ist standardmäßig so konfiguriert, dass Webbugs und andere verknüpfte Inhalte beim Öffnen von E-Mails nicht automatisch aus dem Internet geladen werden. Sobald Outlook in einer Nachricht externe Inhalte blockiert, erscheint folgender Text in der Infoleiste der E-Mail: *Klicken Sie hier, um Bilder downzuloaden. Um Ihre Privatsphäre besser zu schützen, hat Outlook den automatischen Download von Bildern in dieser Nachricht verhindert.* In der E-Mail werden an den Stellen, an denen sich normalerweise die Bilder befinden, lediglich Platzhalter angezeigt.

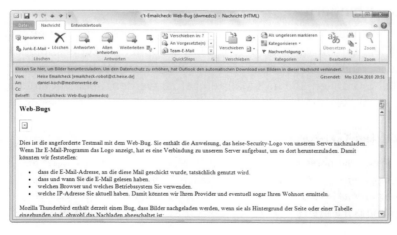

Ein Webbug wurde erkannt.

Wenn Sie sich sicher sind, dass Sie die externen Inhalte trotzdem anzeigen lassen wollen, klicken Sie auf die Infoleiste und wählen *Bilder herunterladen*.

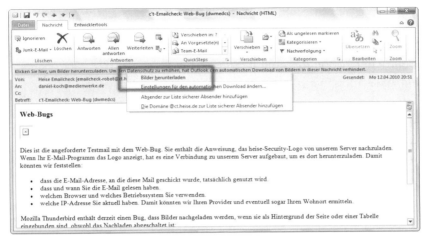

So kommt man doch noch an die Bilder heran.

Liste sicherer Absender und Webbugs

Beachten Sie, dass verknüpfte Inhalte nicht immer blockiert werden. E-Mails von oder an Adressen, die auf der Liste sicherer Absender oder der Liste sicherer Empfänger stehen, stellen eine Ausnahme dar. Deren verknüpfte Inhalte werden nicht blockiert, sondern beim Öffnen der Nachricht automatisch heruntergeladen.

Sobald Sie versuchen, eine Nachricht zu beantworten, weiterzuleiten oder zu bearbeiten, die Verknüpfungen auf externe Inhalte enthält, gibt Outlook standardmäßig Warnmeldungen aus.

Wollen Sie eine solche Nachricht beantworten oder weiterleiten, meldet sich Outlook mit nebenstehenden Dialogfeld (das gilt allerdings nur, wenn die E-Mail zuvor mit einem Doppelklick geöffnet wurde).

Mit *Ja* werden die externen Inhalte heruntergeladen. *Nein* verhindert den Download. Mit *Abbrechen* kehrt man unverrichteter Dinge zur E-Mail zurück.

Versucht man, eine E-Mail mit enthaltenen externen Inhalten zu bearbeiten, gibt es nebenstehende Meldung:

Mit *OK* werden die verknüpften Inhalte heruntergeladen. Mit *Abbrechen* kann man die E-Mail bearbeiten, ohne dass die Inhalte geladen werden.

Sonderfall Drucken

Wenn Sie eine E-Mail mit verknüpften externen Inhalten ausdrucken, werden die blockierten Inhalte heruntergeladen und ausgedruckt.

Sie können übrigens selbst entscheiden, ob Outlook extern eingebundene Bilder sperren soll. (Auch wenn hier ausdrücklich darauf hingewiesen wird, dass das Blockieren sehr sinnvoll ist und effektiv zur Verminderung von Spammails beiträgt.)

1 Zu finden sind die Einstellungen unter *Datei/Optionen/Sicherheitscenter/Einstellungen für das Sicherheitscenter*.

2 Deaktivieren Sie dort *Bilder in HTML-Nachrichten oder RSS-Elementen nicht automatisch herunterladen*.

Nachdem man diese Einstellung bestätigt hat, werden extern verknüpfte Bilder beim Öffnen von E-Mails automatisch heruntergeladen.

Lesebestätigungen deaktivieren

Besonders dreiste Spammer fordern eine Lesebestätigung an. Hat man sein Outlook so konfiguriert, dass Lesebestätigungen automatisch gesendet werden, weiß der Spammer, dass die E-Mail-Adresse aktiv ist. Lesebestätigungen sollten daher niemals automatisch gesendet werden.

Rufen Sie dazu *Datei/Optionen/E-Mail* auf. Im Bereich *Verlauf* aktivieren Sie entweder *Nie eine Lesebestätigung senden* oder *Senden einer Lesebestätigung immer bestätigen lassen*.

Durch Aktivieren von *Senden einer Lesebestätigung immer bestätigen lassen* werden Sie bei jeder E-Mail, deren Absender eine Lesebestätigung verlangt, gefragt, ob Sie eine solche Bestätigung senden wollen.

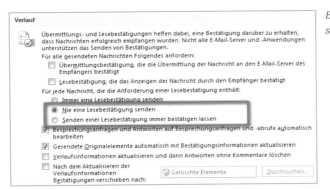

Eine dieser beiden Optionen sollte gewählt werden.

Windows und Outlook immer auf dem neusten Stand halten

Viren und Würmer nutzen meistens Sicherheitslöcher in Windows und Office. Microsoft veröffentlicht in schöner Regelmäßigkeit die neusten Sicherheitslücken und stellt dafür auch gleich sogenannte Patches bereit, mit denen sich die Lücken schließen lassen.

Diese Patches oder Updates sollte man auf jeden Fall installieren. Office und Windows bieten komfortable Möglichkeiten, durch die man automatisch an Sicherheitsupdates gelangt. Windows bietet hier die Möglichkeit, nach einem fest vorgegebenen Zeitplan nach neuen Updates zu suchen.

Die komfortabelste Variante beim Update ist der automatisierte Ablauf, da Sie hier garantiert kein Update verpassen. Dabei nimmt Windows in regelmäßigen Abständen Verbindung zum Updateserver auf und lädt die Patches im Hintergrund herunter. Anschließend werden die Updates installiert. Sollte ein Neustart des Computers nötig werden, weist Windows Sie darauf hin.

Updates unter Windows 7 einrichten

Um die Updates unter Windows 7 automatisch herunterladen und installieren zu lassen, gehen Sie folgendermaßen vor:

1 Rufen Sie *Start/Systemsteuerung* und *Windows Update* auf.

2 In dem sich öffnenden Dialogfenster bekommen Sie zunächst einen Überblick über den aktuellen Updatestatus. Dort sollte die Meldung *Windows ist auf dem neuesten Stand* stehen.

3 Klicken Sie auf *Einstellungen ändern* und stellen Sie anschließend im Bereich *Wichtige Updates* die Option *Updates automatisch installieren (empfohlen)* ein.

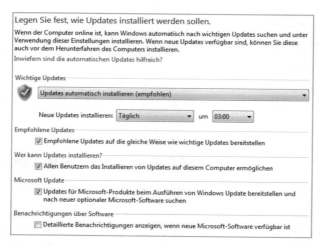

4 Zusätzlich können Sie einstellen, wann die Updates installiert werden sollen. Das sollte ein Zeitpunkt sein, an dem Ihr PC normalerweise eingeschaltet ist, aber nicht unbedingt intensiv genutzt wird, also z. B. die Mittagspause o. Ä.

So konfiguriert man die Updates bei Windows Vista

Unter Vista sind die Einstellungen in der klassischen Ansicht der Systemsteuerung unter *Windows Update* zu finden.

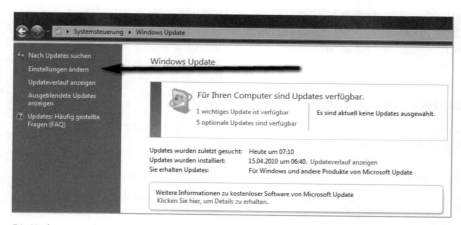

Die Updatezentrale in Windows Vista.

Über *Einstellungen ändern* können Sie festlegen, ob und wann Windows nach Updates suchen soll. Am komfortabelsten ist *Updates automatisch installieren* in Verbindung mit *Täglich*. Zusätzlich sollten die beiden Kontrollkästchen *Empfohlene optionale Updates beim Herunterladen ...* und *Microsoft Update verwenden* aktiviert werden.

Bei Windows XP finden Sie die Optionen ebenfalls in der Systemsteuerung. Hier wählen Sie in der klassischen Ansicht *System* und wechseln in das Register *Automatische Updates*. Hier sind die gleichen Optionen wie bei Windows 7 und Windows Vista verfügbar.

Alles im Griff mit dem Sicherheitscenter

In Sachen Outlook-Sicherheit ist das Sicherheitscenter die zentrale Anlaufstelle. Hier sind alle wichtigen Sicherheitseinstellungen gebündelt, was das Absichern von Outlook natürlich um ein Vielfaches vereinfacht. Sie erreichen die relevanten Optionen über *Datei/Optionen/Sicherheitscenter/Einstellungen für das Sicherheitscenter*.

Hier können Sie unter anderem festlegen, wie Outlook mit Anhängen umgehen soll, wie Makros behandelt werden, und es ist sogar eine Add-in-Verwaltung integriert. Die aus früheren Office-Versionen bekannten „groben" Sicherheitsstufen *Hoch*, *Niedrig*, *Mittel* und *Sehr hoch* gehören der Vergangenheit an.

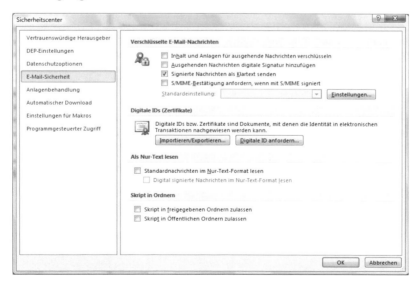

Alle Sicherheitseinstellungen auf einen Blick.

Mit dem Sicherheitscenter hat man nun viele detaillierte Möglichkeiten zur Konfiguration. Das bedeutet aber natürlich auch, dass man Optionen schneller übersehen kann. Damit das nicht passiert, finden Sie in der folgenden Tabelle die wichtigsten Sicherheitsfunktionen zusammengefasst. Und das natürlich nicht ohne Empfehlungen, was denn die jeweils beste Einstellung ist. Die meisten Einstellungen sind Ihnen bereits an der einen oder anderen Stelle in diesem Buch begegnet, sodass die folgende Tabelle Ihnen dabei helfen soll, schnell die richtige Option zu finden.

Aktion	Zu finden unter	Empfehlung
Vertrauenswürdige Herausgeber für Makros, ActiveX und Add-ins angeben	*Vertrauenswürdige Herausgeber*	Nehmen Sie in diese Liste ausschließlich Herausgeber auf, denen Sie vertrauen. Alle Makros etc. von Herausgebern, die auf dieser Liste stehen, werden standardmäßig ausgeführt.
Onlineverknüpfungen automatisch aktualisieren	*Datenschutzoptionen/ Verbindung mit Office.com herstellen, um nach ...*	Sie sollten diese Option normalerweise deaktivieren. Ohnehin sollte man alle Optionen im Bereich Datenschutz ausschalten. So erspart man sich ein ähnlich mulmiges Gefühl, wie es durch die Spionagevorwürfe unter Windows bei vielen Anwendern aufgekommen ist.
E-Mails und Anhänge beim Versenden verschlüsseln	*E-Mail-Sicherheit/ Inhalt und Anlagen für ausgehende Nachrichten verschlüsseln*	Diese Option kann bei sensiblen Daten verwendet werden. Lesen Sie dazu auch die Hinweise zum Verschlüsseln von E-Mails.
E-Mails eine digitale Signatur hinzufügen	*E-Mail-Sicherheit/Ausgehenden Nachrichten digitale Signatur hinzufügen*	Diese Option kann nur gewählt werden, wenn tatsächlich eine digitale Signatur vorhanden ist. Ist keine ID vorhanden und man aktiviert sie doch, können keine E-Mails mehr verschickt werden.
Signierte E-Mails nicht verschlüsseln	*E-Mail-Sicherheit/Signierte Nachrichten als Klartext senden*	Sollen Empfänger die Nachricht ohne S/MIME-Sicherheit lesen können, aktivieren Sie diese Option.
Digitale IDs anfordern	*E-Mail-Sicherheit/Digitale ID anfordern*	Hierüber besorgt man sich eine digitale ID von einem entsprechenden Anbieter.
Digitale IDs importieren/exportieren	*E-Mail-Sicherheit/Importieren/Exportieren*	Über diese Schaltfläche können Sie eine zum Beispiel per E-Mail zugesendete digitale ID importieren.

Aktion	Zu finden unter	Empfehlung
E-Mails automatisch ins Nur-Text-Format umwandeln	*E-Mail-Sicherheit/Standardnachrichten im Nur-Text-Format lesen*	In HTML-E-Mails kann unter Umständen gefährlicher Code eingebettet sein. Diese „Sicherheitslücke" lässt sich hierüber schließen. Sie können einmal in das Nur-Text-Format umgewandelte E-Mails übrigens jederzeit als HTML-Nachricht anzeigen. Dazu öffnen Sie die Nachricht und klicken in deren Infoleiste auf *Diese Nachricht wurde zum Nur-Text-Format konvertiert* und anschließend auf *Als HTML anzeigen*.
Vorschau auf Anhänge	*Anlagenbehandlung/Anlagenvorschau deaktivieren*	In Outlook gibt es eine Funktion, um sich Anhänge in einer Vorschau anzeigen zu lassen. Diese Funktion ist aus aktueller Sicht sicher. Sollten Sicherheitsprobleme bekannt werden, kann man sie hierüber deaktivieren.
Bilder in E-Mails automatisch anzeigen	*Automatischer Download/Bilder in HTML-Nachrichten und RSS-Elementen nicht automatisch herunterladen*	Aktivieren Sie unbedingt die Option *Bilder in HTML-Nachrichten und RSS-Elementen nicht automatisch herunterladen*. Lesen Sie dazu die Hinweise in diesem Kapitel zu den sogenannten Webbugs.
Makros	*Einstellungen für Makros*	Ausführliche Informationen zu Makros und zur Makrosicherheit erhalten Sie ab Seite 559.
Warnhinweise, wenn Programme versuchen, auf Outlook zuzugreifen	*Programmgesteuerter Zugriff*	Viele Würmer versuchen, über das Outlook-Adressbuch unerkannt E-Mails zu versenden. Um solche und andere Probleme zu verhindern, sollten Sie die Option *Bei verdächtigen Aktivitäten Warnhinweis anzeigen, wenn mein Antivirusprogramm inaktiv oder veraltet ist* aktivieren.

Phishingmails erkennen und bannen

Phishingmails gehören zu den größten Problemen des Internets und richten weltweit riesige Schäden an. Dabei ist das Prinzip immer gleich. Die Absender der Phishingmails versuchen, an die Zugangsdaten fürs Onlinebanking oder für eBay zu gelangen.

Alle Banken, nicht nur die Sparkasse, sind vom Phishing betroffen.

Fällt man darauf herein, kann der Betrüger mittels abgefangener TAN oder PIN Geldüberweisungen zu seinen Gunsten vornehmen.

Nicht nur E-Mail

In diesem Abschnitt liegt das Hauptaugenmerk auf dem Erkennen und Vermeiden von Phishingattacken, die per E-Mail gestartet werden. Das ist aber nicht der einzige Weg, den Betrüger einschlagen. Mittlerweile hat sich auch das sogenannte SMiShing etabliert. Dabei erhält man eine SMS, in der zum Beispiel eine Abobestätigung steht. Zusätzlich steht in der SMS eine Internetseite, auf der man das Abo wieder kündigen kann. Lässt man sich darauf ein, wird unbemerkt ein Trojaner auf den Rechner überspielt, der dann zum Beispiel Zugangsdaten für das Onlinebanking ausspioniert.

Sicherlich haben Sie auch schon E-Mails folgender Art bekommen:

Sehr geehrter Kunde!
Wir sind erfreut, Ihnen mitzuteilen, dass Internet - Ueberweisungen
ueber unsere Bank noch sicherer geworden sind!
Leider wurde von uns in der letzten Zeit, trotz der Anwendung von den
TAN-Codes, eine ganze Reihe der Mitteldiebstaehle von den Konten
unserer Kunden durch den Internetzugriff festgestellt. Zur Zeit kennen
wir die Methodik nicht, die die Missetaeter für die Entwendung der
Angaben aus den TAN - Tabellen verwenden. Um die Missetaeter zu
ermitteln und die Geldmittel von unseren Kunden unversehrt zu

erhalten, haben wir entschieden, aus den TAN - Tabellen von unseren Kunden zwei aufeinanderfolgenden Codes zu entfernen.
Dafuer muessen Sie unsere Seite besuchen, wo Ihnen angeboten wird, eine spezielle Form auszufuellen. In dieser Form werden Sie ZWEI FOLGENDE TAN - CODEs, DIE SIE NOCH NICHT VERWENDET HABEN, EINTASTEN.

Achtung! Verwenden Sie diese zwei Codes in der Zukunft nicht mehr! Wenn bei der Mittelueberweisung von Ihrem Konto gerade diese TAN - Codes verwendet werden, so wird es fuer uns bedeuten, dass von Ihrem Konto eine nicht genehmigte Transitaktion ablaeuft und Ihr Konto wird unverzueglich bis zur Klaerung der Zahlungsumstaende gesperrt.

Diese Massnahme dient Ihnen und Ihrem Geld zum Schutze! Wir bitten um Entschuldigung, wenn wir Ihnen die Unannehmlichkeiten bereitet haben.

Mit freundlichen Gruessen,
Bankverwaltung

Oft ist es ganz einfach, Phishingmails zu erkennen. Hier einige typische Merkmale, bei denen Sie hellhörig werden sollten:

➢ Phishingmails fallen oft schon durch ihre fast schon komisch anmutenden Rechtschreib- und Grammatikfehler auf. So wurden Ende letzten Jahres zum Beispiel Phishingmails mit folgendem Inhalt verschickt: *Obwohl Winterfeste schon vorbei sind, hat die Bankfuhrung fur ihre Kunden noch ein Geschenk zum Neuen Jahr vorbereitet. Vom 30. Januar bis 30. Februar konnen Sie das Geschenk in Geldaquivalent gewinne. Dafur mussen Sie Ihr Konto gehen und die Bilanz nachprufe. Bitte den folgenden Link nutzen.* (Wobei der eigentliche Knüller an dieser E-Mail natürlich das Datum ist! 30. Februar!) Keine Bank der Welt würde so eine E-Mail versenden.

➢ Sobald mit Kontosperrung oder anderen Repressalien gedroht wird, können Sie ebenfalls davon ausgehen, dass es sich um eine Phishingmail handelt. Keine Bank wird das tun. Ein typisches Beispiel für eine solche Drohung:

Sehr geehrter Bankkunde, sehr geehrte Bankkundin, bei einer routinemäßigen Überprüfung zur Betrugsverhinderung haben wir festgestellt, dass Ihre Kontoinformationen aktualisiert werden müssen. Wenn Sie dieser Aufforderung nicht nachkommen, wird Ihr Konto annulliert. Folgen Sie dem Hyperlink unten, um Ihre Daten zu bestätigen.

547

Pauschal gesagt

Keine Bank wird Sie zur Eingabe Ihrer Zugangsdaten auffordern! Alle E-Mails, die sich in dieser Hinsicht äußern, sind gefälscht.

➢ Oft wird man dazu aufgefordert, einen E-Mail-Anhang zu öffnen. So wird versucht, auf Ihrem Computer sogenannte Spyware zu installieren. Sollte es dem Angreifer gelingen, ein solches Tool auf Ihrem Rechner unterzubringen, kann er Ihre Tastaturanschläge aufzeichnen. Tippen Sie zum Beispiel die Adresse Ihrer Bank und danach Ihre Zugangsdaten ein, werden diese Informationen durch die Spyware aufgezeichnet und an den Absender des E-Mail-Anhangs geschickt.

➢ Sogenannte Homografen werden ebenfalls gern genutzt. Ein Homograf ist – auf den Internetbereich bezogen – eine Webadresse, deren Namen leicht abgeändert wurde. Aus *www.postbank.de* wird in Phishingmails zum Beispiel *www.posttbank.de*. Auf den ersten Blick handelt es sich bei beiden Adressen um die der Postbank. Allerdings wird die Postbank nicht wie bei der zweiten Adresse mit zwei *t* geschrieben. Ruft man nun die falsche Seite auf und gibt seine Zugangsdaten ein, können sie vom Angreifer ausgelesen und auf der richtigen Seite angewendet werden.

Subtilere Methoden

Es geht übrigens noch etwas gerissener. Nämlich dann, wenn der gefälschte Domain-Name mit alphabetischen Zeichen aus unterschiedlichen Sprachen erstellt wurde. So sieht die Adresse *www.visa.de* völlig korrekt aus. Was man nicht sieht: Bei dem Buchstaben *i* handelt es sich um ein kyrillisches Zeichen aus dem russischen Alphabet.

➢ Die Absender von Phishingmails haben es eigentlich immer eilig. Stets soll man sofort sein Konto umstellen oder seine eBay-Daten aktualisieren. So versuchen die Absender der Phishingmail, den Empfänger dazu zu bringen, nicht erst lange nachzudenken und schnell zu reagieren.

Nun kommen nicht alle Phishingmails so offensichtlich als Fälschung daher. Immer wieder werden neue Phishingmethoden entwickelt, auf die man auch als durchaus versierter Anwender hereinfallen kann. Dass dem so ist, zeigt der Fall von MySpace.com. Etwa 57.000 Login-Daten für diese

Social-Networking-Seite waren auf einer öffentlich zugänglichen Phishing-datei einer betrügerischen Seite einsehbar.

Ganz offensichtlich sind diese User auf die gefälschte MySpace.com-Seite hereingefallen. Und den Benutzern von MySpace.com kann man nun sicherlich nicht nachsagen, dass sie Anfänger in Sachen Internet seien.

Diese Geschichte ist für die geschädigten vergleichsweise glimpflich aus-gegangen. Denn was die Betrüger mit den erbeuteten Zugangsdaten vor-haben, ist unklar. Experten vermuten, dass sie entweder zu Spamzwecken missbraucht werden oder versucht wird, anhand der ermittelten Daten auf andere Konten wie zum Beispiel bei eBay oder PayPal zuzugreifen.

Nachdem Sie gesehen haben, woran man Phishingmails erkennen kann, hier noch einige Tipps, wie Sie sich schützen können. Zunächst die Tipps, die sich am ehesten unter der Rubrik „gesunder Menschenverstand" zu-sammenfassen lassen.

➢ Folgen Sie niemals Links in E-Mails. Tippen Sie die Adresse von eBay oder Ihrer Bank immer von Hand in die Adresszeile des Browsers ein.

➢ Banken verwenden immer SSL-geschützte Seiten. Kontrollieren Sie, dass die Adresse mit *https://* beginnt und in der Statuszeile des Brow-sers ein Schloss-Symbol vorhanden ist.

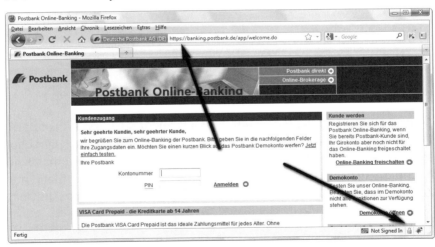

➢ Verlassen Sie sich auf keinen Fall auf die Angaben im *Von*-Feld der E-Mails. Der dort eingetragene Wert kann vom Absender beliebig fest-gelegt werden. Wenn dort der Name Ihrer Bank steht, heißt das keines-falls, dass die E-Mail tatsächlich von Ihrer Bank stammt.

> Auch wenn es längst bekannt ist: Aktualisieren Sie regelmäßig Outlook und Windows!

Neben diesen allgemeinen Maßnahmen, sollte man auch über die folgenden Schritte nachdenken (das gilt übrigens auch und besonders für das berufliche Umfeld):

> Überwachen Sie DNS-Registrierungen und setzen Sie dabei auf Services wie Netcraft (*http://news.netcraft.com/*). Diese verschicken Warnungen, sobald jemand eine Domain registriert, die auf eine mögliche Spoofing-Webseite hinweist.

> SSL-Zertifikate sind eine feine Sache, sie dürfen aber niemals als alleiniger Schutz verwendet werden. Denn das kleine Schloss-Symbol in der Statuszeile des Browsers sagt lediglich aus, dass es sich um eine SSL-Verbindung handelt. Die Identität des angeschlossenen Servers bestätigen SSL-Zertifikate nicht.

So schützt Outlook vor Phishingmails

Mittlerweile hat sich auch Microsoft des Phishingproblems angenommen und Lösungen in Outlook und Internet Explorer integriert. Outlook erkennt Phishingmails recht zuverlässig. Bekommt man eine vermeintliche Phishingmail, geht Outlook folgendermaßen vor:

Outlook hat eine Phishingmail erkannt.

Stuft der Junk-E-Mail-Filter eine E-Mail nicht als Spam, sondern als Phishingmail ein, wird sie nicht in den *Junk-E-Mail*-Ordner verschoben, sondern bleibt im Posteingang. Allerdings kann man bei einer solchen Nachricht die Funktionen *Antworten* und *Allen antworten* nicht nutzen. Zusätzlich werden alle in der E-Mail enthaltenen Hyperlinks deaktiviert.

Handelt es sich bei einer E-Mail aus Sicht des Junk-E-Mail-Filters sowohl um eine Spam- als auch um eine Phishingmail, wird sie in den *Junk-E-Mail*-Ordner verschoben. Dabei wird sie – wie übrigens alle Nachrichten, die in diesem Ordner landen – automatisch in das Nur-Text-Format umgewandelt. Zusätzlich werden auch hier alle Hyperlinks und die beiden Funktionen *Antworten* und *Allen antworten* deaktiviert.

Sollte es sich bei einer vom Junk-E-Mail-Filter als Phishingmail eingestuften Nachricht tatsächlich nicht um eine Phishingmail handeln, klicken Sie auf die Infoleiste der Nachricht.

Eine vermeintliche Phishingmail kann wiederhergestellt werden.

Hier können Sie die Nachricht in den Posteingang verschieben.

Wie bereits erwähnt wurde, werden in tatsächlichen und vermeintlichen Phishingmails Hyperlinks automatisch deaktiviert. Das ist natürlich durchaus sinnvoll, schließlich wird so verhindert, dass man auf die gefälschten Webseiten gelangt. Hat sich der Junk-E-Mail-Filter aber doch einmal geirrt, kann man die Hyperlinks nachträglich wieder aktivieren.

1   Dazu klickt man innerhalb der betroffenen Nachricht in der Infoleiste auf den Text *Dies könnte eine Phishingnachricht sein ...* und wählt *In Posteingang verschieben*.

2   Im Posteingang öffnen Sie die Nachricht und klicken erneut auf die Infoleiste. Hier können Sie die Hyperlinks aktivieren und den Absender oder gleich die ganze Absender-Domain der Nachricht zur Liste der sicheren Absender hinzufügen.

Es besteht die Möglichkeit, das Deaktivieren von Hyperlinks für potenzielle Phishingmails generell auszuschalten. Sie sollten diese Funktion normalerweise nicht nutzen, der Vollständigkeit halber führen wir sie aber auf.

1   Rufen Sie bei geöffnetem E-Mail-Ordner *Start/Junk-E-Mail/Junk-E-Mail-Optionen* auf.

2   Dort deaktivieren Sie das Kontrollkästchen *Hyperlinks und sonstige Funktionen in Phishingnachrichten deaktivieren (empfohlen)*.

Den Nachrichtentext verschlüsseln und E-Mails signieren

Durch das digitale Signieren von Nachrichten kann man dem Empfänger die Authentizität des Absenders und die Unverfälschtheit der Nachricht garantieren. Der Empfänger weiß so mit absoluter Sicherheit, dass die Nachricht tatsächlich von Ihnen stammt und während der Übermittlung nicht verändert wurde. Zum Signieren von E-Mails verwendet Outlook das S/MIME-Protokoll, das auf dem Verfahren der öffentlichen Schlüssel beruht. Dabei erhält der Empfänger vom Absender einen Schlüssel, anhand dessen er die Korrektheit der Nachricht überprüfen kann.

Von E-Mails wünscht man sich normalerweise die folgenden Funktionen:

> **Absenderprüfung** – man will sichergehen, dass der Absender einer E-Mail auch tatsächlich der Absender ist.

> **Unveränderlichkeit** – die E-Mail soll beim Empfänger exakt so ankommen, wie sie vom Absender verschickt wurde.

Beide Funktionen sind standardmäßig in Outlook nicht gegeben. Und noch etwas wünschen sich viele sicherheitsbewusste Anwender: E-Mails verschlüsseln zu können.

Die meisten Anwender nutzen für die Verschlüsselung das asymmetrische Verfahren, bei dem ein Schlüsselpaar verwendet wird:

> **privater Schlüssel (Private Key)** – dieser ist ausschließlich dem Empfänger der verschlüsselten Nachricht bekannt;

> **öffentlicher Schlüssel (Public Key)** – diesen Schlüssel muss jeder Sender einer E-Mail erhalten und an die Personen schicken, von denen er verschlüsselte Nachrichten bekommen möchte.

Großer Vorteil dieser Variante ist, dass jeder, der Daten mit dem öffentlichen Schlüssel verschlüsselt, den öffentlichen Schlüssel nicht kennen muss. Ausschließlich die Person, die den privaten Schlüssel besitzt – und das ist nur der Empfänger –, kann die Nachricht entschlüsseln.

Aus dem zuvor Beschriebenen geht aber auch hervor, dass es nicht genügt, wenn Sie etwas für die E-Mail-Sicherheit tun. Es müssen immer Absender und (!) Empfänger mitspielen.

Outlook verwendet für den kryptografischen E-Mail-Versand Zertifikate. Anhand eines solchen Zertifikats wird garantiert, dass der Absender der E-Mail tatsächlich die Person ist, von der man die Nachricht erwartet. Ein Zertifikat besteht aus folgenden Elementen:

> E-Mail-Adresse
> Objektname

> Gültigkeitsdauer des Zertifikats
> Name der Zertifizierungsstelle
> öffentlicher Schlüssel des Benutzers

Es stellt sich natürlich die Frage, wie man an ein solches Zertifikat herankommt. Dafür gibt es ganz unterschiedliche Wege:

> **Firma** – größere Unternehmen installieren sich oft eigene Zertifizierungsstellen und lassen diese von einer bekannten Stammzertifizierungsstelle zertifizieren. Allerdings ist diese Variante relativ kostenintensiv. Denn die Stammzertifizierungsstelle muss natürlich die Sicherheit dieser „Unter-Stammzertifizierungsstelle" garantieren.

> **Eigenes** – jeder, der einen eigenen Server betreibt, kann eine Zertifizierungsstelle installieren. Ein solches Zertifikat ist natürlich für den Empfänger nicht wirklich vertrauenswürdig. Im privaten Bereich kann man damit aber durchaus arbeiten. Die Installation ist vergleichsweise einfach. Man muss dafür lediglich auf dem Windows-Server die Zertifizierungsdienste installieren. Ausführliche Informationen dazu finden Sie im Microsoft TechNet (*http://www.microsoft.com/germany/technet/*) unter dem Suchbegriff Zertifikate.

> **Persönliches** – die vor allem im privaten oder Kleinfirma-Betrieb üblichste Variante ist es, sich ein Zertifikat bei einer öffentlichen Zertifizierungsstelle zu besorgen. Diese Zertifikate bekommt man zum Beispiel bei der Sparkassenorganisation S Trust für 20 Euro im Jahr. Die meisten dieser Zertifikate erfüllen teilweise sogar die Kriterien für eine sogenannte qualifizierte Signatur und können somit zum Beispiel auch als digitale Unterschrift für das Finanzamt verwendet werden.

Ein Zertifikat ist also nichts anderes als ein Nachweis der Identität des Absenders einer E-Mail. Beim Senden einer digitalen Signatur wird das Zertifikat zusammen mit dem öffentlichen Schlüssel verschickt.

Digitale Signatur anfordern

Um überhaupt E-Mails verschlüsseln und mit einer digitalen Signatur ausstatten zu können, müssen Sie zunächst eine digitale ID anfordern.

1 Wählen Sie aus dem *Datei*-Register *Optionen* und öffnen Sie *Sicherheitscenter/Einstellungen für das Sicherheitscenter/E-Mail-Sicherheit*.

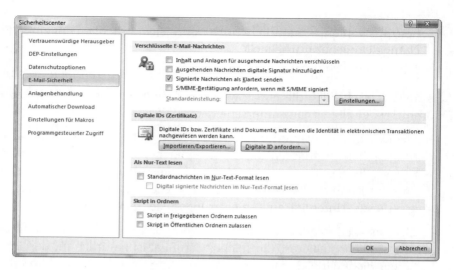

2   Dort klickt man im Bereich *Digitale IDs (Zertifikate)* auf *Digitale ID anfordern*.

3   Hieraufhin wird automatisch der Browser geöffnet, in dem verschiedene Zertifizierungsstellen aufgelistet sind. Für welche Sie sich letztendlich entscheiden, bleibt natürlich Ihnen überlassen. Folgen Sie einfach den weiteren Anweisungen. Die digitale ID wird abschließend per E-Mail zugestellt.

Selbst eine digitale ID anfordern

Der gezeigte Weg ist übrigens nicht der einzige, der zu einer digitalen ID führt. Genauso gut können Sie auch die Webseite einer Zertifizierungsstelle manuell aufrufen und dort Ihre digitale ID beantragen. Verlässliche Anbieter sind zum Beispiel *http://www.telesec.de/*, *http://www.trustcenter.de/* und *http:// www.signtrust.de/*.

4   Die Einstellungen für die digitale ID werden normalerweise automatisch vorgenommen. Zur Kontrolle, ob das der Fall ist, oder um eine andere digitale ID anzugeben, öffnen Sie die Einstellungen für das Sicherheitscenter und klicken unter *E-Mail-Sicherheit* im Bereich *Verschlüsselte E-Mail-Nachrichten* auf *Einstellungen*.

5   In das Feld *Name der Sicherheitseinstellung* geben Sie einen frei wählbaren Namen ein. Aus der Liste *Kryptografieformat* wählt man *S/MIME*. (Je nach Art des Zertifikats können Sie hier auch die Exchange-Sicherheit auswählen – natürlich nur, wenn Sie tatsächlich in einer Exchange-Umgebung arbeiten.)

6 Klicken Sie anschließend neben dem Feld *Signaturzertifikat* auf *Auswählen* und stellen Sie das Zertifikat ein. Anschließend gibt man über *Auswählen* neben dem Feld *Verschlüsselungszertifikat* das Zertifikat an, das für das Verschlüsseln verwendet werden soll. Die Einstellungen müssen abschließend mit *OK* übernommen werden.

Nachrichten digital signieren

Um eine Nachricht digital zu signieren, legen Sie sie wie jede andere E-Mail an und klicken innerhalb der *Optionen*-Registerkarte in der Gruppe *Berechtigungen* auf *Nachricht signieren*. Sollte diese Option nicht angezeigt werden, klicken Sie im Register *Optionen* in der Gruppe *Weitere Optionen* in der unteren Ecke auf den Pfeil. Rufen Sie *Sicherheitseinstellungen* auf und aktivieren Sie das Kontrollkästchen *Diese Nachricht digital signieren*. Bestätigen Sie das mit *OK* und *Schließen*.

Wollen Sie hingegen alle ausgehenden E-Mails digital signieren, gehen Sie folgendermaßen vor:

1 Rufen Sie *Datei/Optionen/Sicherheitscenter/Einstellungen für das Sicherheitscenter/E-Mail-Sicherheit* auf.

2 Aktivieren Sie unter *Verschlüsselte E-Mail-Nachrichten* das Kontrollkästchen *Ausgehenden Nachrichten digitale Signatur hinzufügen*.

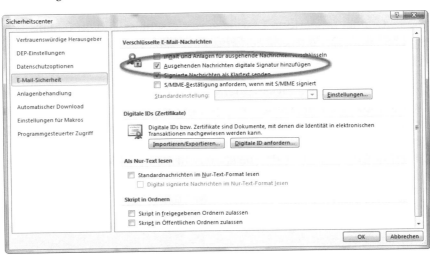

3 Anschließend muss man nur noch festlegen, ob auch solche Empfänger die E-Mail lesen können sollen, die nicht mit S/MIME-Sicherheit ausgestattet sind. Ist das gewünscht, aktiviert man *Signierte Nachrichten als Klartext senden*. (Normalerweise aktiviert man diese Option, weil man sonst nicht sichergehen kann, ob ein Empfänger etwas mit der E-Mail anfangen kann.)

4 Über zweimal *OK* werden die Einstellungen übernommen.

Nachrichten verschlüsseln

Beim Verschlüsseln von Nachrichten wird der E-Mail-Inhalt von lesbaren in unlesbaren Text umgewandelt. Angewendet wird die Verschlüsselung natürlich vor allem im Bereich sensibler Daten. Denn viele Anwender wissen nicht, dass E-Mails auf dem Weg zum Empfänger über zahlreiche Rechner geleitet werden. Jeder, der sich Zugang zu einem dieser Rechner verschafft, kann diese E-Mails mitlesen. Eine unverschlüsselte E-Mail ist also nichts anderes als eine Postkarte, die schließlich auch jeder lesen kann, dem sie in die Hände fällt.

Aus diesem Grund sollten besonders wichtige Daten verschlüsselt werden. (Es gibt natürlich auch Anwender, die ihre gesamte elektronische Post verschlüsseln. Das ist natürlich nicht verkehrt, dürfte aber für die meisten Leser dieses Buches sicherlich zu weit gehen.) Selbst wenn eine verschlüsselte Nachricht unterwegs abgefangen wird, kann sie (zumindest nicht mit vertretbarem Aufwand) nicht entschlüsselt werden.

Die in Outlook integrierte Lösung zum Verschlüsseln von E-Mails können Sie über *Start/Optionen/Sicherheitscenter/Einstellungen für das Sicherheitscenter/E-Mail-Sicherheit* aktivieren.

Um verschlüsselte E-Mails an andere Personen senden zu können, müssen Sie mit ihnen Zertifikate austauschen. Der einfachste Weg ist dabei sicherlich folgender: Sie senden eine E-Mail, die digital signiert ist. Der Empfänger fügt Ihren Namen und gleichzeitig Ihr Zertifikat seinen Outlook-Kontakten hinzu. Sie führen die gleichen Schritte bei einer vom Absender verschickten digital signierten E-Mail durch.

Neben der Outlook-Variante: Als Outlook-Anwender hat man dabei das Glück, dass es gute Verschlüsselungstools gibt, die sich direkt in Outlook integrieren lassen.

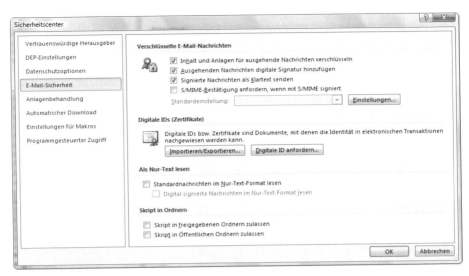

Die E-Mails werden verschlüsselt.

Probleme mit Outlook 2010

Beachten Sie, dass die folgenden Tools bei Drucklegung dieses Buches noch nicht mit Outlook 2010 zusammengearbeitet haben. Die Erfahrung zeigt aber, dass die Entwickler normalerweise recht zügig eine neue Version nachliefern.

Eines der beliebtesten Programme zum Verschlüsseln von Nachrichten ist PGP. Das Tool kann kostenlos von der Seite *http://www.pgpi.org/cgi/download-wizard.cgi* heruntergeladen werden. Durch die Installation führt ein Assistent. In diesem Buch steht die Konfiguration von Outlook im Vordergrund. Wie PGP konfiguriert wird, wird aber auf unzähligen Webseiten beschrieben. Eine gut bebilderte Schritt-für-Schritt-Anleitung finden Sie zum Beispiel unter *http://einklich.net/anleitung/pgp2.htm*.

GnuPG als Alternative

PGP sieht sich immer wieder Kritik ausgesetzt, die hauptsächlich darauf abzielt, dass der Quellcode des Programms nicht vollständig offengelegt wird. Wen dieser Punkt stört, der kann zu GnuPG (*http://www.gnupg.org/*) greifen. Die Entwicklung dieses Tools wurde vom Bundesministerium für Wirtschaft und Arbeit (BMWA) und Bundesministerium des Innern (BMI) im Rahmen der Aktion „Sicherheit im Internet" unterstützt.

Die Handhabung beider Tools ist denkbar einfach. Denn sowohl PGP als auch GnuPG integrieren sich in die Outlook-Symbolleiste und ermöglichen so eine unkomplizierte Verschlüsselung der E-Mails. Dazu müssen Sie während der Installation allerdings das Outlook-Plug-in aktivieren.

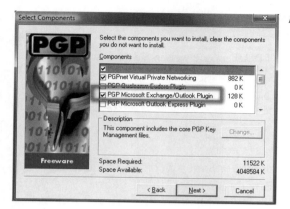

Das Plug-in wird aktiviert.

Anschließend lassen sich die E-Mails über entsprechende Schaltflächen ver- und entschlüsseln.

So arbeitet Outlook mit Virenscannern zusammen

Keine Frage. Virenscanner sind nützlich und wichtig.

Der Einsatz von Virenscannern in Verbindung mit Outlook ist allerdings nicht unumstritten. So gehen Experten davon aus, dass ca. 80 % aller Probleme beim Senden und Empfangen von E-Mails von Virenscannern ausgelöst werden. Das liegt an der Funktionsweise vieler Virenscanner. Denn die meisten Programme arbeiten mit einer sogenannten Localhost-Lösung. Dabei wird der korrekte Posteingangsserver durch einen virtuellen Server des Spamtools ersetzt. Und genau hier kommt es dann immer wieder zu Problemen, die oft sogar erst nach Monaten auftreten – zum Beispiel nach einer Aktualisierung des Virenscanners.

Mittlerweile raten immer mehr Outlook-Profis zur Installation eines Virenscanners, der E-Mails nicht automatisch kontrolliert. Wirklich empfehlenswert auch und gerade im Zusammenspiel mit Outlook ist die kostenlose Antivirensoftware AntiVir.

Viren zum Testen

Die Hersteller von Antivirensoftware haben sich auf einen kurzen String-Code geeinigt, der zwar harmlos ist, aber trotzdem von allen Virenscannern als Virus erkannt wird:

X5O!P%@AP[4\PZX54(P^)7CC)7}$EICAR-STANDARD-ANTIVIRUS-TEST-FILE!$H+H*

Geben Sie diesen Code in eine TXT-Datei ein und weisen Sie ihr anschließend die Erweiterung *.com* zu.

Noch mehr Testviren können Sie sich übrigens über den Heise-E-Mail-Check zuschicken lassen, den Sie auf der Seite *http://www.heise.de/security/dienste/Emailcheck-2109.html* finden.

Im Gegensatz zu früheren Outlook-Versionen vertraut Outlook nun den Virenscannern und nervt den Anwender nicht durch permanente Warnhinweise. Dazu haben die Entwickler zahlreiche Änderungen am Sicherheitskonzept vorgenommen. Outlook kommuniziert permanent mit dem Sicherheitscenter von Windows.

Dabei kontrolliert Outlook, ob eine Antivirensoftware installiert wurde und ob sie regelmäßig mit Updates aktualisiert wird.

Selbstverständlich kann man auch Antivirensoftware installieren, die E-Mails untersucht. Allerdings muss dabei darauf geachtet werden, dass dann auch E-Mail-Anhänge untersucht werden.

Viele Virenscanner besitzen eine solche Funktion, verstecken sie aber gern oder deaktivieren sie standardmäßig. Hier helfen dann die Support-Seiten der Hersteller weiter. (Oft finden Sie entsprechende Hinweise unter den Schlagwörtern Dateianhangschutz oder Anhangtypen.)

So gefährlich sind Makros wirklich

Makros sind kleine Programme bzw. „Programmchen", die normalerweise behilflich sein sollen, Aufgaben zu automatisieren. Viele Anwender kennen Makros nur als Aufzeichnung von Mausklicks und Tastenanschlägen. Viel häufiger werden Makros aber auf Basis der Makrosprachenversion Microsoft Visual Basic erstellt. Für die Makroentwickler bietet diese Sprache enorme Möglichkeiten, um so Funktionen in Word- und Excel-Dateien einzubetten. Das Problem dabei: Im Gegensatz zu normalen Computerprogrammen muss man Makros nicht bewusst installieren, da sie oft in Office-Dokumenten enthalten sind und beim Öffnen einer solchen Datei automatisch ausgeführt werden. Experten gehen davon aus, dass etwa 80 % aller Schadensmeldungen auf Makroviren zurückzuführen sind – und das, obwohl sie nur 13 % der Viren ausmachen. Das zeigt deutlich, welche Sprengkraft in Makros steckt.

Ein besonders „schönes" Beispiel für das Gefahrenpotenzial von Makros zeigte das Makrovirus Melissa. Dieses Virus brach 1999 über die Welt hinein und sorgte für einiges Aufsehen. Bereits am ersten Tag legte es allein in den USA über 10.000 Rechner lahm.

Mit dem Sicherheitscenter wurde die Sicherheit auch auf dem Gebiet der Makros deutlich erhöht. Denn das Center erlaubt das Aktivieren eines Makros erst, wenn Folgendes überprüft wurde:

➢ Das Makro wurde digital signiert.

➢ Die digitale Signatur ist gültig.

➢ Die digitale Signatur ist nicht abgelaufen.

➢ Das verwendete Zertifikat wurde von einer anerkannten Zertifizierungsstelle ausgegeben.

➢ Der Makroentwickler ist ein vertrauenswürdiger Herausgeber.

Versucht man, ein Dokument zu öffnen, in dem ein Makro integriert ist, das eine dieser Voraussetzungen nicht erfüllt, wird das Makro standardmäßig deaktiviert und in der Statusleiste wird ein entsprechender Hinweis angezeigt.

Über das *Optionen*-Feld kann man das Makro dann bei Bedarf nachträglich aktivieren.

Wie Makros letztendlich behandelt werden, kann man im Sicherheitscenter festlegen. Im Unternehmen werden diese Einstellungen allerdings meistens vom Administrator verwaltet. Beachten Sie außerdem, dass Änderungen an den Makroeinstellungen im Sicherheitscenter ausschließlich in dem Office-Programm gelten, in dem man sie vornimmt.

Um die Einstellungen in Outlook (und nur da) zu ändern, öffnen Sie das *Datei*-Register und wählen *Sicherheitscenter/Einstellungen für das Sicherheitscenter/Einstellungen für Makros*.

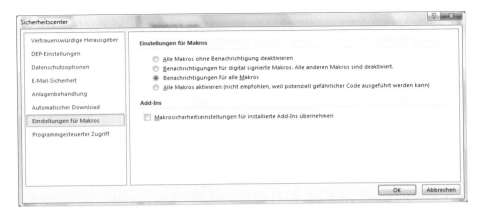

Die folgenden Optionen stehen zur Auswahl:

> *Alle Makros ohne Benachrichtigung deaktivieren* – das ist natürlich die sicherste aller möglichen Einstellungen. Hierdurch werden sämtliche Makros deaktiviert. Und damit man auch gar nicht erst erfährt, dass in einem Dokument überhaupt Makros enthalten sind, werden keinerlei Sicherheitshinweise angezeigt. Im privaten Bereich, in dem man ohnehin nur selten mit Makros in Berührung kommt, ist diese Option empfehlenswert.

> *Benachrichtigungen für digital signierte Makros. Alle anderen Makros sind deaktiviert* – das Makro wird ausgeführt, wenn es digital signiert ist und von einem vertrauenswürdigen Herausgeber stammt. Sollte der Herausgeber nicht vertrauenswürdig sein, bekommen Sie eine Warnung angezeigt und können das Makro nachträglich aktivieren. Alle nicht signierten Makros werden ohne Warnung deaktiviert. Das ist normalerweise die optimale Einstellung für Unternehmen. Näheres dazu im Anschluss an diese Aufzählung.

> *Benachrichtigungen für alle Makros* – das ist die Standardeinstellung. Hierdurch werden alle Makros deaktiviert. Allerdings werden Sie benachrichtigt, wenn ein Makro vorhanden ist. Auf diese Weise können Sie selbst entscheiden, ob ein Makro nachträglich aktiviert werden soll.

> *Alle Makros aktivieren (nicht empfohlen ...)* – hierdurch werden alle Makros zugelassen. Sie sollten diese Option auf keinen Fall aktivieren, da hierdurch Makroviren Tür und Tor geöffnet wird.

Wenn im Unternehmen Makros eingesetzt werden, sollten diese normalerweise digital signiert werden. Durch die Einstellung *Benachrichtigungen für digital signierte Makros. Alle anderen Makros sind deaktiviert* erscheint dann vor deren Ausführung ein Warnhinweis. Alle nicht signierten Makros werden hingegen automatisch deaktiviert.

Zusätzlich empfiehlt es sich, im Unternehmen eine Firmen-CA zu installieren und das Stammzertifikat mittels einer Gruppenrichtlinie zu verteilen. So kann man im Unternehmen dann Makros digital signieren und trotz hoher Sicherheitsstufe effektiv arbeiten.

Innerhalb der Sicherheitswarnungen für ein Makro können Sie entscheiden, ob es ausgeführt oder gesperrt werden soll.

Grundsätzlich gilt, dass Sie das Makro nur aktivieren sollten, wenn es aus einer vertrauenswürdigen Quelle stammt. Im Klartext: Unverlangt zugesendete Dokumente, in denen Makros enthalten sind, stammen mit ziemlicher Sicherheit nicht aus einer vertrauenswürdigen Quelle.

Wenn Sie sich sicher sind, dass das Makro ohne Gefahr ausgeführt werden kann, es über eine gültige Signatur verfügt und Sie zukünftig bei Makros aus dieser Quelle nicht erneut eine Warnmeldung angezeigt bekommen wollen, aktivieren Sie *Allen Dokumenten von diesem Herausgeber vertrauen*. Der Herausgeber wird so der Liste der vertrauenswürdigen Herausgeber hinzugefügt.

Die angezeigten Warnhinweise können ganz unterschiedlicher Natur sein. Die folgende Tabelle stellt die möglichen Varianten vor und liefert mögliche Lösungswege:

Situation	Problem	Verhalten
Das Makro ist nicht signiert.	Da das Makro nicht signiert ist, kann die Identität des Herausgebers nicht überprüft werden. Die Frage, ob das Makro sicher oder unsicher ist, lässt sich so nicht beantworten.	In diesem Fall können Sie nicht sicher sein, ob das Makro sicher ist oder nicht. Normalerweise aktiviert man solche Makros nicht. Bedenken Sie immer: Dokumente lassen sich eigentlich immer auch ohne Makros bearbeiten.
Abgelaufene Makrosignatur	Das Makro wurde zwar signiert, die Signatur ist allerdings abgelaufen.	Das passiert in der Praxis relativ oft. Erhalten Sie ein Makro mit abgelaufener Signatur, sollten Sie dennoch vorsichtig sein. Konnten Sie das gleiche Makro in der Vergangenheit ohne Probleme ausführen und wissen Sie, dass es aus einer vertrauenswürdigen Quelle stammt, können Sie es aber normalerweise ausführen.

Situation	Problem	Verhalten
Makrosignatur ist nicht vertrauens-würdig.	Das Makro wurde signiert und die Signatur ist gültig. Allerdings vertrauen Sie dem Herausgeber nicht.	Sie können den Herausgeber in die Liste der vertrauenswürdigen Herausgeber aufnehmen. Dazu klicken Sie innerhalb des Sicherheitsdialogfeldes auf *Allen Dokumenten von diesem Herausgeber trauen.*
Ungültige Makro-signatur	Das Makro wurde mit einer ungültigen Signatur signiert.	Normalerweise öffnet man Makros mit ungültiger Signatur nicht. Denn in solchen Fällen stehen die Chancen recht gut, dass die Signatur gefälscht wurde, um Sicherheit vorzugaukeln und so ein Virus in Umlauf zu bringen.

Sie haben gesehen, dass der Umgang mit Makros sehr viele Risiken in sich birgt. Nach Möglichkeit sollte daher auf deren Einsatz verzichtet werden. Denn eines müssen Sie sich vor Augen halten: Die Sprache, in der Makros programmiert werden, ist sehr einfach aufgebaut. Selbst unerfahrene Anwender können mit den entsprechenden Anleitungen aus dem Internet in wenigen Minuten ein Makrovirus entwickeln.

12.5 Datensicherung mit Outlook

Oft merkt man erst, wie wichtig einem seine Outlook-Daten sind, wenn man sie verloren hat. Was sich bei Notizzetteln noch verkraften ließe, kann sich im Zusammenhang mit E-Mails und den Outlook-Kontakten schnell katastrophal auswirken. Stellen Sie sich nur einmal vor, alle Ihre geschäftlichen und privaten E-Mails wären für immer verloren.

Dieses Horrorszenario lässt sich denkbar einfach vermeiden. Dazu muss man lediglich eine regelmäßige Datensicherung durchführen. Bevor gezeigt wird, wie sich Outlook-Backups anlegen lassen, folgen zunächst einige Grundregeln, die es dabei zu beachten gilt:

➢ Backups müssen an einem sicheren Ort aufbewahrt werden. Normalerweise sollten sich Original- und Backupdatei nicht am gleichen Ort befinden. Nur so kann verhindert werden, dass bei einem Brand oder Diebstahl beides verloren ist.

➢ Speichern Sie die Backups nicht auf dem gleichen Datenträger wie die Originaldateien.

> Sichern Sie nur solche Daten, die tatsächlich benötigt werden. Es hat beispielsweise keinen Sinn, wenn man neben den Outlook-Kontakten temporäre Notizen sichert.

Auf den nächsten Seiten wird gezeigt, wie sich die wichtigen Outlook-Daten sichern und wiederherstellen lassen. Eingebettet werden sollte die Outlook-Datensicherung aber natürlich immer in eine allgemeine Backupstrategie, die Windows und andere Dateien umfasst.

Alles in einem Rutsch sichern

Sämtliche Outlook-Dateien lassen sich manuell sichern. Wie das geht, zeigen die folgenden Seiten. Allerdings muss man dabei alle Elemente einzeln aus Outlook exportieren. Komfortabler geht es mit speziellen Backuptools wie zum Beispiel dem Outlook Backup Assistant (*http://www.priotecs.com/outlook-backup/*). Solche Programme ermöglichen die Sicherung aller wichtigen Daten auf Knopfdruck. Diesen Komfort bekommt man dann beispielsweise im Fall des Outlook Backup Assistant für 19,95 Euro. Aber auch MOBackup und MailStore sind gute Backuptools, die im weiteren Verlauf dieses Kapitels vorgestellt werden.

E-Mail-Konten sichern

Seit Outlook 2002 lassen sich E-Mail-Konten leider nicht mehr über das Programmmenü sichern. Ein Umweg über Outlook Express/Windows Mail ermöglicht es aber dennoch, die Einstellungen für die vorhandenen E-Mail-Konten bei einem Rechnerumzug mitzunehmen. Allerdings muss man dazu die E-Mail-Konten in Outlook Express bzw. Windows Mail eingerichtet haben.

Ist das der Fall, kann man in Outlook Express/Windows Mail über *Extras/ Konten*, das Markieren des gewünschten E-Mail-Kontos und *Exportieren* die Kontoeinstellungen im IAF-Format abspeichern.

Diese Datei speichert man nun an dem Ort, an dem das Backup durchgeführt werden soll.

Eine andere Möglichkeit zur Sicherung und Wiederherstellung liefert die Windows-Registry. Denn alle Konten der Outlook-Versionen XP, 2003, 2007 und 2010 werden in dem Schlüssel *9375CFF0413111d3B88A001 04B2A6676* unter *HKEY_CURRENT_USER\Software\Microsoft\Windows NT\CurrentVersion\Windows Messaging Subsystem\Profiles\Outlook* in der

Registry gespeichert. Um die Kontoeinstellungen zu sichern, kopiert man diesen Schlüssel und stellt ihn auf dem Zielrechner durch einen Doppelklick auf die REG-Datei wieder her.

Junk-E-Mail-Einstellungen sichern

Selbstverständlich will man bei einem Rechnerumzug auch nicht wieder mit den Antispameinstellungen von vorn beginnen. Dabei kommt es auf zwei Elemente an: die Junk-E-Mail-Einstellungen und die Liste der blockierten Absender.

Um die allgemeinen Junk-E-Mail-Einstellungen zu sichern, suchen Sie nach der Datei *outlfltr.dat*. Diese Datei kopieren Sie und stellen sie auf dem Zielrechner wieder her.

Im nächsten Schritt geht es um die Liste der blockierten Absender. Auch die gilt es, zu sichern und bei Bedarf wiederherzustellen.

1 Rufen Sie bei geöffnetem E-Mail-Ordner *Start/Junk-E-Mail/Junk-E-Mail-Optionen* auf.

2 Wechseln Sie in das Register *Blockierte Absender*.

3 Nachdem man auf *Exportieren* geklickt hat, weist man der Datei einen Namen (z. B. *blockierte.txt*) zu, wählt einen Speicherort und speichert die Datei ab.

4 In dem noch geöffneten *Junk-E-Mail-Optionen*-Fenster wird in das Register *Sichere Absender* gewechselt. Exportieren Sie auch diese Liste und speichern Sie sie in einer TXT-Datei.

Diese beiden TXT-Dateien nehmen Sie beim Rechnerumzug mit und importieren die darin enthaltenen Daten folgendermaßen:

1 Bei geöffnetem E-Mail-Ordner rufen Sie *Start/Junk-E-Mail/Junk-E-Mail-Optionen* auf.

2 Wechseln Sie in das Register *Blockierte Absender*.

3 Über *Importieren* wird die Datei ausgewählt, in die zuvor die blockierten Absender exportiert wurden. Mit *Öffnen* übernimmt man die Adressen. Sollte eine zu importierende Adresse bereits vorhanden sein, wird diese einfach überschrieben. Doppelte Einträge gibt es nach dem Import also nicht.

4 Anschließend wird in das Register *Sichere Absender* gewechselt.

5 Hier führt man die gleichen Schritte durch.

6 Mit *Übernehmen* und *OK* wird die Konfiguration des Junk-E-Mail-Filters abgeschlossen.

Regeln sichern

Dass das Anlegen von Regeln aufwendig ist, wissen Sie. Deswegen gilt auch hierfür, dass man sie mit in die Datensicherung einschließt.

1 Bei geöffnetem E-Mail-Ordner wird *Regeln/Regeln und Warnungen verwalten* gewählt.

2 Dort ruft man die Optionen auf.

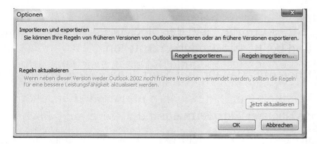

3 Über *Regeln exportieren* können die Regeln gesichert werden. Sie müssen lediglich noch einen Speicherplatz und einen Namen für die Regeldatei angeben.

4 Mit *Speichern* werden die Regeln exportiert.

Importieren lassen sich die Regeln dann wieder über das vorgestellte *Optionen*-Dialogfenster. Dort wählt man über *Regeln importieren* die gesicherten RWZ-Dateien aus.

Tools für den Komplettumzug

Sie haben auf den letzten Seiten gesehen, wie aufwendig es ist, wenn man alle Outlook-Daten sichern will bzw. muss. Da kümmert man sich erst um die Kontoeinstellungen, anschließend widmet man sich den Regeln, bis einem abschließend einfällt, dass man ja auch noch die Übermittlungs- und Programmeinstellungen benötigt. Alles in allem ist das manuelle Sichern der Outlook-Einstellungen also ziemlich aufwendig. Wer regelmäßig die Daten sichert beziehungsweise bei einem Rechnerumzug mitnehmen will, der sollte über die Anschaffung eines entsprechenden Tools nachdenken. Mittlerweile gibt es tatsächlich einige brauchbare Werkzeuge am Markt, die aufgrund ihres geringen Preises auch für kleine Firmen und Privatanwender interessant sind.

Im Folgenden werden ausschließlich solche Tools vorgestellt, die bei Drucklegung dieses Buches bereits Outlook 2010 unterstützt haben.

Einen großen Funktionsumfang hat der Outlook Backup Assistant, der allerdings günstiger ist. (Für Firmen hält man übrigens eine eigene Lizenz bereit.) Gekauft werden kann das Tool auf der Seite *http://www.priotecs. com/outlook-backup/*. Neben der Sicherung der üblichen Outlook-Daten werden hier automatische, zeitgesteuerte Backups und eine Updatefunktion geboten. Zusätzliche Highlights sind die Möglichkeit zur Verschlüsselung der Sicherungsdatei sowie ein integrierter Dateibetrachter, mit dem man sich den Inhalt der Sicherungsdatei anzeigen lassen kann.

Ein weiteres Tool in dieser Runde ist MOBackup (*http://www.mobackup. de/*). Auch hier werden die wichtigsten Outlook-Daten gesichert. Zum Testen wird eine Sharewareversion zum kostenlosen Download angeboten. Sie kann bereits die folgenden Elemente sichern und wiederherstellen: die erste Datendatei mit E-Mails, Notizen, Kontakten und Terminen, Filter und Regeln, Outlook-Symbol- und Navigationsleiste, selbst definierte Kategorien, Drucker- und Seiteneinstellungen, Übermittlungseinstellungen, Junk-E-Mail-Einstellungen, Windows-Adressbuch (WAB) und die Mozilla Firefox-Favoriten. Um die anderen Outlook-Einstellungen sichern zu können, muss man die Vollversion kaufen. Dabei gibt es eine Einzelplatzlizenz, eine Firmenlizenz sowie eine uneingeschränkte Lizenz zur Nutzung auf Kundenrechnern.

Eines der besten Programme hinsichtlich der Outlook-Verwaltung ist zweifellos MailStore (*http://www.mailstore.com/de/mailstore-home.aspx*). Für Privatanwender ist MailStore kostenlos. Mit diesem Tool lassen sich Ihre Outlook-Daten komfortabel sichern und wiederherstellen.

Beim ersten Start übernehmen Sie *Ein neues E-Mail-Archiv erstellen* und bestätigen die Auswahl mit *OK*. (Bei Bedarf können Sie noch das Verzeichnis wechseln. In aller Regel ist das aber nicht nötig.) Anschließend lassen sich die Daten exportieren, archivieren und sogar direkt auf CD/DVD brennen. Eine ausführliche deutschsprachige Anleitung zu MailStore finden Sie unter *http://www.mailstore.com/de/e-mail-archivierung/*.

Stichwortverzeichnis